中世出雲と国家的支配

権門体制国家の地域支配構造

佐伯徳哉

法藏館

中世出雲と国家的支配——権門体制国家の地域支配構造——＊目次

序　章　本書の課題と方法
——中世の地域形成と国家的支配——……3

第Ⅰ部　地域と国家の自我同一性と顕密仏教

第一章　中世前期の出雲地域と国家的支配……25
はじめに……25
第一節　顕密秩序における地域と国家……29
第二節　鰐淵寺修造事業と国家体制——「鰐淵寺衆徒勧進状案」作成の背景……38
第三節　出雲国における国家的支配秩序の構成……42
おわりに……50

第二章　「出雲大社幷神郷図」は何を語るか
——出雲国鎮守の主張——……57
はじめに——従来の諸説から……57
第一節　構図の骨格……61

第二節　絵図の構成要素……63
第三節　絵図が物語るもの……67
おわりに……72

第Ⅱ部　国家的支配の地域浸透と展開

第一章　天仁・永久の出雲国杵築大社造営と白河院政の台頭
——院政権力・源義親の乱と山陰諸国——……81
はじめに……81
第一節　天仁期の杵築大社「寄木の造営」——造営資材漂着事件……82
第二節　義親事件期の京都政界と反乱の顛末——反乱事件をめぐる評価……84
第三節　義親の乱直後の受領人事——嘉承三年正月除目……87
第四節　十一世紀末・十二世紀初頭の出雲国司……89
第五節　寄木の造営の真相……91
おわりに……93

第二章　平安末・鎌倉期出雲国一宮の造営・祭祀からみた地域支配と国家……97
はじめに……97
第一節　院政期の杵築大社造営遷宮体制……100
第二節　鎌倉時代の杵築大社造営遷宮体制……103
第三節　出雲国造の地位の変化と杵築大社――国衙・社家相共の背景……109
第四節　三月会執行体制からみた地域支配秩序の再編……119
第五節　国内秩序における分裂契機の胚胎と国鎮守神……132
おわりに……137
第三章　鎌倉・南北朝期における出雲国内支配と八幡宮……143
はじめに……143
第一節　平浜別宮と国衙支配との関係……145
第二節　出雲国内の八幡宮と諸勢力……150
第三節　郷鎮守塩冶八幡宮の役割……155
おわりに……165

第四章　戦国大名尼子氏の領国支配と地域寺社勢力……171
はじめに……171
第一節　領国規模の主要な造営・仏事とその政治的背景……173
第二節　勧進・本願からみた一宮杵築大社と尼子氏支配――勧進・本願の起用とその位置づけから……187
第三節　鰐淵寺・清水寺座次相論――天文二十四年（一五五五）～弘治三年（一五五七）……190
おわりに……202
補論1　建久の杵築大社造営とその政治的背景……208
補論2　国造出雲氏の身分と大庭田尻保地頭職……213
第Ⅲ部　地域の再形成と権力の興亡
第一章　戦国期石見国における在地領主支配と地域経済秩序
――益田氏庶流福屋氏の発展・滅亡過程を中心に――……229
はじめに――問題の所在……229
第一節　戦国期福屋氏の石見沿岸部進出と地域経済……232

第二節　毛利・吉川氏の石見進出と福屋領の発展過程……245
第三節　福屋氏の滅亡過程からみた石見地域の水上交通と地域経済……253
おわりに……262

第二章　尼子領国衰退と毛利領国勃興をめぐる地域構造
――出雲西部、石見中・東部――……270
はじめに……270
第一節　領域支配と隔地間商人・地域商人……271
第二節　毛利氏の勃興と石見地域……278
第三節　支配領域の変化と地域関係……284
おわりに……291

補論1　戦国期石見小笠原権力の再編と地域支配……297

補論2　十五、六世紀の朝鮮王国・対馬と出雲・石見間の動きから……314

最終章　権門体制国家の支配メカニズムと地域の多元的・重層的構成……323

成稿一覧　345

あとがき　347

索　引　1

中世出雲と国家的支配

——権門体制国家の地域支配構造——

序章　本書の課題と方法
――中世の地域形成と国家的支配――

本書は、日本列島のうち日本海西部の一角に位置する出雲における中世的支配体制と地域の形成を素材に、権門体制国家が、列島内に展開するおのおのなりたちを異にした多次元的・多様な諸地域[1]に向き合い、それらと緊張や軋轢を伴いつつ浸透して、ともかくもそれらを統一的かつ領域的に支配しようとした方法やメカニズムについて、広義の文化論的視角から考察することを目的にする。

黒田俊雄氏によって提唱された権門体制論は、全領主階級による百姓支配のための国家機構論として、荘園制を基礎に、荘園領主層である公武寺社諸権門による国家機構の相互補完的な職能編成を軸に展開された学説であった[2]。しかし、その権門体制国家が権門政治の展開を伴いながら、地域に対し、国家的諸機能をいかに浸透させ、列島内諸地域を、いかに領域的にあまねく支配しようとしたのかについて明らかにしていくことが次なる課題である。

そこで、権門体制国家と、それが支配しようとした対象である地域について考えるにあたり、近年の、グローバル化時代の国家論や地域論の状況をうけて、あらかじめ以下のことに留意しておきたいと考える[3]。まず第一に、中世における国家的支配を、近代国民国家の理念型のように日本の領域内にある諸地域にあまねく均等に浸透するということを自明の前提にしないこと。第二に、地域を、一国を構成する一地方または下位概念として固定的にとらえないことである。つまり、本書では、地域を国家の領域を超えまたがる大次元のものから、そのなかにあって、国家の領域内にはおさまるが、国家による領域的区分とは必ずしも一致しないままに展開する中小次元のものまで多次元的・重層的に構成され、それらが外の世界と、あるいは地域どうしが、相互に経済的・文化的影響を直接・間接に及ぼし合い、空間的拡がりや内部構造を変化させていくものとして動態的にとらえたい。

地域のなりたちについては、さまざまな要因からさまざまに措定できるが、本書では、あらかじめ、国家的支配が持つ領域性と地域との齟齬・矛盾を明らかにするという観点に基づき、あくまで作業仮説的に、自我同一性（アイデンティティー）や人・モノの移動から生じる複数次元の地域とそれらの重なりを次のように想定しておきたいと思う[4]。

まず、本書では、

① いわゆる山陰とその沿岸を中心に、北九州や国境を越えた対岸（朝鮮半島東南部）にも達する相互交流または需給関係に規定された大次元の日本海西部域。

② その一角に古代出雲以来の地域の歴史的なりたちをうけ、一方で、一国の持つ領域性と領域観に規定されつつ、実際には、それとは一定の齟齬もある人的活動領域または自我同一性が拡がるエリアとしての出雲地域（国レベルの地域）。

③ 国レベルの地域を、齟齬や矛盾を伴いつつ複数で構成する小地域。

を扱う。しかし、この小地域については、地域の自然地理的条件に規定されながらも、地域住人の、日常的な生産活動と通交範囲によって形成されるものと想定したい。そして、国レベルの地域を一定の齟齬を持ちながら複数で構成するが、拡大・縮小あるいは相互に一体化する場合もあり、国レベルの地域を事実上分裂させ、相対化していく契機ともなりうる小エリアと考えておこうと思う。したがって、時代や所によって、国レベルの地域が成り立ちえない場合もある。

これらについて、時期的には、権門体制期を中心に、その解体後の中世末期を比較材料とし、エリア的には出雲地域を中心にその近隣地域の動きを含めて分析を進める。そして、権門体制国家の地域浸透の過程とメカニズムや、地域形成・変容と、国家的支配から大名・領主権力支配とその興亡に至るまでを含めた相互規定性について分析しながら、地域から体制的支配のなりたちを考えていきたい。

そこで、以下、本書が用いる複数の方法と課題を整理しておく。

1　国家と地域の視角

中世における国家と地域の問題については、すでに、一九八〇年代初めに、網野善彦氏によって、民族の問題と関わらせながら述べられている[5]。地域をめぐる概念について網野氏は、煎じつめれば東日本と西日本が条件によっては別個の民族になりうるだけの文化・言語・習俗等々の差異を持っていたと考え、それが土地制度や社会集団、御家人制の在り方の差異にも現れているとして東国国家が疑いもなく樹立され存在したとした。網野説の目的は、単一民族＝単一国家論に対する批判にあった。

この網野説に対しては、村井章介氏が、民族の政治的成長がやがて国家を要求することは事実であり、日本中世においてもエスニックに異質な特定地域が自前の国家を所有した可能性を先験的に否定することは正しくないとして評価する一方、しかし、そうした動きは従前の国家の抑圧に遭うのがむしろ普通であるとして、〝東と西〟論議は国家と民族とのズレと相克を視野に入れないと裏返しの民族＝国家相即論に陥る危険がある、と批判を加えている。また、村井氏は、それぞれの地域が日本国を媒介とせずに環シナ海地域や環日本海地域と結ばれることを指摘し、新しい地域概念が国家との対決のうちにゆがめられつつ形成されるとして、国家との相克のなかで形成される複数の国家相即地域ではない多元的な地域の存在について述べている。(6)

この村井氏の所論は、列島内地域の多元性、および、独自に政治的・文化的な運動方向を示そうとする地域の動きと国家との間に生じる矛盾・相克を動態的に把握しようとしたところに方法上の特徴がある。(7)

また、村井氏は、列島の観念的地域空間を天皇を中心にした浄穢の同心円構造であるとし、これをモデル化した。つまり、列島上の地域空間を、京都—西国を中心、鎌倉—東国を二次的中心とし、この二つの中心を周縁・境界・異域の三つの長円が囲む楕円形モデルとしてとらえた。さらに、中世後期の地域空間を解明する分析レベルとしてこの構造の東西に、環日本海地域および環シナ海地域が相互に干渉しあう構造を持ちながら双曲線モデルとして重なる構図を想定している。具体的には、天皇を核とするミクロな同心円をはらむ西国、周縁として東国と南九州、および山陰・四国南部が加わる可能性があり、境界が外浜と鬼界島、異域は蝦夷と琉球(ないしは高麗)であったとする。(8)そして、十三世紀には、周縁である東国において武家政権が成立することにより、この同心円構造を崩すもうひとつの核が現れ二つの中心構造が生まれる。さらに、日本海・東シナ海をとりまく地域空間が国境を越えて生成し、国家観念の同心円構造を揺さぶり、それが最も成熟するのが十五世紀であるとする。この村井氏のモデルの形成要因については、冒頭は、支配的意識や文化的要因に始まるが、環日本海・環シナ海の空間的枠組みが入るに従い、対外的・経済的要因が加わって、これが徐々に強くなってくると読み取ることができると思う。

本書で、日本海西部域という場合、村井氏の言う周縁に属する山陰とその外縁にある境界、これに環日本海地域の西半分が重なって成り立つ空間であり、中世後半には環シナ海地域の影響が入り込み強まってくる。そのようなものとして想定したいと思う。そして、その主要な一角に出雲地域を位置づける。

この網野氏から村井氏の動きのなかで、黒田俊雄氏も、「中世における地域と国家と国王」[9]において、当時の地域論が持つ新しさとして「国家の相対化（視）」をあげ、それが一国史的歴史把握を超える歴史学上の概念として現れていることに着目している。

黒田氏は、中世の実情としては京都を中心にした国家以外に独自に国家たりうる可能性を持っていたのは「東国」＝関東だけであったが、幕府自体がほかならぬ京都の天皇を自分たちの国王とみていたのは明白であり、東国を独立国家とみなすことは所詮不可能であるとした[10]。これは、それに先立って、佐藤進一氏が『日本の中世国家』（岩波書店、一九八三年）で展開した東国国家論、すなわち東国の辺境に生まれた鎌倉幕府を中世国家の第二の型とする説に対する権門体制論側からの立場表明であったと考えられる。そして増田四郎氏の『社会史への道』[11]の成果を用いながら、中世の「地域」を限定されたひとつの概念としての〈くに〉とし、それと対照的に封建王国を中世〈国家〉の基準とすることで、地域と国家を区別した。そのうえで、〈くに〉が個別にその地の「主」――たとえば奥州の藤原氏――に政治的に統合される可能性は常にあり、そのときには独自の国家としての存立を主張することもありえたし、そうでなく、他の地域を中心にした〈国家〉（王国）のなかでありながらも、自己の社会的・民俗的な特色を保持していたこともあったとした。そのうえで、中世における（国王を頂点にした）身分階層の原則が基本的体制または威令として行き渡る範囲こそが〈国家〉（日本国）の領域にほかならないとして、中世国家は煎じつめるところひとつの国家であるとの考え方を示した。

つまり、東国を意識しながらも、国王を頂点にした身分階層の原則が基本的体制や威令として行き渡る日本国のエリア的な領域に、文化・政治的に自立の契機を胚胎した地域を抱え込んでいたという国家・地域観を示したことが重要である[12]。しかし、ひとつの国家である権門体制国家において、この独自性や特色を持って自律性さえも胚胎した諸地域が、何ゆえに統一的に統治されえたのかは未解明のままである。また、地域が独自の社会的・民俗的な特色を保持していたとするならば、それは、その地域の歴史的経緯や、その地域における広義の再生産活動あるいは生活文化などから形成されてくるものであろう。したがって、村井氏や黒田氏の構想するマクロな次元の地域を、単純な総和としてではなく規定的に構成する要素として、地域の自然条件に向き合いながら、地域住人の日常的活動によって成り立つミクロな次元の地域の形成と運動を、逆のベクトルからも構想してみる必要があろう。

以上から、列島内において分裂の契機を胚胎する多元的な地域を領域的に統合し、支配を浸透・貫徹しようとする国家＝中央が、権門体制国家という形態や原理をとった理由を、のちの戦国期の大名・在地領主支配の展開との比較も交え、主に地域の側の視点から考えてみたいと思うのである。

2　権門体制国家の構造から

黒田俊雄氏が権門体制論を提唱してすでに半世紀が経つ[13]。この権門体制論は、中世国家の思想的基盤としての顕密体制論と「王法仏法相依」論を媒介項にセット関係をなして中世国家体制論の全体像を構成していることが重要である。

権門体制論が、中央の国家権力の構成・機構論、国家意志の決定、国家権力の社会浸透論など、さまざまな影響を与え、あるいは関係してきた研究史は枚挙にいとまがない[14]。しかし、この権門体制国家が、少なくとも中世前期の日本列島に存在する分裂・自立可能性を胚胎した諸地域全体を、いかに領域的に有効に支配し、階級的支配を達成しうるメカニズムを保持しえていたのかを明らかにすることがこれからの課題であり、本書の課題でもある。

権門体制国家が、上部構造において天皇家＝王権を頂点に、公家諸権門による国家儀礼をはじめとした文化的諸機能、武家権門による国家的検断機能、寺社諸権門による宗教機能が分掌され、職能的に権力が構成されるミニマムな機構であるとされることは周知のとおりである。また、公武寺社諸権門相互の力関係や交渉によって行われる政治が権門政治である。(15) この多元的職能編成による国家機能が、権門政治の展開のなかで、中央から遠隔の地域へ何を媒介に、どのような形で浸透・展開したのかを明らかにしなければならない。

一方、この学説のなりたちの基礎として忘れてはならないのは、公武寺社勢力を構成する諸階層を、全体として、土台構造における小経営生産様式に規定された荘園制に立脚する封建領主階級と位置づけていることである。つまり、この国家が、これら公武寺社勢力を構成する全領主階級による百姓支配のための機構であることである。そのような階級構造に立脚した荘園制社会において、権門体制国家が公武寺社諸権門の機能分掌と相互補完により、どのような形で地域に直面し、支配を貫徹させようとしていたのかを、さらに具体的に明らかにする必要があろう。

これらを踏まえて権門体制国家論において少なくとも経済外強制の原理的特色を考える場合、あらかじめ以下の三点に留意しておかなければならないと考える。

まず、第一点目として、権門体制国家は、古代国家の解体によって成立してくる当該期の荘園制社会において、重層的あるいは複雑な入り組み関係で構成された土地所有権・領有権に規定された個別的領主支配の非完結性を補完する機能を果たしたこと。(16) 第二点目は、経済外強制が、軍事・警察・裁判権など生の強制力のみではなく、宗教・文化など幻想的な強制力も含めたさまざまな手法で構成され、被支配階級に向き合わなければならなかったこと。第三点目は、国家権力を構成する公武寺社諸権門が、荘園領主としての実力を根拠に、それを超えた国家的レベルでそれぞれの職能に応じた諸機能を分掌し、相互に政治対立を含みながらも結局は王権を頂点に有機的に連関し全体として階層的秩序を構成していたことである。

以上三点に留意し、これを縦糸とすれば、黒田氏が「中世国家論の課題」[17]のなかで、国家史研究の視角として述べる以下を横糸として押さえて通る必要がある。つまり、権力機構を支配階級による被支配階級からの収納を保証する機構の総体としてとらえることであり、反乱や内乱に対する強力装置ととらえること、そして権力機構を生きた装置として（政治的にも制度的にも）明確にすべきで、単なる形式的・図式主義的な制度論に落ち着かない注意が必要であるということである。

最後に、以上のように権門体制国家の構造や特色を考えていくにあたっては、当該期の社会や文化の特徴を、あらかじめ以下のようにとらえておきたいと思う。

近年、平雅行氏は、黒田氏の権門・顕密体制論をうけながら、中世では公家・武家・寺家といった諸権門が分立し、その相互調整のなかで国家意志が定められたとした。一方、顕密仏教は諸宗の有効性を相互承認する思想的多元論を基調としており、国家の政策も諸宗・諸芸能の多元的な発展を企図していたことを述べた。つまり、中世国家の政策基調や価値体系が多元的・複合的にならざるをえなかったために、顕密仏教が宗教の枠を超えて、社会や国家および文化の諸側面に多大な影響を与え、中世のさまざまな事象や社会関係に仏教の外皮をまとわせたとしたのである。[18]このように、顕密仏教がこれら多元・複合的構成を統一的にする共通の土台を与えうることを指摘していることに、まずは注目したい。

以上のような視角から、権門体制国家が、さまざまな歴史的過程を経て個性を持って展開した地域社会のありように直面しながらも、これに対してどのような形で姿を現したのか。つまり、地域社会側の動きが、国家権力のありようや動きをどのように規定しえたのかにも注意を払いながら、中央が遠く離れた諸地域に、公武寺社の相互補完的・有機的連関性をもって浸透し、現実的な支配を実現しようとした姿を明らかにしていきたいと思う。

3　鎌倉幕府成長・発展の地域的影響

さて、権門体制の下、国家的検断権すなわち武力・警察力などの強制力を担う武家権門の成長・発展を、地域における公武寺社全領主階級の機能的相互補完関係形成のなかにどのように位置づけうるのかを具体的に明らかにする必要がある。さらに、村井氏が示した列島における二つの地域核を動態的にとらえ直すとすれば、この武家権力の日本列島における地理的空間的な勢力拡大という観点も重要になってくる。すなわち、東アジアの東端の東国の南関東地域に発した武家権力・鎌倉幕府権力が、治承寿永内乱・奥州合戦・承久の乱そして蒙古襲来など体制変化と関わる諸々の政治的契機を経て[19]、東北から西国まで浸透を遂げ、政治的な主導権を強めていったことが他地域にどのような変化をもたらしたかを考えてみなければならない。

一九八〇年代半ばに、入間田宣夫氏は、文治五年（一一八九）の奥州合戦と大河兼任の乱の結果、関東による奥羽の植民地化が達成されたとして、その支配は東国における幕府の地方支配のモデルのみならず日本六十余州における幕府支配のモデルであったと評価した[20]。このことも、奥州合戦に至る政治過程をみれば、奥州藤原氏の討滅をはじめ、東北諸領主の圧伏という幕府勢力の強力な軍事的膨張によって達成されたものである。少なくとも、承久の乱を含めて、この権門が実質的な勢力を拡大し、その国家的検断機能が列島内社会に広く浸透していったということを見過ごして通るわけにはいかない[21]。

そのような幕府勢力拡大の実質的な部分は、海津一朗氏が指摘した西遷・北遷御家人の動きにも現れている[22]。つまり、鎌倉御家人で東国の在地領主層出自の武士団の東北・西国方面への移住という形での、幕府勢力の全国的拡大である。

彼らの移住先における社会的影響力がどのようなものであったか。網野善彦氏の東国地域論から論理的に敷衍するならば、信仰・文化・言語・習俗等々、土地制度や社会集団、御家人制の在り方の差異までが移住先に持ち込まれうることになる。東国に発する武家権門鎌倉幕府の勢力膨張は、まずは地頭の設置によって地域の政治や支配関係に変化を生ぜしめたであろう。実際に、海津氏が明らかにしたように、彼らとともに入植した東国百姓らによる在来住人らの在来共同体秩序の破壊、東国で培われた彼らの技術による（野畠などの）開発、地頭による在来住人の下人化推進など、東国領主層の移住先で、在来住人らとの間にさまざまな軋轢を生んでいる。このことからは、さらに、東国御家人の移動による、おのおの異なった自我同一性（アイデンティティー）の他地域への移動と、移動先における軋轢をも想定しなければなるまい[23]。

出雲でも、治承寿永内乱後、近江佐々木氏が守護とされ、承久の乱以後、国内各地に多数の東国御家人の地頭が配された。蒙古襲来頃から鎌倉時代末には守護佐々木氏をはじめ、そのうちのかなりの数が実際に入部している。地頭職保持者では東国出自者が、数のうえでは在来領主氏族を圧倒するものになっている。そこで、幕府勢力が、彼らをどのように配置し掌握することによって、国あるいは地域支配の重要な部分を担い実質化しようとしたのかを明確にする必要がある。その際、新旧住人らの文化的軋轢と共存への模索という新たな課題が生じえたことも想定・加味しなければならないと考える。

如上のように、武家権門の成長による外来政治勢力の地域への定着によって新たな地域支配体制が形成されたと考えられるが、彼らの出自の多様性により、新たに対立や分裂の契機を地域に胚胎したという矛盾も想定しなければなるまい。これを国家的支配の立場からみれば、中央—地域の国家権力が、この多様性に、どのように対応し、地域支配体制をより統一的なものにしようとしたのかについても、明らかにしていく必要があろう。

4　諸国一宮制研究と出雲国一宮研究

その問題を含め地域統合機能を考えるにあたっては、国一宮級の神社もその一角に位置づけられるであろう。井上寛司氏は、近年まで取り組んできた神社史としての諸国一宮制研究を総括し『日本中世国家と諸国一宮制』（岩田書院、二〇〇九年。以下、本書の掲載頁のみ記す）を発表した[24]。そのなかで、諸国一宮制を、日本の中世国家権力に認められる多元的で分散的な構造的特質に対応する神社制度であるとした（七八頁）。そして一宮の基本的性格として、以下の四点をあげた。第一に国家的神社制度の有機的で基幹的な一環を担っていること。第二に、すべての封建領主層の階級的利害を擁護しつつ、かつ超階級的な公的国家的な立場に立って機能すること。第三に、国衙・守護などの世俗的地域支配権力との関係では、基本的に対等で相互補完的な位置を占めていること。第四に、惣社との関係では、国衙権力機構の一環として国衙祭祀と国内神社の統括・管理の任にあたった惣社との間に機能の分担と相互補完の関係にあったことである。

また、諸国一宮の基本的な二類型としては、大神宝使発遣の対象社である有力な一宮とそうではない一宮が存在するとし、前者を典型とした。しかし一方、諸国一宮には、それぞれの地域の状況に応じた独自の過程を経て成立する多様性があり、そこに一宮制を普遍的・一般的な形でとらえる困難があるとした。そして、この困難に対しては、あえて諸国一宮の一般的・普遍的と思われる側面を繋ぎ合わせて、その歴史像を仮説的に構築してみる方法が有効であるとして、特に、基本的二類型のうち前者を中心に考察するとした（八二〜八三頁）。

基本的性格の第一・第二と関連して井上氏が重視したのは、神社が持つ階層性である。すなわち、中世の神社を、

a二十二社・一宮（国鎮守）
b荘郷鎮守
c地域の小祠など

に分類し、aが国家的支配機能を担うとした。国家的支配の地域浸透のメカニズムという観点からは、少なくとも国一宮以下の神社の階層性については、本書でも基本的に踏襲したいと考える。また、第二の、国一宮の性格については、権門体制国家の地域支配機構の一角をなすものとして、全領主階級共同の機関であるとしたことは重要である。

しかし、本書との関係において最も大きな課題となるのは「諸国一宮が持つ（存在の）多様性」のとらえ方についてである。井上氏の方法論は、この「多様性を突破」して中世諸国一宮制の本質に迫るとしている。井上氏は、各国ごとの顕著な地域的多様性と同時に、中世日本国を構成するその有機的一環（各国の鎮守神）という矛盾した二つの側面をいかに統一的に把握するかが課題であるとしているが、煎じつめるところ二つの側面のうち後者を明らかにしようとしている。つまり、先に述べるところの国一宮制の一般的・普遍的と思われる側面をそこに求めようとしている。

氏が最も重視するのは、一宮制成立にあたって、直接的で重要な前提になったと考えられる古代神社制度の変容、特に大神宝使制についてである。具体的には、律令官社制とは異なる基準で神宝の奉献が行われ、しかも、その対象となった神社のほとんどが二十二社一宮になっている事実に着目する。つまり中世天皇制を支える典型的・本質的な一宮の範疇として示されるのが、一代一度の大神宝使発遣社で歴史的に高い社格を有する神社であるとする。そして、このような規格に合致する一宮が全国に五〇社中三〇例、二十二社も入れれば四〇例もあり、これが、二十二社制の成立と連動しながら、国家的神社制度の不可欠にして重要な一環を構成する国一宮となったとする（六二〜六四頁）。そして、それらが実力形成を伴いながら、当該国内において唯一最高の神社で圧倒的な力を誇るのみならず、これを中央の政府がそれぞれの地方を代表する拠点的な神社と認めているとするのである。つまり、王権との連動に力点を置いて本質をとらえている。

この大神宝使発遣社であることは、国家秩序次元においては国内の他社に優越する要素であり、一宮成立期段階において一定の有効性はあったと考える。しかし、二十二社との制度的関係については、現状では両者に統括関係または上下秩序関係が明らかになっているとはいえない[25]。また、国家―地域関係に視点を置いた場合、この諸国一宮が持つ（存在の）多様性のなかにこそ、地域のありように応じた国一宮（二宮・三宮が並立したり主要な地位を占める場合を含め）の機能や本質的な役割がありうると考える。

井上氏が典型的事例とする出雲の場合でも、たとえば、国衙所在郡に鎮座し大神宝使発遣社として出雲国内第一（したがって山陰道第一）の社格を誇ったはずの熊野社が没落し、国衙から遠方にある大神宝使発遣社で第二の社格を持つ杵築大社が国一宮として浮上するという規格外の展開をみせている。また、何よりもほかの山陰道諸国においては、大神宝使発遣社を経験した一宮はない。二宮・三宮を有する国々も含め、実は、その規格外的な展開のなかに、当該地域固有の歴史的経緯や地域（支配）事情に規定されて、国一宮はじめ地域有力社がさまざまな形態を顕わしながら国家的支配のために、固有の機能・役割を果たそうとしていたと考えたほうがよいように思うのである。

そして、国一宮が国内において唯一最高の神社であるということが、体制側の論理や理念においてならばともかく、はたして地域において自明のことなのかどうか。したがって、中央の複数の権門寺社の系列に属する国内神社の存在や、その実力形成のなかにあって、国一宮が国内神社秩序のなかで実態として唯一最高・圧倒的地位を一元的に占めえたのかどうか、再考してみる必要がある。

たとえば、ちょうど十一世紀後半から十二世紀の一宮成立期といわれる時期、出雲国内要所要衝には国家の宗廟でもある石清水八幡宮の別宮勧請と同社領荘園が形成され、一宮系統とは別に出雲国内の神社勢力としての地位を占めるに至っていることも事実である[26]。ここに、地域寺社勢力論の視点から当該国内、その周辺を含めた地域における多元的な寺社の実力形成と、それに根ざした、それらの国家的支配における位置づけについても考えなければならない。その意味において、寺社勢力論を、地域においても咀嚼し直す必要がある。

さらにこの多元性を考えるとき、国一宮を頂点に集約されるのではなく、国衙に集約される国内寺社秩序として、井原今朝男氏によって国衙寺社体制論も提起されており、出雲においても、そのような実態や方向性がなかったかどうか、具体的にあらためて吟味・検討してみなければならないと考えるのである[27]。

その意味で、一宮の基本的性格の第三・第四については、井上氏も主要なフィールドとしている出雲のそれについて、さらに具体的に吟味し直していくことが必要であると考える。本書では、以上のことを踏まえ、国衙（守護所）、地域の有力顕密寺院・有力諸社など公武寺社勢力によって構成される国家的機能全体の一環・一角をなす勢力として、王法仏法相依と他の諸勢力との力関係のなかで一定の役割を果たす、国鎮守神級の神社を位置づけ直しながら、中央から地域へと展開する権門体制国家の機能的浸透のメカニズムを明らかにしていきたい。

5　中世出雲の歴史的前提——出雲の古代史から

今日、島根県東部の出雲地方（出雲国に相当）では「古代出雲」というタームが地域の歴史観や自我同一性（アイデンティティー）の主要構成要素として位置づけられることが少なくない。

これは、しばしば「出雲の古代文化」という言葉に置き換えられて、時として、太古の昔から連綿と続いてきた地域文化であると信じられる場合もあり、あるいは、その時代ごとにイメージされ構築される古代観があるとして、その時代時代の地域の文化的雰囲気を醸す要素ともなっている。

本書が、中世出雲地域を記述するにあたって、そのなりたちの前提としてとらえておきたい出雲古代史の諸要素はごく大まかにいえば以下のようなものである。(28)

まず第一は、『日本書紀』や『古事記』の国譲り神話・素戔嗚尊神話をはじめとした出雲系神話や、『出雲国風土記』に描かれた国引き神話など、国土創成神話をはじめ出雲国内地域ごとの各種の神話・伝承は、古代国家と地域両極から自我同一性を多様に表現していること。それと関連して第二に、『出雲国風土記』にみえる「所造天下大神宮」（出雲大社）を含む出雲四大神をはじめ、『延喜式』神名帳にみえる全国第三位の神社数などは、豊かな神話とも相まって、出雲＝神国観を生み出す素地・根拠にもなっていること。第三に、『出雲国風土記』に記述される北つ海（日本海）・入り海（宍道湖・中海）・出雲大川（斐伊川）上流山間など、日本海沿岸・湖水域・山間部という大きく分けて三つの自然地理条件が明瞭であり、おのおの地域色に根ざした産物や伝承を生み出すなど、自然地理に根ざした地域特性を明確に知ることができること。第四に、人や文化の往来や定着による地域史の形成がみられることである。たとえば、東は山陰東部を中心に越まで、西は筑紫に至る日本海東西交流、日本海を挟んだ朝鮮半島との関係、中国山脈を越えた吉備との結びつきなど北の日本海世界・南の中国山脈を越えた複数の地域的結びつきや、それに大和政権の影響という古代国家形成に関する要素というコンビネーションが加わる。第五に、東・西出雲が持つ地域性の問題である。たとえば、弥生墓制では飯梨川（東部）・斐伊川下流域（西部）の四隅突出型墳丘墓の集中的分布と山陰地方における拡がりである。前期古墳では中海南岸（東部）と斐伊川中流域（西南部）の大型方墳や前方後方墳の集中的分布や、六世紀中葉以降の大型古墳では、松江平野南部（宍道湖・中海の中間点南岸付近、東部）と斐伊川・神戸川に挟まれた下流域（西部）における集中的分布があげられる。このように、東西出雲に複数の大地域勢力を想定させ、大河川水系の下流地域を中心に出雲を文化的・政治的に一体のものとはとらえにくい要素がある。

このように、特に奈良時代以前の出雲古代史は、古代国家形成史とも関係しながら、この地域のなりたちについて、政治的・文化的展開を軸にした豊かな蓄積を持っている。これらは、中央・地域間の体制的契機や、地域の地理的条件による、人・社会集団やモノの移動を通じた制度や文化の移動・定着から地域形成を解明することの重要性を教えてくれる。また、これら諸要素のうちいくばくかがのちのこの地域の再形成に与えた規定的要因となったであろうことを、少なくとも意識しておかなければならないのである。

そしてその際、長い歴史のなかで出雲が今日まで、歴史的文化的な面から国家体制・中央との関係において観念的に、しかし一定の実質を帯びながら、山陰道諸国のなかでも、古代の列島地域のなかでも、折に触れて、なにがしか特別な位置づけを与えられ続けてきたことに厳密な注意を払わなければならないのである。

註

（1）ここでは、「地域」を純粋には、人々が長い歴史のなかで地域特有の自然環境と向き合いながら生活を営み、相互に交流するなかで形成される、多次元の生活や観念が交錯する場（おおまかなエリア）として考えておきたい（木村靖仁・長沢栄治「地域への展望」〈『地域の世界史一二　地域への展望』山川出版社、二〇〇〇年〉）。また、地域システムを支えるものとして、経済的ネットワークかそれとも文化的アイデンティティーなのかという現代世界の地域システムをめぐる根本的な議論の構図がある（長沢栄治「アラブ主義の現在」同前書所収）。本書では、再生産を契機とした人・モノの移動、文化の移動と自我同一性という二つの観点から地域のなりたちを考える。

（2）　黒田俊雄「中世の国家と天皇」（『岩波講座日本歴史　六』〈岩波書店、一九六三年〉初出。のち『黒田俊雄著作集　第一巻　権門体制論』〈法藏館、一九九四年〉所収。以下『著作集』と略記）。『体系日本歴史2　荘園制社会』日本評論社、一九六七年。

（3）　近年のこのような地域史研究の視角・方法が整理されているものとして、秋田茂・桃木至朗編『歴史学のフロンティア――地域から問い直す国民国家史観――』（大阪大学出版会、二〇一一年、序章）。

（4）　日本海西部域と出雲地域については、『海と列島文化第2巻　日本海と出雲世界』（小学館、一九九一年）の成果を参照。小エリアの地域については、本書第Ⅲ部第一章（『ヒストリア』一三五、一九九二年初出）や、長谷川博史『尼子氏の研究』（吉川弘文館、二〇〇二年）における尼子氏の出雲一国支配の形成過程をもとに想定した。

（5）　網野善彦「地域史研究の一視点――東国と西国――」（佐々木潤之介・石井進編『新編　日本史研究入門』〈東京大学出版会、一九八二年〉所収）。

（6）　村井章介「建武・室町政権と東アジア」（『講座日本歴史』4　中世2〈東京大学出版会、一九八五年〉、のち『アジアのなかの中世日本』〈校倉書房、一九八八年〉所収）。しかし、このなかで地域が南北朝内乱期になると、日本各地における地方王権成立という形で現象・顕在化するという限界も示している。

（7）　山陰でも、鎌倉末期に後醍醐天皇が配流地隠岐において、出雲最大の天台寺院鰐淵寺南院の頼源や同国東部の禅宗寺院雲樹寺の開山孤峰覚妙らと連絡をとりながら結びつき、隠岐から脱出して後は、名和長年の庇護を得て伯耆国西部の船上山に討幕の旗を揚げると、これに出雲守護佐々木（塩冶）高貞ら近隣の武士が集まってくるなど、地域的基盤に根ざした動きが見られる。とりわけ、伯耆国にあった後醍醐天皇が、京都にあった持明院統の光厳天皇に対抗して、出雲国一宮杵築大社に対し、三種の神器のうちの宝剣の代わりとして同社所蔵の神宝の剣を差し出すよう命じるとともに「王道再興綸旨」を発するなどは、周縁地域から自らの王権の再起を高らかに宣言するものであって、動乱期における地域王権成立の先鞭を告げているといえるであろう（元弘三年三月十四日「後醍醐天皇

〈王道再興〉綸旨」〈出雲大社文書『鎌倉遺文』三二〇五九〉、〈元弘三年〉三月十七日「後醍醐天皇綸旨」〈出雲大社文書『同』三二〇六一〉）。一方、当時、素戔嗚尊を主祭神とした杵築大社に、神宝の剣の差し出しを命じるところに、古代の出雲を舞台にした記紀の王権神話・出雲系神話からくる後醍醐天皇の歴史認識と正統性意識が働いていたであろうことを推測できるであろう。

（8）村井章介「日本列島の地域空間と国家」（『思想』七三二、一九八五年、のち村井前掲註（5）著書所収）。

（9）黒田俊雄「中世における地域と国家と国王」（『歴史科学』一〇九、一九八七年初出、のち『日本中世の社会と宗教』〈岩波書店、一九九〇年〉）。

（10）黒田俊雄「鎌倉幕府論覚書」（『日本史研究』七〇、一九六四年初出、のち『日本中世の国家と宗教』〈岩波書店、一九八三年〉所収）以来の考え方をあらためて示した。

（11）増田四郎『社会史への道』日本エディタースクール出版部、一九八一年。黒田氏は、増田氏が、国家の諸々の類型を生み出す基盤でもあり、それを超えるものでもある地域世界または地域社会の歴史の社会的・文化的構造に注目したことに着目し、これが往年の中世国家史に著しく欠けていた部分であったとする。

（12）これに先立って黒田氏も、辺境対策と国際関係・対外意識といった側面からの、いわば空間的・領域的存在としての国家像を明らかにすることの重要性を説いていることに留意しておく必要がある。

この黒田説における日本国家の範囲に関しては、大石直正「外ヶ浜華夷考」（関晃先生還暦記念会編『日本古代史研究』〈吉川弘文館、一九八〇年〉など、東北史研究の成果も意識されていたと考えられる。近年、誉田慶信氏が、北方史の観点から、地域史が地域史として一国史に立ち向かえるのは、その地域が諸政治集団や他民族との交流・文化接触を重ねるなかで、「個性的」な歴史社会を構築し、その社会形成が日本全体の国家史にも大きく関わるからであるとしていることに注目したい（誉田慶信『中世奥羽の民衆と宗教』〈吉川弘文館、二〇〇〇年、序論〉）。

（13）黒田前掲註（2）著作集。

（14）この学説は、黒田氏の提起以後、第一に、院政論、公家政権論、公武関係史などの国家意志の決定・形成論、権門の家産制的支配の問題ほか、近年の国家論などにおいて、上部構造論としてさまざまな形で取り組まれ続けている。第二に、国家的支配の社会浸透という視点からは、諸権門によって構成された国家権力による国家的儀礼や年中行事の執行体制の解明を通じて、実利的（剰余の再配分）・文化的・精神的に在地社会における人民支配にまでどのように浸透しようとしたのかなど、階級支配の方法を主軸にした研究も展開してきた。井原今朝男氏の年中行事体制、井上寛司氏による神社史研究とりわけ諸国一宮制の研究などは、その流れのひとつであろう。

(15) 黒田前掲註(2)『著作集』。

(16) この複雑な構成については黒田氏の『体系日本歴史2　荘園制社会』日本評論社、一九六七年を参照。また、近年の荘園制論における立荘論においても、十一・十二世紀を中心に荘園領主と国衙による複雑な領有の両属関係や荘園所領の非一円的な展開が明らかにされている（髙橋一樹『中世荘園制と鎌倉幕府』〈塙書房、二〇〇四年〉、川端新『荘園制成立史の研究』〈思文閣出版、二〇〇〇年〉）。

(17) 黒田俊雄「中世国家論の課題」（『新しい歴史学のために』九七、一九六四年初出、のち『著作集』所収）。

(18) 平雅行「神仏と中世文化」（『日本史講座4　中世社会の構造』〈東京大学出版会、二〇〇四年〉）。

(19) 佐藤進一『日本の中世国家』（岩波書店、一九八三年、第二章）、同『鎌倉幕府訴訟制度の研究』（岩波書店、一九九三年〈畝傍書房、一九四三年初版〉）、石井進『日本の歴史7　鎌倉幕府』（中央公論社、一九七四年）などがあげられる。

(20) 入間田宣夫「守護・地頭と領主制」（『講座日本歴史』3　中世1〈東京大学出版会、一九八四年〉）。

(21) たとえば川合康氏は、平家没官領・謀反人跡への地頭職設置のうち、後者は現地で武士が没官措置を行うもので、在地領主としての武士の所領拡大志向を、軍事警察機構を担う存在にふさわしい活動を接点に、戦時下において充足させる側面を地頭職は持っていたとする。そして、これを最も多く生み出したのは承久の乱であったとする（川合康『鎌倉幕府成立史の研究』〈校倉書房、二〇〇四年〉）。

(22) 海津一朗「鎌倉時代における東国農民の西遷開拓入植」（『中世東国史の研究』〈東京大学出版会、一九八八年〉）。同「中世在地社会における秩序と暴力」（『歴史学研究』五九九、一九八九年）。

(23) 人の移動・支配の移動ひいては文化の移動という視点は、誉田慶信氏の一連の研究でも明らかにされるように、鎌倉時代以前の目代以下下級官人らの中央から地方官衙への下向や僧侶の往来を含む都鄙間往来にも遡る視点であり、地方政治の拠点や地方の拠点的寺院における中央の文化伝播のプロセスを考えるうえで重要な方法であるといえる〈誉田慶信『中世奥羽の民衆と宗教』〈吉川弘文館、二〇〇〇年〉)。

(24) この総括の前提となったのが、中世諸国一宮研究会編『諸国一宮制の基礎的研究』(岩田書院、二〇〇〇年)である。

(25) 岡田荘司「平安期の国司祭祀と諸国一宮」(一宮研究会編『中世一宮制の歴史的展開 下 総合研究編』〈岩田書院、二〇〇四年〉)では、二十二社と諸国一宮との統属関係を否定する。また上島享氏は、受領が都における動静を規範として古代とは異なる中世独自の国内宗教秩序を構築したとして、一国の宗教秩序について考え直す視角の必要性を説く(同『日本中世社会の形成と王権』〈名古屋大学出版会、二〇一〇年、第一部第三章、二六五頁〉など)。

(26) 石塚尊俊『出雲国神社史の研究』岩田書院、二〇〇〇年。

(27) 井原今朝男『中世寺院と民衆』臨川書店、二〇〇四年。

(28) 古代出雲論の研究・著書は、考古学・文献史学両面から多くの蓄積を持っているが、本書の問題関心から比較的コンパクトにまとまっている代表的なものとして、さしあたり次の著書をあげておく。上田正昭編『古代を考える出雲』(吉川弘文館、一九九三年)、森浩一ほか『海と列島文化 第2巻 日本海と出雲世界』(小学館、一九九一年)、門脇禎二『出雲の古代史』(日本放送出版協会、一九七六年)、水野祐『古代の出雲』(吉川弘文館、一九七二年)、山本清編『風土記の考古学③「出雲国風土記」の巻』(同成社、一九九五年)、瀧音能之編『出雲世界と古代の山陰 古代王権と交流7』(名著出版、一九九五年)。

第Ⅰ部　地域と国家の自我同一性と顕密仏教

第一章　中世前期の出雲地域と国家的支配

はじめに

本章では、中世前期国家が、日本列島の大部分をともかくも統一的に支配したメカニズムを、「地域」というタームから明らかにしていくことを目的にする。

黒田俊雄氏は、かつて諸地域ごとの〈くに〉が独自の国家としての存立を主張することもありえたし、そうでなく、他の地域を中心にした国家〈王国〉のなかでの地方（地域）でありながらも、自己の社会的・民俗的な特色を保持していることもあったとした。そして、〈封建王国〉（国家）と〈くに〉（地域）とをカテゴリーとして区別すること、「天皇」が国王であることなどを述べ[1]、身分階層の原則が基本的体制あるいは威令として行き渡る範囲こそが、国家（日本国）の領域にほかならないとして、中世国家を統一的なものにする基本要素が身分秩序であることを示した[2]。

これは、網野善彦氏の東国・西国地域区分と東国国家との相即関係に対する批判であった。しかし、権門体制・顕密体制国家論と地域およびその支配の問題は、黒田氏の死去によって結びつけられないまま終わった。

これに先立って、村井章介氏は、九州や北陸・山陰といった国内地域単位が、日本国を媒介とせず直接に環シナ海地域や環日本海地域と結ばれること。そして、新しい地域概念が、国家との対決のうちにゆがめられつつ形成されるとして、国家との相克のなかで形成される複数の国家相即地域ではない多元的な地域の存在について述べている[3]。

また、近年、平雅行氏は、タイプの異なる複数権門による権門体制国家の国家意志決定の在り方や、顕密仏教や諸芸能の多元的発展の在り方などから、広義の中世日本文化の特徴としての多元性と複合性を述べ、そのような特性を持つ社会や国家全体への顕密仏教の影響力について指摘した[4]。

そこで、以上のような中世国家と地域・中世文化のとらえ方をうけて、本章では広義の文化論的視角を交えて以下のことを明らかにしていこうと考える。まず第一に、地域が持つ自我同一性と中世国家が持つそれとの矛盾や齟齬について。第二に、そのような地域と中世国家がどのように対峙し相互に規定しあいながら国家の統一的支配体制が構築されていったのか。第三に、そのなかで顕密仏教あるいは顕密寺社がどのような媒介的機能を果たしたのかについてである。

本章では出雲地域における国一宮・顕密寺院・国衙機構などを通じた国家的支配機構総体の組み立てられ方をみながらこれらの問題に取り組もうと考える。

まず、これらの問題に取り組むにあたって、近年の諸国一宮制の研究に触れておく必要がある。かつて河音能平氏は、一宮の役割・機能を在地領主の結集の場であり彼らの百姓支配のためのイデオロギーの重要な結節点であるとした[5]。これに対し、井上寛司氏は、一宮制を、荘園を含めた一国支配の装置として位置づけ、二十二社一宮制を中世国家権力の有機的一環としてとらえ直す視角が必要であることを主張し[6]、ともに地域による一宮の多様性を指摘した。本章では、井上説を出発点に論を進めていきたい。

井上氏は出雲を題材に一宮制成立を十一世紀半ば頃、中世的郡郷制の成立とそれを基礎にした一国平均役による造営体制の成立からみている。また、国衙による国支配体制の整備・確立、それに対応するイデオロギー装置として一宮制が整備されるとした。そしてそれは、中世国家権力による地域支配および国家的神社制度の確立という中央国家権力の政策と連動しているとした(7)。

これらは、黒田俊雄氏の神道論に対する批判的検討に基づいた神社史研究の提唱と連動している。まず、黒田氏の中世神道の理解として、「神道」を顕密体制のなかに位置づけ、神道が仏法の世俗的一形態であって中世を通じて仏教と並立する独立した宗教ではなかったとしたことについては評価した。しかし、神道を寺院や仏教の側からとらえてしまっていること、中世の神祇信仰一般を神道ととらえ、神道を王法や王権あるいは世俗社会の具体的な関わりにおいて考察するという視角が欠落していることを批判した(8)。ここに発した井上氏の神社史研究のポイントとして、第一に、神社の持つ階層性すなわち、a二十二社一宮・b荘郷鎮守・c零細な社や小祠などからなること、第二に、中世日本紀は仏教思想によって再編された古代の天皇神話であることが述べられた。そして、中世において「神道」なる語は、第二の意味において理解されているとして、さまざまな形で存在するこの「神道」説の主たる担い手がa・b、とりわけaであるとした。

本章では、権門体制国家の地域支配総体のなかで国一宮の役割を考えることとして神道を王法や王権あるいは世俗社会の具体的な関わりにおいて考察するという視角を重視したい。一方、寺社勢力論に再度立ち返って、顕密体制あるいは顕密秩序全体のなかに顕密寺院との関係で位置づけられた神社の存在形態としての国一宮に焦点をあてたい。中世の「神道」概念については、いわゆる「神道」概念措定上、あるいは神道形成史論に向けた作業行程上は有意義である。しかし、中世神社史のなかに近代神道の祖形や原理を求める遡上論に止まらぬ留意が必要である(9)。まずは、河音説などでも指摘される一宮の多様性、井上説が指摘する神道説の多様性などに関しては、中世という

＊タテ書きゴチは『出雲国風土記』の国引き神話の地名

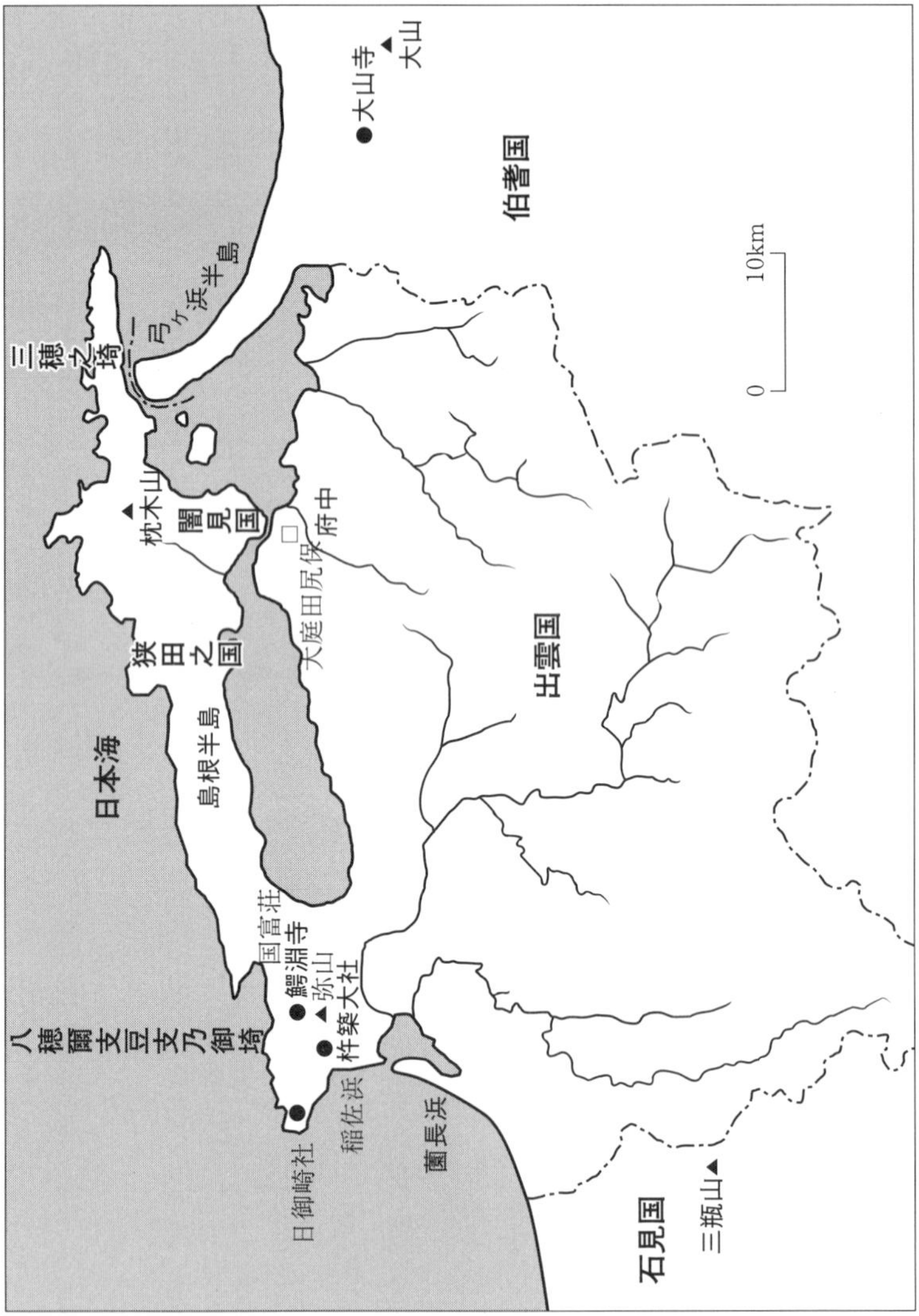

地図　出雲略図（13世紀頃）

時代に即して、多様な地域文化の在り方から考えていかなければならないと思う。そこに歴史的経験すなわち文化の形成プロセスをそれぞれ異にした諸地域と国家＝中央が矛盾を抱えつつどのように向き合い国家的支配を形成していったのかについて明らかにしていく道筋があると考える。

第一節　顕密秩序における地域と国家

1　縁起からみた鰐淵寺の国家的機能

本節では、中世出雲の事例から入っていく。それは、この地域史が古代国家によって成立した記紀の王権神話と、『出雲国風土記』に含まれる地域神話を擁し、八世紀の古代国家によるこの地域の歴史観と日本海域を舞台に展開した出雲地域の自意識に齟齬をみせること。『出雲国風土記』の編者出雲国造《いずものくにのみやつこ》出雲臣広嶋《いずものおみひろしま》を祖とするとされる国造出雲氏が国衙在庁あるいは国一宮杵築大社奉祭者として出雲国内で政治力を保持したこと。一方、十二世紀以降、荘園制下、比叡山末寺で天台系山岳寺院の鰐淵寺と、王家領の国一宮杵築大社（出雲大社）が連携し、中央権門や国衙支配と結びついて有力な地域寺社勢力となったことなどによる。[10]

出雲国鰐淵寺は、七世紀の推古朝に開山伝承を持つ出雲最大の天台系山岳寺院である。[11] 本節でとりあげる建長六年（一二五四）月日付「鰐淵寺衆徒勧進状案」（鰐淵寺文書『鎌倉遺文』七八三九）には、鰐淵寺の現存最古の開山伝承を含んでいる。[12]

この勧進状は、天福年間（一二三三～一二三四）に焼失した鰐淵寺の七仏薬師堂と三重塔の再建経費を募るために作成されたものである。本文の前半部分には、鰐淵寺の主張する縁起が、後半には、堂塔再建の意志と、鰐淵寺の存在意義や功徳を説いて寄進を促す文言が配されている。

出雲国鰐渕寺衆徒等敬白

欲蒙十方緇素合力如旧建立□間四面七仏(陀脱カ)薬師堂幷□(三カ)重百尺塔婆状

右、当山者異国霊地他洲神山也、蓋摩竭国中央、霊鷲山巽角、久浮風波遂就日域、故時俗号曰浮浪山云云、因茲、深洞幽谷之裏、夥貽螺貝、山背礪腹之間、全留波跡、誠是根元殊勝之霊地、山陰無双之明嶇矣、爰昔有智春聖人、徳行甚奇異也、甲輩鱗類之肉、嘗舌再反於本質、禽獣魚鳥之髖(膾カ)、触口重複(復カ)於旧体矣、終訪遊猟而霊験之地、早卜練若而当崛之洞、洞前有円水、聖人居畔備閼伽、落器入于水、哺鰐出自底、故号鰐渕云云、方今、月支海畔之昔者釈尊説法之場、日域雲州之今者蔵王利生之砌也、称釈尊名蔵王、蓋眼目之異名、云鷲山号鰐渕、頗頭首之別号也、凡天然之奇特、地勢之麗美、不及言詞者歟、然則、杵築大神窺毎夜三更、垂影向於霊嶽之月其証于今現、推古天皇悩宿痾両眼、借開瞳於上人之験彼縁起在別、抑尋建立、延暦三井之最初、論草創、四天王寺之功(後カ)続也、依之、青龍白馬之遺風、双扇浮浪之峯、四明玉泉之余流、競湛我山之洞、為鎮護国家道場良有所以者歟、爰去天福年中神火忽起、数宇伽藍支(及カ)于紅焔、若干尊像化于蒼天、僅難改一両之殿堂、未及興半分之碁証、適所企猶不能成功、何況於残聖跡哉、所謂三蓋塔廟七仏道場敢無其構、是非疎修複(復カ)之志、只依無建立之便焉、倩案事情、堂舎非合浦之玉、合力重数、宜複(復)旧日、仏像尽機縁之薪、結縁積功、蓋拝新容矣、因斯、勧進四遠之道俗、欲造二箇之堂塔、凡我朝是神国也、当州亦神境也、神依法倍威光、法依人致興廃、寺立当山法堂、当国内則帰仏陀、外又順神慮、一善既備二徳、一人蓋成二世乎、然則、秋津島中栄花争於春梢、野馬台上洞沢競於夏叢、嗟呼、加之、雲洲雲巻鎮耀夜月、鰐渕波静久澄法水矣、方今、一生易尽如廻岸之落船、三途難脱似向風之紅葉、縦不能内発、寧弗驚人勧乎、等閑善根映写鏡、人亟功徳点加筆者哉、若爾、半銭全不鄙小因大果、尺木

因可足浅功深益、於戯、半生有累営務、徒費多財、世世不朽善苗、何柅（泥カ）少絶焉、仍勧進之趣若斯、

（傍線筆者。以下同）

建長六年　月　日　鰐渕寺衆徒等

（異筆）宰相房円琳（花押）

そこで、勧進状前半部分の内容を見ていきながら、地域の中心的天台系寺院としての鰐淵寺の自意識と地域観を分析していきたい。

まず、鰐淵寺の山号「浮浪山」の詞の由来を説く。元来、鰐淵山は、中天竺摩竭陀国の中央にあり、かつて釈迦が法華経・無量寿経を説いた霊鷲山《りょうじゅせん》の東南の角が、長らく海に浮かび風波をうけて日本に流れ着いたので、俗に号して「浮浪山」ということになった。

これは、先学も述べるように、『出雲国風土記』の国引き神話つまり国土創成神話がもとになったものである[13]。しかし、この縁起には、日本海の彼方の複数の地域すなわち朝鮮半島・隠岐・北陸から陸地を引き寄せた国引きの巨神＝八束水臣津野命《やつかみずおみづぬのみこと》の姿はまったく見えない。本来、この神こそが、古代出雲の国土創成神であったはずである。また縁起では、国土創成は日本海域の彼方の複数の地塊に由来するのではなく、「中天竺」「霊鷲山」や「月支海畔」など西方世界の大陸に由来している。元来、日本海域を範囲にした世界観が、天竺を中心にした仏教的な三国世界観に組み替えられ、古代出雲の国土創成神も消し去られてしまった。つまり、古代出雲地域成立史の核が事実上失われてしまった。しかし、それでも漂流地伝承は消し去られていない。

浮浪山漂着の名残は、この山に残された貝殻や風波の痕跡にみられるという。その上にある鰐淵寺の開山伝承として、伝説の僧、智春聖人による寺地選定の由来を説く。同聖人は、甲類・鱗類・禽獣・魚鳥の肉片を口にするとこれらを本体に戻すことができるという奇跡を演じる異能の僧である。この智春聖人は、遊猟しながら霊験の地浮

浪山へ到達した。そして、のちに寺の中心的聖地となる蔵王宝窟の滝水の畔で閼伽の器を水中に落としたところ、水底から鰐が器をくわえて出てきたことから「鰐淵」の号がついたという。山林斗藪を渡り歩く行者の姿と、その行き着いた場として聖地蔵王宝窟が語られる。いわゆる鰐淵寺の聖地成立伝承である。

そして、かつてこの地が大陸にあったときは釈迦の説法の場であったが、日本の雲州となった今は、蔵王権現利生の場であるとして、釈迦と蔵王が本質的に異なるものではないと説明したうえで、漂着島が仏国土の分枝であり、ゆえに山岳仏教の霊場であることを説く。ここに、重ねて、日本海域に根ざした古代出雲の国土創成観を否定する。

すでに十二世紀半ばの『梁塵秘抄』巻二には、「聖の住所は何処〳〵ぞ、箕面よ勝尾よ。播磨なる、書写の山、出雲の鰐渕や。日御崎、南は。熊野の。那智とかや」とあり、摂津の箕面や勝尾寺、播磨の書写山、紀州熊野の那智などとともに出雲国の鰐淵寺や日御碕付近の山塊に聖の修行の場があったことが都の人々をはじめ広く認知されていた。したがって、縁起に見える山林修行の僧智春による鰐淵寺開山伝承や、同地が蔵王権現の霊地であるという筋書の方が、中央の権貴をはじめこれに連なる人々の理解を得るに好都合であり、勧進活動に体制側から認知を得やすかったに違いない。

次に、杵築大社の神との関係に言及している。浮浪山の天然の奇特、美しい地勢が詞に尽くしがたいので、毎夜深夜「杵築大神」が訪ね、この山の上にあがる月光に照らされてその影を現すという。浮浪山の西麓に鎮座する杵築大社との不可分密接な関係を表現している。ここに、消え去った八束水臣津野命に代わって杵築大神が姿を現す。続いて推古天皇と浮浪山との関係を述べる。推古天皇が眼病を治すために、奇跡を演じた開山僧智春聖人の験力に頼ったと記述する。推古天皇の時代と開山時期の同時代性と、古代王権と同寺との関係の端緒を述べている。

そして、いよいよ鰐淵寺の創建を述べる。延暦寺や三井寺の創建よりは以前、聖徳太子の四天王寺の創建よりは後に鰐淵寺が建立されたという。また、中国最初の寺院と伝えられる洛陽の白馬寺や、長安青龍寺の密教秘法の伝統は鰐淵寺に継承され、天台の教えは、隋の天台大師智顗の玉泉寺の流れを受けたものであることが述べられる。すなわち、日本における仏法最初の地に続くものであること、隋・唐仏教との結びつきを踏まえながら、一方で比叡山に先立つ先鞭性を主張している。それゆえに鰐淵寺が国家鎮護の道場として歴史的にふさわしいのだとする。ここで、隋・唐顕密との関係を引き出しながら、本山である比叡山よりも古い由緒を持つとする点にまずは留意したい。

このような縁起を述べた後、天福年中に焼失した堂塔の再建が進まないこと、再建には多くの合力が必要であるので「四遠之道俗」を対象に勧進活動を行う旨が記される。

そして、後半部分に、現状認識として「我朝是神国也」を前提に、「当州亦神境也」として、日本が神国である枠中で出雲国も神境であるとの論理が突出する。この神境が、具体的に何をイメージするかについてはそれ以前の縁起の筋からは「杵築大神」を除いてそれらしい字句は見あたらない。まずは日本紀などに多く含まれる出雲系神話や、『出雲国風土記』所出の神話伝承などの知識も加わっていたと推量することにしよう。いずれにしても、浮浪山漂着伝承・仏法東伝や智春開山伝承の文脈から内発的に出てきた話ではない。

しかし、この勧進状時点の浮浪山はすでに神境に含まれる。それは、かつての霊鷲山を「日域雲州之今」と述べていることからもわかる。そのうえで「神依法倍威光、法依人致興廃」として、神が仏法の力で威光を倍加させ、仏法は人の力で栄えたり廃れたりするものであるとする。ゆえに、寺は浮浪山に法塔を建てるのだとして、人々に堂塔再建への合力を強く求め、現世と来世二世の幸福と、神国の興隆を期さんとする筋書きになっている。ここに「神国」・「神境」＝「日域雲州」を標榜する最大の眼目がある。

以上から、鰐淵寺縁起は以下の四点の要素から自らの独自性と存在意義を標榜しているといえる。すなわち、

（一）古代出雲の地域創成史、国引き神話を三国世界観で読み替えた中世的な地域＝聖地創成観。

（二）奇跡の僧智春聖人による山岳霊場の成立・開山と古代王権との関係。

（三）出雲国一宮杵築大社と浮浪山との不可分な関係。

（四）智春聖人と古代王権の文脈から本寺叡山より古い創建であるが、隋・唐顕密仏教の東伝・到来により顕密仏教の道場たりえていること。ゆえに国家鎮護の道場としてふさわしいことである。

これらに、「神国」に属する「神境」出雲という国家に対する地域帰属の論理が組み合わされる。そして、仏法の興廃、言外に浮浪山鰐淵寺におけるそれが「神境」出雲そして「神国」の興廃をもたらすという論理へと集約標榜される。これらが、この勧進状に接する勧進先に受け入れられうる論理であると考えられたのであろう。ここに、個別寺院領主であることを超えた地域顕密寺院の国家的な機能役割が論理的に標榜されている。

2　縁起の神話モチーフからみた地域と体制

前項では、鰐淵寺の山号「浮浪山」の詞が、『出雲国風土記』の国引き詞章を三国世界観のなかで解釈し直したことに由来していると指摘した。そこで、浮浪山縁起の類例を鰐淵寺と関係の深い寺院縁起から引きながら、この縁起を成り立たせている体制的背景を考えていきたい。

まず、伯耆国大山寺縁起から見てみよう。伯耆国大山寺は、『出雲国風土記』の国引きの一方の綱をかけた東側の杭である「火神岳」すなわち中国地方最高峰大山の山中に鎮座する天台系山岳寺院で、中世には伯耆国を中心に一大勢力を誇った山陰最大級の寺院である。[14]天福二年（一二三四）八月「慈源所領注文写」[15]には比叡山の無動寺領

として見える。ちなみに、同注文写には鰐淵寺も寺領国富郷とともに、同じく比叡山の三昧院領として見ることができる。この大山寺には昭和三年（一九二八）まで縁起絵巻が所蔵されていた。奥書に「于時応永五年戊寅八月一日書之」とあり、絵巻自体は室町時代初期のものであることが知られている。[16] そのなかに以下の縁起が残されている。[17]

いつのほどの事やらん、西海の波にうかべる山有り、縁起の文には漢域之東岸、砕震　而任風来流とあるとかや、彼の山の事なり、地蔵権現、山王に勅して此の山をつなぎとどむべき由ありければ、山王御弓のはずにてかきよせ給ひけり、弓の影湖水にうつりて化しておのづからはるかなる洲と成りて、浪にうかべる彼の山を留め給ひぬ、今弓山の浜と申すは、彼の山をつなぎ留めたる洲浜なり、件の山長く遠き間、出雲八重垣猶ほ漾ひけるを、人皇第六代孝安天皇三十二年庚申の歳、八雲の太神あまくだり給ひて、土をつかね杵をくだして、此土に基してげり、それより彼の太神を杵築大明神とぞ申しける、件の山を浮浪山と申すは此の故なり、西に鰐渕寺、金剛蔵王の霊地なり、東に枕木山、医王善逝の霊場あり、即ち胎金両部の峰にて、霊験今に新たなり[18]

これも、「弓山の浜」＝弓ヶ浜半島（伯耆国側）から「浮浪山」＝島根半島（出雲国側）にかけての陸地の形成に関わる漂流島伝承であり、大陸的由来を持っている。大山寺にとっても、大山がある伯耆国西部と島根半島を中心にした出雲国とは分かちがたく結びついていたことが知られる。この点は『出雲国風土記』の地域観と共通している。

縁起では、大山寺は地蔵菩薩を本地とする智明大権現を祀るが、この地蔵権現が、山王権現に命じてアジア大陸の東岸の一部が崩れて漂流するのを弓でかき寄せ、これを八雲大神が天下って土を積み上げ杵で突き固めて日本の土地の一部としたとしている。またそれゆえに、杵を突いた行為からこの大神を「杵築」大明神というとしている。

この国土創成は、地蔵権現・山王・杵築大明神の協業であり、山王と杵築大明神が八束水臣津野命の役割を演じている。またしても古代出雲創成の神は消し去られている。さらに、杵築大明神は天下りし、平面的な世界で活動する八束水臣津野命には見られない行動を見せる。いわゆる、この時期、杵築大社主祭神であった素戔嗚尊の、古代王権神話における天下り劇に典拠があるとみられる[19]。この素戔嗚尊祭神論は、大山寺・鰐淵寺双方の本寺比叡山ゆかりの祇園社牛頭天王などの影響を併せて考えなければならない[20]。半面、この素戔嗚尊は、地域になじみ深い風土記の神「須佐能乎命」が導入口であった可能性がある。おそらくは地域の顕密僧らによって作文され、国引き神話に由来する平面的世界観に、王権神話における天・地の上下観念が接続されたものであろう[21]。

さらに、縁起では引き寄せられ落ち着いた地塊の上に、鰐淵寺・枕木山華蔵寺など島根半島の主立った山岳寺院が据えられ、胎蔵界・金剛界など密教的世界に准《なぞら》えられている。このなかで注目すべきは、伯耆大山寺がこれら出雲の諸寺院の成立に先行するという由緒が標榜されることである。これは縁起絵巻本来の機能からして、受け手である地域の衆生に向けて、先の鰐淵寺の浮浪山縁起を根底から圧倒することを意識しながら作成され、広く世に標榜されたに違いないのである。ここに、国引き神話のモチーフを用いた地域における有力顕密寺院勢力の競合関係がわかる。

この浮浪山縁起にみえる三国世界観の要素は、鰐淵寺領の本寺である比叡山延暦寺の飛来峯縁起にも見られる。浮浪山縁起より半世紀程度後の成立になる『渓嵐拾葉集』のなかの飛来峯縁起には、「天竺飛来峯縁起云、霊鷲山巽角闕飛来、成唐土天台山、天台山艮角闕飛来、成我国比叡山、此三国飛来峯皆乗白猿飛来、故天竺霊鷲山唐土天台山我国比叡山、皆王城艮方有之[22]」とあり、天竺の霊鷲山の南東角が欠けて飛来し唐土の天台山となり、さらに北東の角が欠けて飛来して比叡山となったこと。いずれの山も、それぞれの国の王城の北東側にあるという。王城鎮護の霊場である比叡山成立の由来である。

浮浪山縁起は中天竺の霊鷲山が、大山寺縁起は漢域の東岸が国引き神話と掛け合わせられた漂流島伝承であり、片や比叡山の飛来峯縁起は飛来地伝承である。この類似した縁起成立の時系列や本末関係などは、鰐淵寺縁起が近隣顕密寺院である大山寺縁起の成立を惹起するとともに、さらには本寺比叡山の縁起にさえ影響を与えた可能性を示唆している。

中央の飛来峯縁起とは異なり、山陰の一郭における両顕密寺院においては、個々の開山伝承と国引き神話のモチーフを密接に関わらせている。それは、八世紀の『出雲国風土記』における日本海地域の平面的世界観、すなわち北陸から朝鮮半島新羅に至る具体的地理観が出雲国から伯耆国西部にまたがる地域の人々共通の歴史認識を形成していたという前提があったためと考えられる。しかし、ここで、この神話が観念的抽象的な三国世界観のなかで相対化されて読み替えられ、それが広く受け入れられるとすれば、それはいかなる理由や事情からであったのかを考えておく必要がある。

その手がかりとして、『後拾遺往生伝』上に「良範上人者、出雲国能義南郡人也（中略）夢中杵築神社西浜、有一隻舟、上人問其故、舟人答云、是自極楽浄土、為定(迎カ)当国住侶良範幷行範上人等所来也云々、（中略）遂同国神東郡社山之草堂安禅入滅矣、年六十余、于時康和三年月日」がある。康和三年（一一〇一）、杵築大社西浜＝稲佐浜付近に、極楽浄土から舟が良範上人・行範上人らを迎えに来たという。この出雲国浮浪山西麓の浜が極楽浄土との接点であった。たとえば、当時、難波の四天王寺が極楽浄土の東門とされていたように[23]、出雲のこの地もそれに類した状況にあった。

平安時代末期における、彼らの意識は、往生を目指す彼らの西方浄土への認識を物語っていよう。特に冒頭の良範上人伝は、杵築大社の西方、つまりこの社を含む浮浪山の西海の彼方に浄土を意識している証左である。この西方浄土観＝他界観が来世往生の信仰と結びつき、「地域」の人々の来世を救済しうるとして国引き神話を三国世界観に読み替えて縁起に取り込むことを可能にしたのではないかと考える。[24] これに、縁起の「当国内則帰仏陀、外又順神慮」により「一善既備二徳、一人蓋成二世乎」と説き、現世と来世両方の幸福が約されるとして、この三国世界観と神国を結びつけようとしている。

第二節　鰐淵寺修造事業と国家体制――「鰐淵寺衆徒勧進状案」作成の背景

そこで次に、この勧進状が作成されるに至った経緯を考えていきたい。

勧進状が作成されたほぼ同時期の建長六年四月日付の「出雲守護佐々木泰清下知状」（鰐淵寺文書『鎌倉遺文』七七四二）では、「応令早停止鰐渕寺中并鳥居内別所等入部郡使事」として、「凡自華□（洛カ）至辺土、於霊寺霊社者無守護之綺、況不及郡使之乱入歟、爰当寺苟為国中第一之伽藍、何不蒙御放免哉（中略）彼境内令停止入務郡使訖、但出来謀反殺害以下重犯科人等之時者、於衆徒之沙汰、不日可被召渡於其身守護所」とあり、謀反人・殺害人なども衆徒の沙汰として守護所へ差し出すこととするなど、鰐淵寺に対し郡使不入の特権を与えている。また、正中二年（一三二五）五月日付「出雲守護佐々木貞清書下」（鰐淵寺文書『鎌倉遺文』二九一一九）でも、泰清の下知をうけて守護使の乱入停止を保証している。井上氏は、室町期に、これを根拠に段銭・臨時課役の免除特権をうけていると推測しているが、[25] すでにこの時点で造営のため、国役免除特権を取得した可能性がある。

一方、泰清は、北院の塔ならびに本尊修理を行い（年未詳六月八日「佐々木泰清書状」〈鰐淵寺文書『大社町史　史

料編　古代・中世』二九六〉、「弘（安脱カ）参年」七月二十五日「佐々木泰清書状」〈鰐淵寺文書『鎌倉遺文』一四〇二四〉、また、次代の出雲守護佐々木頼泰は、父泰清の一周忌にあたる弘安六年（一二八三）に泰清の遺志を継いで三重塔造立のため鵝眼三十貫文と塔心柱に籠める銀塔一基を鰐淵寺北院に寄進し（「弘安六」六月二十九日「佐々木頼泰書状」〈鰐淵寺文書『鎌倉遺文』一四八八六〉）、さらに頼泰の次代貞清は、乾元二年（一三〇三）に祖父信州禅門泰清および父金吾禅門頼泰の遺志を継ぎ、塔婆造立のために鰐淵寺北院へ三重塔修理料田一町を寄進している（同年四月十一日「佐々木貞清寄進状」〈鰐淵寺文書『鎌倉遺文』二一四二五〉）。このように、出雲守護佐々木氏は、三代にわたって北院の塔婆の修理を援助している。ならば、鰐淵寺としては、この勧進状を根拠に出雲国内郡郷に地頭職を持つ出雲国内はもとより、全国に散在する御家人や入部した他国出身者をも含んだであろう地頭代らを勧進先にしようとしたに違いない。(26)

それでは、いまひとつの疑問であるが、この再建にあたって鰐淵寺の本寺である比叡山の無動寺や楞厳三昧院の援助が得られなかったのであろうか。

勧進状作成から一世紀後の正平十年（一三五五）三月日付「鰐淵寺大衆条々連署起請文案」（鰐淵寺文書『南北朝遺文』二七二二）には、「一、以南北旧執不可成真俗違乱事」として、それまで鰐淵寺南北両院が対立してきた歴史に終止符をうち両院一体となって全山の秩序を保っていくことが全山僧侶連署により約されている。このなかに、「同年（貞和三年）八月日、進当寺本家衆徒解状云、当寺者推古皇帝勅願、智春上人之建立也、往昔強無南北院号、而中古已来依不慮之確論、致両院各別者歟、或時成和合、有（或カ）時令角立、異同已及度々」とあり中古以来永らく南北両院の対立や和合がたびたび繰り返されてきたことを述べている。そのため、「爰嘉暦元年炎上以後、数宇仏閣内為一宇未及建立、空送廿余年畢」として、嘉暦元年（一三二六）の北院三重塔焼失以降においても、仏閣の再建を妨げてきたことを述べている。それゆえに「依茲造営事無沙汰之間、近日両院成合体、加一同連署案文、謹進覧之畢、（中略）然則尽未来際、宜為一交衆、勤大小行事、仍下賜御一諾之令旨、且備未来之亀鏡、且為全当時之興行、衆徒等謹言上等云々」として衆徒一同、両院合体のことにつき本家に対し認知と権威付けを求めている。その結果、「本家令旨云、鰐渕寺南北両院一交衆事、寺解令披露之処、本堂営作等令合其力、可為興隆之儀者、尤神妙歟、且寺中不可有異議之由其沙汰候、但両院長吏職等号者、不可有改動之由、可被加下知者、依　青蓮院二品親王御気色、執達如件、貞和三年十一月十三日、権大僧都隆静在判」として、南北両院長吏職はそのままとして、本堂の造営を機会に両院一体となって鰐淵寺興隆に努めることが、青蓮院二品親王であった尊円（伏見上皇皇子）より申し渡されている。

造営事業が軌道に乗らない理由に南北両院の確執があったとする。嘉暦炎上以後においては、ちょうど後醍醐天皇による倒幕運動・隠岐配流と脱出・建武新政、出雲守護塩冶（佐々木）高貞の横死事件という政治的な混乱と、北院が幕府・守護方と近しかった一方、南院の頼源らによる後醍醐天皇方への強力な肩入れが寺内秩序に影響を与えたと考えられる。

遡って天福年間の頃はといえば、出雲国内においては杵築大社正殿造営の真っ最中であった。寛喜元年（一二二九）に正殿造営が開始され宝治二年（一二四八）に完成をみたこの大造営事業は、あしかけ十九年にわたる大事業であり、巨大神殿造営を含む事業は経費捻出に困難を極め、国役のほか、幕府の支援が加わり、地頭門田畠にまで賦課をかけながらも完成が延び延びになっていた。したがって、この間に鰐淵寺伽藍造営に着手できる国内状況になかったことは十分に推測がつく。(27)

しかし、造営遅滞には今ひとつ寺院勢力内部の問題として、本寺である無動寺検校職や楞厳三昧院検校職を兼ねる青蓮院門跡の相論が影響したのではないかと想定する。

出雲国鰐淵寺と国富荘は、同寺の伽藍が焼失したほぼ同時期の天福二年（一二三四）八月日注進の「慈源所領注文写」（『華頂要略』巻五五『鎌倉遺文』四六八七）には三昧院領としてみえる。これに先立つ建暦三年（一二一三）二月日の「叡山無動寺検校政所下文」（鰐淵寺文書『鎌倉遺文』一九七五）には鰐淵寺領国富郷が叡山無動寺領として立荘されていることから、この頃に本末関係に入ったものと考えられる。以後、貞和年間（一三四五〜一三五〇）まで青蓮院と鰐淵寺との関係を示す史料が残されていないのは不自然であるが、貞和年間になって、南北両院和合が青蓮院二品親王によって承認されたことから、逆に、それまでの両院確執と門跡相論とが相互に関連し続けていた可能性が指摘できよう。

青蓮院門跡の相承問題が、承久の乱と慈円の遺戒以降、中央政界の動きと密接に関連した後嵯峨院や亀山院や伏見天皇の勅裁をめぐってしばしば混乱変転したことは、先行研究に詳細である[28]。天福二年には、九条家一門の慈源が青蓮院門跡を継承し、嘉禎三年（一二三七）には、三条白河坊に同院本坊を移して、造営事業を敢行している。しかし、そののち、青蓮院門跡相承をめぐっては、寛元四年（一二四六）の将軍九条頼経の追放や建長三年（一二五一）の将軍九条頼嗣の追放と九条家の中央政界における勢力後退を境に急速に混乱の度を増してくる。勧進状が出される直前の建長四年（一二五二）には慈源も九条家一族の籠居とともに青蓮院門跡領知から退かざるをえなくなっている。これに代わって松殿基房の息最守が門跡を管領するが、建長六年（一二五四）には管領停止、代わって土御門院の息尊助が門跡を管領するなど変転が激しくなっている。まさにその時期にこの勧進状が作成されているのである。

貞和三年（一三四七）になって伽藍造営に結束するという名目で鰐淵寺内に和与が成立したのは、応長元年（一三一一）以来、尊円と慈道（亀山上皇皇子）の間で続いていた青蓮院門跡和談が建武三年（一三三六）から暦応二年

（一二三九）にかけて決着し、尊円が天台座主に還補され、本寺の中枢部分が落ち着き、和与を承認できる安定した主体が登場した時期にあたる。

以上のように考えると、建長六年になって勧進状が作成された理由は以下のように考えられよう。第一に、杵築大社造営が一段落して出雲国内が落ち着いたという社会背景。第二に、本寺における青蓮院門跡相論というきわめて不安定な状況である。自らも南北両院の対立契機を胚胎する鰐淵寺が、混乱する本寺の影響から距離を置き、ともかくも寺内対立を避けながら造営事業を進めようとしたためであると考える。

したがって、縁起は、南北両院の鰐淵寺衆徒らにとっては、彼ら共通の歴史認識つまり自我同一性であり、結束和合の論理でなければならない。一方、勧進状本来の機能から考えれば、この地域の国衙在庁官人・守護・地頭御家人をはじめとした官人・領主・富裕層を含め多くの寄進者らによって受け入れられる論理が矛盾なく組み込まれていなければならなかったと想定され、結果、勧進状に記載された鰐淵寺縁起自体も体制的論理として認知されたといえよう。その勧進状により、縁起は、鰐淵寺堂塔再建のための広範な勧進活動を通じて流布されることになる。[29]

第三節　出雲国における国家的支配秩序の構成

1　杵築大社三月会の執行体制

鰐淵寺縁起とこれに対抗的な内容を持つ大山寺縁起には、地域の両有力顕密寺院の競合関係と、両者と出雲国一宮杵築大社との密接な関連が表現されている。両縁起からは、地域の歴史認識と国家のそれや三国世界観との複雑な抱合によって杵築大社と顕密寺院との関連が語られ、そのなかに、地域における顕密寺院間の競合関係を見ることができた。しかし、実際に出雲国一宮杵築大社と、恒例・臨時の行事を介して不可分の関係を結んだのは伯耆大山寺ではなく出雲国内にあった鰐淵寺であった。

杵築大社と鰐淵寺の関係については井上寛司氏の研究に詳細である(30)。両者は、十二世紀には、杵築大社における恒例年中行事や、国衙機構を交えて行われる遷宮儀式などの共同開催を通じて連携したとし、これが出雲国における一宮制の完成であるとした。井上氏の研究は、両者の個別領主としての成長と、それを基礎にした荘園制的領有関係の成立が基礎になっている。したがって、国家機構論としては、出雲国内における国衙・杵築大社・鰐淵寺という個々に自立した主体の王法・仏法相依による横の連携関係が強調される。そこで、本節では機構運用の観点からこれら総体が国家的行事を通じて中央―地域間の政治的文化的な連動にいかに作用・機能したかについて考えていきたい。

そこで、このことを、一宮杵築大社最大の恒例年中行事であり、農事暦に合わせた地域の予祝神事で、国内荘郷保の巡役で祭祀が挙行された三月会という国家的行事執行の構造からとらえていく。

次の史料「杵築大社神官等連署申状」（鰐淵寺文書『鎌倉遺文』六八九四）には、鰐淵寺の膝下領ともいうべき国富荘（現出雲市国富町、**図1**参照）における、鰐淵寺衆徒と地頭代官との相論問題が、杵築大社三月会ボイコットへと飛び火したことが記されている。

欲蒙□（御成敗当社明年三月会舞頭脱カ）□役子細状

副進旁状七通内、□（鰐渕寺衆徒三通、在国司脱カ）□朝山右衛門尉政綱三通、国□（富地頭代官孝綱返状一通脱カ）□

右、謹考旧貫、当社三月会者山陰無双之節会、国中第一之神事也、其会者差定五方之頭人之内左右相撲頭幷舞頭、是三方者為国中地頭役令勤仕之、捧物酒肴両頭者鰐渕寺住侶等致勤行、所令五部大乗之講讃也、仍財施法施為左右翅委見寺僧之□（牒カ）状、爰明年舞頭役、前太宰少弐為佐所領国富庄依為巡役被差宛彼頭□（畢）、□□（而少）弐□□（代官）孝綱為彼寺経田・神田等致濫妨故、衆徒深依結鬱念、孝綱若於為少弐代官彼御頭令勤仕者、三方頭人転読大般若五部大乗論談不可致勤仕之由、度度牒状如此、如状者当社法施令断絶事不及□□（疑慮）、□□（法施）若令退転者、彼会勤仕難遂其節哉、而勤行非私作法、偏　朝家・関東御祈禱而已、若為神事違乱者、為神為人有恐有憚、就中、此会退転開闢已来未聞其例者哉　望請欲蒙　御裁定令遂□□（御神）事矣、神官等、誠惶頓首、謹解、

宝治元年十月　日　　杵築大社神官等上（以下十二名連署略）

概要は以下のとおりである。鰐淵寺領国富荘の地頭職を保持した太宰少弐為佐に、国内郷保地頭の巡役として翌宝治二年の杵築大社三月会の舞頭役が回ってくることになっていた。この少弐の代官孝綱なる人物が国富荘の経田・神田を侵したとして、鰐淵寺僧らが三月会の捧物役・酒肴役の両頭役および大般若経転読・五部大乗論談を務めないと、何度も申し入れてきたという。井上氏によれば、この解状は杵築大社神官らが鎌倉幕府に提出したものとしている。[31] これ以外の事件の経過や結論の詳細は、関係史料が伝存しないため不明である。少なくとも、添付の具書には在国司朝山右衛門尉のものが三通も含まれることからも、すでに、在国司（国衙）を交えて鰐淵寺衆徒と地頭代が国富荘問題についてやりとりをしていることがわかる。その過程で鰐淵寺衆徒の三月会ボイコットの申し入れが何度かあったのであろう。そして、三月会まで半年を切ったこの時点で杵築大社神官らが正式に当事者としてこの解状を作成し、この問題が新たな展開をみせることになったとみられる。これはまず国一宮の恒例年中行事に関わる問題であり、文書中にも「偏　朝家・関東御祈禱而已」と記され、かつ地頭役が焦点であることから、在国司が中心に手続を進め、国衙から国主を通して幕府に到達し、訴陳の過程で地頭方の陳状とともに、鰐淵寺に到達したものと推測される。

しかし、杵築大社にとって、国富荘の所領問題それ自体は、他者の問題であるはずなのだが、これに巻き込まれざるをえない事情はどこにあったのであろうか。

実は、この翌年の国富荘は、三月会の負担が、地頭・鰐淵寺双方から集中することになっていた。衆徒の言い分は、地頭代の経田・神田への濫妨は、僧侶らの経済的基盤を脅かすことであるから、仏事を含む三月会の諸役、つまり経済的負担も果たせないという論理である。杵築大社にとっては、鰐淵寺僧による法施が欠けて最大の年中行事三月会に欠如が生じることが大問題であったことはいうまでもない。さらに、三月会は、直接的には鰐淵寺と国内郷保地頭が司る合わせて五つの頭役によって成り立つ一国規模のものであった。前掲正平十年（一三五五）三月日の「鰐淵寺大衆条々連署起請文案」にも、三月会における鰐淵寺僧らの護国経典大般若経転読が「国請作法」とされていることなどからして、杵築大社ばかりか出雲国衙にとっても問題になったに違いないのである。

宝治元年の三月会ボイコットの顛末は不明ながら、四半世紀後の文永八年（一二七一）十一月「関東下知状案」（千家家文書『鎌倉遺文』一〇九二二）に見える大田文には、国富郷に甲斐三郎と見えており、この間に同郷地頭が改補されたことを示唆している。この大田文は、出雲国内の五千余町の荘郷保公田をおおむね二百六十余町ずつ二十番に分割して三月会の相撲・左右舞の頭役を毎年の輪番制にしたものである。この文書は「右、頭役等頃年以来頻致過差不顧煩費、然間、毎年之役人頗破生涯之産、国中之住民漸失安堵之計、是則澆俗之非礼也、豈諧霊神之冥慮哉、仍為省課役之加増」として、三月会の負担が過重であるとして鎌倉将軍が守護佐々木泰清と在国司朝山右衛門尉昌綱に命じて作成させたものであった。さらにそのなかでも「且相撲者、為往古国中白丁之処、近古以来、雇下京相撲之間、往反之用途、禄物之過差、人民之佗傺《（ママ）》、偏在于此事云々、永停止京都相撲下向、可雇用当国之相撲」とあり、近年の都下りの相撲の雇用を地域における経済的負担の過重を理由に停止して、往古のとおり出雲国内の相撲を用いるようにと下知が出されている。地元に根づいていた相撲と京相撲との確執であろうか。いずれにしても、この大田文作成と恒例年中行事の執行体制整備は、国家中央の自発行為ではなく、出雲国内からの要求を受けた対応とみたほうがよい。この大田文は、三月会を滞りなく実施したい一宮杵築大社と、そのための負担を強いられる荘郷保やその地頭らとのあいだに生じた摩擦を、公田数の確定を基礎に、輪番制による負担の強制と経済的負担の公平を期することにより調整しようとしたものであろう。

これらから推測すると、国富荘の問題は、一宮の主要年中行事がもたらす負担過重が招来した可能性が高い。出雲国内に生じたこのような動きが幕府の命による大田文作成の契機になっていったと想定しなければならないだろう。この大田文は、これ以後「結番注文」と呼ばれ、国役賦課基準として機能していくことが重要である。このように三月会は、大田文作成の理由になるほどに国家的・地域的な意義が大きかったといえよう。

2　一宮・国衙の文化的媒介機能

そこで、杵築大社の三月会およびこれと同様の祭式を持つ遷宮儀式など国家的行事の執行形態を通して、中央―地域間の文化的連結の仕組みをみていきたい。

宝治二年（一二四八）十月二十七・二十八日両日に挙行された、いわゆる宝治の杵築大社遷宮儀式の状況は、建長元年（一二四九）六月日付「杵築大社造宮所注進」（出雲大社文書『鎌倉遺文』七〇八九）に詳細である。二十七日には、仮殿から造営が成った正殿への神体渡御を軸にしたいわゆる遷宮の儀式、二十八日は、場を舞殿や庁舎に移して、饗宴と諸芸能を軸にした行事が行われた。なお、この注進には見えないが、この過程で鰐淵寺僧による護国経典の大般若経転読が行われたものとみられる[32]。

十月二十七日の儀式は、亥刻に始まる深夜の神体渡御に凝縮される儀式である。国方からは目代・在庁・書生、社方からは国造・別火ほかが参加して、仮殿の御神体を新規造営が成った正殿へ移す。国造の祝詞の後、別火が先行して渡御の莚道を祓いながら進み、これに続いて国衙細工所別当を含む目代子息・在庁官人らが馬を引き、続いて新造の神宝物を目代・在庁官人らが奉持し、その後を、上官七人が舁く御輿が御神体を乗座させて正殿へ向かう。最後尾に、古神宝を奉持して上官神人が続く。仮殿から正殿への莚道上では、舞人が指燭を持って莚道の左右を御輿に同行する。さらに乗尻十人が松灯を持って御輿に続いて同行し、御橋（正殿の階）では舞人が左右に立って指燭を捧げ御神体が正殿に入るのを助け、遷座後の伝供時には左右に灯火を立てる。伝供には、上官神人、目代・在庁・書生・舞人・鰐淵寺衆徒らが参加し、伝供後に国造が祝詞を上げて儀式が終了する。神体渡御では、神体を中心に参加者の身分に応じた職掌が果たされている。[33]

二十八日は、巳刻に目代・在庁官人・書生が庁舎に参会、舞人が舞殿左右に待機、国造が舞殿で祝詞を上げ、目代・在庁官人も庁舎の庁座において奉拝する。祝詞の後、国造・上官神人らが庁座に着いて饗宴が始まる。饗膳は国内荘郷保の負担により調えられている。

諸芸能は、在庁・書生らによる東遊・陪従、国方五人・社方五人が共同で行う競馬五番、社家の御子役で行われる花女、国中の猿楽が行う細男・田楽、国内の荘郷地頭の役である流鏑馬十五番、舞人であった多氏による舞、留守所・細工所・在国司・国内各郷が雇用した相撲人による相撲十番などが行われた。ここではおおむね職能に応じた芸能が演じられた。

東遊は王権に連なる神事芸能で、東国服属儀礼の流れをくむことが、[34]また、競馬・流鏑馬・曲舞・相撲などは、中央の神社祭祀からもたらされたものであることが先学により指摘されている。[35]いずれも中央の儀礼の流れをくむ芸能である。

　これらの儀式には以下のような多様な出自を持つ目代以下在庁官人らが参画した。

　その参画者は大行事を務めた目代の源右衛門入道宝蓮とその子息源左衛門尉信房、同じく細工所別当左近将監源宗房などの目代一族である。国衙在庁官人系統では、大行事の代官で左馬允大中臣元頼、陪従を務めた大中臣高貞など、中央の神祇官系の大中臣一族の流れをくむ者。また舞を務めた左近将監多度資、御輿を舁いた右馬允多資宗など、中央で舞楽を家業とした多氏の流れをくむ者たちである。このほか、藤原氏、清瀧氏、安倍氏、平氏、中原氏、佐伯氏など、元来、都下りとみられる下級官人らが参画している。在来氏族では、出雲在国司朝山右衛門尉勝部昌綱とその支族からなる勝部氏一族、神事を中心に奉仕した国衙在庁であり出雲国造・大社惣検校でもあった出雲義孝をはじめとした出雲氏一族が占めている。

　このなかで、舞楽については、左近将監多度資が振鉾・万歳楽・太平楽・新取曾（新鳥蘇）・散手・胡飲酒・貴徳などを舞っている。舞楽は三月会の重要な要素でもある。この執行システムについては以下のとおりである。建長五年（一二五三）十二月八日「多左近将監譲状」（富家文書）[36]では、「譲与、杵築大社三月会貴徳舞并免田参町事、多資綱、右、件職、任重代相伝、相副手継証文等、所譲与実也」として、左近将監多度資が多資綱へ三月会における貴徳舞の権利を相伝している。この貴徳舞に関しては、すでに、建久五年（一一九四）二月十九日の「出雲国司庁宣」（出雲大社文書『鎌倉遺文』七一四）において、「庁宣、留守所、可早任父助時譲、以犬丸令勤仕杵築大社三月・九月両会貴徳舞事、右件舞犬丸父助時存日譲与之上、去九月会令勤仕畢云々、其上不可有異議歟、兼又於免田者、任先例、国屋郷内可令引募貴徳分田之状、所宣如件、留守所宜承知、（勿脱カ）遺失、以宣」として、すでに鎌倉時代初頭より、国衙所轄で、杵築大社三月会・九月会において役を果たす舞人が存在していた。さらに、一年後の建久六年（一一九五）四月日の「出雲国司庁宣」（出雲大社文書『鎌倉遺文』七七九）においては、「庁宣、留守所、可早以犬丸令勤仕貴徳舞事、右以件犬丸可令勤仕彼舞之状、所宣如件」としており、杵築大社のみならず国衙関係行事における貴徳舞の勤仕を命じられている。また、貞永元年（一二三二）九月日の「出雲国留守所下文」（富家文書、島根県立図書館蔵影写本）では「□守所下、可早如元引募国屋郷内喜徳給田伍町事、右、件給田、先例雖引募於国屋郷、今依為便宜去寛喜年中雖引移於小境保、沙汰之次第為不法之間、如本可引募国屋郷之状如件者、沙汰人宜承知勿違失、故下」として国衙領小境保や国屋郷の貴徳給田の問題に関して、在国司、目代らが署判を加えている。これらのことから、少なくとも、十二世紀末以来、貴徳舞の舞人は、相伝の職であり国衙所轄の職であったこと、十三世紀半ば頃にはすでに都下りの氏族で舞楽を家業とした多氏一族がこの職掌を担っていたことがわかる(37)。

それでは、次に、平時の杵築大社の神官らの構成はどうであろうか。

前掲の「宝治元年杵築大社神官等解」（鰐淵寺文書）の署判者である神官らは、散位大中臣兼重、散位安部久依、三前（日御碕）検校日置正安、奉行散位安部友吉、別火散位財吉末、散位出雲真元、散位出雲政親、散位出雲明盛、散位出雲行高、散位藤原政泰、検校散位出雲兼孝、供神所祝部国造兼大社司惣検校散位出雲宿禰義孝である。『出雲国風土記』の編者出雲国造出雲臣広嶋を祖とするという国造出雲氏一族が半数で、要職を占め、これに別火職の財氏・日御碕社検校の日置氏など出雲在来の氏族が名を連ねる。一方で、ここにも、遷宮儀式と同様に神祇官人系の大中臣氏のほか安部氏、藤原氏など外来系の他氏が入り込み、全体数の三分の一に及んでいる。鰐淵寺・大山寺など地域顕密寺院縁起の内容が多元的・複合的な構成をとった理由はこのような事情にも由来するとみられる。

神官構成のなかで注目されるのは、遷宮儀式で大行事代官や歌陪従を務めた大中臣氏一族の兼重が名を連ねていることである。大行事代官を務めた大中臣元頼・歌陪従を務めた大中臣高貞は、建長七年（一二五五）に在庁等の訴訟によって出雲府中（出雲国東部の意宇郡山代郷・大草郷付近）を追放されている。この直後に、大中臣氏が保持していた府中諸社の造営・祭祀権が出雲国造の手中に収まっている。[38] ここに国衙の神祇関係氏族における在来・都下りの氏族間の緊張関係が窺えるが、中央の神祇官系の官人であった大中臣氏は、出雲国造と同様、国衙において祭祀機能を分担する氏族であり、その一環として一族が一宮杵築大社の神官に加わっていたと想定される。また、国造出雲氏が、府中近隣の大庭田尻保を本領に府中諸社の諸権利を手中に収めていったのは、国衙における祭祀権者である供神所・祝部・国造としての立場や地位の強化が、大社司・惣検校など杵築大社における地位の強化とも連動していたからであろう。

このように出雲国衙は、在国司朝山（勝部）氏・国造出雲氏など在来氏族の実力者と都下りのさまざまな出自の官人らによって軋轢を伴いながらも複合的に構成されたが、また、一宮杵築大社もこれに連動して同様の構成をとっている。特に都下りの系譜をひく官人らが中心となって、中央の儀式芸能をはじめとした中央の文化が媒介された。一宮杵築大社では、この国衙機構と構造的に不可分に連動しながら恒例・臨時祭祀が行われ、出雲国内に対する中央の文化伝播の窓口としての機能を果したといえよう。

おわりに

建長六年（一二五四）の「鰐淵寺衆徒勧進状案」の作成意図は、同寺造営事業を、青蓮院門跡相論と絡む寺内対立をともかくも避け、両院和合の論理の下に貫徹しようとするところにあった。したがって、勧進状の浮浪山鰐淵寺縁起を含む論理は、広く勧進活動を行う論拠である以上、体制や地域、当該寺院それ自体の自我同一性が矛盾なく盛られる必要があった。

鎌倉時代の十三世紀半ばから十四世紀初め頃にかけて成立した浮浪山鰐淵寺縁起や大山寺縁起は、地域創成の神話である八世紀の『出雲国風土記』の国引き神話のモチーフの、北陸から北九州そして朝鮮半島にまたがる日本海地域世界観に根ざしたものであった。出雲地域が長い歴史的プロセスのなかで作り上げてきたその自我同一性は、浮浪山縁起と大山寺縁起の競合のなかに見たように、体制側が簡単に塗り替え併呑できるものではなかった。そのなかで地域の顕密寺院は、地域の人々の来世往生への信仰と西方浄土への意識に応えつつ、日本海の平面的世界観に根ざした地域創成神話を三国世界観に読み替えた。そのうえに、王権神話や、「神国」日本に帰属する「神境」出雲という論理を挿入展開することによって、人々に現世・後世二世の利益を標榜しつつ地域を国家に組み込む論理を組み立てた。

王権神話の神である素戔嗚尊を祀り王権に繋がる国一宮杵築大社は、国家的行事を介してこの地域の有力顕密寺院鰐淵寺と結びつき、これを恒常的に国家・王権に結びつける機能を果たした。一方、杵築大社は出雲国衙から遥か離れ独自の所領支配によって自立してはいるものの、主要祭祀の執行形態や神官の人員構成など運用面からは国衙機能との有機的な繋がりのなかで成り立っていた。こうして同社は王法と仏法を媒介しつつ地域と国家中央を媒介する機能を果たした。また、主要祭祀を通じて同社は、目代以下都下りの系譜を持つ官人らを交えて、国家・王権によって形づくられた中央文化の地域伝播の窓口の役割を果たしながら職能的・階層的身分を確認する場として機能した。一方、諸役の負担を通じて出雲「国」および郡郷の領域区分に基づいた支配を確認する機会や場ともなっていた。また、国衙機構を中心に、杵築大社をも含めた全体の人的構成からは、中央の国家権力に連なる目代以下官人らの職能と、『出雲国風土記』編者である国造出雲臣広嶋の後裔とされ杵築大社の神官で出雲国衙在庁官人でもあった国造出雲氏や在国司朝山一族など、出雲国在来氏族らの地域における既存の実力を踏まえて、国家的地域支配を実現しようとしていたことがわかる。

ここに、王権を頂点にした中世国家が文化的手法を介して、独自の歴史・地理的環境によって形成された地域の自我同一性や実態を取り込みつつ、地域をともかくも「国」という領域区分の枠組みに捕捉しようとする原理的な仕組みが見えてくるのである。

註

（1）黒田俊雄「中世における地域と国家と国王」（『歴史科学』一〇九、一九八七年初出。のち『日本中世の社会と宗教』〈岩波書店、一九九〇年〉所収）。

（2）黒田俊雄「中世の身分意識と社会観」（『日本の社会史』第7巻　岩波書店、一九八七年、のち『日本中世の社会と宗教』岩波書店、一九九〇年、二三七頁）など。

（3）村井章介「建武・室町政権と東アジア」（『講座日本歴史』4　中世2〈東京大学出版会、一九八五年〉、のち『アジアのなかの中世日本』〈校倉書房、一九八八年〉所収）。

（4）平雅行「神仏と中世文化」（歴史学研究会・日本史研究会編『日本史講座4　中世社会の構造』〈東京大学出版会、二〇〇四年、一六七〜一六八頁〉）。

（5）河音能平「王土思想と神仏習合」（『岩波講座　日本歴史4』古代4〈岩波書店、一九七六年〉、のち『中世封建社会の首都と農村』〈東京大学出版会、一九八四年〉所収）。

（6）井上寛司「中世諸国一宮制の成立」（『歴史研究』二五九、一九八二年）。

（7）井上寛司「中世の出雲神話と中世日本紀」（『古代中世の社会と国家』〈清文堂、一九九八年〉）、井上前掲註（6）論文。

（8）井上寛司「中世神社史研究の課題――〝顕密体制論〟――の批判的継承・発展のために」（『歴史科学』一六二、

二〇〇〇年）。

（9）井上寛司『日本の神社と「神道」』校倉書房、二〇〇六年。

（10）井上寛司「中世鰐淵寺領の成立と展開」（『山陰史談』一四・一五、一九七八・一九七九年）、同「出雲大社と鰐淵寺――出雲国一宮制の特質――」（『山陰――地域の歴史的性格――』〈雄山閣、一九七九年〉所収）、同「中世出雲国一宮杵築大社と荘園制支配」（『日本史研究』二一四、一九八〇年）。

（11）現在のところ「鰐渕山」の所見は、仁平三年（一一五三）の「鰐淵寺石製経筒銘」（『平安遺文』金石文編三四〇）である。井上寛司ほか『大社町史　上巻』（大社町、一九九一年）や『出雲国浮浪山鰐淵寺』（出雲国浮浪山鰐淵寺」刊行事務局、一九九七年）において井上氏は、その濫觴は、平安時代を通じて鰐淵山の山岳修行の聖地と山麓地域にあった複数の周辺寺院を基礎に成立した道場であろうとしている。このほか、同寺史については、曽根研三「鰐淵寺史の研究」（『鰐淵寺文書の研究』第一編、一九六三年）、藤岡大拙「出雲の山岳信仰」（宮家準編『山岳宗教史研究叢書十二　大山・石鎚と西国修験道』〈名著出版、一九七九年〉、のち藤岡大拙『島根地方史論攷』〈ぎょうせい、一九八七年〉所収）。同寺の表記は現在「鰐淵寺」であるので基本的にこれを用いる。ただし史料引用では表記のまま「鰐渕寺」とする。

（12）これ以後、鰐淵寺の自意識は、この勧進状所載の縁起をもとに語られる。たとえば、正平六年十月日、「僧頼源目安状案」では「当寺者、推古天皇之御願」、正平十年三月日、「鰐淵寺大衆条々連署起請文案」（以上、鰐淵寺文書）では、「当寺者推古皇帝勅願、智春上人之建立也」と見える。推古天皇・智春上人に遡る開山伝承は、今日でも同寺の基本的歴史認識である。

（13）前掲註(11)『大社町史　上巻』、同『出雲国浮浪山鰐淵寺』。なおここでいう浮浪山は『出雲国風土記』に見えるような島根半島の四カ所の小地塊のひとつではなく同半島全体を指すと考えられる。

（14）大山寺の歴史については、沼田頼輔「伯耆大山寺の研究」（『仏教史学』一―三、一九一一年）、『鳥取県史二　中世』一九七三年、宮家前掲註(11)書、『大山町誌』（大山町役場、一九八〇年）。

（15）『華頂要略』巻一七（『鎌倉遺文』四六八七）。

（16）惜しくも焼失してしまったが、その一部の模本や写真が東京国立博物館・東京大学史料編纂所などに保管されている。藤原重雄「伯耆『大山寺縁起絵巻』の発願者――長谷部信連の「末裔」――」（『東京大学史料編纂所研究紀要』一四、二〇〇四年）に所在とその概要が紹介されている。筆者も、東京国立博物館の写本に接する機会を得た。
(17)　東京国立博物館蔵。
(18)　図版になっているものとしては、佐々木一雄編『大山寺縁起』（稲葉書房、一九七一年）。
(19)　記紀神話と出雲国風土記神話の決定的相違のひとつに、前者にあるスサノヲの神やらい（天上からの追放）をあげ、これが高天原世界と出雲世界の重要な接点であるとしている（坪井清足・平野邦夫編『新版古代の日本4　中国・四国』〈角川書店、一九九二年、二四〇頁〉）。
(20)　素戔嗚尊祭神については、鰐淵寺に牛頭天王像が伝世しているが、叡山から祇園の牛頭天王と素戔嗚尊の習合が持ち込まれた可能性が高い。前掲註(11)『大社町史　上巻』、同『出雲国浮浪山鰐淵寺』、ならびに脇田晴子『中世京都と祇園祭』（中央公論社、一九九九年、一〇四～一一二頁）参照のこと。
(21)　この問題は、井上氏の中世出雲神話に関する理解とも深く関わるところである。井上寛司「中世の出雲神話と中世日本紀」（大阪大学文学部日本史研究室編『古代中世の社会と国家』〈清文堂、一九九八年〉）。
　氏は、出雲国一宮杵築大社祭神の古代における大穴持《おおなむじ》命から、中世出雲神話に見える素戔嗚尊への転換について以下のように述べる。第一に、素戔嗚尊に転換した理由として中央権力に従順な大穴持に代わって自ら積極的に国造りを行う自立性の強い英雄神であること。第二に、古代においては八束水臣津野命と大穴持命とを区別しているが、中世では素戔嗚尊に両神の神格を集中的に体現していること。第三に、八束水臣津野命が朝鮮半島・隠岐・北陸地方から島を引き寄せているが、素戔嗚尊は仏教発祥の地＝霊鷲山から山を引き寄せるなど仏教思想に基づいていること。したがって第四に、大社祭神素戔嗚尊は、風土記などで語られてきた古代以来の歴史的伝説を総括的に継承しつつ、仏教思想を基軸に据えた国造りの神＝英雄神として描きだされているとした。そしてこれらは、出雲国内で考え出されたものであり、鰐淵山の聖たちがその中心的役割を果たしたと述べている。そこで、これらにつき吟味を加えてみたい。第一に関しては、風土記の須佐能乎命と、王権神話の素戔嗚尊についてどう考えるかが問題である。いわゆる王権神話の素戔嗚尊像は天下った荒ぶる神としての神格を保持している。一方、『出雲国風土記』の須佐能乎命は、出雲在来の神であり比較的おとなしい神格である。あわせて、風土記において同神は大穴持命の尊属神としての関係を持つ一方で、大穴持命が天神系の高産土皇神を尊属神としたのに対して、須佐能乎命は天神系の神とそのような関係を持っていない。国引きのモチーフが地域において認識されているとすれば、地域の人々のイメージするスサノヲ尊はまず風土記の須佐能乎命像であっても不思議ではない。天神に従順な大穴持を否定しているのであれば、天神系の神と関係を持たない風土記の須佐能乎命は独立自尊の地域神としてふさわしい。第二に関しては、このような神格は、鎌倉末期頃の成立とされる大山寺縁起や戦国期の鰐淵寺関係史料に見られる。いつ頃からはたしてそのような神格が形成され必要とされたのか、また第四とも関連するが、巨大かつ英雄的な神格であるよりもむしろ複数の神話や説話が曖昧に寄り集まって結びついていることの意味、結びつかなければならなかった理由は何だったのかについて考える必要があろう。第三に関しては、中世日本紀の内容や性格でもあるが、鰐淵寺縁起においては、地域観と国家観・世界観の関係を考えるうえで非常に重要な論点である。

(22)『大正新脩大蔵経』七十六巻、二四一〇頁所引。

(23)『一遍聖絵』第二巻第三段「そのとし天王寺に参籠し給けり。この伽藍は釈迦如来転法輪の古跡、極楽東門中心の勝地なり」として、天王寺西門で一遍が念仏札を配る。

(24) 田村芳朗「三種の浄土観」(日本仏教学会編『仏教における浄土思想』〈平楽寺書店、一九七七年〉)。

(25) 前掲註(11)『出雲国浮浪山鰐淵寺』四六～四七頁。

(26) 文永八年十一月日「関東御教書案」(千家家文書)には、得宗領以下、出雲国外に本貫を置く地頭らが多くみられる。松尾慶三「鎌倉期出雲国の地頭に関する一考察」(『山陰史談』一八、一九八二年)。

(27) この造営については拙稿「平安鎌倉期における杵築大社造営と造営文書の伝来」(『山陰史談』三〇、二〇〇二年)。

(28) 詳細は、平雅行「青蓮院の門跡相論と鎌倉幕府」、稲葉伸道「青蓮院門跡の成立と展開」(共に河音能平・福田栄次郎編『延暦寺と中世社会』〈法藏館、二〇〇四年〉所収)。

(29) この後の鰐淵寺関連文書に散見する同寺由緒の根拠はこの勧進状の文言である。推古天皇の勅願という認識については、正平六年十月日、「僧頼源目安状案」(鰐淵寺文書『南北朝遺文』二一六八)のほか、戦国時代の天文末年から弘治初年の、能義郡の清水寺との座次相論の過程でも標榜される。たとえば、天文二十四年五月二十日、「後奈良天皇綸旨」(鰐淵寺文書『大社町史　史料編　古代・中世』〈一九九一年、以下『町史』〉二一八九)でも「当

寺者為　推古天皇勅願之浄場」と記される。また、「当寺者推古天皇為御勅願之浄場、其後、山門最初末寺候」〈弘治二年〉「鰐淵寺初答状案」（鰐淵寺文書『町史』一二二七）、「抑当寺者　推古天皇之御願、尋其根源者、自神代別而霊験之勝地也」（弘治二年六月日、「鰐淵寺二答状案」〈鰐淵寺文書『町史』一二二九〉）とする。この相論に関与した延暦寺も「雲州鰐淵寺者忝為　推古天皇之勅願寺、扇叡岳山門之古風、為一州最頂之寺之間」（『華頂要略』弘治二年十月「於葛川明王堂延暦寺三院行者中衆議条々」）との認識を持つ。

(30)『大社町史　上巻』（大社町、一九九一年、四六〇～四七四頁）。

(31) 井上寛司「中世出雲鰐淵寺領の成立と展開（下）」（『山陰史談』一五、一九七九年）。

(32) 鎌倉期のものとみられる年月日未詳「杵築大社経田断簡」（鰐淵寺文書）には「一、楯縫西郷内七段小、牧戸村、大社御造替之間、大般若経転読料田也」と見える。

(33) 現在、この「遷宮儀式注進状」の正文に鰐淵寺僧の姿は見えない。しかし、この文書には、江戸時代初め十七世紀半ば頃のものとみられる写も残存しており（佐草家文書、個人所有）、正文に若干の抹消があることが判明している。『大社町史　史料編』ではこの文書にかつて僧の姿があったことを復元している。すなわち二十七日の儀式最終部分において以下のとおり正文では「次諸神二百余前、折敷盤備之、伝供次第、上官神人幷目代・在庁・書生・舞人・▨▨▨▨▨立二行、爰伝供之後、国造出雲義孝申祝、其後各宿所還畢」とあり、本文の▨部分に不自然な欠落がある。佐草家文書にある同文書写にはこの欠落部分に「鰐渕寺大衆」の文字が記し残されている。三月会の例からみれば、鰐淵寺は、神前への捧物を準備したものであろう。

(34) 岡田荘司「平安期の国司祭祀と諸国一宮」（一宮研究会編『中世一宮制の歴史的展開　下　総合研究編』〈岩田書院、二〇〇四年〉所収）。

(35) 横井靖仁「鎮守神と王権――中世的神祇体系の基軸をめぐって――」（前掲註(34)書所収）。

(36) 島根県教育委員会所蔵。活字版は『富家文書』（島根県教育委員会、一九九六年）。

(37) 国衙楽所の存在とこれらの国内寺社祭祀における役割については、井原今朝男「中世の国衙寺社体制と民衆統合儀礼」（前掲註(34)書所収）に詳しい。

(38) 建長七年二月日、「出雲国司庁宣」（千家家文書〈『鎌倉遺文』七八四八、七八四九〉）。

第二章　「出雲大社幷神郷図」は何を語るか

——出雲国鎮守の主張——

はじめに——従来の諸説から

鎌倉時代の出雲大社（杵築大社）とその周辺を描いたとされる絵図が残されている。「出雲大社幷神郷図」（重要文化財）と呼ばれるこの絵図は、出雲国造家伝来の絵図として有名なものでありながら、必ずしも厳密にその性格が語られることはなかった。

それは、この絵図が持つ一様には語れない性格ゆえであった。従来、これが杵築大社領の中核をなす杵築郷を中心に描かれた荘園絵図としての性格を持つことが指摘されている[1]。しかし、神社境内がひときわ目立ち、周辺の風景を微細に描くこの絵図を、いわゆる荘園絵図との評価のみで片付けるわけにはいかない。宮島新一氏の、絵図というよりも「絵画的要素が極めて濃い作例である」という指摘をあらためて認識し直さなければならない[2]。

この絵図の用途や描かれた範囲については、先学が以下のように述べている。

建築学の福山敏男氏は、絵図に見られる桟の痕跡と画材から、宝治二年（一二四八）の遷宮に伴う調度品の障子の絵であり、建長元年（一二四九）八月「杵築社遷宮神宝注記」（千家家文書）にみられる「御築立障子一基高五尺弘五尺、以生絹帳之、面裏在絵」がこの絵図にあたると指摘している[3]。

また、出雲大社の千家和比古氏は、杵築大社領の主要部分である十二郷七浦を含めて描いていたのではないかと

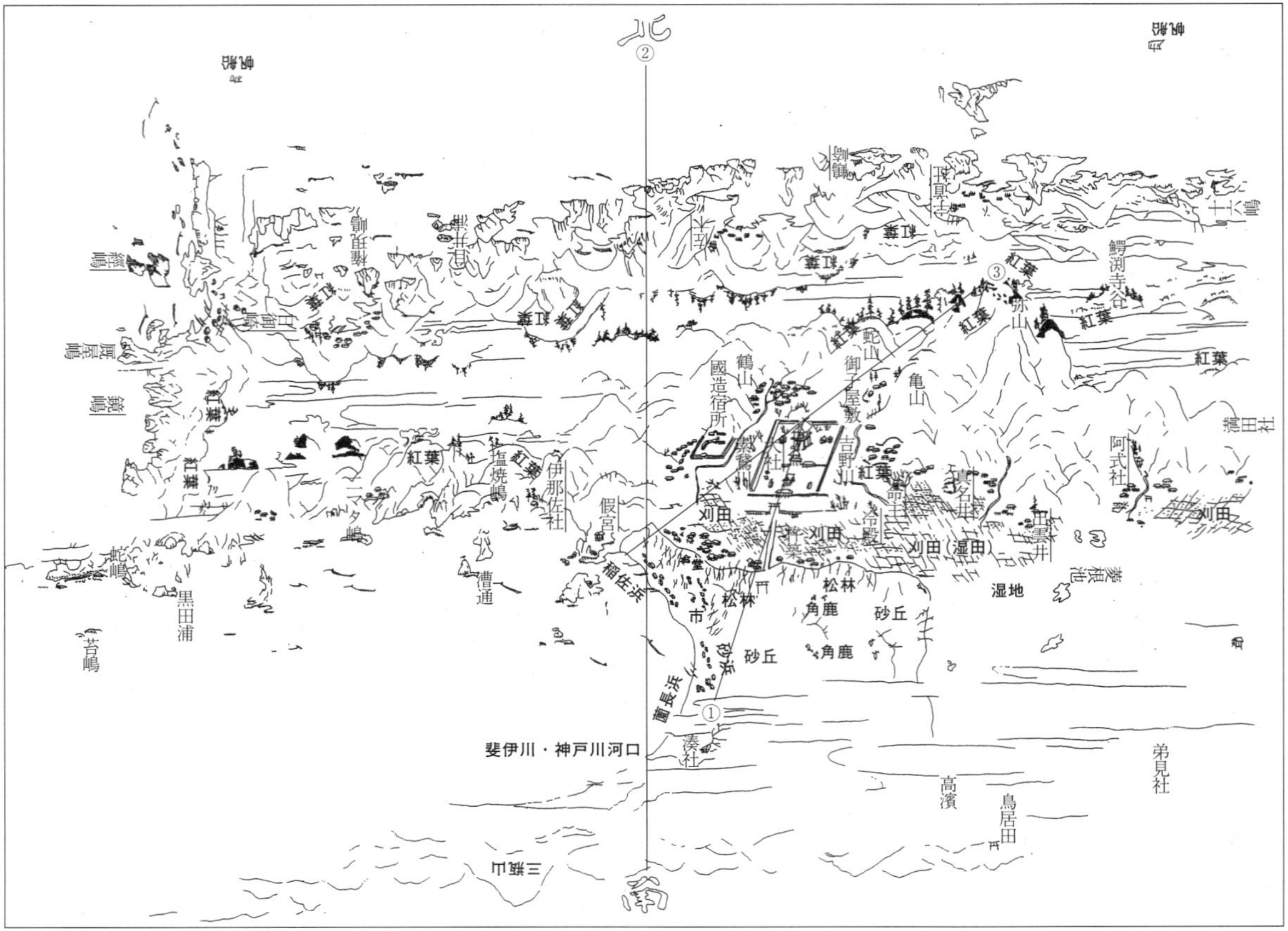

＊1　トレースは筆者によるものである
＊2　原本は千家家蔵
＊3　原本法量は九三・五cm×一三一・〇cm
＊4　縦書きは絵図の付箋を表す。傍線は白付箋、他は茶付箋
＊5　太字横書きは筆者補筆
＊6　図中の三カ所の補助線は筆者補筆

図　絹本著色出雲大社幷神郷図（重要文化財）

した。[4]

歴史学の立場から、井上寛司氏は、基本的に福山氏の指摘を支持しながら、大社領の中核である杵築郷を描いたものとした。[5]

絵図の成立時期については、福山・井上両氏は「杵築社遷宮神宝注記」をもとに、宝治二年（一二四八）の遷宮に伴って描かれたものとしているが、宮島新一氏は絵図南北の山々の一部稜線や山頂付近の樹木に見える「水墨画の技法」から十四世紀初頭と推測している。確かに、絵図に描かれた要所にあたる山々の頂部や山頂付近の樹木が黒く見えるものがあり、意識的に強調されていることはわかる。

しかし、井上氏が、絵図中の杵築大社境内建造物群の構成から、少なくとも宝治二年に遷宮を行った境内の様子が描かれていると指摘しているが、この点は間違いなさそうである。[6]この宝治二年遷宮の本殿は、文永七年（一二七〇）正月二日に焼失していることから、[7]それ以前の成立とも考えられそうである。しかし、鎌倉後期には、国衙無沙汰により再建困難に陥っていた同社としては、焼失後に在りし日の境内を想起して描かせたと考えることも不可能ではないので、断言できない。

現状では、おおむね十三世紀半ばから十四世紀にかけて、現地で描かれた絵図であろうという従来の枠組みで考えることとして、この絵図の内容を、一宮としての杵築大社やこれに深く関連する寺院の当該期における立場からとらえてみたい。

しかし、構図を見ると、背景に山を配し杵築大社を高い視点から描き、自然景観を豊かに描いたこの絵図は、中世の山王宮曼荼羅や春日宮曼荼羅の構図にも似通っているにもかかわらず、[8]そのような視点から本絵図が解釈されたことはない。画面全体にかなり写実的である本絵図が「何を目的に、何を語らんとして描かれたのか」が依然と

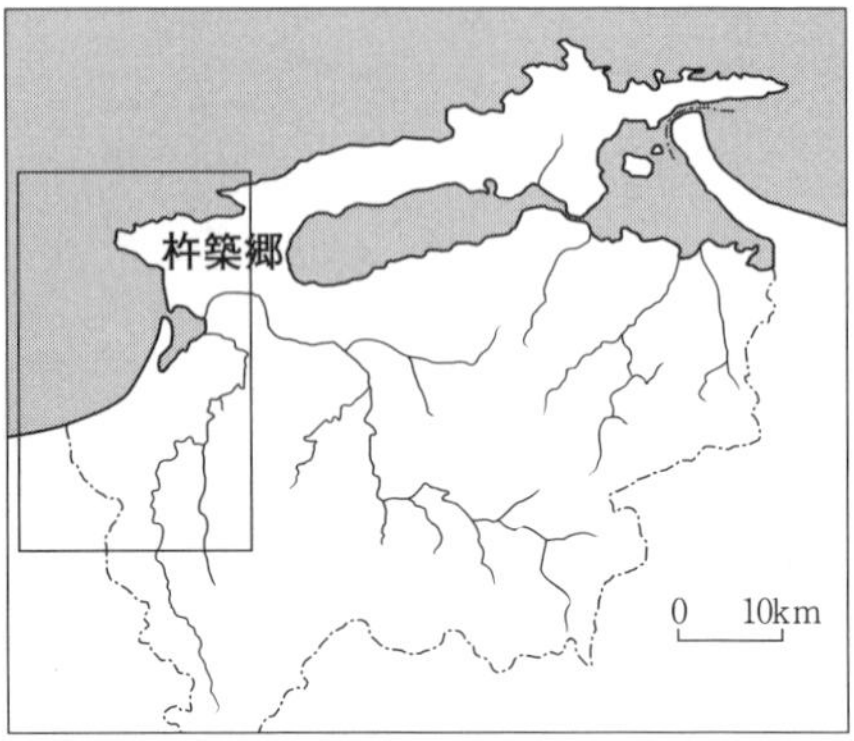

中世出雲略図
（罫で囲った部分を下に拡大）

地図　島根半島西部・大社湾付近
（神郷図に描かれた地域）

して明らかにされていないのである。

一見、多様な性格を併せ持つと考えられるがゆえに、特定の絵画範疇に組み込んだり、類例を見いだすことが困難なこの絵図について、まずは、その現状に即して、構図や、そのなかに込められた情報を読み込んでみる必要があろう。

そのときに留意すべき視点は、「中世人がこの絵を見た時、何を読み、何を意識しうるのか」。中世人の視線に立った絵の読み込みが肝要であろう。

第一節　構図の骨格

とりあえず、残されている絵図の現状に即して読みだしてみる。まず、絵図の特徴を考えるときに、どの方向から描いているのか、実際にその方向から見たときにそう見えるのかということが、より写実的なものなのか否か、どういう意図でその絵図を描いたのかを考える重要な手がかりになると考えられる。そのうえで、絵図の骨格を明らかにして、この絵図の主題を考えていきたい。

もともと「出雲大社幷神郷図」にはいくつかの付箋がつけられている。それは福山・宮島・井上の諸氏により、「弥山」ほか貼付された絵図の付箋は江戸時代のものではないかとされているが、明確な論拠は示されていない。管見では、付箋に見られる「弥山」はじめ仏教的構成要素から、少なくとも、杵築大社において神仏分離が行われる一六六〇年頃よりは、以前のものであろうと考える。すなわち、付箋は二種類（白・茶色）で、おのおの同時に貼付されたもののようである。（例えば茶色付箋は「鰐渕寺谷」「弥山」「亀山」「蛇山」「鶴山」「吉野川」「素鵞川」「御子屋敷」「国造宿所」ほかで、筆跡・墨色などからも、これらは同時に貼付されたと推測される。）

絵図を描く角度・視点——絵図の天地　それでは、現在の島根半島西部を描いたこの絵図が描かれた方向を見てみよう。

半島北側の山々は北海から南向きに、日御碕神社とその付近は西側から東向きに、大社湾側の山々は湾側（南）から北向き、稲佐浜から薗長浜にかけての砂浜は湾側（西）から東向きに、大社境内から弥山は南側から北向きに、出雲平野の南山は北から南向きに描かれており、おおむね島根半島の山塊は、半島部を方形に取り巻くように描かれ、半島周囲を廻りながら描いたことを推測させる。この山塊のなかでも、ひときわ高く、とりわけ大きく描かれているのが「弥山」の付箋が付く、現在の弥山であり、南側から描かれていることに注意しておきたい。

また、朱塗りの社殿群が建ち並ぶ杵築大社境内は、実際の地理観に比して、ひときわ大きく描かれ、投射角で、南側から描かれている。また、大社境内の南北軸線（**図①線**）は、斐伊川・神戸川河口部の「湊社」へ到達し、境内が水門に向かって南面する様子が理解できる。これらから、絵図の天地は、北が天、南が地であるといえる。

絵図の中心点は「稲佐浜」　また、従来は、ひときわ目立つ杵築大社境内の存在に目を奪われ、これが単純に中心であると判断してきた。しかし、注意深く絵図を見れば、境内は、絵図の南北中心軸（**図②線**）より右にずれていることがわかり、我々の持つ、自明の先入観が必ずしも正鵠を射たものではないことを教えてくれる。それでは、この絵図の主題であるはずの大社境内が、中心からやや東に外れているのは何ゆえか。

そこで、絵図の南北中心軸上に何があるか見てみよう。まず、虚心に見れば、現在の大社湾沿いに弓成り状の浜がある。我々は、この意外な構図に何を読み取るべきであろうか。

今少し、注意深く見ると、絵図のなかで、ひときわ高く目立って描かれる「弥山」の頂上と西南方向に向かって投射角で描かれる大社本殿を結ぶ線（**図③線**）の、さらに南西方向への延長線と、絵図の中心軸である墨書「南」「北」を結ぶライン（**図②線**）の交点に、稲佐浜があることに気づかされる。稲佐浜は、現在でも、神在月（出雲以外の地方では神無月）に全国から八百万神を迎える神事が行われる神聖な場所である。

つまり、絵図の構図上の中心点は「稲佐浜」であることをここで指摘しておきたい。

したがって、この絵図の第一の主題は、「弥山」「杵築大社境内」「稲佐浜」のラインにあることを指摘しておきたい。

第二節 絵図の構成要素

次に、この絵図を構成する個々の要素を吟味しながら、この絵図に盛られた情報を読みだす基礎作業をしていきたい。

山 先述のとおり、「弥山」は、真南から、他の山に比してひときわ高く描かれる。山頂付近に彩色の痕跡（現状は黒色）が残り、特別な意味を持つ山であることがわかる。現在聖地とされる大社境内裏（北側）の八雲山（絵図では「蛇山」の付箋がある）はその続きとして描かれるのみである。

また、先述のとおり、島根半島の山並は、海からの視点で描かれ、大社裏の島根半島の北山山塊を取り囲むように見える。

一方、絵図の下側、現在の出雲平野の南側の山々は、平地からの視点で描かれ、山頂を下向きにして、北山山塊とともに平地を囲むかのように見える。南の山々は、雲を隔てて実際の地理よりもずっと杵築郷に引き寄せられて描かれている。そのなかでも、薗長浜（白砂の浜）の南側に、ひときわ高い山が見えるが、現在でも、出雲平野に立ってこの方向を見ると、絵図と同様の山容を見せる三瓶山（出雲石見境の山）が見える。これが杵築郷を描く絵図であるならば、その南限境界である斐伊川・神戸川河口部より南の山に関する情報は必ずしも必要ではないはずである（**地図**も参照）。この意味について留意しておく必要がある。

（霊）雲 絵具の剝落もあり、曖昧さを残すが、絵図の東南方向（現在の出雲平野方向）を、雲がやや斜めに隠す。また、画面の杵築郷と南側の山々の間にたなびき、両者を実際の地理的距離より大幅に近づける役割を果たしている。同時に、斐伊川、神戸川をおおむね隠し、雲間に湊社とともに両川の河口部を一部見せる。さらに、大社の背景、北山山中に多くたなびいているが、所々に若干の乱れ雲が見える。特に、弥山の上に見える乱れ雲は、弥山の霊気を表現しているものと思われる。

川・池など　四筋の川が、もっぱら、弥山とそれに続く山塊から、南向きに流れ出る。うち、二川は、大社境内の東西を流れる「素鵞川」「吉野川」である。また、他の二川が流入する絵図東端付近に菱根池をはじめ湿地帯が見える。いわゆる杵築郷の東限とされる部分である。(9)

原本では雲間に見える斐伊川・神戸川河口部「水門」(みなと)は青で強く彩色され、薄めの青で彩色された海の色調と対象をなしていることに気づかされるが、「水門」に何か特別な意識を持っている証左であると考えられる。この「水門」近辺に、「湊社」の付箋が付された同社が見える。

『寂蓮法師集』には「出雲のきつきの宮にまいりていつもの河の辺にて」「出雲川ふかき湊をたつぬれははるかにつたふわかの浦なみ」(『続群書類従』一五)とあるが、この付近は、杵築郷の南限で、杵築大社に参詣する場合の出入り口のひとつでもあったのであろう。

水田　四筋の川の川下に拡がる刈田がある。大社境内の南側から、弥山をはじめ北山の麓に拡がる。注意深く見ると、山際の茶色の彩色部分と、菱根池寄りの薄緑の彩色部分に描き分けられている。前者の畦は明瞭に描かれ、田おこし後の耕作土の模様が描かれている。後者の畦は曖昧なうえに耕作土がおこされた様子が見えない。現場の地形に即していえば、前者は比較的標高が高い乾田部分、後者は低地の沢田であろう。(10)なお畦の線は、弥山の南麓の菱根池付近から北方向に見渡したように描かれており、放射状に見える。しかし、現在、実際に現場でこの位置に立つと、この絵図のように左翼側の大社前面にある水田は見通せない。にもかかわらず、見渡したように描かれている。これは、必ずしも実際に全体を見通しながら描いたものではなく、ある点から弥山を真北に眺めながら山麓に沿った左右両翼の水田地帯を描く構図であろう。

浜と砂丘　白く区画彩色されている。大社南側の水田を隔てた一帯で、現在の浜山以西の海岸部に拡がる。松が茂り、鹿が遊ぶ。浜沿いには浦の集落が拡がる。

動物　唯一「鹿」が見える。角のある鹿とない鹿が対になっている。現在でも出雲大社裏の北山山中に生息するが、大社湾に面した浦の東側、水田地帯の南側の砂丘地帯、集落や耕地の外側に集中的に見えることからも、荒野の表現であろう。

植物　画面上から中段の北山山中から山麓にかけて所々に朱色で彩色された紅葉が見られる。画面やや下側に描かれる浜の砂丘地帯には松が生い茂る。現在、松の幹を表現する茶色の彩色が残る。緑の絵具がほとんど剝落して見えないが、注意深く観察すると、彩色の痕跡が残る。大社境内には落葉広葉樹とみられる樹木の落葉後の様子が、弥山とその周辺の山の峰には杉・檜であろうか、まっすぐに伸びた常緑針葉樹が黒く見える。

船・舟　帆船が島根半島沖合を通過している。井上寛司氏は、ここに遠隔水上交通を読み取る。また、島根半島を廻り、大社湾へ出入りする手こぎ舟が多く見られる。浦々を廻る沿岸交通を表現しているものと考えられる。これら舟のこぎ手が、この絵図にみえる唯一の人間である。多くは、大社湾へ入り、稲佐浜付近に着岸している様子がわかる。稲佐浜付近に到達することに何か特別な意味を込めたものと思われる。

在家　大社正面の水田の南際と北山の谷合出口付近にも集落が複数見られる。年月日未詳「杵築大社造営遷宮旧記注進」（北島家文書[11]）においては、康治二年（一一四三）七月二十八日、大社造営（一一四五年完成）のために行われた、「三前山」（大社境内北側の山塊）における材木捜索に「社頭住人」が動員されているが、これら在家の人々を指すと考えられる。また、日御碕社頭や、宇道・佐木などの浦々、そして大社湾沿い薗長浜の砂丘のある浜手に沿って浦在家が見られる。

市　農村と浦の中間に、堂を中心に南へ伸びる街路があり、両脇に家が並ぶ。

寺　市の一番北側に堂が見えるが、現在の養命寺とみられている。[12] 寺院建築で、明確に建物が見えるのは、稲佐浜近くの、これ一宇のみである。杵築大社の遷宮儀式や年中行事に提携奉仕した鰐淵寺でさえその建物が描かれていないにもかかわらず、この位置に唯一この堂が描かれるところに特殊な意味合いを想定しなければならないであろう。

館　「国造宿所」や「御子屋敷」をはじめ境内の東西北の三方を取り巻き、垣に囲まれた屋敷群は、その位置や大きさから見ると社家のものであろう。「国造宿所」が大社境内西側にひとつだけ見えるが、康永三年（一三四四）に国造家が千家・北島両家へ分裂する以前、すなわち「一頭国造」時代の状況を示している。

社殿　この絵図の中心画材である大社の境内には朱塗りの建造物群が建ち並ぶ。なかでも、ひときわ高く描かれる高屋の本殿が目立つ。境内は南面し、東西北の三方が築地塀で囲まれている。

周辺諸社は、弥山山麓の水源付近、斐伊川・神戸川河口、杵築郷の南側、また、浦々に散見する。そのなかでも湊社は、大社境内の南北軸線の延長上にあり、出雲最大の河川、斐伊川・神戸川の河口部（水門）付近に位置している。

岩倉　弥山南麓、弥山を背景に「命主社」の付箋付近に社殿が見え、その背後の紅葉の下に岩倉がある。[13] 元来、この岩倉が、弥山に関連したものであったことを読み取らせてくれる。弥山の遥拝所であろうか。

泉　弥山の麓、「出雲井」「真名井」の付箋が見える。「真名井」には泉を囲む囲いが見え、畔に松の巨木が見えている。

このようにみると、この絵図に描かれたものは、見えるものをありのまますべて描いたのではなく、一定の選択された情報が描かれたことが推測されてくる。[14]

まず、社殿は、杵築大社を中心に、浦々をはじめ要所に多数描かれているのに対して寺院建築は、稲佐浜の市の北側の堂（現在の養命寺）がひとつである。これは、井上氏も指摘するように、これ以外に寺院が存在しなかったことを意味するものではあるまい。[15]山は、弥山が実際の山容より異様に大きく描かれている。人影は、手こぎ舟の船頭のみで、大社境内付近にもまったく見えない。動物は、鹿のみであり、植物では紅葉・松がひときわ目立つ。ここに、刈り田と併せて、晩秋から冬にかけての季節感が表現されている。いわゆる、出雲においては神在月の季節である。

第三節　絵図が物語るもの

1　大社西の浜手の景観から――中世往生伝から

次に、現在の島根半島を廻って、大社湾に入る多くの舟が行き着く先であり、この絵図の構図上の中心点をなす稲佐浜が、どのような意味合いのある場所であったかについて明らかにしていきたい。それは、この絵図の主題や描かれた目的の主要な要素をなすと考えられるからである。

稲佐浜　この浜が持つ意味については、すでに井上寛司氏が重要な指摘をしている。[16]そこで、井上説を再整理しながら、この絵に引き付けて解釈を加えてみたい。

井上氏は『後拾遺往生伝』上、良範上人の往生伝の、「良範上人は、出雲国能義郡の人なり。（中略）夢中、杵築神社西の浜に、一隻の舟あり。上人その故を問う。舟人答えていわく。是れ、極楽浄土より、当国住侶良範上人ならびに行範上人らを迎えんがために来るところなり。（原漢文）」をもとに、西方浄土への信仰と稲佐浜の結びつきを述べている。また、永暹上人の往生伝の「上人永暹は石州の人なり、雲州鰐淵山に住し（中略）天王寺西門に於いて念仏を修す。（原漢文）」を引用して、鰐淵山で、おそらくは法華経修学した僧侶が、結局、難波の四天王寺の西門で念仏を修しているなど、難波の四天王寺西門における極楽浄土への信仰の盛んなありさまを述べている。

これらは、『梁塵秘抄』巻二の「極楽浄土の東門は難波の海にぞ対《むか》へたる転法輪所の西門に念仏する人参れとて」（一一七六）と詠われたり、『一遍聖絵』の第二巻第三段「天王寺（中略）極楽東門中心の勝地なり」として、一遍が民衆に念仏札を配る様子などを考え合わせれば、海に向かって西面する稲佐浜一帯は、中世は難波の海に面し極楽浄土を欣求する民衆が群れ集まっていた四天王寺の西門と同様に、極楽浄土の東門であると意識されていたといえる。

そのために、この絵図に、この浜へ寄り来る多くの舟や、あえてひとつだけ堂を描いたのではないか。

徳治二年（一三〇七）十二月五日「国造出雲泰孝譲状」（北島家文書『鎌倉遺文』二三一〇四）には、「かもしゐのしやうりやうの内、おゝいしたにのさいけ・てんはた、女子みついねにゆつる状ニ、女子いてきたらハゆつるへきよし、せん日のゆつりしやうにこれをのすといゑとも、みついねすんけをとけ（しんやんハうといふ）、てんわうしのてらゐいりて、たかいせしめをはんぬ」とあるように、杵築大社神主国造出雲泰孝の女子が、出家を遂げ、天王寺へ入り他界しているが、出雲国造一族のなかにも浄土信仰が浸透し、天王寺が強く意識されていたものとみられる。

ここにも、稲佐浜と天王寺付近との意識的関連がみられるが、そのように考えるならば、稲佐浜付近の堂の前にある「市」も、『一遍聖絵』に見える四天王寺門前の市と重なるであろう。

したがって、稲佐浜付近は、難波津の景観イメージと重なる。また、そのようにとらえるならば、稲佐浜から湊社までの松林を背後に控えた白く長い砂浜（薗長浜）からは、和歌に詠われる「住の江の浜の真砂」が想起されるであろう。

2　大社境内、「弥山」と「鰐渕寺谷」の配置から

大社境内の東北に弥山、その背後には鰐淵寺が位置する。山内の寺院建築群は、谷合や雲に隠れて見えない構図になっているが、「鰐渕寺谷」の付箋が見える付近には、雲間から峰が突出し、同寺の存在を暗示している。鰐淵寺は、平安時代以来、蔵王権現・山岳信仰の霊場であり[17]、鎌倉時代初頭には、比叡山無動寺の末寺となっている天台系寺院でもある[18]。すでに、出雲における山岳信仰のネットワークを基礎に、杵築大社と提携していることが明らかにされている[19]。

また、大社境内は朱塗りの社殿群でひときわ目立つが、境内にひときわ高くそびえ南面する高屋の神殿、左右の摂社が見える。その前面に二階建ての中門（八足門）、左右に中門廊が配されて境内が南北に仕切られ、境内南側の舞殿、庁舎などがある空間とは区分されている。宝治二年（一二四八）十月、目代らを迎えて行われた遷宮儀式では、おおむね北側で神事が行われ、南側で舞楽をはじめとした諸芸能や目代・国造以下が参加する直会が行われている[20]。井上氏は、杵築大社年中行事の特徴を、五節句を中心とした公家年中行事と共通の構造を持つことによっ

て中央と地方をつなぐ媒介としても機能する仕組みとなっていたことを明らかにしているが、[21]そのような年中行事の場でもある境内は、都（王城）にも准《なぞら》えるものであったと考えられよう。

これらに、先の難波津・住之江を糸口に、畿内の地理観と併せれば、杵築大社境内は、都と重なり、弥山と鰐淵寺谷は、比叡山の位置と重なるものと考えられる。[22]さらに、この絵図全体に拡がる田・在家ほか人の居所が見える領域からは、「王土」を観念しえたに違いない。

3　浮浪山と鰐淵山への意識から

ここでさらに、これを天台系山岳寺院鰐淵寺の論理でとらえると、どのような理解ができるのであろうか。建長六年（一二五四）「鰐淵寺衆徒勧進状案」には「凡そ、我朝は、これ神国なり、当州また神境なり。神は法により威光を倍し、法は人により興廃を致す（中略）当国内、則ち仏陀に帰するの外、また、神慮に順う（部分、原漢文）[23]」とあり、まずは、神国観や王法・仏法相依の思想に基づいた地域観が表れている。

聖のすみか　次に、この絵図の鰐淵寺から日御碕神社にかけての山塊を、当時の人々はどう認識していたのであろうか。

この絵より一世紀以上遡るが、『梁塵秘抄』巻二の一節には、「聖の住所は何処〳〵ぞ、箕面よ勝尾よ。播磨なる、書写の山、出雲の鰐淵や。日御崎、南は。熊野の。那智とかや」とあり、聖の住所であると広く認知されている様子が指摘されている。[24]さらに、「聖の好む物、木の節・鹿角《わざづの》・鹿の皮」や、「冬は山伏修行せし、庵と頼めし木の葉も紅葉して、散り果てて空寂し、褥《にく》と思ひし苔にも初霜降り積みて、岩間に流れ来し水も、氷しにけり」など、絵図の「角鹿」や「紅葉」によって修行者である「聖」や「山伏」の住所と連鎖するように暗示的に表現されているのであろう。

浮浪山鰐淵寺の自意識から　「鰐淵寺衆徒勧進状案」（鰐淵寺文書『鎌倉遺文』七八三九）に語られる縁起には、「当山は異国の霊地、他州の神山なり。蓋し、摩竭（陀脱カ）国中央の霊鷲山の巽の角、久しく風波に浮き、日域に就く。故に、時に、俗号を浮浪山という。（中略）月支海畔の昔は、釈尊説法の場、日域雲州の今は、蔵王利生の砌なり（原漢文）」と。すなわち、鰐淵山は、天竺、摩竭陀国の霊鷲山の北東の角が離れて、長い年月をかけて日本に漂着したもので、これが浮浪山の山号の由来であると説く。かつてそこは釈迦が説法を行った場所であるが[25]、日本の国土の一部である出雲国となった今は蔵王権現の霊地であるとしている。

鰐淵寺縁起に記される歴史意識の背景には、五天竺世界観がみえるが、その上に山岳信仰の霊場という現状がかぶさる。

国引き神話への意識から　また、この浮島漂着の話は、『出雲国風土記』の「国引き神話」をもとにした中世神話のひとつである[26]。その理解に従えば、この絵図において、本来杵築郷を遥かに離れた（現在の出雲平野の）南山を実際よりきわめて近距離にしてまで、わざわざ描いていることが注目される。それは、描かなければならなかった必然性があったがゆえに描いた山々であって、南山のうちのひときわ高い山、三瓶山は『出雲国風土記』における八束水臣津野命による国引きの西側の杭であり、絵図の中軸をなす湊社から稲佐浜に至る薗長浜は同じく、国引きの綱であるから、この絵に、「狭布之稚国」を広くするために八束水臣津野命が海の向こうの地塊を引き寄せた、出雲の在地（地域サイド）における国土創成の「歴史」意識を看取することもできよう[27]。

仏教的世界観から　また、五天竺世界観を念頭にイマジネーションを逞しくすることが許されるならば、大社境内北側の山々が天竺北東側に位置した霊鷲山の一部であったという認識は、その南西麓に位置し拡がる朱塗りの社殿が並ぶ大社境内や、弥山山塊から流れ出る四筋の川や、在家・水田などの配置から、あたかも、人が住む南贍部洲の中天竺摩竭陀国やその都である王舎城、オクサス・ガンジス・インダス・シータ川などからなる五天竺図をさえ想起させえたであろう[28]。

おわりに

以上から、この絵図の軸をなす弥山・大社・稲佐浜ライン、大社境内・湊社ラインからは、

①杵築大社境内＝都
②その北東の弥山・鰐淵寺＝比叡山＝王城鎮護の霊場
③その南西の稲佐浜から湊社＝難波津・住之江＝浄土への入り口

などを読み取ることができる。

弥山―大社―浜の軸線と、絵図墨書「南」「北」の中軸線から、極楽浄土の東門である稲佐浜が絵の中心点になることで、鎌倉期の杵築大社は、現在のように社殿の裏手にある八雲山（**図**では「蛇山」）を聖山と意識し、これを背にしたものではなく、東側の弥山を聖山と意識し、稲佐浜方向を意識して建っていることがわかる。現在でも南面する本殿の内部にある内殿御神座は西向きになっており、おおもとの姿は、弥山を背にして神座が西方を臨み、本殿内にあっては神座に向かって逆に弥山を拝するという意識から出発したものと考えられる[29]。

このように、この絵図は、地域の景観を通して、都とその周辺の景観を重ね合わせられる構図となっていると同時に、中世（特に平安・鎌倉期）における、貴賤を問わぬ浄土への信仰を取り込んだものと考えられる。

「出雲大社幷神郷図」は、中世一宮としての杵築大社の在り方を雄弁に物語っている。それは、ごく抽象的にいえば、杵築大社の社会的・体制的位置付け、すなわち存在意義を主張する図としての性格が表れている。

一見すると、杵築大社領の中核である杵築郷と若干の周辺を、出雲国にとっては、神々が集う神在月という特別な季節の豊かな自然や、生活・神社景観とともに描いている静態的な絵図である。しかし、絵図の基本モチーフをみれば以下のようになろう。

まず①小「王城と周辺」観が絵図の基軸を構成し都と王城鎮護の構図や、浄土信仰にかかる構図が中核になっている。そして、その背後に②国土創成の「神話」的歴史観や③小「天竺」世界観をさえ伏在させ、重なり合った構図になっている。

またこれらは、国家権力の構成者をはじめ、浄土を求める貴賤を問わぬ人々、山岳に修行する行者・聖らや、天台の法華経修学者、地域の人々など、多様な人々の意識を集約し重ね合わせ取り込むことで成り立つ絵図で、杵築郷とその周辺の地理的景観のなかに王土を表現しながら仏国土の要素を重ね合わせたものともいえよう。

この絵図には、杵築郷の中心にある杵築大社が、これら複数の要素を集約統合する中核にある社として位置づけられており、それゆえに日本国の鎮守神であり、そして出雲国の鎮守神でもありうるという主張が盛られていると想定される。

一方、杵築大社とその周辺の中世絵図として唯一この絵図が伝来してきた理由を考えると、文永の焼失（文永七年〈一二七〇〉）以後、半世紀にわたって仮殿の造営さえままならず[30]、結局、中世においては正殿の造営も行われないまま推移する状況下、国一宮としての機能・役割を主張することで、体制的支援をうけて、絵図に見えるような巨大神殿＝王城を再建することを望み続けたことにもよると考えられる。宮島新一氏の言われるように、成立時期を十四世紀初頭にまで下げるとすれば、あるいはそのことがこの絵図の成立事情の最大要素であった可能性がある。そして、巨大神殿を描き、一見して仏教色を見せないがゆえに、この絵図は、巨大神殿復興を目指す江戸時代の寛文の造営に適合し、他に先駆けて行われた杵築大社の寛文の神仏分離（一六六〇年代）の荒波[31]を乗り切ることができたのであろう。

註

（1）『大社町史　上巻』大社町、一九九一年、五七五頁。
（2）宮島新一「神が宿る土地の姿」（『縁起絵と似絵――鎌倉の絵画・工芸――』日本美術全集　第9巻〈講談社、一九九三年〉）。
（3）『鎌倉遺文』七一二二。福山敏男『日本建築史研究』（墨水書房、一九六八年）。この絵図が、いったいどこに置かれたのかについては、この絵図の機能を考えるうえで、大きな問題である。江戸時代初期の話になるが『雲州懐橘談』（『続々群書類従』九　地理部）の杵築の項には、杵築大社を訪問した松江藩儒学者黒沢石斎が、正殿に上った際の記述がある。「階を昇れば、正面の障子に金彩色に当社の地図を写し、左の障子には競馬を絵き」とあり、神社とその周辺を描いたと考えられる障子絵があったことが記される。「左の障子」絵は、現在、出雲大社に写しが残る「三月会神事図」であると考えられる。「正面の障子」は、いわゆる神郷図かどうかは不明ながら、本殿を入った正面にそのような内容を持った絵図が配され、一番最初に昇殿者の目に入れる機能を持つ障子絵であったことを物語っている。したがって、障子の桟の痕跡を残す神郷図も、そのような機能を持たされた可能性があろう。
（4）『出雲文化展図録』（古代出雲文化展実行委員会、一九九七年）。十二郷七浦とは、杵築大社周辺に拡がる遥堪郷・高浜郷・稲岡郷・鳥屋郷・武志郷・出西本郷・求院村・北島村・富郷・伊志見村・千家村・石塚村、および杵築浦・黒田浦・宇龍浦・免結浦・鷺浦・鵜峠浦・猪目浦をいう。
（5）前掲註(1)書、五七八頁。

（6）前掲註（1）書、五七九頁。
（7）『帝王編年記』同日条。
（8）関口正之『日本の美術3　No.274　垂迹画』至文堂、一九八九年。
（9）前掲註（1）書、五七五頁。
（10）康元元年十二月日「杵築大社領注進状」（出雲大社文書『鎌倉遺文』八〇六八）には、北山山塊（**地図**）の南麓に沿って、杵築郷の東側に向かって拡がる遥堪郷・高浜郷について「一、遥堪郷四拾八町八段百八拾歩」「一、同郷沢田拾町八段百八拾歩」「一、高浜郷弐拾弐町陸段六十歩」「一、同郷沢田拾四町二百六十歩」と記しており、所領としての成立時期や事情を異にしていることを窺わせている。
（11）『鎌倉遺文』七〇一七。
（12）前掲註（1）書、五八二頁。
（13）ここは、江戸時代の寛文の造営時に石切場となり、弥生中期の銅戈・硬玉勾玉が出土しており、この地域における祭祀の濫觴を窺わせている。
（14）ただし、一定の厳密さをもって描かれている。十四世紀になるが、康永二年六月八日、「出雲清孝所領配分状」（千家家文書『南北朝遺文　中国・四国編』一二七〇）には「杵築之内当家惣領知行分」として権検校分・東分の一部に「市庭」、森脇分として「まない・命主・吉野川迄亀山之ミねをさかふ也」と見え、また、康永三年六月五日「千家孝宗・北島貞孝連署和与状」（千家家文書『同』一三三七）には、「所領事（中略）杵築宮内田畠及、院内、市場、浦々、幷塩屋浜等」を、ふたつに分裂した両家がおのおの半分ずつ知行することが取り決められているが、これら権利関係がからむ要所は付箋を含めておおむねこの絵図に見えている。
（15）前掲註（1）書、五八二頁。
（16）前掲註（1）書、四一六頁。
（17）（重要文化財）「鰐淵寺経筒」銘文、同寺蔵。
（18）建暦三年二月日「叡山無動寺検校政所下文」（鰐淵寺文書『鎌倉遺文』一九七五）。
（19）前掲註（1）書、四一二頁。藤岡大拙「出雲の山岳信仰」（『島根地方史論攷』ぎょうせい、一九八七年）。

(20) 建長元年六月日「杵築大社造宮所注進」（出雲大社文書『鎌倉遺文』七〇八九）。
(21) 前掲註(1)書、四七四頁。
(22) いつの頃から弥山と呼ばれたかは不明。現在、この山を稲佐浜のある西側から眺めると、角錐形に見える。その山容が、仏教宇宙観の須弥山（四角錐形）に似ていることから弥山といわれるようになったのであろう。この山および山塊について『出雲国風土記』には「御埼山」と見え、高さが「三百六十丈」、周囲が「九十六里一百六十五歩」とされ、現在の出雲市平田の旅伏山から出雲市大社町の日御碕までの、島根半島西部の北山山塊を指したものとみられる（**地図**）。その山塊の中心をなす「三百六十丈」の最高峰が、神郷図に見られる弥山（実際は標高四九五・五メートルと低い）であると考えられる。この絵図には、その「御埼山」のかなりの部分が収まっている。『出雲国風土記』には、「御埼山」の西麓に、「所造天下大神」が鎮座するとしており、神郷図の構図とも一致する。
(23) 鰐淵寺文書『鎌倉遺文』七八三九。
(24) 前掲註(1)書、四一五頁。
(25) 『梁塵秘抄』巻二には「仏は霊山浄土にて、浄土も変えず身も変えず、始めも遠く終わりなし、されども皆これ法花なり」「釈迦は常に在《ましま》して、霊鷲山にて法を説く」。霊鷲山は浄土のことで、釈迦が常にいる所。浄土も釈迦の法身も不変・不滅、無始・無終で、これらはみな『法華経』のなかにある。さらに、『後拾遺往生伝』上、永暹上人の往生伝では「上人永暹は石州の人なり、雲州鰐淵山に住し、即ち法の如く法華経を書写し、その後、天王寺ならびに良峯山において」とあり、法華経修学の場としての鰐淵山について述べている。
(26) 前掲註(1)書、四三三頁。
(27) 十四世紀末に成立した『大山寺縁起絵巻』には、島根半島の東側の大山、したがって西側に位置する三瓶山と反対側に位置する山を中心に、島根半島を国引きした神話が語られている。
(28) 室賀信夫・海野一隆「日本に行われた仏教系世界図について」（地理学史研究会編『地理学史研究』〈柳原書店、一九五七年、のち臨川書店、一九七九年復刊〉）。海野一隆『地図の文化史』（八坂書房、一九九六年）。また、法隆寺蔵「五天竺図」などを参照されたい。
(29) 寛文（一六六〇年代）の神仏分離後、北島国造邸が、八雲山麓側から弥山側に移動したことも、信仰の対象となる山が弥山→八雲山（蛇山）へと変化した証左であろう。また、『雲州懐橘談』においては「内殿西に向ふ故に人東に向て拝す」とある。

（30）拙稿「平安後末期・鎌倉時代の出雲大社造営と造営文書の伝来」（『山陰史談』三〇、二〇〇二年）。

（31）山崎裕二「杵築大社の本願」（『大社町史研究紀要』三、一九八八年）。西岡和彦「近世出雲大社の造営遷宮――唯一神道の再興――」（『社寺造営の政治史』〈思文閣出版、二〇〇〇年〉）。

第Ⅱ部　国家的支配の地域浸透と展開

第一章　天仁・永久の出雲国杵築大社造営と白河院政の台頭

――院政権力・源義親の乱と山陰諸国――

はじめに

本章では院政期の国家権力、とりわけ院政権力が、地域とどのように結びつきを持っていったかを明らかにしながら、院政期国家が、どのように地方に浸透しようとしていたのかを見ていきたい。

その題材として、十二世紀初頭に九州に端を発し山陰沿岸で展開した源義親反乱事件の経緯と、その前後における山陰地域の受領補任の在り方、そして、永久の遷宮で完成する出雲国一宮杵築大社の天仁期の造営事業の裏側を、白河院政の台頭過程のなかで見ていく。この経過を見ていくなかで、義親事件の当該期政治史における位置づけも併せて考えていきたい。

従来、院権力が廷臣の人事権を獲得し、それを梃子《てこ》にしながら国政へのヘゲモニーを掌握してきたことは、おおかたの認めるところとなっている(1)。特に、白河院政期の受領人事の恣意性は多く語られるところである。このことは、受領人事を介して地方から膨大な富を院権力へ吸収し、知行国や寄進地系荘園の集積を含めて、権力基盤の一翼に位置づけようとする院政権力の政治戦略のひとつであると読むこともできる。

そこで、これを国家中枢における権力闘争の顛末とのみ評価するのではなく、国家権力の地域への浸透が、地域に対して国家権力がどのような形で肉薄し、どのように国家権力を認識させることで達成されようとしたのか、という観点から考え直してみたいと思う。

第一節　天仁期の杵築大社「寄木の造営」——造営資材漂着事件

出雲国杵築大社（現在の出雲大社）は、かつて「天下無双之大厦、国中第一之霊神也」といわれ[2]、高屋の巨大な神殿は、十世紀に成立した『口遊』にも「雲太、和二、京三」と記され、東大寺大仏殿（和二）、平安宮大極殿（京三）よりも高い建築物（雲太）としてみられる。現在のところ、この当時の杵築大社の高さは十六丈（四八メートル）であったと考えられている[3]。この社は、現在でも八丈（二四メートル）の高さを持ち、大社造と称される特徴的な形状をしている。

鎌倉時代に成立した「杵築大社造営遷宮旧記注進」（北島家文書）のなかには、平安時代後期の永久の遷宮（十二世紀初め）に至る造営事業のなかで、中途の天仁年間の造営事業の過程で起こったある事件に関する記事が見える[4]。大社造営に必要な大量の用材が、大社西の稲佐浜に漂着したという記事である。

国日記云、天仁三年七月四日、大木百支自海上寄稲佐浦、大十八支、長十丈、九丈、八丈、七丈、六丈、口七尺、六尺、五尺、四尺、中九支、長五丈以上、小十支、四丈以上、小六十支、三丈以下、件木有御示現、材木方尺寄来也、所以何者、因幡上宮御近辺、長十五丈、口一丈五尺大木一本寄来、然木在地之人民乍成疑、欲切取之処、大蛇纏件木、仍伐者致恐退畢、雖然伐者等受頓病了、因茲致種々祈禱之処、御示現云、出雲大社毎度御造立者、承諸国神明大行事之間、今度者相当我大行事、已御材木令採進畢、仍件木一本者、我得分澄也者、以此木可令造立我社、以之諸人等、令聞知此由処也

この天仁三年（一一一〇）七月四日に起こったとされる事件を記した「国日記」(5)の引用は、文書の日時勘文の写の行間に書き加えられたものである。この「国日記」引用の前半部分と同じ大木漂着の記事が、若干の事実誤認を含みながらも、康治二年（一一四三）三月十九日付の「官宣旨案」にも引用されている。その文面からすると、在庁官人らの解状のなかに「師中納言家保（実は葉室顕頼）任造営之間、有神之告、大木百本自海上寄社辺、以其大木等用梁棟柱桁、更不採虹梁之材木、然而庄園同心及三箇年所造畢」と記されており、漂着のおかげで順調に造営が進んだというものである。さらに、この文書の事書には「応且各下知本家本所遣官使、不論神社仏寺権門勢家庄園、任支配令依勤造杵築社材木檜皮檜曾縄釘等事」などとあることから、康治二年段階で直接問題となっていたのは、造営に必要な建築資材の調達がままならないことであった。換言すれば、資材の調達さえうまくいけばほかに必要な諸経費が、荘園の同心を得られて順調に調達でき、短期間で造営が完成するという筋書きになる。

そこで、この官宣旨案の成立から遡ること三十三年も以前に起こった建築資材の漂着の出来事が引用されたわけであるが、ここで、我々が注目しなければならないのは、「国日記」引用の後半部分の記事である。若干内容を省略しながら要約すると、因幡上宮（一宮宇倍神社）の近辺に長さ十五丈口径一丈五尺もある大木が漂着した。「杵築大社は、諸国神明が輪番で造営することになっているが、今年は因幡がその順番であったので必要な資材を調達した。ここに漂着した大木一本は、その労をとった自分の得分であるので、この木を用いて我が宮を造営せよ」と因幡上宮の神が宣べたというものである。このことは、因幡上宮が長さ十五丈の大木とはいえ大木一本で造営が行われうるにもかかわらず、「国日記」前半で見たように、杵築大社は、百支もの大木を駆使してはじめて造営が成るというほどに巨大な建物を大がかりに工事するものであったことである。したがって、一国の力だけで造営を完成させるには膨大な時間と負担がかかるものであることを暗に主張しているものと考えられる。

では、はたして、この漂着事件は因幡上宮の神の起こしたものなのであろうか。従来、この記事から、杵築大社が単に出雲国一宮として出雲国内における神祇信仰の中核を占めているだけではなく、近隣諸国の人々の信仰をも集めうる存在であったことが説明されている。[6] しかし、本章で当面問題にしたいのは、この資材調達の直接の立役者が何者であって、何ゆえ、因幡にとって他国であるはずの出雲国の杵築大社の造営に関与しなければならなかったのかということである。なるほど、煎じつめるところ、このことからは国の枠を越えた地域における信仰と宗教勢力の在り方がどのようなものであったかということを、ひとつの大きなテーマにしなければならないのではあろうが、半面で、この資材調達が直接実行に移されることになった仕掛けがどのようなものであったかを、国家機構や政治の問題からもアプローチしておく必要がある。

このことは天仁・永久の造営の前提となった中央政界や地域の政治状況を押さえながら考えていく必要がある。

第二節　義親事件期の京都政界と反乱の顚末——反乱事件をめぐる評価

十二世紀初頭、天仁・永久の杵築大社造営が行われた前後、いわゆる白河院政期の京都政界は、藤原師実・師通の死去に伴う摂関家の消長、堀河天皇の親政と、その死去に伴う親政の終焉、それに代わる白河院権力、村上源氏の台頭という図式でとらえられる。また、堀河親政期においては、中央政界が院・天皇・摂関家の政治的均衡によって主導されていたことが、現在、通説となっているといってよかろう。[7]

ちょうどこの時期、出雲国をはじめ山陰地域においては、源義親反乱事件が勃発している。

源義親反乱事件の顚末については、すでに高橋昌明氏の論考をはじめとしたいくつかの論考に詳しく述べられているので、細かくは述べないが、以下、反乱の原因をめぐる評価を押さえたうえで、反乱事件の展開を理解していかなければならない、いくつかの事象を以下にあげておく。

まず、反乱の評価はおおむね二つある。ひとつは、この事件を急速な源氏の台頭を快からず思う院や貴族らがこれを抑圧する一環として用い、代わって平正盛を軍事力として用いるために引級しようとした画策であったと評価するもの[9]。これに対し、この当時の武士の力は過大評価するべきではなく、反乱事件に対する中央の処置はきわめて当然かつ穏当なものであり、貴族らの画策説は成り立たないと評価するものがある[10]。

次に、源義親反乱事件の性格を考えていくうえで、必要な諸事象を押さえてみたい。

まず、第一に、源義親の父は、かの東北平定の功労者源義家であった。義家は、四位の位に昇り、院への昇殿が許された武門の棟梁で、当時の武士としては破格の出世を遂げた人物であり、摂関家と深い関係を持っていた[11]。第二に、この事件の発端は、義親が対馬守在任中に起こした人民殺害事件にあり、そのことを中央に訴え出たのは、白河院近臣中の近臣で、当時、大宰大弐であった大江匡房であった（康和三年〈一一〇一〉）[12]。第三に、義親の反乱に対して、当初、中央の対応は、官使と共に義家の郎党を遣わして義親を召し返そうとする緩やかなものであった。しかし、義親が官使を殺害するに及んで、隠岐への配流を決定した（康和四年〈一一〇二〉二月から十二月）[13]。第四に、義親は、嘉承二年（一一〇七）、配流地隠岐を脱出し、出雲に上陸、国守藤原家保の目代を殺害し、官物を奪取する。前年の嘉承元年六月には、すでに義親の父義家が死去しているが、この年七月に堀河天皇が病の末没し、この時期、中央政界の状況をはじめ義親をとりまく政治的環境が変化し、再度の反乱へ繋がる状況が醸成されていたことが推測される。第五に、脱出し乱暴に及んだ義親に対して、白河上皇は、嘉承三年（一一〇八）正月、因幡守平正盛を派遣して平定にあたらせ、その月のうちに義親を討つというスピード解決を成し遂げている。そして、正盛の帰京を待たず、これを但馬守に推し、その一族も官職をもって褒賞した[14]。

これら、第一から第五に掲げた諸事象から、院近臣の大江匡房の関与をはじめ、貴族からの源氏抑圧策の一環と平氏引級策として義親事件が用いられた状況証拠が見られぬではない。加えるに、この当時、義家と義綱の不仲、義親に代わって義家の後継となっていた源義忠の暗殺事件と、その罪を着せられた源義綱一族の全滅という、陰謀説を窺わせるような、清和源氏一門にとって決定的打撃となる事件が続発していたことも事実である。ただ、この事件は、貴族の陰謀であれ源氏の自滅であれ、源氏の低迷、平氏の成長の問題として片付ける以上に、まずはこの時期の問題として、摂関家の政治的後退、堀河親政の終焉、白河院政の台頭という国政史の大きな流れの一環に組み込んでとらえられなければならない。

とりわけ、義親再度の反乱以後における、正盛の急速な登用や、次節で述べていくが、乱平定直後の周囲を驚かせるような近臣受領人事など、この事件の結果が、白河院によって政治的に最大限利用され、結果、院政期政治史とりわけ院政の台頭にどう関わり合ったのかが、この事件の位置づけとしては重要であると考える。そして、このような中央政界における政治勢力図の変化の影響が、地方にどのように波及していったのかを併せて考えてみる必要がある。

さらに、これと併せて、この反乱については、いくつかの注目すべき事実を押さえておかなければならない。このように、正盛によって反乱事件は解決されたかに見えながら、これ以後も、源義親を名乗る人物が、洛中をはじめ地方にも出没した[15]。反乱というのは、記録を残した中央の国家側の論理であって、地域社会の認識とは一定のずれがあることを我々は注意しておく必要がある。

翻れば、源義親の反乱事件は、終始、周辺に与同者を出していたことが知られ、反乱当初においては「九国不随宰府於命[16]」という事実や、「前対馬守源義親縁坐者、先肥後守基実[17]」などの名も見える。また、隠岐脱出を可能とした背景はもとより、隠岐脱出後も「近境国々人民之中、有同意輩由、傍有其聞[18]」などから、常に義親の反大宰府・反国衙の動きを支持する分子が地域社会内部にみられ、そればかりか国司のなかにすらみられるという、国家にとっては深刻な問題が胚胎されていたことがわかるのである。

これを、度重なる自称義親の出没と重ね合わせるならば、白河院政期の国家は、その権力内部においても地域社会においても、義親出現願望を生み出すような問題を多く抱えていたことがわかる[19]。これをどう効果的に解決していくのか。白河院政にとってはそれが当面する大きな課題であっただろう。

このように考えてくると、この事件の経過や結果が、国政上にどのような方向づけを導き出したのかをとらえる視角が必要であることがわかってくる。

第三節　義親の乱直後の受領人事——嘉承三年正月除目

以上、前節であげた状況からだけでは、この事件をめぐる歴史的評価を引き出してしまうには困難がある。さらに、この事件直後の人事に、この事件の歴史的評価を考える要素がいまひとつ隠されている。

嘉承三年（一一〇八）正月除目について、『中右記』の筆者藤原宗忠は以下のように記している。「受領十五ヶ国之中、候院之輩七人、多任熟国、満座以目□不汨詞」とあり、この除目入眼の日、民部卿が院の御使として院御所と内との間をしきりに往復していたのだが、従来になく院の意向が強く人事に反映されたことがわかる。そして、「今夜除目之中、因幡守正盛遷任但馬守、幷以男盛康任右衛門尉、以平盛良任左兵衛尉、是追討悪人義親之賞也、彼身雖未上洛、先有此賞也、件賞雖可然、正盛最下品者、被任第一国、依殊寵者歟、凡不可陳左右、候院辺人天之与幸人歟[20]」と見えるように、院の意志による正盛一族の人事が破格のものであったことが語られている。通常ここに、白河院権力の人事の恣意性、さらには院の専制的性格を読み取るのであるが、重要なことは、源義親追討の直後を狙ったように、従来では考えられないような、院近臣に重点を置いた受領人事が強引に行われたということである。宗忠らの嘆きは、自らも摂関家の末流の立場にあって、藤原摂関系をはじめとした藤原氏の政治的後退を背景にした人事の在り方の急速な変化にある。

このときの人事において、注目されるのは、藤原顕頼の出雲守への任官である。宗忠は「又蔵人顕頼俄給爵、以父顕隆坊官賞相譲任出雲守、年纔十四云々、是希代之例歟、件顕頼入眼之日、先前斎院禎子、依去康和六年未給申爵、下官可勘例之由、奉宣旨、則下大外記、勘例付頭為房覆奏、可仰爵之由有仰、召少内記給件宣旨了、是入眼之間也、強有此宣旨、為被成受領也、□受領官任国次第頗違乱、壊道理事、只仰天道許歟[21]」と記しているが、父の賞を譲り受けるという形式を踏みながらも、先斎院禎子をも担ぎ出した、かなり急々かつ強引な人事であったとみられ、そのうえわずか十四歳の少年が上国の国守になることの異例さに驚愕している。

しかし、異例さもさることながら、我々がここで注目したいのは、少年であった顕頼の背後に控える父・葉室流藤原氏の祖藤原顕隆の存在、さらにその父で勧修寺流藤原氏の総帥であった祖父藤原為房の存在である。藤原為房が白河院近臣中の最も有力な近臣の一人であったことはよく知られているところである。これは、実際の国務が少年顕頼によって行われることを想定した人事ではないことを推測させる。実質的には白河院権力の中核に控える為房―顕隆ラインの手で国務が担われるものであったところが、この人事の重要なポイントであったのであろう。

さらに、このときの除目で注目されるのは、「伯耆守橘家光一院分、」「因幡守藤長隆蔵人、」「但馬守平正盛元因幡守、依追討悪人源義親遷任也、雖軍功、而下﨟身被任第一国、世不甘心、就中未上洛前也、依候院北辺也」（傍線筆者。以下同）「尾張守高階為遠元伯耆守、八ヶ年、春依献御祈物、遷任、是不候院人、枉有此恩歟、」[22]らの人事である。院北面に侍する平正盛の但馬への配置をはじめ、院近臣ではなかった伯耆守高階為遠を尾張に異動させて、伯耆を白河院の分国とし、因幡には白河院有力近臣藤原為房の息で顕隆の弟でもある長隆を配置し、出雲へは為房の孫でもある顕頼を配置するなど、白河院権力が有力近臣藤原為房流を投入して、直接的にこの反乱分子を内在させる地域の国務にあたらせ、その影響力を行使できる体勢を敷いたものと考えられる。

さらに、院北面に候し、隠岐・若狭（重任）・因幡守の官歴を持つ新興の平正盛を但馬守に配置するなど、山陰沿岸に有力近臣を駆使した人事を敢行したのである[23]。

このような近臣団の山陰地域への重点的配置という白河院政の体勢固めに、義親反乱事件の状況とその結果は大いに関わったと考えられるのである。

第四節　十一世紀末・十二世紀初頭の出雲国司

それでは、源義親の乱直後の山陰地域における受領人事の傾向を今少し明らかにするために、乱の最中から乱の直前にまで遡りながら、出雲国司の出自の変化を概観してみたい。

末茂流、藤原家保　嘉承二年（一一〇七）、源義親が隠岐を脱出し、出雲国目代を殺害、官物を奪取した際の直接の被害者は、出雲守藤原家保であった。家保の母は堀河天皇の乳母である[24]。道隆流藤原氏の出で、父家範は正四位下右少将、大膳大夫を務めた下級貴族であったが、兄基隆は、堀河天皇の乳兄弟であることから、大国の守を経て従三位修理大夫に昇り公卿に列している[25]。家保は長治元年（一一〇四）には出雲守に補任される[26]。堀河天皇が没した直後の嘉承二年（一一〇七）八月当時、家保の一族は、兄基隆が播磨守、その子隆頼が三河守であり、いずれも温国の国守に任じられている[27]。これらのことから、この人事は、堀河天皇、もしくはその周辺の意向が濃厚であったことが窺える。

良門流、藤原忠清　この人物が出雲守として史料上確認されるのは、永長二年（一〇九七）正月に従五位下で出雲守に任官してから、源義親の隠岐配流が決定された康和四年（一一〇二）の頃で[28]、重任であったものと考えられる。忠清は、正五位下で官歴を閉じた人物で、出雲のほか淡路守を務めている。永久三年（一一一五）に四十八歳で没している。父清綱も、正五位下で左衛門佐の経験を持つという官人であり、兄隆時は歌人で正四位下、因幡守の官歴を持ついわゆる受領である。その妻が平正盛の女である。ちょうど、忠清が出雲守であった頃、正盛は隠岐守であった[29]。

ただ、忠清について特記すべきは、兄をはじめ、伯父藤原惟綱、祖父藤原頼成は、ともに因幡守の官歴を持つ四・五位の貴族であり、一族・姻戚が山陰との関係が深いことである。

高階重仲　この人物は寛治六年（一〇九二）四月頃にはすでに出雲守として見え、藤原忠清が出雲守に任官した永長二年（一〇九七）正月まで出雲守を務めている[30]。

重仲については、『中右記』保安元年（一一二〇）九月二十六日条に卒伝が見える。

去夜、近江守重仲朝臣頓滅年五十二、重仲者泰仲朝臣長男、堀河院最前為蔵人、歴左近衛将監給爵、依蔵人巡先任出雲守、八箇年後済任中公文、去春依巡任近江守従四位下、去夜頓滅

その父泰仲は、正四位下伊予守、息子の泰重は、従五位下若狭守を歴任した下級貴族である。また、重仲は摂関家家司として藤原忠実の家司を務めた受領で、終始摂関家の保護下で活動している[31]。

以上のように、十一世紀から十二世紀はじめにかけての出雲国司を概観すると、いわゆる諸大夫で五位クラスの受領で、摂関家の家司受領から天皇親政下にあっては天皇の乳母一族が受領となっていく様子がわかる。これが、いわゆる藤原師通の没（一〇九九年）、続く藤原師実の没（一一〇一年）、と師通の没後一時期続く摂関不設置（一〇九九～一一〇五年）によって、摂関家の京都政界での地位が低下し、堀河親政が展開する中での動きである。そして堀河天皇の没、義親の乱の平定を契機に、第三節で述べた白河院主導の人事が急速に展開するのである。そのなかで、院およびその有力近臣らが山陰諸国へ進出する結果を招来したと考えられるのである。

第五節　寄木の造営の真相

『殿暦』天永元年（一一一〇）閏七月一日条（七月十三日から改元）に「今日参院次被仰云、去自内以蔵人為忠被仰云、左中弁顕隆男出雲守顕頼此間下向任国、而賜御馬如何」とある。鳥羽天皇の乳母の子であった藤原顕頼が、先頃、任国出雲国へ下向するにあたって、内より馬を賜うかどうかが問題になったという記事である。

さて、ここで注目すべきは、顕頼が出雲国へ下向した時期である。先の大木百支が因幡上宮の神の計らいで杵築大社西の稲佐浜に漂着したのが、改元直前の天仁三年（一一一〇）七月四日である。漂着の時期と見事に符合する。偶然の一致にしてはあまりによくできた話である。国守の下向となれば、一宮、物社の神拝が当然行われるであろう。これに前年顛倒した一宮の造営事業がからんでいる。漂着と時期を同じうした国守の下向を、造営事業に直面している出雲国造をはじめ在庁官人らはどのように受け止めたであろうか。

それでは、このからくりの仕掛け人を考えてみたい。まず、当時の因幡守は誰か。藤原長隆である。この人物は、顕頼にとっては父方の叔父にあたる。また、長隆は、前出雲守高階重仲の娘を妻としているが、この時点で、重仲は健在であり、当時顕頼は十六、七歳である。その父で左中弁という実務官の要職にあった顕隆、そして祖父為房は白河上皇近臣にして俊才をうたわれて健在である。しかも、長隆の因幡守任官、顕頼の出雲守任官、義親の乱平定とそれに伴う平正盛の因幡守から但馬守への遷任は同時に行われ、周囲を呆れ驚かせるばかりの白河上皇の強引な人事である。また、平正盛は為房と親しく、若狭以西の日本海側の要国の国守を歴任してきている。このようにすべてのお膳立てはできている。

このような前提で話を組み立てると、直接木材を調達したのは、因幡守藤原長隆である可能性が高い。それでは、因幡の長隆、出雲の顕頼を実際に操っていたのはといえば、これらの人間関係の要にあった人物、すなわち、長隆の父にして顕頼の祖父であった勧修寺流藤原氏の総帥藤原為房あたりということになろう。しかも、白河上皇の威光を前面におし立てて、その背後に為房がいたとみるのが順当であろう。

さて、因幡国から伯耆国沿岸を経て出雲国西岸まで遠路はるばる大量の大木を流すとするならば、業務遂行に必要な組織を広範な地域にわたって編成できなければならない。そうした実力はどのように形づくられていたのであろうか。今までの話を、主体を置き換えて整理してみたい。

まず、為房は、白河上皇を頂点に担ぎ、一族を山陰二カ国の受領に配置し、院近臣ではなかった伯耆守を体よく尾張へ転出させ伯耆国を一院分国にしてしまうという荒技をやってのけ、山陰諸国の国務を安定的に行える体勢づくりを既存の国家機構の枠組みのなかでできる限り行った。このうえに、現地での業務遂行の背後には、義親の乱をともかくも近隣諸国の兵を催して平定した経験を持つ但馬守平正盛を置く。無論、この当時の正盛の実力は過大評価すべきではないが、隠岐・若狭・因幡・但馬の受領歴により山陰沿岸地域との縁故関係には大きなものができていたのではないかと考える。

このような前提があって、杵築大社造営事業が行われ、まして、調達が難しい造営資材（大木）が大社西の稲佐浜にぎっしりとひしめきながら漂着したのである。まさにその時期を見計らって国守藤原顕頼が出雲へ颯爽と姿を現したならば、出雲国造をはじめ、出雲国衙在庁官人らは、いやがうえにも勧修寺流藤原氏の実力、さらにそれを従えている白河院政権力を国家権力として、絶大なものと実感せざるをえなかったであろう。

おわりに

北九州から山陰に舞台を移して展開した源義親の乱の時期、十二世紀初頭は、京都政界ではちょうど摂関家の実力者師実・師通の没と摂関家の勢力後退、堀河親政の終期、白河院政権力の台頭という変化の節目にあたっている。結論からいえば義親の乱は、急速に台頭してきた源氏の抑圧策と新興平氏の引級策の一環としてとらえるという限定的な評価では不足であろう。それは従来指摘されているように、のちの源平両氏の軍事力や政治力を先入観にした評価であろう。(32) 後説したように、むしろ白河院政期の国家権力内部における政治勢力図の変化に伴って、急速に成長を遂げようとしていた白河院権力が、この事件を結果的に最大限利用し、国政に一定の方向づけを与えたものとするべきであろう。

乱の直後、白河院権力は、政治的に不安定要素を抱える山陰地域を、一院分国、近臣受領らの任国として固めた。それは、一院分国伯耆を挟むように、有力近臣藤原為房の一族に因幡・出雲を、そして、院北面にあった平正盛に但馬を担当させる。まさに有力近臣団を投入した地域的な支配ブロックとでもいうべきものであったのである。

その流れのなかに杵築大社天仁・永久の造営遷宮が位置づけられる。このときの造営は、ほかの時期の造営事業に比べても順調に事業が進捗した例である[33]。しかし、それは、義親事件のときに地域が見せた動き、すなわち、出雲の近隣諸国に義親に同心するものが出たという事実を深刻に受け止めた院権力の、地域サイドに対する政治的手当であったと考えられる。それは、反乱鎮圧直後に、義親の首を持って都大路を凱旋パレードした平正盛の顕示行動とも似通っている。急速に成長した白河院権力は、都人に対しても、地域人に対しても、国家意志の発動者としてその実力と威信を誇示する必要があった。義親事件は、まさにそうした必要に応じて、格好の舞台を提供することになる。

換言すれば、実際の国家権力の構成要素が白河院権力のみではなく、従来の国家機構の枠組みや諸権門も交えて統一されてはいるが複合的・重層的に構成される[34]いわゆる権門体制国家であるがゆえに、地域をして国家権力の牽引者としての白河院政権力を明確に認知させることが必要であったと考えられるのである。

註

（1）橋本義彦「貴族政権の政治構想」（『岩波講座　日本歴史4』古代4〈岩波書店、一九七六年〉、のち、同『平安貴族』〈平凡社、一九八六年〉）など。

（2）康治二年三月十九日「官宣旨」（千家家文書『平安遺文』二五一〇）。

（3）大林組プロジェクトチーム編『古代出雲大社の復元』学生社、一九八九年。

（4）『出雲国造家文書』清文堂、一九六八年。『鎌倉遺文』七〇一七。

（5）松薗斉「中世神社の記録について――『日記の家』の視点から――」（『史淵』一二七、一九九〇年）では、「国日記」の性格が簡潔に整理されている。いわゆる国衙によって作成され伝えられた日記を指すという説と、国衙機構の一部を分掌する国造自身によって記されたものという説がある。
(6)『大社町史　上巻』大社町、一九九一年。
(7)橋本前掲註(1)論文。
(8)高橋昌明『清盛以前──伊勢平氏の興隆──』(平凡社、一九八四年)。竹内理三『日本の歴史6　武士の登場』(中央公論社、一九七三年)。
(9)竹内前掲註(8)著書。林屋辰三郎『古代国家の解体』(東京大学出版会、一九五五年)。
(10)元木泰雄『武士の成立』吉川弘文館、一九九四年。
(11)竹内前掲註(8)著書など。
(12)『中右記』天仁元年正月二十九日条。
(13)『中右記』康和四年二月二十日条。
ただし、義親の隠岐配流については、『百練抄』天仁元年正月二十九日条では、出雲へとどまっている旨記されている。ここでは、当面、同時代史料の『中右記』などの記載を事実として用いる。
(14)『中右記』天仁元年正月二十三日条。
(15)『朝野群載』巻十一、永久五年五月五日検非違使別当宣、『殿暦』永久五年八月一日条、『百練抄』保安四年十一月一日条、『永昌記』元永元年二月五日条。
(16)『殿暦』康和三年七月三日条。
(17)『中右記』康和四年十二月二十七日、同二十八日条。
(18)『中右記』天仁元年正月十九日条。
(19)現在でも、島根県出雲市に、義親の子孫であるという伝承を持つお宅があるという(石塚尊俊編『出雲市大津町史』大津町史刊行委員会、一九九三年)。
(20)『中右記』天仁元年正月二十四日条。
(21)『中右記』天仁元年正月二十四日条。
(22)『中右記』天仁元年正月二十四日条。

(23)　正盛の官歴については、高橋昌明、前掲註(8)著書に詳しい。
(24)　『中右記』嘉承二年七月二十四日条。
(25)　『尊卑分脈』道隆公孫。『公卿補任』崇徳天皇（大治五年）。
(26)　『為房卿記』長治元年正月二十八日条。
(27)　『殿暦』嘉承二年八月二十三日条。
(28)　『中右記』承徳元年正月三十日条、『同』康和四年十一月二十日条。
(29)　『平安遺文』一三八二、『中右記』承徳二年正月二十七日条。
(30)　『中右記』寛治六年四月二十八日条、『同』寛治八年十一月二十五日条、『同』永長元年十一月二十日条。
(31)　『中右記』永長元年正月四日条、永長元年四月十一日条、永長元年五月二十日条、長治元年正月四日条、『殿暦』天永三年三月十四日条。
(32)　元木前掲註(10)著書。
(33)　資材の漂着から四年後の一一一四年には造営が完成している。ほかの造営では完成に十年から数十年かかっている場合も多い（本書第Ⅱ部第二章）。
(34)　黒田俊雄『体系日本歴史2　荘園制社会』（日本評論社、一九六七年）。同「中世の国家と天皇」（『岩波講座　日本歴史6』中世2〈岩波書店、一九六三年〉のち『日本中世の国家と宗教』〈岩波書店、一九七五年〉に再録）。井原今朝男『日本中世の国政と家政』（校倉書房、一九九五年）。

第二章　平安末・鎌倉期出雲国一宮の造営・祭祀からみた地域支配と国家

はじめに

本章では、出雲国杵築大社（出雲大社）の造営・祭祀執行体制の構造を明らかにすることを通じて、権門体制国家による地域的・領域的支配の構造を、地域と国家との相互規定的関係のなかで考察することを目的にする。

かつて、黒田俊雄氏によって提唱された権門体制国家論は、荘園制に立脚した全領主階級による百姓支配のための国家機構を職能国家論的にミニマムにとらえようとするものであった[1]。しかし、一方で、この国家による領域的支配の問題は残されたままであった[2]。この課題には、筆者が先稿において述べたように、多元的な文化観に立脚し、多様な自我同一性（アイデンティティー）を持つ日本列島の諸地域を国家がいかに支配に組み込もうとしたのかという視点から取り組むことが必要である[3]。

さて、黒田氏の権門・顕密体制国家論をうけて、当該国家による支配の問題を、神社史の立場から明らかにしようとしたのが、近年の井上寛司氏の一連の研究である。氏は、諸国一宮に当該国鎮守と日本国の鎮守神という中央と地方の二つの視点と神社の階層性に焦点をあて、これを全領主階級の百姓支配のための、国家によるイデオロギー支配の装置であるとした[4]。これは、一九六〇年代以来の一宮研究の領主制論的展開[5]、すなわち石井進氏・河音能平氏・伊藤邦彦氏らによる、在地領主である国衙在庁官人層の結集機関であるとする説に対する批判であった。

本章でも、この井上氏の成果を踏まえつつ、これを検討しながら考察を進めたいと考える。

井上氏は一宮制の基本的性格については、「一宮」の絶対性の側面（当該国を代表する鎮守神であること）を重視し、地域性・時代性を突破して考察するとしている。また、古代神社制度の変容に着目し、特に、大神宝使発遣対象社五十社のうち四十社が二十二社一宮化していることに注目し、これを典型例としている[6]。しかし、氏も主要なフィールドとする山陰道では、十二世紀まで大神宝使発遣社は出雲国の二社（熊野・杵築）のみであり、うち社格が上位であった熊野社が没落し、ほかの山陰道諸国では大神宝使「非」発遣社が一宮になるという地域全体としては「非典型的」な展開をみせているのである。

このように考えると、先行権門寺院興福寺による著しい制約をうけた大和国一宮、一宮・二宮・三宮が併存し三宮熱田社が力を持つ尾張国、当初は一宮が複数国をまたがる薩摩・大隅、霞ヶ浦地域にあり関係が深い下総香取社・常陸鹿島社、二宮以下多数を擁する相模・武蔵・信濃・上野の諸事例[7]なども例外・非典型例という範疇でとらえるべきでもないことがわかってくる。地域のいかなる歴史的条件・社会地理的関係、政治諸勢力の力関係といった基本諸条件の下において、一宮（国鎮守）がどう位置づけられ利用されたのかを分析する必要がある。地域の視点からは、国家からのそれとは裏腹に、一宮なるものがその絶対性において当該国を隅々まで席捲できる基軸的イデオロギー装置であることが必然または自明のことと考えてよいかどうかも再考の要がある[8]。

本章でとりあげる出雲国一宮杵築大社の位置づけについては、井上氏は、これを最も典型的な事例のひとつとし、それが、古代から中世神社への転換が希にみる劇的なものであったことによるとした[9]。それは、以下のような内容による。

①十世紀、出雲国造が出雲東部国府域から西部杵築へ移住（出雲国造西遷説）。それは国造出雲氏が古代氏族から

中世開発領主へと転生したことを意味する。

②①をうけた開発による杵築社領の形成、十二世紀後半の寄進による王家領荘園化、そして、十三世紀半ばの十二郷七浦と呼ばれる中世的所領の成立による経済的基盤の転換。

③大開発時代を背景にした、祭神の大国主命から素戔嗚尊への転換。

④十二〜十四世紀の王法仏法相依を踏まえた「国衙社家相共」体制の成立による権門・顕密体制国家の展開。

という動きである。これらは、いずれも十世紀以来の杵築大社すなわち開発領主出雲国造の自己努力が、熊野社と袂を分かって杵築大社を中世一宮（国鎮守）化する原動力となった、とするところに立論の基礎がある。しかし、国造西遷＝開発寄進論は、まず史料的根拠において明確ではない[10]。また、国鎮守化の指標でもある巨大神殿の国家的造営・祭祀体制に焦点を置くと、これを一地方氏族の領主化やその実力次元から説明することには無理がある。まずは、十一世紀後半以降の造営・社領形成の記事からなる現存史料に即して、杵築大社と出雲国造とを厳密に区別しながら、出雲国支配におけるおのおのの位置づけと両者の関係の変化をとらえ直す必要がある。

本章では平安末から鎌倉期における出雲国鎮守杵築大社の造営体制と恒例年中行事三月会執行体制の分析を通じ、国家・地域権力による地域支配が抱える諸矛盾を抽出しながら、以下の二点について考察を加えていきたい。第一に、諸権門・幕府など中央権力間と国衙・守護・国鎮守・出雲国造など地域支配諸権力間の出雲国支配における構造的・機能的な関係とその変化について。第二に、地域の歴史的・政治的・地理的事情から、国家が地域支配諸勢力間の力関係と連携に基づいて地域的領域的支配を具体化した空間的構造についてである。

第一節　院政期の杵築大社造営遷宮体制

本節では、一宮制成立期とされる平安末期院政成立・展開期の造営から、具体像がよくわかる二つの事例をとりあげ、国家による地域支配との関係について分析する。

1　永久の造営——天仁の「寄木の造営」

永久の造営は、天仁・天永・永久の一一〇八年から一一一四年の七年間にわたって行われた。この造営の過程とその政治的背景については、すでに拙論で考察を加えたことがある。(11) これは出雲守藤原顕頼（十七歳）とその父である顕隆、祖父で白河院近臣の為房を総師とする勧修寺流藤原氏一門による造営であったと考えた。(12)

この造営では、天仁三年（一一一〇）七月四日に大木百支が杵築大社の西側のほど近い稲佐浜に漂着することによって円滑に造営が行われたという。「杵築大社造営遷宮旧記注進」（北島家文書『鎌倉遺文』七〇一七、以下、本節では特に断らない限り、史料引用は本文書に依る）所引の「国日記」には、因幡上宮（一宮宇倍神社）の示現として、「出雲大社毎度御造立者、承諸国神明大行事之間、今度者相当我大行事、已御材木令採進畢」とあり、杵築大社造営に因幡国一宮宇倍社の関与、すなわち、顕頼の叔父で当時因幡守であった長隆の関与が想定される。久安造営の際に出された官宣旨中に見える「出雲守藤原光隆解状」所引の「出雲国在庁官人等解」にも「有神之告、大木百本自海上寄社辺、以其大木等用梁棟柱桁、更不採虹梁之材木、然而庄園同心及三箇年所造畢」（同文書）とあり、この造営用材漂着が円滑な造営の鍵となっていることがわかる。

ちょうど、この造営が行われた時期は、源義親反乱事件の鎮圧直後にあたっている。この直前、元対馬守源義親が配流地の隠岐を脱出し、出雲国衙・目代を標的にした反乱を起こしている[13]。これを因幡守平正盛が鎮圧し、その直後、白河院による正盛の但馬守遷任、藤原為房息男長隆の因幡守補任、孫の顕頼の出雲守補任など、白河院近臣らを配した軍事的・政治的手当が行われている。そして、顕頼の出雲下向直前に、大木漂着事件が起こり、杵築大社の円滑な造営が進められたのである。

義親反乱事件については、当時の都でも「近境国々人民之中、有同意輩由、旁有其聞」(『中右記』天仁元年正月十九日条)といわれるほどに出雲国を越えた地域の政情不安が問題になっている。したがって、巨大神殿造営[14]の早期完成は、白河院権力と近臣知行国主一門主導による政情不安定地域(出雲国・伯耆国・隠岐国など)に対する、大土木工事を用いた政治的梃子《てこ》入れ、国家的威信誇示であったと想定されよう。

この一国を越えた造営は、国家的には杵築大社が山陰道に二社しかない大神宝使発遣社のひとつであることが根拠にあったと考えられるが、出雲国内では、因幡国からの材木調達の成功によって、「庄園同心」を得た一国平均役により造営が行われえたのである。

2　久安の造営

久安の造営は、保延七年(一一四一)から久安元年(一一四五)の五年間にわたって行われた。この造営は、出雲国守藤原光隆(十五歳)の造営である。これも光隆が若年であることから、その父で近衛天皇乳父、参議・蔵人頭であった藤原清隆を国主とする造営であったと考えられる。この造営は、出雲国内に課せられた一国平均役を用いて行われている[15]。

当初よりこの造営は、保元新制でも主要問題となる新立・加納問題に直面していた。「杵築大社造営遷宮旧記注進」（北島家文書『鎌倉遺文』七〇一七）所引の官宣旨では、左弁官から出雲国に対し「一、応且各下知本家・本所、遣官使、不論神社・仏事（寺）・権門勢家庄園、任支配令依勤、造杵築社材木・檜皮・檜・曾・縄・釘等事」と裁定しているが、同文中「出雲守藤原光隆解状」所引の「出雲国在庁官人等解」には「在々庄々或云新立、或号加納、恣掠籠土地、全不従国務」として、新立・加納問題から生じた国衙による造営用材の在地賦課の頓挫が問題になっている。これは、荘園領主らと結んだ在地勢力の国衙に対する抵抗が想定される。[16] 同文書中にも「国使之催不可相叶也」などと見られ、国衙、具体的には目代以下在庁官人らにとって対応不能の問題であったことがわかる。そして、この問題に対する具体的な要請として「慥可勤仕之由、且各下知本所、且遣官使、可被譴責也」として国家中央の対応を求めているのである。これは、知行国主清隆の地位に裏付けられた政治力と、それに基づいた権門間の政治的調整力に依拠しつつ、国衙側が荘公在地に対するより強力な経済外強制の正当性を獲得しようとしたものである。

一方、造営のうち土木技術的な観点からは以下のようにいえよう。まず、保延七年（一一四一）六月七日の神殿顛倒の後、六月二十三日には造営の宣旨が出され、十一月三日には顛倒実検官使とともに出雲国に下着している。このとき、官使とともに木工寮から「木工長上一人、大初位下藤井宿禰近宗」が随行してきており、続いて「実検官使参詣社頭、各奉御幣、留守・在庁各以参会、官使実検於宇高方円日記、材木口径沙汰之間、已及数日、以同十九日所帰府也」とあり、社頭において造営日記を実検ののち、高壮建築を支える材木口径の沙汰（柱材の口径沙汰）を行っている。これは、実質的には官使に同行してきた木工寮の木工長上の技術指導と考えなければなるまい。このことは造営過程における京下番匠の関与を考え合わせると、当時、京で行われていた大規模な造寺造塔などによる技術蓄積に伴う中央の高度な土木技術力への依拠であろう。[17]

これに加え「当社不被勘下日時之以前、無造立仮殿奉渡御体之例」や「仮殿立柱上棟」「奉渡御体於仮殿日時」「採正殿材木日時」「始木作日時」「任日時勘文始作事次第」が陰陽寮からの日時勘文によるなど、造営過程の各段階が、中央によって支配されている。また、遷宮料物が「自京被奉送物」「於国奉調物」によって構成され、京からは祭神に捧げる「御神宝物」や、祭神が鎮座する内殿の「内殿御装束」など、祭祀の中核を飾る料物が調進され、後者の国衙細工所調進物においてさえも、御料具の畳縁「紫縁」「繧繝」「高麗」など親王・公卿・五位以上相当所用の高級織物など、中央からの調達とみられる物品が含まれる。これに、中央由来の儀式芸能「東遊・十烈（列）・曲舞」などを加えると、都の手工業技術力・文化力と国衙側との緊密な結びつきが見えてくるのである。

転じて遷宮儀式の神体渡御においては、神体が乗座する御輿の前後を「前後相副雑人巨多也、不知其数」など、庶民多数が参加しており、遷宮儀式は在地住人らが、豪華な神宝物に代表される都の文化に接触できる機会や場ともなった。つまり国家の立場からは、文化的優位性とそこから生じる威信を在地に対して誇示しうる仕組みでもあったのである。

以上のように国鎮守杵築大社造営遷宮は、知行国主の実力の下、中央官衙から国衙機構まで動員し、中央権門の政治調整力や中央の技術力・文化力に多く依拠しながら、在地では被支配階級をも交えた階級的裾野の拡がりをもって行われたのである。

第二節　鎌倉時代の杵築大社造営遷宮体制

本節では、一宮制確立期とされ、十三世紀初頭の出雲国鰐淵寺の成立と、これとの提携のもと出雲国における王法・仏法相依体制が確立したのち、政治的には承久の乱による西遷御家人の地域流入をうけた時期の造営遷宮体制をみていく。

1　宝治造営の過程

宝治の造営は、仮殿造営から正殿造営まで嘉禄二年（一二二六）から宝治二年（一二四八）の二十三年間という長期にわたって行われ、知行国主平有親、子の時継の二代にわたった。文永十二年（一二〇五）のものとみられる年月日未詳『杵築社正殿日記目録』（千家家文書『鎌倉遺文』一一八八一）によれば、正殿造営の過程は以下のとおりである。

寛喜元年（一二二九）の「杣山始・木作始」に始まり、嘉禎二年（一二三六）「御造営間被免除庄園」、すなわち一国平均役免除・不免除の荘園確定まで七年を要している。直後の嘉禎三年（一二三七）には柱立て・上棟が行われ造営がいよいよ本格化する。しかし、暦仁二年（一二三九）頃には「御材木無足」が問題となり「任関東二ヶ度御教書、庄公地頭被支配無足御材木并檜皮事」として、初めて、幕府からの御教書により荘公地頭らに不足の用材・屋根用檜皮調達が配分され、いよいよ財政面から鎌倉幕府が乗り出してきている。

延応二年（一二四〇）二月には「自安貞二年至于延応元年造営米納下散用」、次いで三月には「造宮米納下散用」「番匠食物散用」など安貞二年（一二二八）から延応元年（一二三九）までのおおむね正殿造営開始以降の収支決算が行われた。これをうけて仁治二年（一二四一）十月には「依関東御下知付地頭門田給田被徴下造宮米」として、幕府からの下知によって、公田部分からさらに地頭の門田・給田にまで踏み込んだ造宮米の賦課が行われ、いよいよ幕府が第二弾目の対応に乗り出している。さらに寛元二年（一二四四）四月には「庄々地頭役御材木并檜皮納帳事」と見られ、地頭役によって不足の材木・檜皮が調達されている。翌寛元三年（一二四五）三月には「公田・門田・公文給田幷大東庄造宮米進未散用」が行われ、それまでの総決算が行われている。そして、宝治二年（一二四八）六月には、都から覆勘官使を迎えるべく「覆勘官使下向料召物支配符案」が出されたのである。

このように、公家の沙汰で行われていた造営は、中途で鎌倉幕府が乗り出すなど、一国平均役では間に合わない深刻な財源不足にみまわれたことが知られる。

この造営について、年未詳（建治三年（一二七七）頃）五月七日付の元出雲守護佐々木泰清から鎌倉に在った一族時清に宛てた「沙弥書状」（千家家文書『大社町史　史料編　古代・中世』大社町、一九九七年、以下『町史』三〇四、および東京大学史料編纂所影写本）には以下のように記している。「正殿於吏務、父子二代之間に二十年宝治年中ニ造畢、被遂遷宮候了、直任の国司にさた申、二十年に事終候き、其上靫負・兵衛尉の成功多々被寄候き、又不足の材木幷地頭門田・給田段別三升、不嫌荘公自関東被□□候き（中略）於国司得分者、応輸田ニ段別一斗造宮米ニ被寄候」と見え、一国平均役の事実上の行き詰まりにより売官、地頭門田・給田への賦課、国司得分の寄進など、文字通り公家・武家が総力で対応にあたっている。

2　宝治遷宮儀式参加者の出自と身分構造

さて、困難の末に公武の総力で完成した正殿の遷宮儀式は宝治二年（一二四八）十月二十七日深夜から二十八日にかけて行われた。このときの模様は、建長元年（一二四九）六月日の「出雲国杵築大社造宮所注進」（出雲大社文書『鎌倉遺文』七〇八九）に詳細である（以下、本項では特に断らない限り、この文書に依る）。儀式は、二十七日亥刻から始まる神体渡御の儀式と、翌二十八日の神事芸能と饗宴から構成されている。

二十七日神事の概要は以下のとおりである。

仮殿から正殿への神体渡御は、まず、国造の仮殿大床での祝詞、次いで別火財吉末による正殿への通路である莚道の清め、その後を国司進献の御神馬三頭、新造神宝の列、神体乗輿、古神宝物の列が続いて正殿へと移動する。神体が正殿に鎮座後、伝供、祝詞を上げ終了する。

国司進献御神馬三頭の役は、一御馬が目代の代理で同子息源右衛門尉信房・在国司右衛門尉昌綱の代官で同舎弟長綱、二御馬が目代子息で細工所別当の左近将監源宗房・庁事散位勝部広政、三御馬が庁事散位藤原長政・散位清瀧員家ら目代・在国司ほかである。新造の神宝物役のうち御幣は別火、几帳二基は安倍氏、御鉾三本は権検校散位出雲兼孝以下出雲氏一族、手箱・琴・弓・平胡簶・剣は勝部氏・平氏、上御手箱は大行事で目代の源右衛門入道宝蓮の役である。そして神体の取り扱い「御体奉懐」は国造出雲義孝が行った。「御輿奉搔役人」は、左兵衛尉勝部政宗、右兵衛尉藤原盛康、右馬允多資宗、出雲盛高、出雲政親、出雲義行、大行事代官左馬允大中臣元頼ら七人の役で、尉・允級の在庁官人や出雲氏一族によって占められている。伝供は、上官・神人のほか目代・在庁・書生・舞人そして鰐淵寺大衆らが役を務めている(18)。

神体渡御の儀式に携わる構成員の出自は、目代とその一族、大中臣氏、多氏、清瀧氏、平氏、藤原氏、安倍氏など、元来都下りの外来氏族に属する者と、国造一族の出雲氏、在国司朝山氏とその同族の勝部氏、別火財氏らなど出雲在来の氏族とを交えた構成になっている。また、この儀式の中心である、「御体奉懐」(御神体移動)は代々の国造出雲氏の所役である一方で、遷宮の最高責任者である大行事と同代官の地位は、都下りの目代と神祇官系官人大中臣氏によって占められる。

次いで、二十八日朝からの神事芸能・饗宴の概要は以下のとおりである。

儀式の場は、前日の仮殿・正殿から、舞殿・庁座（庁舎）・馬場へと移る。まず、巳刻に目代・在庁・書生が庁座に参会する。舞人らが舞殿の左右に立ち、国造が舞殿において祝詞を上げ、目代以下も庁座において幣を持ち奉拝する。その後、饗膳が用意される。

芸能は、東遊、陪従、競馬五番、花女、村細男、田楽、流鏑馬十五番、曲舞、相撲十番など、中央の神事芸能を含めた構成になっている(19)。東遊、陪従は中原・藤原・佐伯・大中臣氏らからなる在庁・書生らが、競馬は国方・社方の人々、花女は社家御子が務めた。また、曲舞は舞楽を家業とした多氏一族のうち出雲に下向土着していた左近将監多度資が務めている(20)。流鏑馬十五番は在国司朝山右衛門尉勝部昌綱・守護所隠岐二郎左衛門尉源泰清（佐々木泰清）以下国内荘郷地頭ら武家によって務められている。相撲十番は「任先例被宛於郷々之処、自郷々令雇社相撲、一向令勤仕之」として、留守所・細工所別当・在国司ら国衙中枢のほか国内十七郷が負担して社相撲を雇用した。また、村細男や田楽の役も、やはり国内の郷々に用途を負担させ、国中の猿楽が務めた。一方、饗膳も国内「諸郷保之所役」として「郷々之分限」に随って国衙の案主・書生らが支配し、「不論別納・不輸」として一同に勤仕させた(21)。

最後に、幕府関係者である守護人佐々木泰清の位置づけについてみたい。守護人は神体渡御の儀式当日十月二十七日の朝、儀式の前に「守護人左衛門尉源泰清於仮殿御前、御神馬三疋皆葦毛引進之」として神馬を奉献している。また、「御遷宮之時者、守護人於左方屋、奉拝御輿御行也」とあり、当日深夜の神体渡御時には、列には加わらず境内の左方屋において奉拝するのみであった。これらは、武家である守護人が儀式空間から厳密に区別されたことを意味する。しかし一方で、儀式前とはいえ御神馬三疋を仮殿神前に引き進めるという行為は、儀式本番に国司が御神馬三疋を神前に奉る行為に匹敵する内容であった。

このように、両日の諸役は、公武寺社の支配階級が結集され、在来・外来者を含めたさまざまな芸能・家業によ

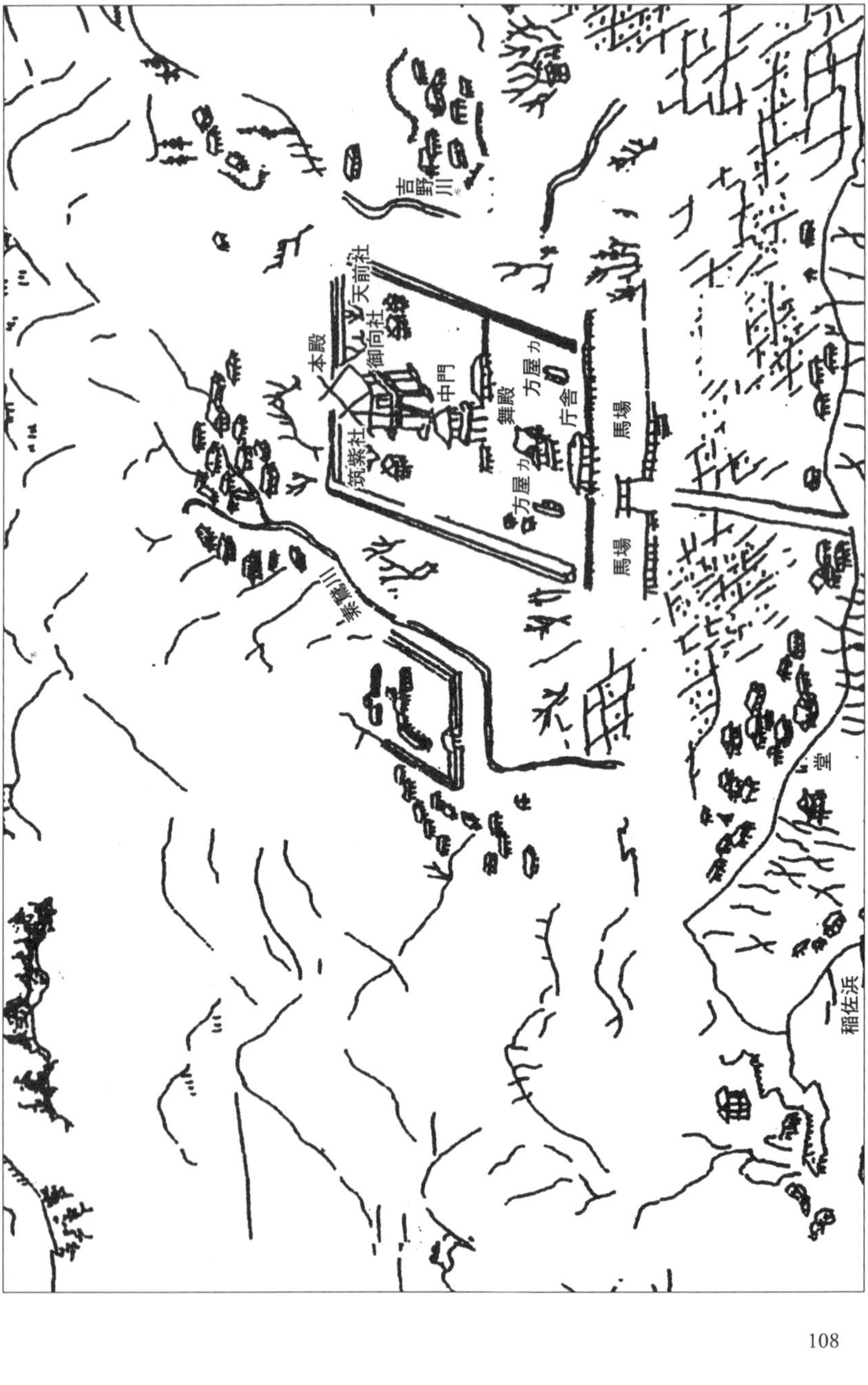

図1　鎌倉時代の大社境内付近（千家家蔵「出雲大社并神郷図」より筆者がトレース）

る国家的な職能や身分的序列が具現された。また、国内荘郷保の区分に基づいた諸負担のもと、被支配階級である社相撲・猿楽など芸能民まで公事に連なる職能身分が具現されたのであった。しかし、その一方で、造営の財政的支援を果たした幕府勢力が、その政治的実力を確実に伸ばしていたという変化も見逃せないのである。

第三節　出雲国造の地位の変化と杵築大社——国衙・社家相共の背景

本節では、十三世紀後半の宝治造営神殿の焼失と再建の遅滞により、仮殿造営まで請け負おうとするようになった出雲国造の出雲国における司祭者・社家としての地位の変化と、杵築大社との関係の変化について考察を加え、国衙・社家相共の意味について考える。

1　宝治神殿の再建遅滞問題から国衙・社家相共まで

宝治造営の神殿は、完成から二十二年後の文永七年（一二七〇）正月二日に焼失してしまう。[22] それから正中二年（一三二五）の仮殿遷宮まで半世紀の間、造営が滞る時代が続いた。

年未詳（建治三年〈一二七七〉頃）五月七日「沙弥（佐々木泰清）書状」（千家家文書『町史』三〇四、東京大学史料編纂所影写本）では、前出雲守護の泰清が出雲国から鎌倉に在った一族の隠岐前司佐々木時清に宛てて以下のように書き送っている。まず「杵築大社炎上之後、今年已成八箇年候、然而至于当時仮殿たにも無沙汰候、当国為本院分国、四条兵部卿家隆親奉国務、仮殿雖被造始候、不及終其功辞退、次吉田治部卿家経俊請取件社、雖被致其沙汰、猶不事行、於半作他界候畢、其間前平中納言家時継可被志此造営にて、去年十月比被奉国務候畢、然而今日までハ無其沙汰候」とあり、亀山院分国の下で四条隆親・吉田経俊らが国務を請け負ったが、いずれも造営は挫折し、宝治造営の際の国務であった平時継が再度国務を請け負ったものの結局は造営が進展していない様子がわかる。この間、焼失よりすでに八年が経過していた。さらに、泰清は「当社仮殿事、可遂造営由、義孝申請候畢（中略）此条御体乗御輿、御坐白地之仮殿ハ、且為御祈禱、且此社も又破損事歎申天申請之、可令造進由望申候、義孝社司御家人兼帯として捧申状具書等、頻歎申候（中略）私ニ存候旨を内々申候、於仮殿者、被仰付義孝、正殿者任先例御沙汰候者、定可為公平歟」（傍線筆者。以下同）として、仮殿造営さえ遅滞し、神体も御輿に乗ったまま仮殿に置かれたままであること、国造出雲義孝が社司で御家人を兼ねるうえは仮殿の造営を自力で行いたいとしきりに文書で申請していることを述べる。そのうえで、泰清の私見ではあるが、仮殿の造営は国造義孝に行わせ、正殿の造営は先例どおり（国務・国衙の方で）行ってはどうかと提案している。さらに「公家の御計として、国方の造営大方ちかく不可事行見之間、適々依在国候言上事由候（中略）令存知此等之趣緩元（爰）可被申入奏者候也」と述べ、公家の指揮で国衙による造営はここしばらく進みそうにないので、時清から、仮殿造営に関する泰清の提案を鎌倉将軍の奏者へ申し入れてほしいと述べている。この折衷案には、在国の泰清が、在地の実情に応じ幕府を通して対処しようとする一方で、国鎮守造営は公家の沙汰であるという体制原則を守ろうとしていることを読み取ることができる。

しかし、それでも造営は進展しなかった。永仁六年（一二九八）十月二日の鎌倉から六波羅宛の「関東御教書案」（千家家譜『鎌倉遺文』一九八四〇）では「杵築大社造営事、雖経年序、不終其功之間、国衙無沙汰之由、度々被　奏聞畢」とあり、この造営遅滞の問題が国衙無沙汰にあることが記されている。

そして、正安二年（一三〇〇）九月二十八日の「伏見上皇院宣」（出雲大社文書[23]『町史』三〇七）では、国務であった「師殿」（日野俊光）に対して造宮米と庭夫以下を「社家相共可致沙汰之由、可令下知給之旨」と国務から下知するよう命じられている。この直後のものとみられる年未詳二月九日の出雲国知行国主日野俊光袖判の「出雲国司庁宣」（出雲大社文書『町史』二九六）で「任先例国衙社家相共、可致其沙汰之由、被下　院宣了」と見え[24]、ここに院宣・国司庁宣により「国衙・社家相共」すなわち国衙と社家の協働が求められるようになるのである。

2　杵築大社領の成立・展開と出雲国造家領化

このように見てくると十三世紀末に出てくる「国衙・社家相共」は、井上氏が述べるように十二世紀頃から一貫した体制概念なのか、あるいは、この時期特有の国内体制を反映した造営体制のありようなのかが問題である。そこで、平安末から鎌倉時代における出雲国造家の国支配上の地位の変化や杵築大社との関係について吟味しながらこの問題を考えたい。

1　社領の成立

建久二年（一一九一）七月日、「出雲国在庁官人等解」（千家家文書『鎌倉遺文』五四三）では杵築大社領成立の過程が述べられる。この解状は、杵築大社神主職として国造出雲氏が正統であるとして、治承寿永内乱後に鎌倉の口入で同職に入った内蔵資忠が不適格であることを、出雲国在庁官人らが連署で訴えたものである。このなかに「当社以往者指無神領、守章俊御任去治暦三年二月一日御遷宮、曾祖父国造国経奉懐御体、申寄内遥堪社領、民部卿殿御任去永久二年六月十八日御遷宮、祖父国造兼宗申寄外遥堪河《（阿カ）》午郷、治部卿中納言殿御任去久安元年十一月廿四日御遷宮、伯父国造兼忠奉懐御体、申寄鳥屋・武志両村、当御任去年六月廿九日御遷宮、孝房奉懐御体、申寄大田保（中略）云神領寄進之例者、併国造之奉行也」と見え、杵築大社遷宮ごとに、国守章俊以来の代々の国司が、杵築大社に比較的近い出雲西部の斐伊川下流域の遥堪、阿午郷、鳥屋・武志村、大田保などの所領を寄進することにより社領が形成され、その際、遷宮儀式の中核にあって「御体奉懐」（御神体移動）を勤める国造が、この寄進を奉行したことを述べている。

唯一、平安末期までに出雲国造の私領が寄進された例としては、建久五年（一一九四）三月廿一日、「出雲孝房譲状」（千家家文書『鎌倉遺文』七一九）に「出西郷者、孝房親父国造宗孝時申寄神領」と見える出西郷のみである。しかし、同文書ではさらに「大田郷者、当社今度御遷宮孝房奉懐御体、自国司申寄所令知行也」と記すように、「今度」（建久の遷宮）大田郷が国司から寄進され、これを国造が知行したことが明記されており、成立事情において遥堪郷・阿午郷・鳥屋村・武志村など、出雲西部斐伊川下流部に成立したほかの社領も同様のものであったことを示唆している。つまり、平安末期における杵築大社領形成の直接的かつ主要な要因は、造営を契機にした国司の国衙領寄進であったことがわかる。

また、建久二年の「在庁官人等解」には署判者が十二名見えるが、勝部氏が五名、出雲氏が三名、藤原・中原氏が各二名からなり、国造出雲氏一族も在庁官人の主要部分を占めている。つまり、国造出雲氏は、杵築大社遷宮における司祭者としての中核的役割と、在庁としての一族の地位を前提に社領形成とその支配に関わっていったと想定されるのである。

この社領群は、治承寿永内乱直後の文治二年から六年（一一八六〜一一九〇）頃に、永久の造営の際に国司であった権中納言藤原光隆およびこの当時国主で後白河院近臣であった藤原朝方らにより後白河院領荘園化が進められたと推察され、以後、光隆とその子孫である雅隆・家隆らが領家職を継承していく[25]。

2　杵築大社領の国造家領化

康元元年（一二五六）十二月日付「杵築大社領注進状」（出雲大社文書『鎌倉遺文』八〇六八）では、領家方「惣検注使証恵」と「国造兼神主義孝」の連署で、遥堪郷・高浜郷・鳥屋郷・武志郷・稲岡郷・富郷・出西郷・石墓村・求院村・北島村・伊志見村・千家村など、杵築大社領十二郷が確定している（**表1**参照）。これにより、出雲氏は社領十二郷全体の荘官の地位を確立し、弘長二年（一二六二）十二月三日の「出雲義孝譲状」（千家家文書『鎌倉遺文』八九〇二）では「供神所兄部国造兼大社司惣検校散位出雲宿禰義孝」が国造職幷杵築大社惣検校職を出雲泰孝に譲与し、併せて「大社御領」「神魂社領」を進退領掌させている。

しかし、出雲氏が鎌倉時代初頭以来、他氏により危ぶめられた杵築大社神主職の地位を完全独占するまでにはまだ若干の時間を要する。正応五年（一二九二）七月九日、六波羅探題宛「関東御教書」（千家家文書『鎌倉遺文』一七九六七）において、「相論当社神主職幷造営事、実政雖申子細、泰孝為御家人之上、為重代帯造営旧記之間、云神主、云造営、以泰孝可被補其職之由、可被申入廊御方」として、幕府は六波羅に指示し、出雲泰孝が御家人で重代の造営旧記を所有するうえは、中原実政を退けて泰孝を神主職に補任するよう本家廊御方へ申し入れる。続いて、永仁五年（一二九七）二月十一日、「六波羅御教書」（北島家文書『鎌倉遺文』一九二七〇）によって「出雲国杵築大社神主職事、正応五年七月九日御成敗依無相違実政越訴、於今者不及申沙汰」として、実政の越訴棄却による国造出雲泰孝の神主職確定に伴い、以後、出雲国造と杵築大社との関係を脅かす者は姿を消す。

そして、徳治二年（一三〇七）十二月五日、「出雲泰孝譲状」（北島家文書『鎌倉遺文』二三一〇四）においては、国造兼大社司出雲泰孝から出雲孝時に対して「こくさうしきならひニきつきの大しやかんぬししき・そたいら」が譲られ、その内に「大しやの御りゃうら」「かもしゐのしやりやう大は・たしり」「そうしやりやう」「さんさいの

表1　中世杵築大社領（十二郷）形成過程

社領成立事情	治暦三年 一〇六七年	永久二年 一一一四年	久安元年 一一四五年	12C後半	建久元年 一一九〇年	建久五年 一一九四年	「建暦三」 一二一三年	「貞応三年」 一二二四年	安貞二年 一二二八年	康元元年 一二五六年	康元元年 （田数）（町・段・歩）	所出史料
国司藤原章俊寄進	内遥堪社領	内遥堪社領	↓	↓	↓	遥堪郷	↓	遥堪郷	↓	遥堪郷	四八・八・一八〇	1、2、4、5
国司藤原顕頼寄進		外遥堪								同郷沢田	一〇・八・一八〇	5
?										高浜郷	二二・六・六〇	5
										同郷沢田	一四・〇・二六〇	5
国司藤原顕頼寄進		阿午郷										1
国司藤原光隆寄進			鳥屋村	↓	↓	鳥屋郷	↓	↓	↓	鳥屋郷	一七・九・二四〇	1、2、5
国司藤原光隆寄進			武志村	↓	↓	武志郷	↓	↓	↓	武志郷	五八・〇・二四〇	1、2、5
										同郷新田郷	一二・一・三〇〇	5
										同郷別名村	一〇・四・二四〇	5
国造宗孝寄進				出西郷	↓	出西郷	出西郷	↓	↓	出西本郷	三六・四・〇〇〇	2、3、5
（当御任）寄進					大田保	大田郷						1、2
						稲岡村	稲岡郷	↓	↓	稲岡郷	一八・七・一二〇	2、3、5
						富村	（出西）同富	↓	↓	富郷	三三・一・〇〇〇	2、3、5
							高墓村					3
							石墓村	↓	↓	石墓村	三・五・〇〇〇	3、5

									求院村	二六・八・〇〇〇	5
									北島村	一一・九・二四〇	5
（幕府）寄進								伊志見村	伊志見村	八・三・一八〇	5、6
									千家村	一一・五・〇〇〇	5

【所出史料】

1、建久二年（一一九一）七月日、「出雲国在庁官人等解」（千家家）、鎌倉遺文五四三
2、建久五年（一一九四）三月二十一日、「出雲孝房譲状」（千家家）、鎌倉遺文七一九
3、「建暦三」（一二一三）八月二十一日、「藤原雅隆袖判御教書」（北島家）、鎌倉遺文二〇二〇（「　」年号は異筆）
4、「貞応三」（一二二四）六月十一日、「藤原雅隆袖判御教書」（平岡家）、『大社町史　史料編』一九九
5、康元元年（一二五六）十二月日、「杵築大社領注進状」（北島家）、鎌倉遺文八〇六八
6、「佐草自清覚書」（近世写、建武三年〈一三三六〉）（千家古文書甲）、『大社町史　史料編』四二四

神田」（A大社御領〈西部〉、B神魂社領大庭田尻保・C惣社領・D散在神田〈東部府中近傍〉）など、国造出雲氏が、大社御領をはじめ来歴を異にする複数の所領群を家領として知行するに至っているのである。

3　国造本領神魂社領大庭田尻保と府中諸社造営祭祀権の吸収

徳治二年の「出雲泰孝譲状」所載のAからDの所領では、C惣社領・D散在神田が新たに見られる。これについて井上氏は、十三世紀中・後半、国造の御家人化・守護との提携、国衙祭祀権吸収を経て惣社の大社末社化へという一連の動きを述べている。[26]しかし、同譲状には惣社領と大社御領とは並記され、惣社の末社化を示しているとはみられない。むしろ国造家領化の持つ意味について考えることが重要である。

建長元年（一二四九）十一月二十九日「将軍藤原頼嗣袖判下文」（北島家文書『鎌倉遺文』七一四三）および同年十

表2　府中諸社領の国造家領化

	所在郷名・所領名・面積等 出雲郷	竹矢郷	山代郷	大草郷	朝酌郷	所出文書年月日	所出文書名	宛名	出典	概要
1	御厩田 一町	五段 利正名内	五段 公田内	物社灯炉田 一町		建長三年（一二五一）八月日	出雲国司庁宣	留守所（国造出雲義孝）	鎌倉遺文7346 千家家文書	伊弉諾社造営料田
2	物社八月朔幣料田 一町 出雲郷内					建長三年（一二五一）八月日	出雲国司庁宣	留守所（国造出雲義孝）	鎌倉遺文7347 千家家文書	助時の沙汰を改め義孝に宛行う
3	物社灯油料田 七段	物社灯油料田 七段	物社灯油料田 七段			建長三年（一二五一）八月日	出雲国司庁宣	留守所（国造出雲義孝）	鎌倉遺文7348 千家家文書	本領主懈怠。本領主改易
4				造進伊弉諾社料田 五段 大草郷政盛跡屋敷	造進伊弉諾社料田 二丁 朝酌郷公田内	建長五年（一二五三）十二月日	出雲国司庁宣	留守所（国造出雲義孝）	鎌倉遺文7690 千家家文書	伊弉諾社造営料田
5			伊弉冊社供料田 三反	伊弉諾社料田 四反半		建長七年（一二五五）二月日	出雲国司庁宣	留守所（国造出雲義孝）	鎌倉遺文7848 千家家文書	義孝の沙汰として伊弉冊社供料田を領知せしむべし
6		物社御神楽田 五反	物社御神楽田 五反	伊弉冊社灯油田 一丁		建長七年（一二五五）二月日	出雲国司庁宣	留守所（国造出雲義孝）	鎌倉遺文7849 千家家文書	大中臣元頼の府中追放、義孝に領知・彼役を勤仕せしむべし
7				物社安居師免畠 高貞跡畠		康元二年（一二五七）二月日	出雲国司庁宣	留守所（国造出雲義孝）	鎌倉遺文8077 千家家文書	国造義孝に知行せしむべし

8	伊弉諾社・伊弉冊社・惣社神田神畠（出雲・竹矢・山代・大草・朝酌郷内）					康元二年（一二五七）二月日	出雲国司庁宣	留守所（国造出雲義孝）	鎌倉遺文8078 千家家文書	彼田畠は当御任庁宣、彼社に寄進、国造義孝子々孫々領知
9				惣社仁王講 一口		正元二年（一二六〇）二月日	出雲国司庁宣	留守所	鎌倉遺文8482 千家家文書	経田一口免立
10			神魂社大般若経田 一口	惣社仁王経田 一口		文永元年（一二六四）十月八日	出雲国司庁宣案	留守所	鎌倉遺文9165 千家家文書	経田二口免立

二月十二日「佐々木泰清書状」（同『同』七一四八）において、守護佐々木氏の仲介により国造家本領で府中所在の神魂社領大庭田尻保地頭職が出雲義孝に対して安堵された。これを境に御家人出雲義孝と守護との関係は緊密なものになっていく。

その直後の建長三年から文永元年（一二五一～一二六四）にかけて、国造出雲義孝は、惣社・伊弉諾社・伊弉冊社などの府中諸社領を吸収掌握していく。それは、以下のような過程を経ている（内容は**表2**参照）。

建長三年八月日「出雲国司庁宣」（千家家文書『鎌倉遺文』七三四八）では、惣社の灯油料田の「本領主令致懈怠」により本領主を改易し、国造義孝の沙汰として料田を引き募り灯油料を勤めるよう命じている。建長五年（一二五三）十二月日「出雲国司庁宣」（同『同』七六九〇）では、伊弉諾社・伊弉冊社について「件社雖可為国衙之造営、令寄進料田参町（中略）早義孝知行、遂彼社遷宮」として国衙が持つ造営権を国造義孝へ付与した。建長七年（一二五五）二月日「出雲国司庁宣」（同『同』七八四八・七八四九）では、宝治遷宮の大行事代官・神祇系官人であった国衙官人大中臣元頼とその一族義元が、「在庁等訴訟」により「府中追放」をうけ、その跡である伊弉冊社の供料田・灯油料田や惣社御神楽田を国造義孝が継承している。康元二年二月日「出雲国司庁宣」（同『同』八〇七七）では、大中臣高貞跡を惣社安居師免畠として国造義孝が継承し、康元二年（一二五七）二月日「出雲国司庁宣」（同『同』八〇七八）において「可早令国造出雲義孝、進退領掌伊弉諾・伊弉冊幷惣社神田神畠等事（中略）国造義孝子々孫々令領知、可致公私之御祈禱」として伊弉諾・伊弉冊幷惣社神田神畠を国造義孝に付与している。さらに、文永三年（一二六六）四月日「出雲国司庁宣案」（出雲大社文書『鎌倉遺文』九五二五）においては、造惣社用途として飯石郡三刀屋郷が宛てられ、「為社家沙汰」遷宮を行うよう命じている。(27) このように、国司庁宣を得て国造出雲氏は府中諸社の造営・祭祀権など国衙祭祀機能を次々に獲得している。

さらに正元二年（一二六〇）二月日「出雲国司庁宣」（千家家文書『鎌倉遺文』八四八二）では「可免立経田壱口惣社仁王講大草郷事」、文永元年（一二六四）十月八日「出雲国司庁宣案」（千家家文書『鎌倉遺文』九一六五）では「可早重免立経田二口事」として「惣社仁王講田　在大草郷」と併せて「神魂社大般若経田　在山代郷」を国司に認めさせており、国造家本領である神魂社においても惣社並の国家的仏事を実施している。さらに徳治二年の「泰孝譲状」の後の元亨四年（一三二四）甲子八月二十七日「国造出雲孝時譲状」（平岡家文書『町史』三六二）では「出雲国神魂号伊弉諾伊弉冊社領大庭田尻」と見え伊弉諾社・伊弉冊社が神魂社に組み込まれている。これらから、出雲国造は、府中にあった国造家本領神魂社領を実力的基礎（財政的プール）として、伊弉諾社・伊弉冊社を併呑し惣社の経営を行い、国衙祭祀権を掌握するようになったと考えられるのである。

このように、国造出雲氏は府中諸社造営祭祀権（国衙祭祀機能）を吸収し惣社以下を家領化した。名実ともに中世出雲一国の司祭者・社家としての地位を確立し、その正統性の下、杵築大社と同社領の家領化を進め家産制的支配を拡大していったと考えられるのである。

とすれば、十三世紀末期の院宣・国司庁宣に見える「国衙・社家相共」の概念は、十二世紀以来の一貫した体制概念として適用するにはふさわしくないのではないか。これは、宝治正殿焼失以後の杵築大社神殿再建の危機状況と幕府からの働きかけのなかで、出雲国造が形成してきた家産制的実力・地位を取り込みながら、国務の沙汰として国衙留守所による国鎮守造営の枠組みを守るため、公家権力が出雲国内に求めた造営体制のありようといえよう。

第四節　三月会執行体制からみた地域支配秩序の再編

それでは次に、杵築大社最大の恒例年中行事「三月会」の執行体制の整備をみながら、十三世紀半ば宝治遷宮以降に台頭してきた鎌倉幕府（武家）勢力の機能を交えた国家的支配・地域支配体制の仕組みを考えていきたい。

従来、幕府・守護と国衙機能との関係については、石井進氏の国衙機能の吸収説が知られる。それによれば、弘安年間以降は幕府による神社・寺院の造営・修造が全国化し、一宮造営については大田文をもとにした一国平均役により造営されるとする。[28]これに対し、井上氏は杵築大社の事例から、鎌倉幕府・守護は国衙機能を尊重しながら造営・祭祀を側面支援したものであるとした。[29]本節では基本的に井上氏の理解に従いながら、さらに国支配を一国にあまねく浸透させ実効性を持たせるための国家的調整機能や地理的・空間的支配の構造がどのようなものであったかを考えることとする。

1　三月会相撲・舞頭役結番体制編成の契機と背景

文永七年（一二七〇）正月に、宝治造営の正殿が焼失する。その翌年、文永八年（一二七一）十一月日の「関東下知状案」（付、結番注文）（千家家文書『鎌倉遺文』一〇九二二）において、杵築大社恒例最大の年中行事の執行体制である三月会頭役結番体制が構築された。この体制は、三月会の相撲・舞楽の頭役を、二十番に区分された国内荘公御家人らと公田数二百六十余町を一グループに編成し、役の負担を均分軽減する目的で作り出され、以後、これが三月会の執行体制として継続していった（**表3**参照）。これについては井上氏により、出雲国一宮祭祀の御家人頭役制の成立であると評価され、作成の契機は、文永五年の蒙古牒状と対蒙古臨戦態勢にあるとされている(30)。しかし、加えてこのタイミングからは来るべき造営役負担を想定した諸役の整理と、国鎮守恒例祭祀体制の維持強化の方策を契機として想定しなければなるまい。

下知状本文によれば、結番注文の直接の理由は「右、頭役等、頃年以来頻致過差、不顧煩費、然間、毎年之役人頗破生涯之産、国中之住民漸(失)告安堵之計」として、三月会が過差にながれ国内住民の負担・疲弊がはなはだしいことにあるとしている。そして、「仍為者(省)課役之加増、為儼如在之礼質(冀)、仰守護人信濃前司泰清、在国司朝山右衛門尉昌綱今者死去、召当国之田数・頭役之注文、所結定二十番也、仮令以二百六十余丁為一番、経廿箇年可勤一頭」として課役軽減により儀式を堅固に行うため、幕府は在国司と守護に命じて田数注文・頭役注文を提出させ、二十年一度巡役の頭役に編成したとする。さらに「且相撲者、為往古国中白丁之処、近古以来、雇下京相撲之間、往反之用途、禄物之過差、人民之侘(ママ)傺、偏在于此事云々、永停止京都相撲下向、可雇用当国之相撲」として、京都から相撲人を雇っていたのをやめて国内で雇用することにより、人民にかかる交通費・禄物など余計な負担を軽減するようにとしている。この背景には、負担軽減と地域利害を訴える出雲国内在地からの要求を想定しなければならないだろう。

一方、幕府主導による二十番編成は、信濃国諏訪社の五月会・伊勢神宮式年遷宮などに因准していたとみられる。

表3　出雲国杵築大社三月会相撲・舞頭役結番地頭および荘公公田数注文

番	荘郷名	公田数	地頭	頭
1	湯郷	三三丁六反小	大西二郎女子	相撲左
	拝志郷	二一丁四反	大西二郎女子	相撲左
	佐世郷	二六丁六反	湯左衛門四郎	相撲左
	比知新宮	—	阿井兵衛尉子	相撲左
	小計	**九一丁六反三〇〇歩**		
	□賀郷	五二丁二反三〇〇歩	西郷弥三郎	相撲右
	福富保	二二丁二反大	福富太郎入道	相撲右
	成相寺	七丁	椎名小三郎入道	相撲右
	朝酌	一〇丁	□□太郎	相撲右
	小計	**九二丁五反六〇歩**		
	大野庄	七四丁五反六〇歩	大野□、同六郎等子	舞
	北野末社	八丁	香木三郎入道	舞
	小計	**八二丁五反六〇歩**		
	計	**二六五丁七反六〇歩**		
2	賀茂庄	七七丁八反		相撲左
	大竹寺	五丁二反大	志貴左衛門四郎	相撲左
	大田別宮	五丁	出雲房	相撲左
	新松八幡	—		相撲左
	小計	**九一丁大**		
	来海庄		別符左衛門妻	相撲右
	同庄	一〇丁	別符左衛門妻	相撲右
	同庄内	一〇丁	別符左衛門妻	相撲右
	中須郷	一六丁半	別符左衛門妻	相撲右
	秋鹿郷	三〇丁一反半	土屋五郎	相撲右
	佐々布郷	二〇丁（二）反半	佐々布左衛門入道子	相撲右
	太守社	四丁一反	佐々布左衛門入道子	相撲右
	槻矢村	三反	地頭	相撲右
	小計			
	計	**二六二丁七反六〇歩**		
3	長海本庄	五〇丁	持明院少将入道	相撲左
	熊野庄	三八丁	加治左衛門次郎	相撲左
	阿吾社	一丁九反半	地頭	相撲左
	小計	**八九丁九反半**		
	意東庄	六三丁	金子左衛門三郎女子	相撲右
	氷室庄	三〇丁	信濃僧正跡	相撲右
	小計	**九三丁**		
	揖屋庄	三一丁	安藤宮内左衛門尉	舞
	乃木保	二四丁三反三〇〇歩	乃木七郎	舞
	乃白郷	一五丁四反半	乃木太郎兵衛尉	舞
	日吉末社	八丁	乃木太郎兵衛尉	舞
	宇屋新宮	一丁二反	泉十郎入道子	舞
	小計	**八〇丁小**		
	計	**二六二丁九反三〇〇歩**		
4	母里郷	六二丁二反三〇〇歩	河内二郎広四郎	相撲左
	常楽寺	一六丁	佐貫弥四郎	相撲左
	木津郷島 一向畠地		乃木四郎子	相撲左
	小計	**七八丁二反三〇〇歩**		
	美談荘	四四丁三反	信濃太郎左衛門入道	相撲右
	志々墓保	二〇丁七反三〇〇歩	持明院殿	相撲右
	伊野郷	二七丁八反六〇歩	持明院殿	相撲右
	小計	**九二丁九反**		
	建部郷	三〇丁九反六〇歩	桑原左近入道	舞
	淀本荘	二四丁	中沢二郎入道	舞
	長江郷	二五丁六反大	大蔵太郎	舞

	小計	**八〇丁五反三〇〇歩**		
	計	**二五一丁七反大**		
5	巨曾石郷	六五丁九反小	中村太郎馬允跡	相撲左
	静雲寺	六丁八反小	二宮二郎	相撲左
	真松保	一五丁五反大	西条余一入道	相撲左
	利弘荘	三丁	西条余一入道	相撲左
	小計	**九一丁三反小**		
	石坂郷	四三丁五反半	恩田太郎	相撲右
	松井荘	二三丁三反小	相馬四郎	相撲右
	田頼郷	一一丁九反半	大島弥二郎子	相撲右
	舎人保	一三丁四反小	横瀬中務三郎入道	相撲右
	小計	**九一丁二反大**		
	飯生荘	四八丁	色部右衛門尉	舞
	坂田郷	三二丁一反三〇〇歩	成田五郎入道子	舞
	小計	**八〇丁一反三〇〇歩**		
	計	**二六二丁七反三〇〇歩**		
6	楯縫東郷	四五丁九反三〇〇歩	朝山左衛門尉跡	相撲左
	同西郷	三五丁三〇〇歩	朝山左衛門尉跡	相撲左
	小境保	一三丁九反小	小境二郎	相撲左
	小計	**九五丁**		
	朝山郷	八三丁五反小	朝山左衛門尉跡	相撲右
	三津荘	三丁	朝山左衛門尉跡	相撲右
	小計	**八六丁五反小**		
	多久郷	三六丁七反大	中二郎入道	舞
	富田新荘 比田	三〇丁	村上判官代入道	舞
	佐香保	一四丁三反大	平賀蔵人	舞
	小計	**八一丁一反小**		
	計	**二六二丁六反大**		
7	神西本荘	五〇丁	海瀬又太郎	相撲左

	恒松保	一二丁七反三〇〇歩	牟三郎左衛門尉	相撲左
	玖潭社	一五丁	玖潭四郎	相撲左
	持田荘	一五丁五反半	土屋三郎左衛門尉	相撲左
	小計	**九三丁三反小**		
	法吉郷	一三丁七反小	渋谷権守三郎	相撲右
	比津村	一一丁六反六〇歩	渋谷権守三郎	相撲右
	法吉社	二三丁	渋谷権守三郎	相撲右
	宍道郷	三八丁八反三〇〇歩	成田四郎	相撲右
	小計	**八七丁二反小**		
	神西新荘	八三丁七反	古荘四郎左衛門入道子	
	小計	**八三丁七反**		
	計	**二六四丁二反大**		
8	長海新荘	五一丁五反		相撲左
	大草郷	三九丁	雅楽頭子	相撲左
	小計	**九〇丁五反**		
	出雲郷内	九二丁一反半	多胡四郎入道子	相撲右
	小計	**九二丁一反半**		
	出雲郷内	一三丁	多胡四郎入道子	舞
	津田郷	二六丁八反小	秋鹿二郎入道女子	舞
	佐草社	一三丁一反六〇歩	出浦四郎蔵人入道	舞
	春日末社	一三丁	奈胡四郎太郎	舞
	井尻保	一一丁	宇津木十郎	舞
	比知良保	四丁五反大	中沢左衛門入道	舞
	小計	**八一丁五反六〇歩**		
	計	**二六四丁一反大**		
9	佐陀庄	二八〇丁	佐陀神主	三頭
10	三代荘	四四丁	本間対馬二郎左衛門尉	相撲左
	広田荘	二五丁	品川弥三郎	相撲左
	波根保	二一丁五反六〇歩	西牧左衛門尉	相撲左
	小計	**九〇丁五反六〇歩**		

番	荘郷名	田数	地頭	役
	福頼荘内	九〇丁五反大	長野入道子	相撲右
	小計	**九〇丁五反大**		
	福頼荘内	九丁	長野入道子	舞
	来次上村	二三丁四反半	大井新左衛門尉	舞
	大西荘	二二丁	飯沼四郎子	舞
	福武村	五丁一反六〇歩	伊北又太郎	舞
	日伊郷	一一丁半	伊北又太郎	舞
	淀新荘	一一丁	鷲谷左衛門太郎子	舞
	小計	**八一丁六反六〇歩**		
	計	**二六二丁七反**		
11	国富郷内	九〇丁	甲斐三郎左衛門尉	相撲左
	小計	**九〇丁**		
	国富郷内	一〇丁	甲斐三郎左衛門尉	相撲右
	山代郷	四七丁四反半	那須四郎兵衛尉	相撲右
	岡本保	一七丁六反	佐島三郎	相撲右
	津々志村	一六丁	下野入道女子	相撲右
	小計	**九一丁半**		
	漆治郷	八〇丁五反六〇歩	下野入道女子	舞
	小計	**八〇丁五反六〇歩**		
	計	**二六一丁五反大**		
12	多祢郷	二五丁一反小	多禰	相撲左
	日蔵別宮	三丁	多禰	相撲左
	三刀屋郷	二一丁	諏訪部三郎入道子	相撲左
	阿井郷	一一丁	法華堂別当僧都	相撲左
	飯石郷	一四丁四反半	目黒左衛門入道子	相撲左
	熊谷郷	一七丁三反	逸見六郎	相撲左
	小計	**九一丁八反三〇〇歩**		
	赤穴荘	五〇丁二反六〇歩	赤穴太郎	相撲右
	馬木郷	三五丁二反大	多胡左衛門尉	相撲右
	三沢郷	四丁四反半	飯島太郎	相撲右

番	荘郷名	田数	地頭	役
	小計	**八九丁九反小**		
	横田荘	五五丁	相模式部大夫	舞
	三処郷	九丁五反三〇〇歩	三処左衛門後家	舞
	久野郷	四丁三反半	中郡太郎六郎	舞
	白上八幡宮	三丁	地頭	舞
	末次保	七丁三反大	土屋六郎	舞
	小計	**七九丁三反**		
	計	**二六一丁一反六〇歩**		
13	富田荘	九九丁四反六〇歩	信濃前司	三頭
	塩冶郷	一〇一丁六反三〇〇歩	信濃前司	三頭
	美保郷	三四丁一反一八〇歩	信濃前司	三頭
	古志郷	二八丁六反半	信濃前司	三頭
	平浜別宮	二七丁二反半	信濃前司	三頭
	計	**二九一丁一反半**		
14	竹矢郷	六二丁一反三〇〇歩	相模殿	相撲左
	須佐郷	三〇丁三反小	相模殿	相撲左
	神立社	——	相模殿	相撲左
	小計	**九二丁五反六〇歩**		
	長田西郷	四七丁五反	長田四郎兵衛尉	相撲右
	生馬郷	四〇丁七反半	栗沢左衛門尉	相撲右
	小計	**八八丁二反半**		
	伊秩荘	六〇丁四反三〇〇歩	来島木工助入道	舞
	来島庄	二〇丁	来島木工助入道	舞
	小計	**八〇丁四反三〇〇歩**		
	計	**二六一丁二反半**		
15	安田荘内	九〇丁	江戸四郎太郎	相撲左
	小計	**九〇丁**		
	安来荘	九〇丁	松田九郎子息	相撲右
	小計	**九〇丁**		
	安来荘内	二〇丁	松田九郎子息	舞

	安田荘内	三五丁	江戸四郎太郎	
	吉成保	一一丁八反大	土淵右衛門尉	舞
	平田保	一三丁二反半	多胡三郎兵衛尉	舞
	小計	**八〇丁一反六〇歩**		
	計	**二六〇丁一反六〇歩**		
16	宇賀荘内	九〇丁	因幡左衛門大夫（長井）	相撲左
	小計	**九〇丁**		
	宇賀荘内	九〇丁	因幡左衛門大夫（長井）	相撲右
	小計	**九〇丁**		
	宇賀荘内	六六丁四反小	因幡左衛門大夫（長井）	舞
	赤江郷	一八丁三反三〇〇歩	大弐僧都	舞
	小計	**八四丁八反六〇歩**		
	計	**二六四丁八反六〇歩**		
17	大東荘南北内	九〇丁	土屋弥次郎	相撲左
			飯沼四郎	相撲左
			土屋六郎左衛門入道	相撲左
			縁所五郎	相撲左
			神保太郎跡	相撲左
	小計	**九〇丁**		
	大東荘内	三〇丁	同前	相撲右
	忌部保	二〇丁九反三〇〇歩	土屋四郎左衛門入道	相撲右
	千酌郷	三九丁八反小	土屋六郎左衛門入道	相撲右
	小計	**九〇丁八反六〇歩**		
	仁和寺荘	五〇丁	神保四郎太郎子	舞
	近松荘	三〇丁	神保四郎太郎子	舞
	小計	**八〇丁**		
	計	**二六〇丁八反六〇歩**		

18	加賀荘	九四丁二反小	土屋右衛門尉子	相撲左
	小計	**九四丁二反小**		
	林木荘	八四丁	深栖蔵人太郎跡	相撲右
	布施郷	五丁五反三〇〇歩	神保二郎	相撲右
	小計	**八九丁五反三〇〇歩**		
	長田東郷	四五丁六〇歩	長田蔵人	舞
	枕木保	二三丁七反	長田蔵人	舞
	布施社	八丁七反	神保小四郎	舞
	小計	**七七丁四反六〇歩**		
	計	**二六〇丁二反小**		
19	吉田荘内	九一丁二反小	佐々木四郎左衛門尉	相撲左
	小計	**九一丁二反小**		
	吉田荘内	五二丁	佐々木四郎左衛門尉	相撲右
	万田本荘	二〇丁	万田二郎太郎	相撲右
	知伊社	二〇丁五反六〇歩	片山二郎入道	相撲右
	小計	**九二丁五反六〇歩**		
	国屋郷	六〇丁二反	佐陀神主	舞
	万田新庄	一六丁四反大	万田七郎	舞
	小計	**七六丁六反大**		
	計	**二六〇丁四反六〇歩**		
20	杵築社領	遥堪郷		三頭
		武志郷		三頭
		鳥屋郷		三頭
		大田郷		三頭
		出西郷		三頭
		伊志見郷		三頭
	計	**二八九丁五反**		

嘉暦二年（一三二七）四月二十三日の「六波羅下知状」（早稲田大学所蔵　佐草文書『鎌倉遺文』二九八二〇）では、信濃国から出雲国大原郡へ西遷した御家人飯沼氏の猪尾谷村東方地頭職の和与にあたって「於公方御公事者、随田地分限、伊勢役夫工米・杵築御三会、又諏方御頭役者廿箇年一度為巡役之上者、可有其沙汰」と見える。つまり、西遷御家人らには、伊勢神宮役夫工米という国家的課役および地頭職を持つ複数の国々の国鎮守祭祀頭役など、国家的課役の多重構造に伴う負担が存在したのである。ここに、二十年に一度の輪番を要旨とする結番注文作成のもうひとつの理由があった。つまり、西遷御家人が負担する国家的課役を整序・軽減する一方、当該国内地頭に公田賦課を基礎にした国鎮守恒例祭祀役の責任を確実に負わせる体制を構築しようとしたのである。

全体的にいえば、幕府は、百姓層・御家人層・荘官層らの負担、ひいては荘園領主層の負担や被る影響を勘案しながら、在国司（国衙在庁として田数注文作成が想定）・守護（御家人交名をもとに頭役注文作成が想定）の実務的協働の下、当該国内を超えた国家的な制度矛盾の調整や個別所領を超えた剰余配分の構造的調整にあたったといえる。

2　結番編成からみた地域空間支配の構造

それでは、次にこの結番注文における地頭や荘郷保の組み合わせから、当該期地域支配の構図をとらえてみたいと思う。

1　文永結番グルーピングの特徴

以下、結番注文における荘公地頭と、その管轄する荘公公田の田数、それらの所在の組み合わせを分類すると以下のような特徴がみられる。

まず、①公田数が二、三百町に及ぶ有力領主のおおむね単独請負になるものであり、九番（佐陀神主）、十三番（守護）、十六番（長井・大弐僧都）、二十番（杵築大社）などがそれにあたる（**地図1**）。杵築大社本体はもちろんのこと、有力在来氏族勝部氏が神主職をもつ佐陀社、そして守護佐々木氏、勝部氏の支族である長井氏らである。

②得宗（領）と近隣有力領主からなる十四番。国衙近傍で宍道湖・中海水系の要衝竹矢郷と神戸川中流の要衝にある須佐郷など「相模殿」（北条時宗）領を核に、竹矢郷にほど近い長田郷（長田氏）・生馬郷（栗沢氏）ら各四十丁ばかりの公田を有する諸郷と、須佐郷と同じ神戸川沿いの伊秩荘・来島庄（来島氏）ら併せて八十丁余の公田を有する荘園を組み合わせている（**地図2**）。いわゆる得宗領が政治地理的に影響力を行使しうる組み合わせである。

③公田数が百町前後の有力領主少数の十一・十五・十八・十九番（**地図3**）で、彼らの経済的実力にもっぱら依拠したもの。

④有力領主を核に、公田数がおおむね四十町以下の中小領主複数の組み合わせで、a地域性がある、三番（宍道湖東部・中海沿岸）、五番（飯梨川・伯太川水系）、六番（在国司領・出雲西部）、十二番（斐伊川水系）（**地図4**）と、b ないもの、四・七番に分類できる。

⑤中小領主を集約した地域性または一族性が強い、八番（府中近傍）、十番（斐伊川水系山間）、十七番（土屋一族・神保氏、赤川水系）（**地図5**）がみられる。

このように整理すると、一方では有力領主（地頭）を中核にして責任を負わせ、もう一方では斐伊川・赤川水系（出雲西南山間部）、伯太川・飯梨川水系、宍道湖・中海水系、府中とその近傍（出雲東部）の領主層の横の一族連携や地域的まとまりに依拠し責任を負わせるという構図である。

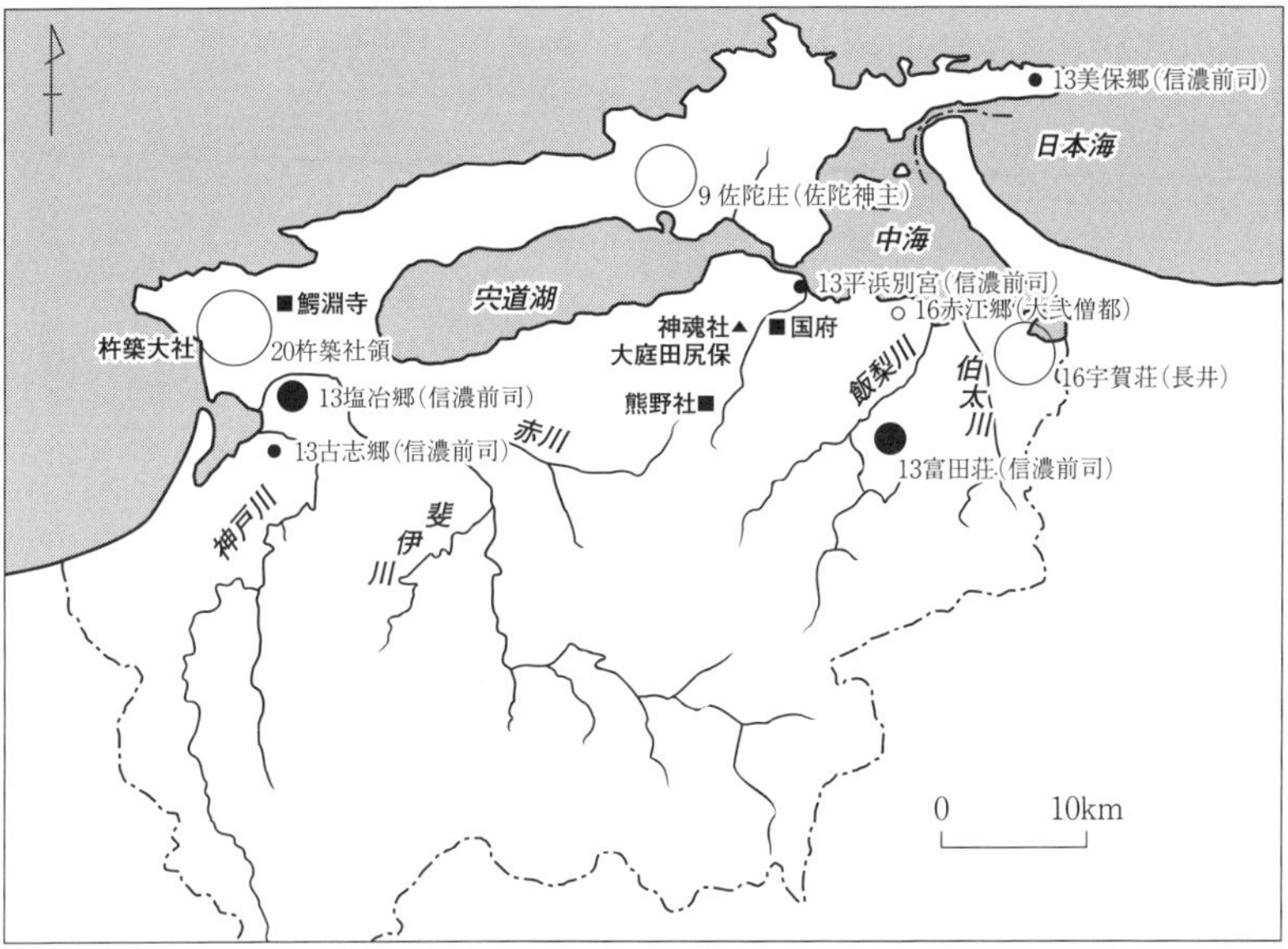

地図１　有力領主のおおむね単独請負型

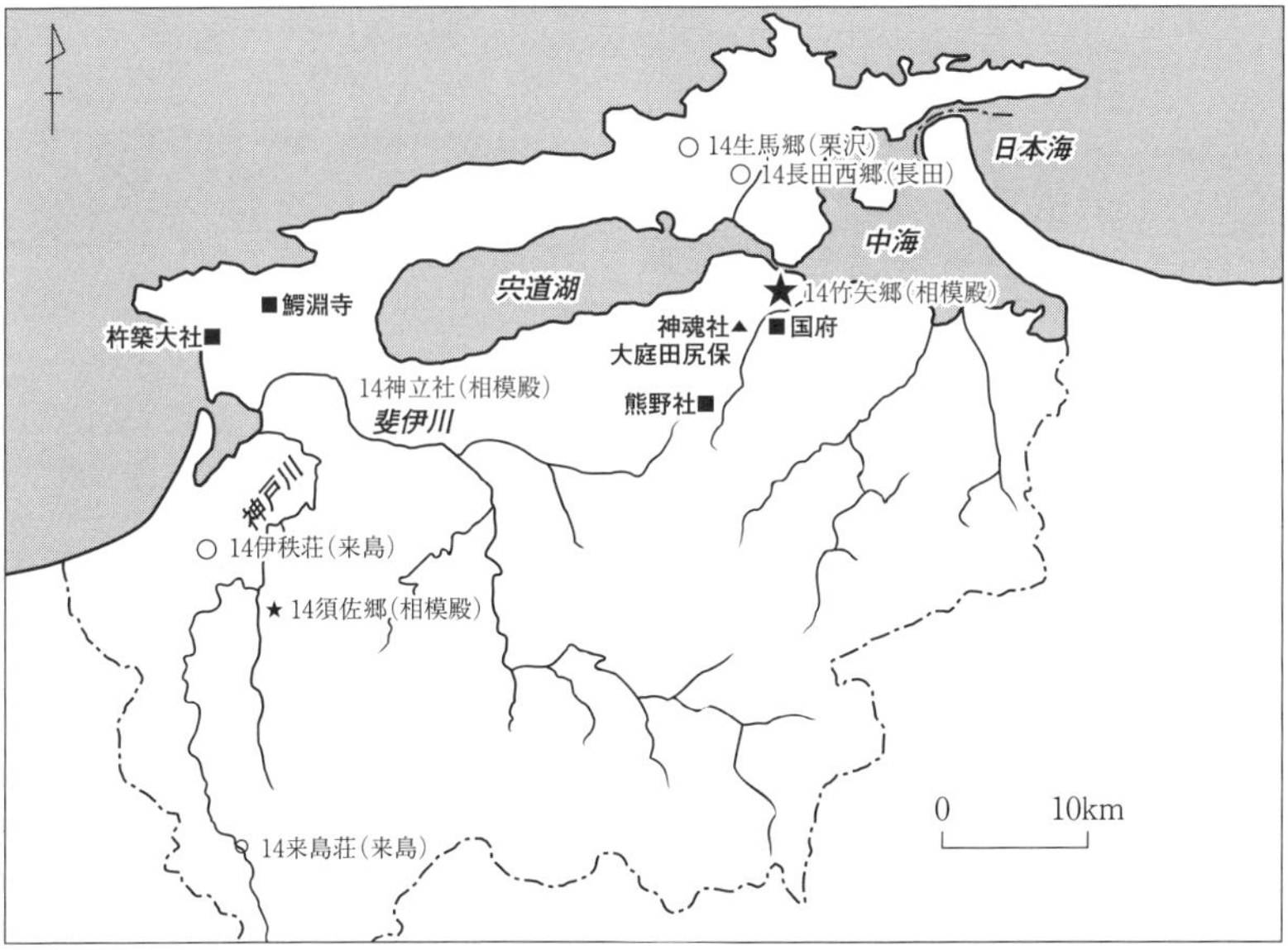

地図２　得宗（およびその一族）と近隣有力領主の請負型

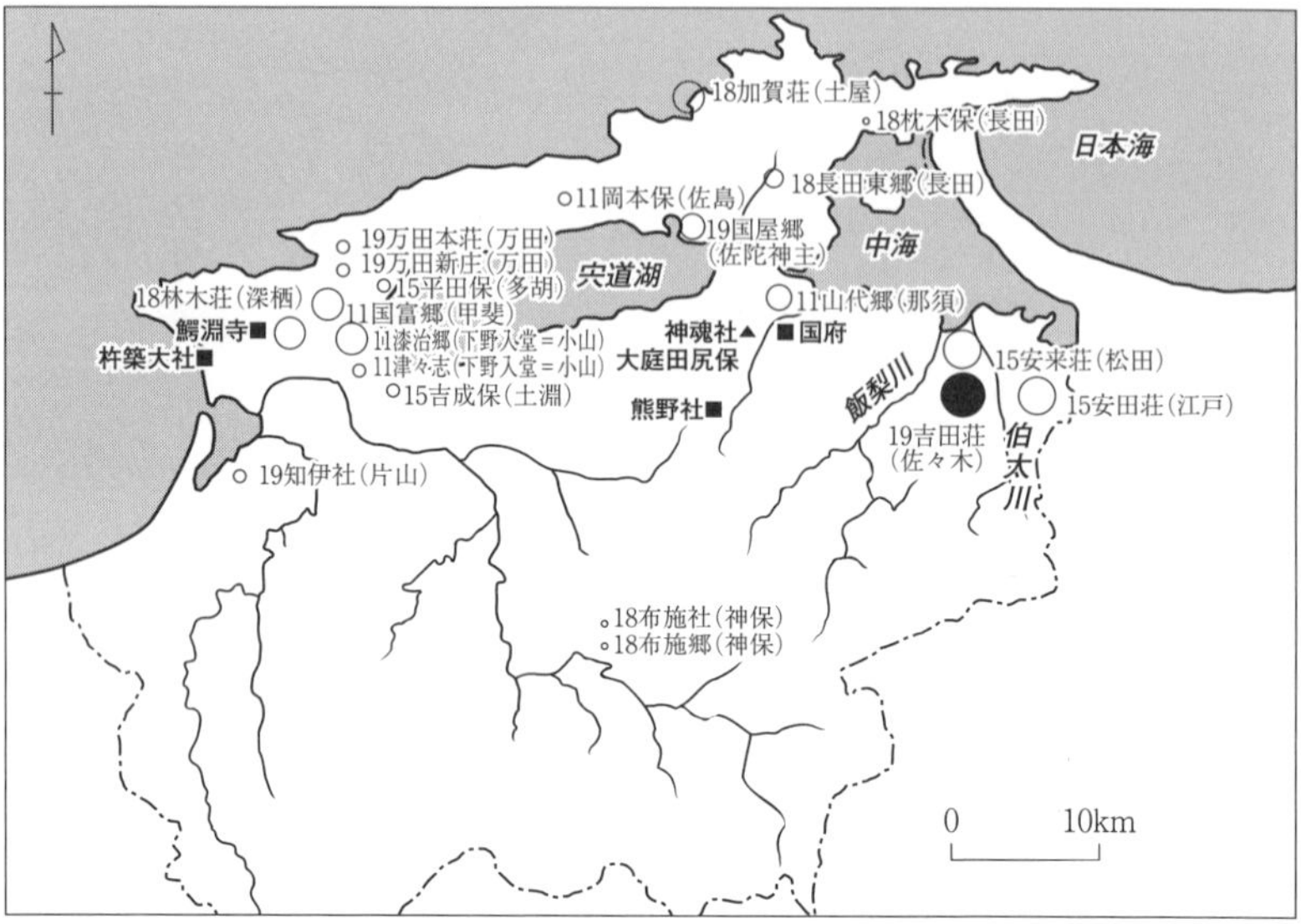

地図3　有力領主少数型

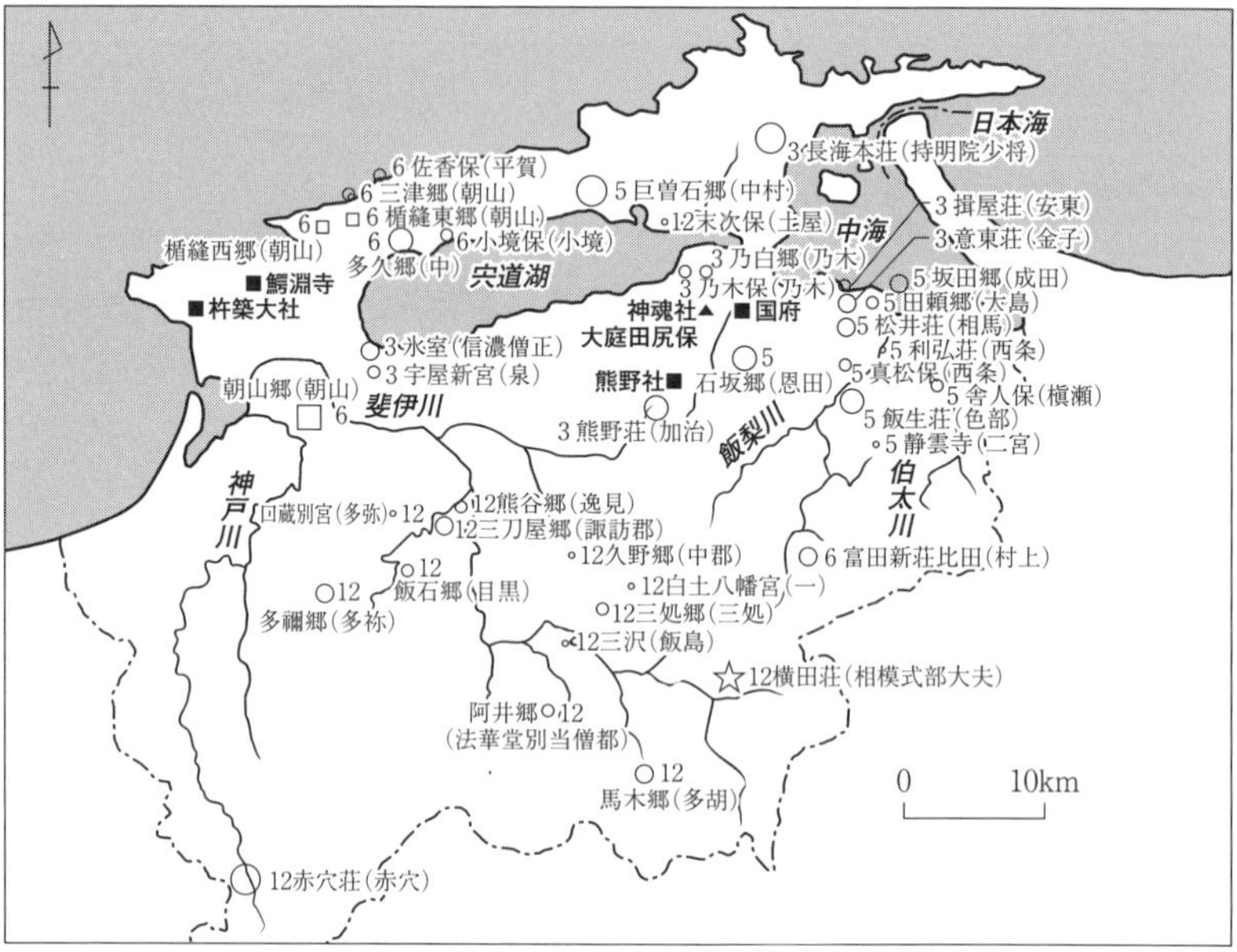

地図4　有力領主を核に中小領主複数の組み合わせ型

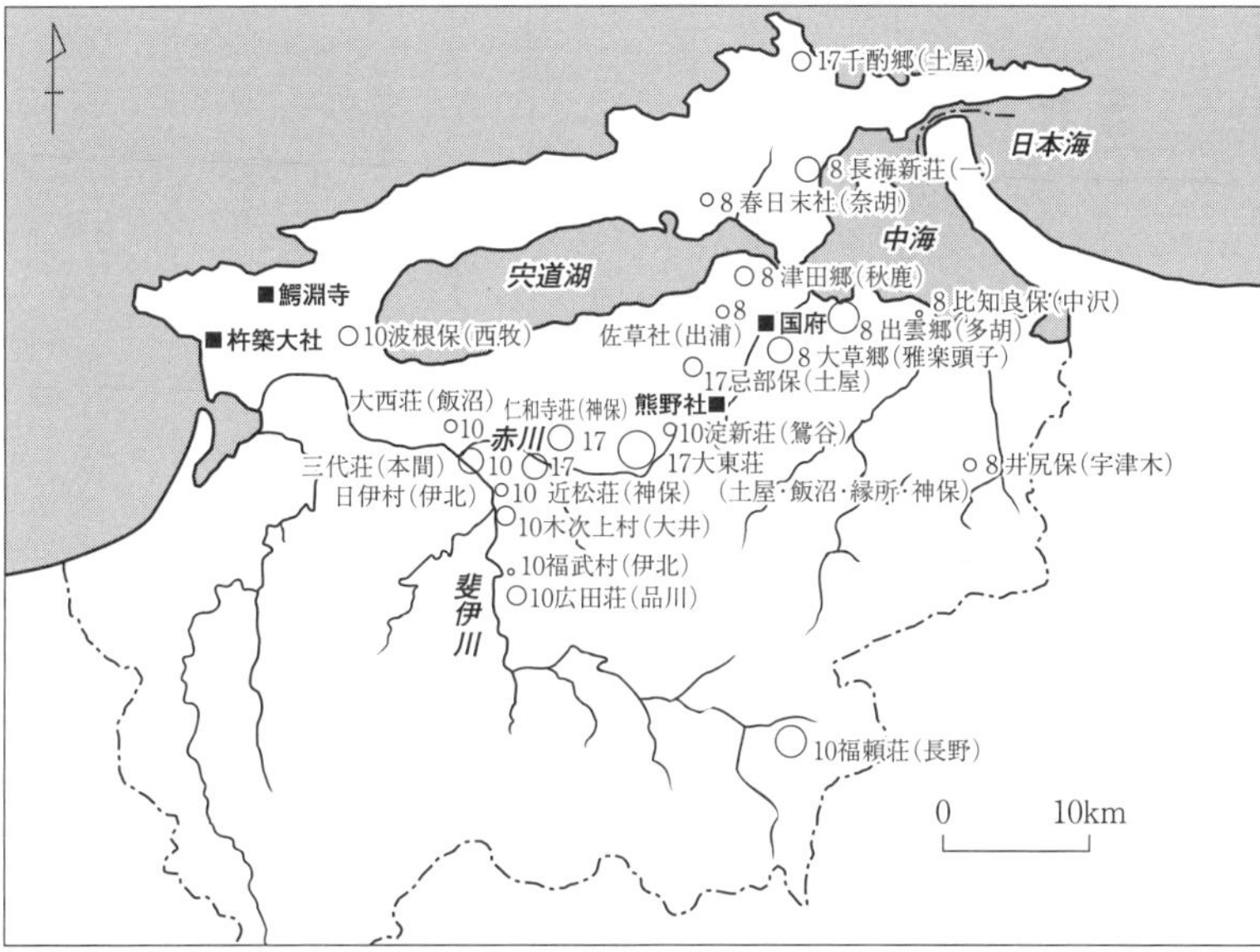

地図5　中小領主集約型（地域性または一族性が強い）

2　守護領と得宗領（「相模殿」領）の配置

次に、如上のような、荘公地頭領主の組み合わせを、一国にわたってあまねく機能させる政治的・社会地理的な仕組みについて見ていきたい。

石井進氏は、守護による国衙機能吸収論のなかで、国支配を実体化する仕掛けとして国衙集中型守護領と交通の要衝に守護領がある[31]ことを明らかにしている。一方、三好俊文氏は播磨の事例から、非国衙集中型守護領の問題をとりあげ、対国府上重要な有力社と提携する戦略があったとした。[32] 一方、熊谷隆之氏は、守護領の典型・非典型ではなく、各国の事情に応じた守護領立地を国支配上それぞれの在り方の問題として肯定的に考えていくべきであるとした。[33] そこで、この流れをうけて以下考察を加える。

まず、出雲国は、外様系守護佐々木氏の管国であり北条一門守護国ではない。

そのなかで、結番注文段階の守護領は以下の構成をとる（**地図1**）。

国衙に隣接し宍道湖から中海を繋ぐ水道沿いに立地する平浜別宮。日本海交通の要港美保関を擁し、宍道湖・中海水系の出口にある美保郷。飯梨川水系中流最大の富田荘、斐伊川水系・神戸川水系の日本海側出口で鎌倉末には守護所が置かれたといわれる塩冶郷および古志郷。これらは、日本海に近い出雲北部平野・湖沼部を中心に東西にわたり、石井氏の指摘にほぼ沿った構成をとっている。

加えてもう一方の鎌倉幕府勢力の拠点である得宗領は、国衙所在の大草郷・守護領平浜別宮双方に隣接し宍道湖から中海を繋ぐ水道にある竹矢郷、神戸川中流で出雲西南山間部の中心である須佐郷、斐伊川下流沿岸に立地する神立社で（**地図2★印**）、これに北条一門（時輔）領で出雲南部・備後国境付近最大の要衝である横田荘が加わる（**地図4☆印**）。

このように、国衙近傍平浜別宮・国内交通の要所要衝そして杵築大社領近傍に守護領が配され、これに得宗領が国衙・守護領平浜別宮隣接地、斐伊川下流域の杵築大社領・守護領・在国司領が混在する地域、守護領が手薄な中山間地の要衝などへ補完的に割り込み、相互に緊張・補完関係を持ちあうような様相を呈している。

3　在来氏族出雲国造家領・在国司朝山氏領の位置

次に、在来の有力氏族である国造出雲氏と在国司朝山氏の所領の所在をみてみよう。

まず、国造出雲氏の神主・惣検校職に伴う杵築大社領の主なものは、出雲西部の斐伊川下流域に一円的に存在する（**地図1**）。一方、国造出雲氏本領で地頭職を併せ持つ神魂社領と、惣社領以下は、出雲東部国衙近傍に集中的に存在する。このうち神魂社領大庭田尻保は結番注文には含まれていない。これは、前節で述べた国造による府中諸社祭祀（国衙祭祀権）の核として除外されたと考えられる。しかし、大庭田尻保地頭職は国造と幕府とを結びつける媒介項である。つまり、神魂社は、杵築大社三月会頭役結番体制の枠外にあって国内支配体制全体の枠内にあったのである。また、惣社以下府中諸社料田が散在する諸郷は、おのおの有力地頭（竹矢郷の得宗〈**地図2**〉・出雲郷の多胡氏〈**地図5**〉・山代郷の那須氏〈**地図3**〉）が配されており、なおかつ守護領・得宗領に隣接する国衙近傍諸郷に散在している。これらからは、国衙祭祀権も幕府・守護の国衙近傍・府中域への政治的布石の構造的な影響を受けえたと想定される。

一方、在国司朝山氏は、本領朝山郷を核に島根半島西部に所領を集中させている(34)（**地図4**□印）。このうち朝山郷は出雲西部の斐伊川下流域にあり杵築大社領にほぼ隣接し、守護領塩冶郷によって南北に分断されている(35)。これは、この地域が出雲西部から南部山間の斐伊川・神戸川水系（西・奥出雲地域）を支配する要衝であったがゆえであろう。

小括

以上のように、十三世紀後半、幕府主導の国鎮守杵築大社恒例最大の年中行事執行体制の整備を通じて、荘公田を基礎にした階級間の剰余配分の構造的調整が行われた。これは、武家権門としての幕府にとっては蒙古襲来を控えた当該期、御家人武士らの動員体制を整えたことにもなる。また、これが国衙の在国司と守護によって具体化され、在地の実情を踏まえて実現されたことが重要である。一方、国内の領域的空間的支配は、有力地頭や主要河川水系の地域的まとまりを基礎に、守護・得宗による地理的要衝支配によって実体化されようとしている。このことから遡上して、平安末期、国鎮守成立期の杵築大社は国内地域支配の観点からは、出雲東部の国衙によって、朝山領を牽制しつつ、これとともに出雲西部・南部山間地域支配の要として政策的に位置づけられた可能性が高い。それが、十二世紀後半以降に国衙近くの熊野社を越えて国鎮守となりえた政治的重要性であったと考えられるのである。

第五節　国内秩序における分裂契機の胚胎と国鎮守神

しかし、このような状況や仕組みは、地域の分裂契機を胚胎しているともいえる。

本章第二節では、宝治の遷宮儀式にみえる目代以下国衙在庁官人らが、都下りの氏族と在来氏族によって構成されたことを述べた。また、（**表4**）にも示すとおり出雲国内の荘郷保においても承久の乱後、信濃国以東の東国から多数の地頭が補任されている。このように、鎌倉時代の出雲国内支配と関わった支配階級は多様な出自を持った者たちであった。

第四節でも述べたとおり、鎌倉時代末期の大西荘猪尾谷東方地頭職で信濃出身の飯沼氏一族には、公方御公事として伊

表4　出雲国における東国出自の地頭（三月会相撲・舞頭役結番注文から）

配置荘郷名	地頭	地頭出自
常楽寺	佐貫弥四郎	上野国邑楽郡佐貫荘カ
舎人保	横瀬中務三郎入道	上野または武蔵国秩父郡横瀬
出雲郷内	多胡四郎入道子	上野国多胡郡多胡荘（惟宗氏）
平田保	多胡三郎兵衛尉	上野国多胡郡多胡荘（惟宗氏）
馬木郷	多胡左衛門尉	上野国多胡郡多胡荘（惟宗氏）
大東荘南北内	神保太郎跡	上野国多胡郡神保又は下総国千葉郡臼井荘カ
仁和寺荘	神保四郎太郎子	上野国多胡郡神保又は下総国千葉郡臼井荘カ
近松荘	神保四郎太郎子	上野国多胡郡神保又は下総国千葉郡臼井荘カ
布施郷	神保二郎	上野国多胡郡神保又は下総国千葉郡臼井荘カ
布施社	神保小四郎	上野国多胡郡神保又は下総国千葉郡臼井荘カ
山代郷	那須四郎兵衛尉	下野国那須郡三輪郷カ
津々志村	下野入道女子	下野国都賀郡小山郷（小山氏）
漆治郷	下野入道女子	下野国都賀郡小山郷（小山氏）
福武村	伊北又太郎	上総国夷志見郡カ
日伊郷	伊北又太郎	上総国夷志見郡カ
成相寺	椎名小三郎入道	下総千葉郡千葉荘椎名郷カ
松井荘	相馬四郎	下総国相馬郡
揖屋荘	安東宮内左衛門尉	安房国安房郡安東条または駿河国安倍郡
熊野荘	加治左衛門次郎	武蔵国高麗郡加治郷
意東荘	金子左衛門三郎女子	武蔵国入間郡金子郷
宇屋新宮	泉十郎入道子	武蔵
長江郷	大蔵太郎	武蔵カ
巨曾石郷	中村太郎馬允跡	武蔵カ
静雲寺	二宮二郎	武蔵国多摩郡または甲斐国八代郡二宮
坂田郷	成田五郎入道子	武蔵国埼玉郡成田
宍道郷	成田四郎	武蔵国埼玉郡成田
広田荘	品川弥三郎	武蔵国荏原郡品川郷カ

福頼荘内	長野入道子	武蔵国秩父平氏？
来次上村	大井新左衛門尉	武蔵国荏原郡または入間郡カ
飯石郷	目黒左衛門入道子	武蔵国荏原郡目黒村
安田荘内	江戸四郎太郎	武蔵国豊島郡江戸郷
吉成保	土淵右衛門尉	武蔵国多摩郡土淵荘
知伊社	片山二郎入道	武蔵国新座郡片山カ
宇賀荘内	因幡左衛門大夫	東国（長井氏）、武蔵または相模
法吉郷	渋谷権守三郎	相模国高座郡渋谷荘
比津村	渋谷権守三郎	相模国高座郡渋谷荘
法吉社	渋谷権守三郎	相模国高座郡渋谷荘
持田荘	土屋三郎左衛門尉	相模国大住郡土屋カ
忌部保	土屋四郎左衛門入道	相模国大住郡土屋カ
末次保	土屋六郎	相模国大住郡土屋カ
大東荘南北内	土屋弥次郎	相模国大住郡土屋カ
大東荘南北内	土屋六郎左衛門入道	相模国大住郡土屋カ
千酌郷	土屋六郎左衛門入道	相模国大住郡土屋カ
加賀荘	土屋右衛門尉子	相模国大住郡土屋カ
秋鹿郷	土屋五郎	相模国大住郡土屋カ
神西新荘	古荘四郎左衛門入道子	相模国愛甲郡古庄郷カ
三代荘	本間対馬二郎左衛門尉	相模国高座郡恩間カ
安来荘	松田九郎子息	相模国足柄上郡松田郷
春日末社	奈胡四郎太郎	甲斐国巨麻郡奈胡荘
熊谷郷	逸見六郎	甲斐国巨摩郡逸見郷
建部郷	桑原左近入道	信濃国諏訪郡桑原郷
淀本荘	中沢二郎入道	信濃国伊那郡中沢郷（諏訪氏）
比知良保	中沢左衛門入道	信濃国伊那郡中沢郷（諏訪氏）
田頼郷	大島弥二郎子	信濃国
大西荘	飯沼四郎子	信濃国
大東荘南北内	飯沼四郎	信濃国
三沢郷	飯島太郎	信濃国伊那郡飯島
生馬郷	栗沢左衛門尉	信濃？
飯生荘	色部右衛門尉	越後国小泉荘色部条、嘉禄三年以降
三刀屋郷	諏訪部三郎入道子	越後国

＊以上は、出自が比較的明らかなものを抽出した。
参考文献：『日本歴史地名大系33　島根県の地名』平凡社、一九九五年、関幸彦・野口実『吾妻鏡必携』吉川弘文館、二〇〇八年

勢造宮役のほか、本貫地信濃国の諏訪社の頭役や杵築大社三月会頭役など地頭職所在国における一宮祭祀役など国家的課役負担の多重構造があった。彼らは他国出身者でありながら出雲国杵築大社三月会の頭役を負担しなければならなかった。しかし、彼らの出雲国鎮守への帰属意識は、本国のそれに比べれば希薄であったに違いないのである。

たとえば、江戸時代中期の出雲の地誌『雲陽誌』には、出雲国内における多くの諏訪明神が記されている。これが信濃国鎮守神であり、出雲地域にとっては外来社であることはいうまでもない。その分布は、信濃国伊那郡出身の飯島氏が西遷し本拠地とした旧三沢郷と、のちに勢力を拡げた横田荘、同じく、信濃国伊那郡出身の中沢氏が西遷した旧淀本荘、信

濃国諏訪郡出身の桑原氏が西遷した建部郷とその付近に集中している（表5、図2）。諏訪明神は、彼ら信濃出自の西遷御家人によって勧請され、荘郷鎮守クラスとして定着させられていったと考えられる。それまでの出雲地域からみれば、彼らの異質な自我同一性を看取することができるのである。

また、守護と八幡宮との関係も注目される。鎌倉時代になると、平浜別宮が守護領となり、これと隣接した竹矢郷が得宗領となっている。また守護佐々木氏本領となった塩冶郷にも塩冶郷八幡（桑日八幡）が勧請されている。[36]さらに得宗が地頭職を保持した須佐郷は、鎌倉幕府倒壊後には石清水八幡宮領となっていることも注目される。[37]

貞和三年（一三四七）三月十九日「室町幕府御教書」（出雲大社文書『南北朝遺文　中国・四国編』一五二三）では「出雲国杵築大社三月会頭役事、度々被仰下之処、於須佐郷者、号八幡領、至生馬郷者構塔婆料所、対捍□□、太無謂、不日可勤仕（中略）安来庄事、鴨社雑掌雖愁申、□□同前」と見え、石清水八幡宮領須佐郷や、賀茂社領安来荘ほかの三月会頭役の対捍が問題になっている。鎌倉幕府倒壊と出雲国内動乱の影響によって、権門諸社領からの抵抗が顕在化したものである。やはり出雲国の鎮守神の祭事は中央権門寺社にとっては、与り知らぬ問題であったのであろう。したがって、造営においてはなおさらである。

このように、さまざまな出自の支配階級の往来定着や権門寺社領支配によって、出雲国内には多様な自我同一性が存在した。そこに国鎮守が全領主階級結集のために、地域神・一国神でありながら、同時にそれを超えて国家神でもなければならなかった理由のひとつがあると考えられるのである。

貞治四年（一三六五）十月日、「出雲国造北島資孝代時国支状案」（北島家文書『南北朝遺文　中国・四国編』三四三一）では、「右当社者、天神七代末、地神五代始、伊弉諾・伊弉冊尊、天地開闢之刻、二神合誓、先生州国、後生一男三女、其内奉号素戔嗚尊者、則今大社大明神」として素戔嗚尊が杵築大社の祭神であるとしている。これは

表5　『雲陽誌』所出　諏訪明神所在地（江戸中期）

郡	場所	所在郷荘	呼称	祭礼	地頭（文永八）	地頭出自	以後領主	建立・修造者
島根郡	雲津	美保郷	諏訪明神	九月十日	佐々木氏	守護、近江		
能義郡	西比田	富田新荘	諏訪大明神		村上判官	？		
仁多郡	横田	横田荘	諏訪明神		北条時輔	相模	三沢氏（飯島）（室町時代）	三沢為信
仁多郡	下三成	三沢郷	諏訪明神	七月二十七日	飯島氏（三沢氏）	信濃国伊那郡飯島		飯島為理
仁多郡	上鴨倉	三沢郷	諏訪明神	八月二十三日	飯島氏（三沢氏）	信濃国伊那郡飯島		
仁多郡	湯村	淀本荘	諏訪明神	八月二十七日	中沢氏	信濃国伊那郡中沢郷		
大原郡	仁和寺	仁和寺荘	諏訪大明神	九月十七日	神保氏	上野または下総		
大原郡	須賀	淀本荘	諏訪明神	正月十七日 七月二十七日	中沢氏	信濃国伊那郡中沢郷		諏訪神社より勧請
大原郡	下久野	久野郷	諏訪明神	十月二十八日	中郡氏	常陸国中郡、那珂東・西郡		
出雲郡	学頭	建部郷	諏訪大明神	七月二十七日	桑原氏	信濃国諏訪郡桑原郷カ		
出雲郡	上庄原	建部郷付近	諏訪明神	正月十七日 七月二十七日 九月九日	（桑原氏）	（信濃国諏訪郡桑原郷カ）	飯尾清房（文明八年）	
出雲郡	神庭	建部郷	諏訪明神	七月二十七日	桑原氏	信濃国諏訪郡桑原郷カ		
秋鹿郡	大野	大野荘	諏訪明神		大野氏	出雲		
楯縫郡	小境		諏訪明神		小境二郎	出雲		
楯縫郡	鹿苑寺	多久郷カ	諏訪明神	九月十三日	中氏	？		
楯縫郡	園	多久郷カ	諏訪明神	七月二十七日	中氏	？		
楯縫郡	万田	万田荘	諏訪明神	十月二十七日	万田氏	？	塩冶氏（室町時代）	
楯縫郡	別所		諏訪明神	十月二十七日	—	—	鰐淵寺領	智春上人信濃より来たまふ
神門郡	上古志	古志郷	諏訪神社		佐々木氏	守護、近江		

*カッコ内は中世荘郷名

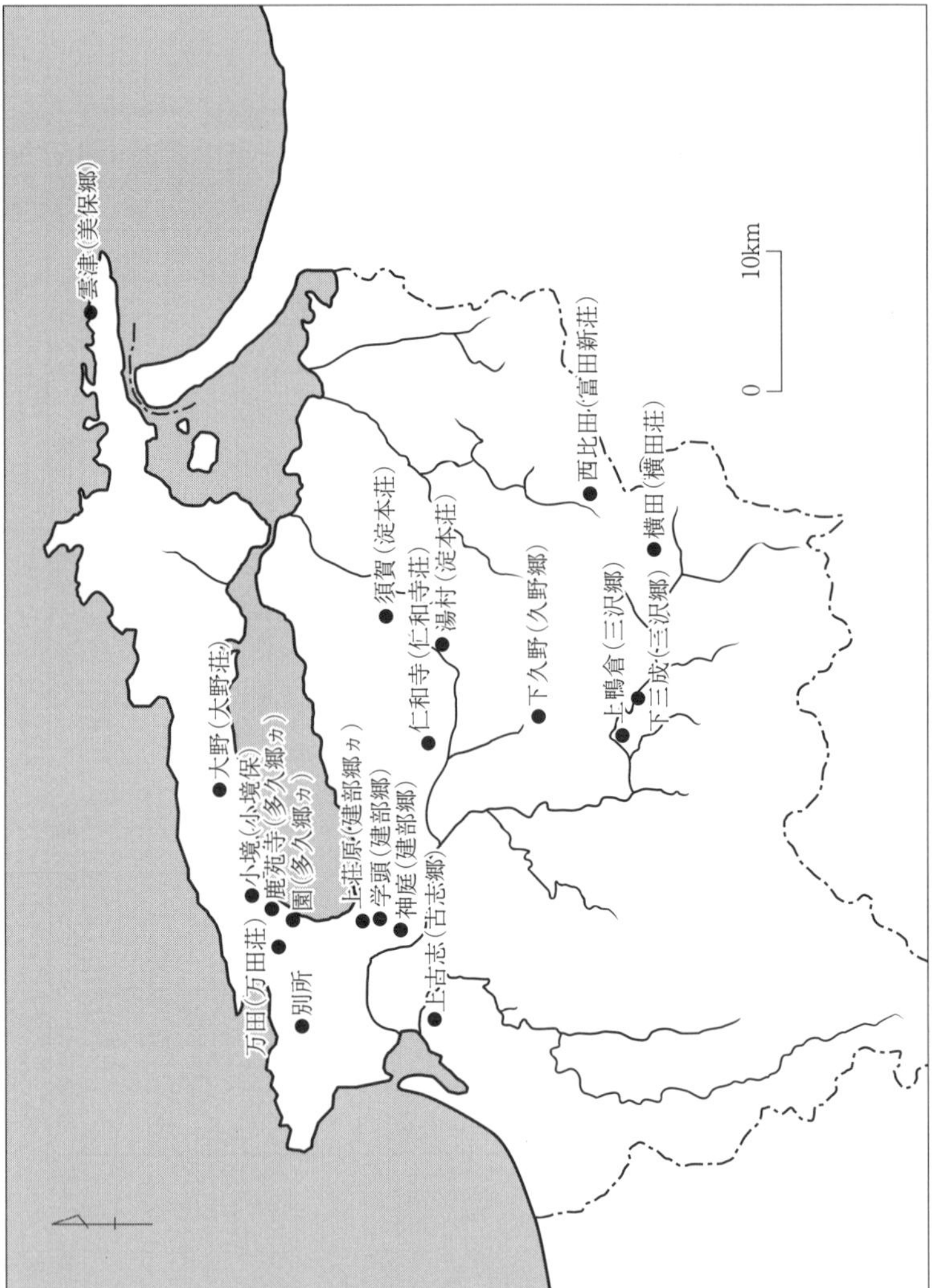

図2『雲陽誌』(江戸時代)にみえる諏訪明神分布図(筆者トレース)

『出雲国風土記』の出雲在来神としての須佐能乎命ではない。古代王権神話の出雲系神話に基づいたものにほかならない。そして同支状案では「此尊特為異国降伏・朝家泰平、故社壇高広而可奉安置神体之故、或号大社或称矢倉宮」として、素戔嗚尊が、蒙古襲来の勝利と王権の安寧のため、社殿を高く広く設けて神体を安置したがゆえに大社とも矢倉宮とも称したという新たな中世神話が創り出される。それゆえに「因茲以降、公家武家共以御崇敬不浅也」として公武の崇敬があるとする。ここに、宝治造営の高壮神殿の再建いまだ成らぬこの神社のあるべき姿の主張と抱き合わせた、体制擁護の論理が標榜されるのである。

つまりこれは国造が造営の完遂を意図しながら、外寇と内乱という当該期体制の危機的状況の下、地域支配諸勢力が持つ自我同一性の多様性を超え、彼らの再結集を計る手段のひとつとして、国家的次元で再生産しようとした主祭神の神格と考えられるのである。

おわりに

平安末から鎌倉時代にかけての、出雲国鎮守杵築大社の造営遷宮・恒例年中行事三月会執行体制の分析から、権門体制国家が地域支配を具体化しえた構造について考察してきた。

造営事業は終始一貫して知行国主一門による権門の政治力と国衙機能を用い、中央が持つ政治的調整力・技術力・文化力に依拠しながら、一国平均役や成功を交えて行われた国家事業であった。遷宮儀式は、国内荘公の領域区分からなる所役を基礎に、都下り・在来氏族を含むさまざまな出自からなる公武寺社の支配階級と、芸能民・雑人らからなる被支配階級を結集して、職能・階層的身分を具現し、絢爛豪華な中央の文化を地域に伝播する機能を果たすなど国家的威信の流布浸透と地域統合の機能を果たそうとするものであった。

この造営遷宮事業は一貫して公家の沙汰とされたが、鎌倉の宝治造営になると、一国平均役造営体制が事実上行き詰まり、幕府の援助が加わって造営を完遂した。さらに十三世紀後半の宝治神殿の焼失以降は、国衙無沙汰によって長期にわたり造営が遅滞し、幕府からの働きかけをうけた公家権力は、国衙・社家相共による造営体制を地域に求めた。

一方、十一世紀後半から十二世紀、一族が在庁であった国造出雲氏は造営遷宮にあたり御体奉懐の役を果たす司祭者として、国司による杵築社領寄進と、社領形成を奉行することによって、その知行体系に入った。その後、十二世紀末の杵築大社領の荘園化を経て十三世紀半ばには同社領十二郷の荘官としての地位を確立した。また、十三世紀半ば以降、国造は、守護とも提携し、本領神魂社領大庭田尻保（地頭職）を核に御家人身分を兼帯し、その実力を基礎に都下りの神祇系国衙官人大中臣氏に替わって惣社以下府中諸社などの国衙祭祀権を吸収・家領化し、次いで杵築大社の家領化を進めて名実ともに出雲一国の司祭者国造・社家としての地位を確立していった。

したがって、十三世紀末に見える「国衙・社家相共」は、この時期の出雲国造（社家）の実力と地位を取り込んだ公家主導による造営体制を意図して標榜されたと考えられる。

一方、宝治の造営を通じて出雲国内において政治的実力を示した幕府勢力は、十三世紀後半、宝治正殿焼失直後に、国鎮守最大の恒例年中行事三月会頭役の結番体制を構築することを通じ、荘公公田と地頭御家人に立脚した国内支配体制の再編を主導した。幕府は、在国司（国衙）・守護の実務的協働の下、西遷御家人地頭層の国家的な課役の多重負担の矛盾調整や個別所領を超えて支配階級間・被支配階級の剰余配分の構造的調整を行った。さらに、国内有力地頭領主の実力や複数の主要河川水系地域内の連携に依拠した結番と、国内要所要衝における守護領・得宗領の相互補完的配置により地域や領主層に強制力を行使できる領域的・空間的支配体制を構築した。

この国内の領域的・空間的支配の観点からみれば、地理的に杵築大社は出雲西部から南部山間地域を貫流する斐伊川水系の出口付近にあり、守護領・得宗領・在国司領とも隣接する要衝に位置している。したがって、同社は、古代出雲国四大神・山陰道大神宝使発遣社の伝統・社格とも相まって、平安時代末期、出雲東部の国衙が一国支配を達成するため、政策的な意図により国鎮守・一宮化させられ、もう一方の大神宝使発遣社であった熊野社を圧倒していったと推測される。

このように主要河川水系など複数の地域、荘公個別領主支配、国衙在庁官人層や荘公地頭層など出雲在来や京・東国に出自を持つ公武寺社に連なる支配階級諸勢力の存在により、権門体制下の出雲地域は社会地理的・政治的・自我同一性すなわち文化的に常に軋轢や分裂の契機を胚胎していたと考えなければならない。ここに造営・祭祀の負担を当該国内に依拠しなければならないことを背景に、国鎮守は地域神・一国神であると同時に国家神として、これら多様性を包摂・統合する機能を求められたと考えられるのである。

註

（1）黒田俊雄「中世の国家と天皇」（『岩波講座　日本歴史6』中世2〈岩波書店、一九六三年〉、のち『日本中世の国家と宗教』〈岩波書店、一九七五年〉に再録）、同『体系日本歴史2　荘園制社会』（日本評論社、一九六七年）。

（2）黒田俊雄「中世における地域と国家と国王」（『日本中世の社会と宗教』〈岩波書店、一九九〇年、三五六頁〉。初出は『歴史科学』一〇九、一九八七年）。

（3）拙稿「中世前期の出雲地域と国家的支配」（『日本史研究』五四二、二〇〇七年、本書第Ⅰ部第一章。）。

（4）井上寛司ａ『日本中世国家と諸国一宮制』（岩田書院、二〇〇九年）、大社町史編集委員会編『大社町史　上巻』

（大社町、一九九一年）、井上寛司氏執筆分（井上ｂ）、同ｃ「中世諸国一宮制と地域支配権力」（『日本史研究』三〇八、一九八八年）、同「中世諸国一宮制の成立」（『歴史研究』二五二、一九八二年）など。

（5）石井進「中世成立期国衙軍制の一視点――国衙を中心とする軍事力組織について――」（『史学雑誌』七八―一二、一九六九年）。伊藤邦彦「一宮・惣社の成立に関する基礎的考察」（『東京都立工業高等専門学校研究報告』第一二、一九七六年）。同「諸国一宮・惣社の成立」（『日本歴史』三五五、一九七七年）。同「諸国一宮制の成立」（『歴史学研究』五〇〇、一九八二年）。河音能平「若狭国鎮守一二宮縁起の成立」（『八代学院大学紀要』一、一九七〇年、のち、同『中世封建制成立史論』〈東京大学出版会、一九七一年〉に再録）。同「王土思想と神仏習合」（『岩波講座日本歴史４』古代４〈岩波書店、一九七六年〉、のち同『中世封建社会の首都と農村』〈東京大学出版会、一九八四年〉に再録）。

（6）井上前掲註（4）ａ著書。

（7）中世諸国一宮制研究会編『中世諸国一宮の基礎的研究』岩田書院、二〇〇〇年。

（8）このことは、一宮制が国ごとの体制に応じて成立し、中央の国家制度として一括した形態として確立しないとする、岡田荘司「平安期の諸国祭祀と一宮」（一宮研究会編『中世一宮制の歴史的展開　下　総合研究編』〈岩田書院、二〇〇四年〉）、また、井原今朝男氏の、国衙寺社体制論などからも注意を払わなければならない問題である（井原今朝男「中世の国衙寺社体制と民衆統合儀礼」〈『中世一宮制の歴史的展開　下　総合研究編』〉、同『増補　中世寺院と民衆』〈臨川書店、二〇〇九年〉）。

（9）井上前掲註（4）ａ・ｂ書。

（10）井上氏が示す十世紀までは国造神賀詞奏上が継続されたとみられる事象や神戸が意宇郡にしかみられなくなること、一〇三六年の杵築大社造営の大社に残る記録上の初見（井上前掲註（4）ｂ書、四〇二～四〇六頁）などは、いずれも国造の西遷による開発領主化と大社経営の直接の論拠とは考えにくい。そもそも西遷説の発端となる史料である『出雲国造系図考証』には、八世紀初頭頃の国造出雲臣果安が杵築郷への西遷をしたとしている。しかし、果安の次代の広嶋が中心になって編纂した『出雲国風土記』には、出雲臣一族は、やはり意宇郡をはじめとする出雲東部諸郡の郡司である。また、勝部（朝山）氏や出雲氏が、出雲の古代氏族のなかで中世領主化して生き残った数少ない事例であることも事実だが、これが逆に十世紀の国造西遷を証明するわけではない。

(11) 拙稿「天仁の出雲国杵築大社造営と白河院政の台頭――院政権力・源義親の乱と山陰諸国――」(『古代文化研究』五、一九九七年、本書第Ⅱ部第一章)。

(12) この一門の権勢はこの頃から急上昇する(河野房雄『平安末期政治史研究』〈東京堂出版、一九七九年、二六二頁〉など)。

(13) 『中右記』天仁元年(一一〇八)正月二十三日条。

(14) 天禄元年(九七〇)完成の源為憲『口遊』には、「雲太」(杵築大社)・「和二」(東大寺大仏殿)として東大寺大仏殿より高い神殿として杵築大社が見える。

(15) 大日方克己「平安後期の出雲国司――白河・鳥羽院政期を中心に――」(『山陰研究』一、二〇〇八年)。この一家の近臣受領としての権勢については河野前掲(12)著書、三七四・三七五頁。

(16) 小山田義夫「伊勢神宮役夫工米制度について」(『流通経済大学論集』二―二、一九六七年初出、のち同『一国平均役と中世社会』〈岩田書院、二〇〇八年〉再録)、高橋一樹「中世荘園の形成と「加納」――王家領荘園を中心に――」(『日本史研究』四五二、二〇〇〇年、のち補訂して『中世荘園制と鎌倉幕府』〈塙書房、二〇〇四年〉に再録)。

(17) 白河院政期の頻繁な造塔事業については、冨島義幸「白河院政期「王家」の都市空間」(『院政期文化論集　第三巻　時間と空間』〈森話社、二〇〇三年〉)。

(18) 現在残されている注進状正文では「鰐淵寺大衆」の部分が削消されているが、佐草家文書にある本文書の写からはかつてこの字句があったことがわかる。

(19) 誉田慶信「都鄙往来のなかの宗教と領主」(『中世奥羽の民衆と宗教』〈吉川弘文館、二〇〇〇年、第二部第一章〉)、横井靖仁「「鎮守神」と王権――中世的神祇体系の基軸をめぐって――」(『中世諸国一宮制の歴史的展開　下　総合研究編』〈岩田書院、二〇〇四年〉)。

(20) 島根県古代文化センター編『冨家文書』一九九七年(井上寛司、長谷川博史、佐伯徳哉執筆)。

(21) これも、中央における権門間の事前調整を前提にしたものであることを窺わせている。

(22)『帝王編年記』文永七年庚午正月二日条。
(23)この文書の年代比定については、原慶三「中世前期出雲大社史の再検討――文書の声を聞く――」(『三刀屋高校研究紀要』一八、二〇〇三年)に詳しい。
(24)俊光の出雲国知行国主の期間は正安年間(一二九九～一三〇二)(原前掲註(23)論文)。
(25)建保二年八月日、「土御門院庁下文」(北島家文書『鎌倉遺文』二一二二)。井上前掲註(4)b書、五〇〇頁。
(26)井上前掲註(4)b書、五四〇～五四一頁。
(27)なお、出雲大社文書は、明治時代に千家・北島両国造家伝来古文書群のうちから大社に奉納された文書群により成立したものである。したがって、文中の社家は国造家を指すと考えられる。
(28)石井進『中世国家史の研究』岩波書店、一九七〇年。
(29)井上前掲註(4)b書、五五八・五六四頁。
(30)井上前掲註(4)a著書、一六五頁。
(31)石井前掲註(28)著書。
(32)三好俊文「守護領・守護所と播磨国府――鎌倉時代守護代の管国統治――」(入間田宣夫編『日本・東アジアの国家・地域・人間』〈入間田宣夫先生還暦記念論集編集委員会、二〇〇二年〉)。
(33)熊谷隆之「播磨国守護領の形成過程」(『ヒストリア』一八四、二〇〇三年)。
(34)在国司朝山氏については、関幸彦『国衙機構の研究――「在国司職」研究序説――』(吉川弘文館、一九八四年)。
(35)『日本歴史地名大系　三三　島根県の歴史』平凡社、一九九五年、三九一頁「朝山郷」。
(36)前掲註(20)書。
(37)前掲註(35)書、四七二頁「須佐郷」。

第三章　鎌倉・南北朝期における出雲国内支配と八幡宮

はじめに

本章では、出雲国造が奉祭する国一宮・惣社とは系統の異なった出雲府中域の平浜別宮（平浜八幡宮）と守護佐々木（塩冶）氏本領塩冶郷の郷鎮守塩冶八幡宮など出雲国内の八幡宮が、国衙・幕府や領主支配といかに関わりながら出雲国や地域支配の一角を構成したのかについて明らかにする。

出雲国を題材にした神社研究では、すでに井上寛司氏が、一宮の当該国における絶対性を前提に、出雲国造と一宮杵築大社を頂点に荘郷鎮守以下で構成される一元的・階層的な神社秩序を述べている。(1) しかし、近年の井原今朝男氏による国衙寺社体制論の提起からは、国衙機構に総括され、一宮に統括あるいは集約されずに国内に浸透する国内寺社秩序の在り方が明らかにされている。(2) また、筆者は、前章で、出雲における権門寺社領荘園の展開のなかで、地域にとって外来社であり権門社領である八幡・賀茂社領などが一宮・惣社系統を核にした支配秩序に必ずしも包摂されない自律的要素として地域に内在していることを述べた。(3) 一方、近年の石塚尊俊氏の研究は、出雲国内の外来社の勧請と定着について整理し、そのなかで、平安時代末頃に出雲国内に勧請された出雲八所八幡をはじめ国内八幡宮系統の諸社が、外来社のなかでは最も優勢であったことを指摘している。(4) 石塚氏の指摘は、外来神に注目しながら多様な神社が在地社会にともかくも定着していることを述べ、出雲国内神社秩序の多元・多様性を提起

地図１　平浜八幡宮付近
本地図は、国土地理院２万５千分の１地図をもとに作成した。
荘郷名は、現地図上のおおむねの場所に付した。
□官衙跡　△寺院　●神社

したものである。

これらをうけ、ここでは、人と文化の移動や定着、神社の階層性を視野に入れながら、地域において外来の八幡宮およびその社領が、国家的支配や個別領主支配のなかにどのように構造的に位置づけられ、それが鎌倉から南北朝期にどう変化したかを明らかにする。

第一節　平浜別宮と国衙支配との関係

1　社領からみた関係

まず、本節では、国一宮・惣社系統に属さない国衙近傍の平浜別宮が、国衙とどのような関係を持ったのかを明らかにしたい。

十二世紀に出雲国内八カ所に勧請されたいわゆる八所八幡のひとつ平浜別宮は、宍道湖・中海水系を繋ぐ要衝である、現在の大橋川南岸に立地していた(5)。同別宮は、天永二年（一一一一）六月二十五日の「加茂家永日時勘文」（『大日本古文書』家わけ第四　石清水文書九九）においてすでにみえている。また、平浜八幡宮領八幡庄の初見は、預所が同社惣検校職を紀高義に安堵した建永二年（一二〇七）八月日、「預所某下文」（青木家文書(6)）においてである。

嘉禄二年（一二二六）四月日、「目代左衛門尉藤原□忠寄進状」（青木家文書『鎌倉遺文』三四八七）では、目代から竹矢郷内の一町三段の神田が、「四季経」（四季仁王大般若経）のため同別宮に新規寄進され、惣検校紀義季の計らいとされている。そこでは、「右、件神田者、雖無先例、為望朝□□吏泰平之御祈請、所令寄進也」として「自国衙或掌人令参宮、可令勤行彼仏事丁寧之状」（傍線筆者。以下同）と述べられており、目代によって新たに四季仁王大般若経の勤行体制が整えられている。

また、天福元年（一二三三）十月日、「平浜八幡宮惣検校分田畠坪付」（青木家文書『鎌倉遺文』四五七二）には、惣検校職ならびに俗別当職の知行が、以下のようにみえる。

当社八幡宮惣検校分田畠坪付

一、伍反《八幡□》、九日田、　一、五段大大井神田、　一、弐段《壱貫尻》、三月田、
一、参段《壱貫五壱百尻》、青馬田、松童田、　一、参段《壱貫八百尻》、福富歩社田（ママ）、望田　一、伍段《弐貫百尻》、帖屋敷前
一、参段《壱貫六百尻》、二日田、スワタリ、　一、弐反《壱貫二百尻》、角田、　一、弐反《壱貫弐百尻》、勘解由、橋ノ下、
一、参段《弐貫二百尻》、浄楽寺廻、　一、壱町参反小《六貫弐百尻》、四季仁王大般若経在之、踵無往古国衙依御寄進有之、
一、参段《壱貫弐百尻》、竹矢郷、芦原、　一、弐反《壱貫参百尻》、宮吉、　一、五反《壱貫五百尻》、ススハライ、竹矢郷有
一、弐段、出雲里郷、キク宇田、　一、壱反《五百尻》、灯油田願興寺、ハタリアカリ、　一、壱反《六百尻》、灯油田、亀塚、

合六町小

同分畠

一所　西ノ垣、一所　大西垣、一所　広岡畠、一所　放生会原、
一所　広岡畠副、一所　中馬場ノ南、一所　帖屋敷ヨリ東堀下能満寺脇、
一所　無量寿院ヨリ西、一所　王子西一反小、残而大ハ、無量寿院副西仁有、一所　土器屋敷後、

これらは、惣検校紀義季から紀忠氏へ譲与された所領である。これら地片の多くは八幡荘内にあったと思われるが、併せて八幡荘の西南に隣接する竹矢郷、同じく東側にある出雲郷など、現大橋川の南岸側の国衙近傍諸郷にも地片が散在しているところが注目される。一方、祭田名からは、青馬・歩射・三月会など公家年中行事の系譜である恒例年中行事や、四季仁王大般若経のような国家的仏事をみることができる。(7)

正嘉二年（一二五八）十月十五日、「平浜八幡宮領八幡庄代官職補任状」（青木家文書『鎌倉遺文』八二九七）では、「補任　惣検校散位、右人、任御庁宣之旨、彼所当已下無懈怠有収納、御祭礼可致勤仕、仍百姓等宜承知、勿違失」として惣検校補任が行われ、そのなかで、国司庁宣による所当以下の収納および祭礼勤仕が義務づけられている。また、鎌倉幕府滅亡後の、貞和二年（一三四六）十一月日、「田所・目代幸松丸等寄進状」（青木家文書『南北朝遺文　中国・四国編』一五〇二、以下『南北遺』）では、「奉寄進　出雲国平浜別宮御遷宮神宝用途事、右、御神宝用途者、依為先例、任国宣之趣、検（注）註用途内、出雲里郷弁房跡廿三町三百歩所奉切進也」として、国衙田所および目代より、先例と国宣に依拠して出雲郷内から平浜八幡宮の遷宮儀式の神宝用途を捻出するとされている。

このように、鎌倉期から南北朝期にかけて、国衙近傍の平浜別宮では、惣検校の責務として、事実上、知行国主・国守の権力を根拠に、留守所の進退権の下で国家的仏神事や遷宮が執行される体制が整えられていた。

2　社役の寺の成立

しかし、貞和二年（一三四六）以降は、平浜別宮に対する国衙の直接的な関与は史料のうえから見られなくなる。以下、南北朝動乱のなかで、平浜別宮の主要祭祀である放生会執行体制がどのように編成されたかについて考察を加えていく。

平浜別宮領内には、宝光寺・能満寺・観音寺・迎接寺・菩提寺の五寺が社役の寺として存在していた。鎌倉時代の天福元年（一二三三）に初見の能満寺を除けば、ほかの四寺は、南北朝期初見の宝光寺以下、室町・戦国期にかけて見える寺院群である。(8)

宝光寺は、貞和四年（一三四八）十月八日、「守護代吉田厳覚安堵状」（迎接寺文書『南北遺』一六七四、以下、本節では特に断らない限り迎接寺文書）(9)で、「平浜八幡宮下見谷宝光寺敷地」が安堵されているのが初見である。応安三年（一三七〇）二月九日、「大中臣高資寄進状」（『南北遺』三七七六）では、平浜別宮領内の「下見谷前松坪」の田地が高資から宝光寺住持鏡智へ寄進され、「於彼寺者為顕密弘通精舎、不断護摩霊場之間、不浅帰依褐（渇）仰之志、現堂悉地奉憑鏡智上人祈念者也」として鏡智上人の祈念を憑《たの》んでいる。寄進者の大中臣氏は、鎌倉時代以来の神祇系国衙官人の系譜をひく大中臣氏と考えられる。(10)同寺は、応永二年十二月十三日、「意宇郡平浜別宮住持職補任状」に「為鏡智上人開山」と見られることからも、守護代吉田厳覚による寺地安堵があった貞和四年頃をあまり遡らない時期に開山した、比較的新しい寺院であった。

これをやや遡る貞治六年（一三六七）六月一日、「寿阿寄進状」（『南北遺』三五三九）において、初めて宝光寺と放生会との関係が見られる。寿阿は、「奉寄進　宝光寺、出雲国浜（平脱カ）八幡宮預御放生会田内観阿之跡六段三百歩事、右志趣者、伯父観阿依無其子、為奉訪菩提、一期之後者、可寄進彼田地於宝光寺之由、自存生之時、具被申置（中略）限有於神役者、任往古例致其沙汰、永代可被知行者也」と述べており、伯父観阿の遺志により放生会田を宝光寺に寄進するとともに、往古の例に依り神役を務めるようにとしている。つまり、鏡智上人が住持であった同時期に、不断護摩霊場であった宝光寺に、寿阿の寄進を介して放生会の神役負担が移動していることがわかる。

一方、宝光寺にやや遅れて出てくる観音寺については、永和三年（一三七七）三月十日、「某安堵状」（『南北遺』

四三四四）において「平浜別宮観音寺浜屋敷事、合参所者田畠共」として、「右、屋敷者観音寺本ハ号阿弥陀寺、自往古無相違寺領也」として知行が安堵されることから、観音寺が元は阿弥陀寺と号していたことを知ることができる。また、年月日未詳、「新阿弥陀寺注文」[11]に「抑、当寺ハ正和年中ニ田屋ニタツ号新阿弥陀寺ト、開山ハ鏡智上人、檀那ハ原入道覚円禅門、女性見性禅尼也、而ヲ大塩（潮）満テ海ヲナスニヨリテ正平年中ニ引号観音寺」と見え、鎌倉末の正和年中（一三一二〜一三一七）には新阿弥陀寺が開山していることがわかる。これがいわゆる阿弥陀寺、つまり観音寺のことであろう。同寺は「田屋」に建ったが、「大塩」が押し寄せて水に浸かってしまったので、正平年間（一三四六〜一三七〇）に、水掛かりの地から内陸へ拠点を引いて観音寺と称するようになったと述べている。現在でも大橋川北岸の中海寄りには低湿な水田地帯が拡がる。この「田屋」とは、確実な場所は不詳だが、大橋川から中海沿岸の低湿地を開発した拠点とみられる[12]。このように、観音寺は、鎌倉末期頃から、平浜別宮にほど近い場所で、低湿地開発を基礎に成立発展してきた新興寺院であった。

以上のように、十四世紀半ば頃を境に、不断護摩の霊場として信仰を集めたことを基礎に所領寄進を得た宝光寺や、十四世紀初頭以来、低湿地開発を進めた観音寺など新興の密教系寺院は、平浜八幡宮の社役を担うこととなった。これは、ほぼ同時期に史料から姿を消す出雲国衙の影響力と入れ替わって現れる体制であり[13]、動乱期に国衙との関係を失った同社が自立を守るための運動方向であったと考えられるのである。

第二節　出雲国内の八幡宮と諸勢力

1　出雲国内八所八幡

次いで本節では、外来社とその所領が幕府勢力とどのように結びつきを持ったのかを、出雲国内の八所八幡を素材にして考えていきたい。

いわゆる八所八幡は、十二世紀に、石清水八幡宮から出雲国内八カ所に勧請設置された別宮である。八所八幡が揃って見えるのは、保元三年（一一五八）十二月三日、「官宣旨」（石清水文書『平安遺文』二九五九）が初見で、石清水八幡宮領として「横田別宮、安田別宮、赤穴別宮、枚(平)浜別宮、日蔵別宮、新松別宮、白上別宮、大田別宮」と見える[14]。また、元暦二年（一一八五）正月九日、「源頼朝下文写」（同『平安遺文』四二二七）には「出雲国、安田庄、横田庄、赤穴別宮、救(枚)浜別宮、日蔵別宮、新松別宮、白上別宮、大田別宮」と見え、安田・横田がこの間に立荘されたとみられる。鎌倉時代後期の文永八年（一二七一）、「関東下知状案」（千家家文書『鎌倉遺文』一〇九二二[15]）では、出雲国内の荘公所領とその公田数および配置された地頭名が記されており、そのなかで、八所八幡宮は以下のように荘名表記と社名表記の別がある。

備後国境で出雲南部最大の盆地にある横田別宮は、十二番「舞、七十九丁三反」のうちに「横田荘五十五丁、相模式部大夫」と見え、北条時輔が地頭職を持っている。伯耆国境の要路にあった安田荘は、十五番の相撲・舞合わせて二六〇町一反六〇歩のうち、相撲「安田荘内九十丁、江戸四郎太郎」、「舞、八十丁一反六十歩」のうち「安田荘内三十五丁、江戸四郎太郎」と見え、一二五町歩に及ぶ大荘園で、西遷御家人の江戸氏が地頭職を持っている。

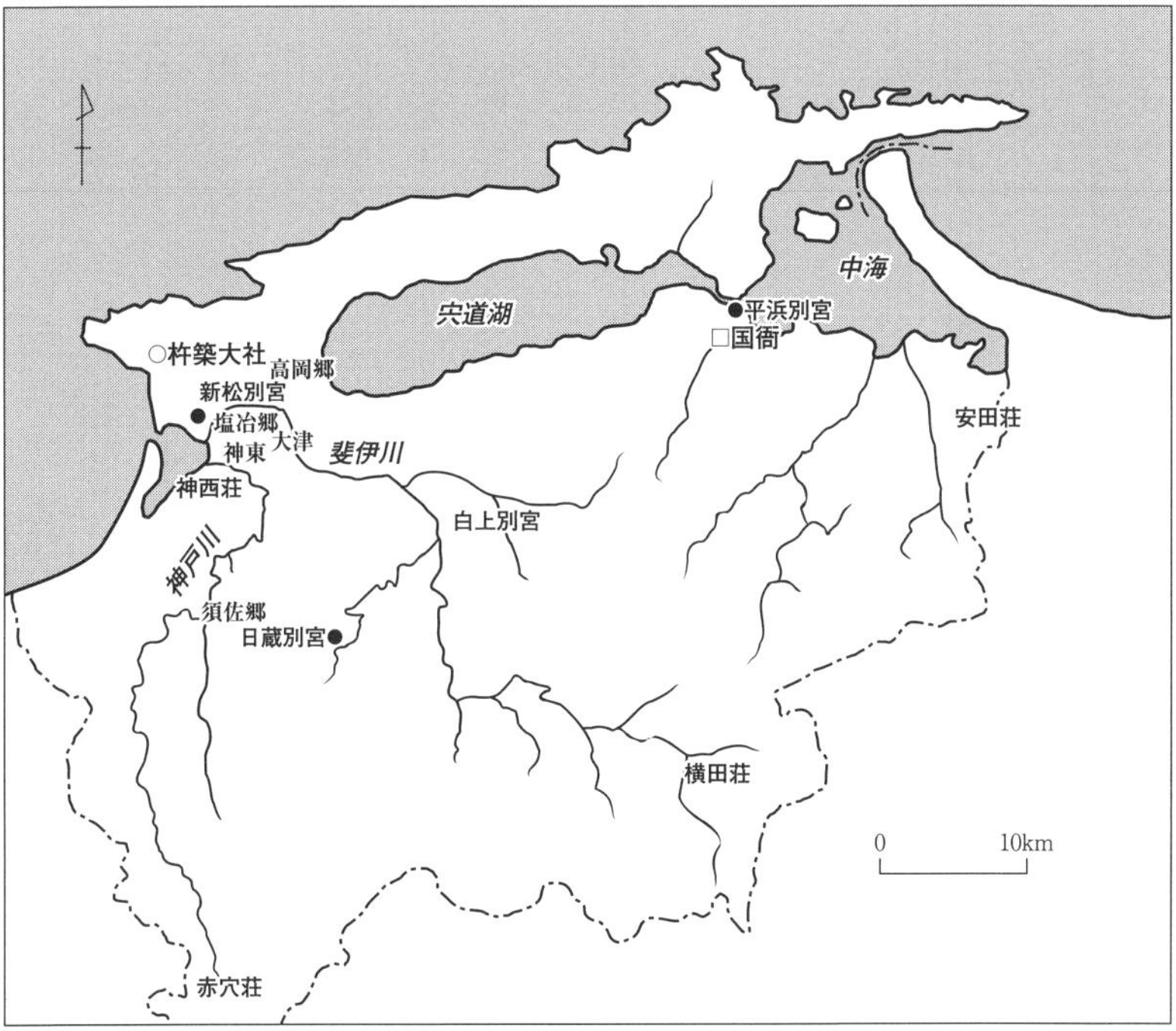

地図2　出雲国内八所八幡と国衙・一宮（12世紀～13世紀）

石見・備後国境の要路上にある赤穴別宮は「赤穴荘五十丁二反六十歩、赤穴太郎」と見え、赤穴氏（紀氏）が地頭職を持っている。これら荘名表記の単位所領は田数が多く、立荘されて一円的に所領経営を発展させていたものとみられる。

一方、平浜別宮は社名表記で、十三番の相撲・舞合わせて二九一町一反半のうちに「平浜別宮廿七丁二反半」と見え、「信濃前司」（守護佐々木泰清）が地頭職を持っている。この社名表記の理由は、平浜別宮惣検校が知行権を持つ所領が、同社の国家的祭祀の機能分担によって本拠地八幡荘内にとどまらず近隣諸郷へ散在していたことと関係していたと考えられる。日蔵別宮は、十二番「相撲九十一丁」のうちに「日蔵別宮三丁、同人」と見える。同別宮（現在の三刀屋町乙加宮の日倉神社）は、斐伊川支流三刀屋川流域にあり、その付属所領三丁を含めて一単位所領とされ近隣多禰郷の多禰氏が地頭職を持っている。

白上別宮は、「白上八幡宮三丁、地頭」と見え地頭名不詳である。同八幡宮は、斐伊川支流佐世郷付近にあったとみられるが[16]、その付属社領三丁を含めて一単位所領とされている。なお、二番「大田別宮五丁、出雲房」（所在不明）、「新松八幡[17]」は、田数・規模は小規模もしくは不明である[18]。これら社名表記の単位所領は、平浜別宮を除けば、いずれも公田数が極端に小規模で、神社を核に周辺に付属した田畠、または、散在した小地片で構成されたものであろう。

このように、十三世紀後半（鎌倉期）には大小規模を異にしながら八所八幡宮が存続したが、やはり、平浜・安田・赤穴・横田など、国衙近傍・国境の要衝にあるものが数十町から一〇〇町にも及ぶ大規模な所領で優勢である。また、これら要衝に地頭職を保持するのが、守護佐々木氏・得宗一族（北条時輔）・西遷御家人（江戸氏）ら鎌倉幕府関係の有力者であることが注目されるのである。

2　平浜別宮と府中周辺

平浜別宮の地頭で守護でもある佐々木泰清の国衙に対する政治的影響力は、同別宮と国衙との関係も相まって大きなものにならざるをえなかったと推測される[19]。

このことは、平浜別宮領八幡荘および国衙に隣接した国衙領竹矢郷に、同じく「六十二丁一反三百歩、相模殿」（文永八年〈一二七一〉「関東下知状案」〈千家家文書『鎌倉遺文』一〇九二二〉）として得宗が地頭職を保持していることからも推測される。同郷は、平浜別宮惣検校の知行地の一部、あるいは目代寄進の同社仁王般若経の経田が所在しており、八幡荘と同じく宍道湖から中海水系交通の要衝でもある。守護と得宗が、国衙北側の平浜別宮と竹矢郷に隣接して地頭職を占め、あたかも牽制しあうかのような様相を呈し、同じく別宮領が散在した東側の公田数一〇五町一反半にも及ぶ出雲郷には、有力な西遷御家人「多胡四郎入道子」が地頭として配置されていた。

以上からは、少なくとも鎌倉時代も十三世紀後半頃になると、鎌倉幕府勢力がこれら荘郷における地頭職権を媒介に、国衙はじめ平浜別宮を含め府中域に影響力を行使できる体制を組み立てていたといえよう(20)。ならば、鎌倉幕府の倒壊・得宗一族の滅亡、守護佐々木（塩冶）高貞の横死事件へと続く鎌倉末・南北朝動乱は、府中域の政治秩序の在り方、したがって、国衙や平浜別宮はじめ近隣寺社の在り方にも影響を及ぼしたに違いないのである。

建武四年（一三三七）卯月二十七日の「足利直義御教書」（安国寺文書『南北遺』六〇四）では、竹矢郷内の円通寺に対して祈禱を命じ、さらに、康永四年（一三四五）四月九日の「足利直義御教書」（同『南北遺』一四〇三）では、円通寺は出雲国の安国寺とされ、料所が寄進されている。この時点で同郷地頭は不明だが、明らかに、旧得宗領に室町幕府の政治的影響力が扶植されている。これらは、動乱期早々に足利氏が、府中域において行った政治的布石の一環であったと考えられる。

平浜別宮はといえば、出雲国内の動乱を経てのちの応永九年（一四〇二）八月日、「紀高義置文」（青木家文書、島根県立図書館所蔵影写本）からは、「当宮末社之内物検校想(相)計之事」として「一、松堂大明神」「一、天神竹矢郷同神田アリ」「一、大井大明神同神田伍段宮山(朝酌郷カ)」「一、王子竹矢郷同神田七段畠アリ宮山共ニ也」「一、王子社同祭田参反」「一、稲荷明神　安国寺之内(竹矢郷内)」など隣接する諸郷において、天神・稲荷・王子（熊野）や大井大明神など地元の小社・小祠まで末社として惣検校が知行し、平浜別宮を核にした諸社ネットワークを構築している。これにより、地域住人層の年中行事や往来者の信仰など多様なものを収斂しようとしていたと想定される。これも、鎌倉幕府倒壊から動乱期の国衙権力の消長を経た新たな体制の下で、平浜八幡宮が大橋川沿岸地域において自立し勢力を保ち続けようとした努力の一環であったと考えられるのである。

3　出雲・石見・備後国境付近の別宮領

出雲八所八幡のひとつ赤穴別宮を擁する備後・石見国境の要衝赤穴荘は、石清水八幡宮領として五〇町に及ぶ出雲南部最大級の公田数を誇っていた。同荘では、すでに平安末期には紀氏が下司として配置されており、正安三年（一三〇一）九月日、「赤元（穴）別宮安居頭役注進状」（榊葉集『鎌倉遺文』二〇八七四）にも、「注進、八幡宮領出雲国赤元（穴）別宮下司当宮安居大頭神事頭役事」として、「一、寿永元年、堂荘厳宝樹預赤元（穴）別宮下司紀宗実」と見える。紀氏は、荘官として引き続き同荘を支配し、永正二年（一五〇五）《きのとのうし》七月十四日、「赤穴郡連置文」（『萩藩閥閲録』三七—二、中川与右衛門）には「赤穴の本主紀の三郎太郎季実法名ちたう、此時先代方をしてあふミの国はんはにて出家ちくてんす、そのまゝ彼息嫡子ハ河ひかしをもち、おとゝハにしを領知す」と見え、同荘の紀氏が、鎌倉末期に近江の番場で六波羅探題北条一族らが反幕府方に追い詰められて全滅した事件に北条方として最後まで深く関わりながら、結局は出家逐電したという。このように鎌倉末期までは、赤穴荘の荘官紀氏は北条得宗勢力とも深く結びついていた。

その後もしばらくは子孫が荘内の東西方をおのおの一円的に支配していたが、東方惣領分は、紀氏から隣接する石見国佐波郷の佐波氏に譲られる。また、正平十三年（一三五八）には、南朝に与した山名師義によって同荘が佐波実連に対し兵糧料所として預けられてしまう[21]。さらに永和二年（一三七六）八月九日「足利義満袖判下文」（中川四郎所蔵文書『南北遺』四二九五）では、足利義満から佐波隼人正実連に対し、赤穴荘地頭職が与えられ、同年九月十八日の「室町幕府御教書」（同『南北遺』四二九六）で、守護佐々木大膳大夫に対して、同荘の沙汰付けが命じられている。このように、幕府・守護体制の下で石清水別宮領赤穴荘支配が再編されているのである。

しかし、同じく鎌倉期に石清水八幡宮領で地頭が北条時輔であった備後国境の横田荘は事情を異にしている。同荘は、鎌倉末期に内裏供御料所となっていた。鎌倉幕府滅亡後の建武元年（一三三四）八月二十一日の「後醍醐天皇綸旨」（山城善法寺蔵八幡宮文書『南北遺』六二）で、地頭職がいったんは石清水八幡宮に寄進されるが、のちに再び内裏供御料所に戻されている。観応三年（一三五二）以降、山名氏が同荘内横田八幡を鎮守とする真言寺院岩屋寺に対し禁制を二度発したほか所領寄進・安堵を繰り返した。結局は同荘押領へと展開して明徳の乱に繋がっていった[22]。

また、須佐郷は、建武四年（一三三七）十二月十二日、「足利尊氏寄進状」（石清水八幡宮文書『南北遺』六九〇）において、顕密両宗の興行のため、旧得宗領の須佐郷地頭職が石清水八幡宮に新寄進されている。

以上から、国家的な諸権力にとっては、出雲国支配において石清水八幡宮および要衝にある同領との関係が一貫して重要であったことがわかる。しかし、建武政権や室町幕府草創期を経て、鎌倉期のように八幡宮領内へ地頭を一律に設置する方法は崩れてきている。

第三節　郷鎮守塩冶八幡宮の役割

本節では、鎌倉後期から南北朝期にかけて出雲国内で勢力を拡大していく佐々木氏（塩冶氏）が、既存の神社秩序に対してどのような姿勢で臨んだのかを、佐々木氏が勧請した塩冶八幡宮を素材にして考えていきたい。

1　塩冶八幡宮の勧請と塩冶氏

出雲国の守護人であった佐々木氏が鎌倉後期に本拠地とした塩冶郷は、出雲南部の山間から西部平野に広く流域を持つ大河斐伊川・神戸川下流部の要衝にあり、北側の杵築大社領に至近で南北の在国司朝山氏領と接していた。同郷の中核部分は、神戸川の東側にあることから別称神東（村）とも呼ばれた。そのさらに東側にある同郷大津は、その名からも知られるとおり、斐伊川沿いの交通の要所であった。佐々木氏は、鎌倉末期に、佐々木（塩冶）高貞が船上山にあった後醍醐天皇の倒幕運動を助けたが、足利尊氏方へ移った後の暦応四年（一三四一）、謀反の嫌疑をかけられ横死してしまう。[23] こののち、佐々木氏は守護職を喪失するも塩冶郷を本拠に一族が塩冶氏を名乗り、出雲国西部最大級の領主として奉公衆となり生き残った[24]（以下、高貞以降の佐々木氏は塩冶氏で統一する）。

この郷内には、八世紀には「夜牟夜社」（『出雲国風土記』）、十世紀頃には塩冶神社（『延喜式』神名帳）があった。そして、嘉暦三年（一三二八）八月十五日、「佐々木貞清寄進状写」（富家文書、以下、本章での引用のうち断らないものは富家文書）に初めて「今八幡」と見える。この神社は、南北朝期には桑日八幡・神東八幡・新八幡・塩冶郷八幡宮などとも呼ばれ、明治以前まで塩冶八幡宮と呼ばれた。[25] この神社について井上寛司氏は、守護所を出雲東部の国衙近隣域からこの地に移した佐々木泰清が地域支配の新たな精神的拠点として勧請した可能性が否定できないとした。[26] また、石塚尊俊氏も、「今八幡」の字句に注目し、確定はできないが、延慶年中に佐々木氏により、鎌倉鶴岡八幡宮から新たに勧請されたと想定している。[27] このように、大方は、鎌倉後期になって守護佐々木氏が地域支配のため、先行する塩冶神社を前提に新規に八幡宮を勧請したと想定している。本章もこれらの成果に基づき、八幡宮を塩冶氏が地域支配のために勧請したと考えたい。

2　祭祀構造と祭田知行者

塩冶八幡宮の十四世紀半ば以前の年中行事を抽出したのが**表1**である。まず、①正月・三月三日・五月五日・七月七日・九月九日など節句の神事。②十一月中卯日の神事。③毎月恒例の朔日神事。これに八幡宮ならではの④八月十五日の放生会が組み込まれている。①②は、国鎮守杵築大社恒例年中行事にも見られ、先学も指摘するとおり、国鎮守における公家年中行事の体裁に沿った国家的な恒例行事といえる。(28)

次に、これら行事の用途を弁ずる祭田の所在は、**表2**のとおりである。まず、塩冶郷内の本社がある神東を中心に大津所在のものがほとんどを占めている。これに加え、近隣高岡郷や神西荘内（別名稲頼荘）三分方に若干数みられる。いずれも塩冶氏領内にあり、一反未満から三反程度までの小地片で、おそらく郷内のそれぞれの名に設定されていたものであろう。

また、知行者であり役の負担者は、「明仏」という神主職を持つ女性（正平十三年十一月日、「塩冶貞家袖判安堵状写」）と「うん三郎入道」「うん八郎入道」のほか同社・神宮寺の別当らがほとんどを占めている。この「うん」＝雲の字が付く人物が、国鎮守杵築大社の奉祭者国造出雲氏の一族であったことは、先学が明らかにしているとおりで、(29)塩冶郷の北側にほど近い同社の国造出雲氏の一族が塩冶氏領内の知行者として存在していたことがわかる。十五世紀の室町時代に入ると、塩冶氏により「雲三郎」「雲次郎」(30)、戦国期には「雲四郎」が同社の神主職に補任されており、(31)国造出雲氏一族と塩冶八幡宮の関係がより深められながら継続していったことを知ることができる。

表1　南北朝期の塩冶八幡宮領記事一覧（年中行事）

	(1)一三六五年		(2)一三五七年			(3)一四C半頃（一三五七年以前ヵ）			(4)記事初見ほか	
行事日・用途	田数	知行	田数	所在	知行・作人	田数	所在	知行・作人	西暦	文書名
正月一日			三反	大津	成仏	三反	大つ	雲三郎入道		
			一反	ひめす	明仏					
正月修正田			三反	高岡	明仏	三反	高岡分			
正月三日						三反	わきとう	神主		
正月四日						三反	しんとう	みこの中		
正月七日						二反半	しんとう	神人中		
正月十五日						二反	しんとう	明仏		
二月一日	一反	別当				一反	神東	別当分・いつとのの作		
二月初卯	二反	別当				二反	神（東）	別当分		
歩射田			三反	萩原	明仏					
三月一日						一反	大つ	雲三郎入道・別当分	一三三〇年	検校入道他二名連署譲状
三月三日	二反	別当				二反	神東	刑部入道・別当分		
四月一日	一反	神主				一反	上郷	明仏		
四月三日	二反	別当				二反	神東	別当分・明仏		
五月一日さくへい	一反	神主	一反	神東大井谷	成仏	一反	神東	雲三郎入道	一三三〇年	検校入道他二名連署譲状
五月五日	二反	別当				二反	神東	別当分・明仏		
六月一日	一反	別当				一反（六〇歩）	神東	別当分・雲三郎		
七月一日			一反	大つ	明仏	一反	大つ	明仏		
七月七日						（三町ヵ）	しんさい公文名		一三三六年	塩冶高貞寄進状
八月一日						一反	高岡			

八月十五日放生会田			三反	大津	明仏	三反	大つ	明仏		
九月一日さくへい	一反	神主	一反	大井谷	成仏	一反	神東	雲三郎入道	一三三〇年	検校入道他二名連署譲状
九月九日	二反	神主				二反	神東	雲八郎入道		
九月中九日						二反	大つ	雲三郎入道		
九月十日田			二反	すきさハ・寺後	明仏					
彼岸（春・秋）	二反半 二反半	別当 神主								
十月一日	大	神主	一反	大ふろさこ 小松かたしり	明仏 明仏	一反	大つ 神東	明仏		
十一月一日	一反	神主				一反	神東	雲三郎入道	一三三〇年	検校入道他二名連署譲状
十一月中卯	三反	神主				二反	高岡			
十二月一日さくへい	一反六〇歩	別当	一反	神東すきさハ	成仏	一反	神東	別当分・いつとの作		
十二月御うちまき	半	神主	三反	多々池	明仏	三反	神東	神主	一三一八年	佐々木貞清寄進状写
閏月一日						一反	大つ	雲八郎入道		
晦日						一反	神東	神子		
毎月晦日田			二反	上志々塚	明仏	五反勘落	しゝ塚上分	神主		
節分田			二反	林木東西	明仏	五反勘落	林木東西分	神主		
もち田	一反	神主	半 二反	あさくら	明仏 妹・太夫分					

表2　南北朝期の塩冶八幡宮領記事（用途別）

	(1)一三六五年		(2)一三五七年			(3)一四C半頃（一三五七年以前カ）			(4)記事初見ほか	
用途	田数	知行	田数	所在	知行・作人	田数	所在	知行・作人	西暦	文書名
大宮修理田 庁舎修理田	六反	別当				六反	神東	別当分		
塔修理田	一反	別当								
若宮修理田	一反大	別当	一反大			一反大	神東	明仏		
神宮寺修理田						一反	神東	別当分		
御供所修理田			一反	大つ	神主	一反	大つ	神主	一三五五年	塩冶貞家充行状
供僧分			田二反		太夫分	一町二反半	神東	（供僧）		
			畠二反		妹三人・ 男一人	六反	上郷	（供僧）		
						一反	大つ	（供僧）		
舞免						三反大	神東	（舞人）		
かうてん						一反小	神東			
別当屋敷						五反（畠）	神東			
神主屋敷						五反（畠）	神東	明仏	一三五八年	塩冶貞家袖判安堵状
油畠			二反	白□□原	明仏	五反（畠）	神東	明仏		
			三反	神東たくの原	成仏				一三三〇年	検校入道他二名連署譲状
供僧六人の屋敷						一町八反	神東	（供僧）		
かうは□						二反	神東			
舞人の屋敷						四反	神東	（舞人）		

(1)貞治四年五月日、「塩冶八幡宮神人・宮人等申状案」（富家文書）
(2)正平十二年八月十九日、「明仏譲状」（富家文書）
(3)年月日未詳、「塩冶八幡宮社領注文」（富家文書）

3　社内構造と社領のなりたち

南北朝期のものと考えられる、年未詳「塩冶八幡宮社領注文」によれば（表2参照）、社領は、先述の祭田部分のほか、供僧分、舞免、御供所の修理田、大宮の修理田、神宮寺の修理田、若宮の修理田などがみられ、本社とみられる大宮と御供所および、神宮寺・若宮が塩冶八幡宮一連の施設として存在していたことがわかる。また、料畠として「別当やしき」「かんぬしやしき」「くそう六人のやしき」「まい人のやしき」などが見られ、構成員として別当・神主・供僧・舞人らが存在したことがわかる。これら料田畠は、すべてが塩冶郷の中核である神東にあり、同社と古くから不可分の関係を持っていたことを窺わせている。

この社領のなりたちを、さらに**表1**と併せて見ていくと以下のとおりである。

元徳二年（一三三〇）六月十八日「某袖判検校入道他二名連署状」では、「けんけう入道」（検校入道）「雲八」「ちやうせい」から某へ（本文書は宛所を欠くが、**表1**(3)から該当する神田を見ると、すべて雲三郎入道が知行しているので、「うん三郎」である可能性が高い）屋敷と神田が譲与されているが、「三段、三月□日御まつり田、大津池尻」「三反内、一反ハ五月一日御祭り、一反ハ九月一日御祭り、一反ハ十一月一日御祭り、神東分」と見え、これら祭田は鎌倉末期までには成立し、国造出雲氏一族の知行となっていたことがわかる。

一方、嘉暦三年（一三二八）八月十五日「佐々木貞清寄進状写」（**表1**(4)）には、「今八幡宮御神田事」として、放生会当日付で「田参段神東十二月、御うちまき田」が寄進されている。この神田三段は**表1**(3)の十二月御うちまき田三反に相当する。また、建武三年（一三三六）四月一日、「塩冶高貞寄進状」では、「出雲国稲頼庄三分方公文」が「当郷八幡」へ寄進されており、これが七月七日祭田の「しんさい公文名」（**表1**(3)）の始まりである。

塩冶氏が守護権を喪失してのちも、基本的にこの体制は守られている。正平十年（一三五五）八月二十二日「塩冶貞家充行状写」では「御供所修理」ほか二反が「任亡父頓覚御寄進、令補任」として、御供所修理田が、頓覚（高貞）の時代に寄進成立していることを根拠に神主に宛行われている。このように、鎌倉末から南北朝期に、守護在任以来の寄進、神主職補任・安堵権の行使によって継続的に祭田や修理田の整備が行われているのである。

謀反の嫌疑で塩冶高貞が横死した直後の、暦応四年（一三四一）閏四月二十五日付の「山名時氏寄進状」では、かつて高貞が寄進した神西庄三分方公文職（稲頼庄三分方公文職）が、新守護山名氏によって塩冶新八幡宮に早々に再寄進された。また、正平七年（一三五二）閏二月四日、「山名高義寄進状写」においても、新八幡宮に対し大津村内に五反の神田が寄進されるなど、同社が新しい守護である山名一族によっても保護されていたことがわかる。これらの諸領は、高貞追討に伴って闕所地となった旧高貞領の、山名氏による再寄進であった可能性が大だが、新八幡宮の維持が、塩冶郷やこれを超えた地域社会の側から新守護に対しても期待されていたことを知ることができる。

4　祭祀の停止をめぐる領主と神人宮人

貞治四年（一三六五）五月日、「塩冶八幡宮神人・宮人等申状案」において、現当主の代になって停止されている別当・神主負担分の年中行事を復活するよう要求が出された（以下**表1・2**の(1)を合わせ参照）。本文書は宛所を欠くが、文面からは高貞の跡を継承した塩冶貞家（冬貞）よりのちの塩冶郷の領主に対して出されたものと考えられる。

八幡宮神人宮人等恐々畏申上候

欲早当社御祭之此御代被打留進候之条、顕密（厳密カ）蒙御成敗候ハヽ、御祭悉奉勤仕子細事

右、別当殿御もち候ふんハ、二丁二反小内六反ハ大ミやまうとのちやうのやのしゆりてん、一反ハ御たうのしゆりてん、一反大ハわかミやのしゆりてん、のこる一丁三反大内一反二月一日の御まつり、二反ハ同はつう日、二反三月三日、二反四月三日、二反五月五日、一反六月一日、二反半ひかん田、一反六十歩十二月一日、以上二丁二反小、御まつりニ入候ふんハ一反、まつりの御くらの代ハのしまい十ふんの一斗五升、御しゆ同ますの三升、二反まつりハ同ますの三斗、御しゆ三升、同御ぐそくさい〳〵もの、御たきり、次ニ人のくいものハむかしハ七十五人にて候しかとも、いまハ人かけんし候て六十五人にて候、これハ人へち三はいつゝ給り候、一反まつりハさけハかりにて候、二反まつりハそへしゆともに給り候、

一、神主分ニもちて候、一反四月一日かミのかうニ候、一反五月一日、一反九月一日、二反同九日、大十月一日、一反十一月一日、三反同中う日、一反もちのかゆ田、半御うちまきてん、二反半ひかん田、い上一丁三反半、これハしき〳〵ニ御まつりをハ仕へく候、かミ御きたうの御ためにて候間、いよ〳〵御いのりのちうきんをぬきんてんと、おの〳〵申上候、しかるに五月五日会御まつりちかつきて御わたり候間、恐々申上候、かつうハ、てんちやうちきうの御ため、かつうハ、ところあんをんの御ためニ、かやうの御いのりこと〳〵くつとめんかためニ、おそれ〳〵こんしやう如件、

貞治二（四）年五月　日

文面では、「此御代」＝塩冶氏の現当主になって、別当・神主負担の御祭がやめられるに至ったが、厳密の御成敗をいただければ、御祭を勤仕したいと神人・宮人らが訴えている。直接的には神事に伴う彼らの得分配分が滞っていることが問題であった。

別当・神主負担分の構成を見ると、御供所修理を除く本社庁舎や塔・若宮の修理、十一月中卯日も含む恒例行事がほとんどで、これらが機能停止になっている。反面、御供所修理、年末から正月の行事と八月の放生会を含む七・八月の行事はこれに含まれていない。

当代になって打ち留められた祭礼は、祭田の場所が一例を除いてすべてが塩冶郷中核である神東所在で、なおかつ、別当分・明仏分・雲三郎入道分のものである（表1参照）。

一方、打ち留め外の主な祭りと祭田は以下のとおりである。

まず八月十五日の放生会では、大津にある放生会田は田数では正月諸行事田と並んで三反に及び、ほかの節供祭田数二反よりも大きく、同会が最も重要な祭りであったことを示している。

次に、七月一日祭・七月七日祭である。前者の祭田は塩冶高貞によって建武三年（一三三六）四月一日付で同社に寄進され、高貞の死後、新守護山名時氏によって再寄進された神西荘三分方公文（名）である。後者の祭田は、塩冶氏領の高岡郷内に設定されたものである。この御供所修理田も塩冶貞家が大津において寄進したものである。

これらは、もともとは神東外あるいは塩冶郷外の塩冶氏領にあって、同氏からの新寄進を多く含む所領である。つまり、旧社会勢力が根を張る塩冶郷中核を外れ、塩冶氏の強い支配が及ぶ周辺地域所在の祭田分は機能していたのであろう。そして、これらの整備してきた修理田・祭田によって裏付けられた御祭は継続していたと推測される。

この別当・神主分の御祭が留められた理由は、塩冶八幡宮関係文書における南朝年号から北朝年号への転換と関わっていると考えられる。その二年後、南朝年号の正平十七年（一三六二）三月八日「前近江守冬貞寄進状」で、塩冶八幡宮に対し神東内に御神畠が寄進されたその二年後、北朝年号の貞治三年（一三六四）四月二十五日「某袖判安堵状写」になって領主某が、成仏を同社神主職として安堵している。[32]この新領主某が誰かについては、貞治三年五月十日「塩冶義綱田地寄進状」（出雲大社文書『南北遺』三二八九）で義綱が杵築大社に塩冶郷内の田地を寄進していることから、塩冶一族の義綱の可能性がある(33)。この時期に塩冶郷の支配権が南朝方の冬貞に代わって北朝方にあった一族（義綱ヵ）へ移ったとみられる。同人が、貞治四年「塩冶八幡宮神人・宮人等申状案」の「此御代」であろう。

つまり、新領主が成仏へと神主職を改補し、塩冶郷の中核神束に勢力を張っていた別当や明仏系の旧神主や雲八郎など冬貞に与同した旧来の社会勢力を排除した。そのため、彼らが担ってきた祭祀がうまく機能しなくなったと考えられるのである。

しかしその後、室町・戦国時代には塩冶氏が「雲三郎」「雲次郎」「雲四郎」など旧来の出雲氏一族を塩冶八幡宮神主職に補任している。つまり、別当以下神人・宮人に至る旧来の社会勢力を巧みに取り込むことなしには、塩冶郷支配を一円的に全うし、なおかつ周辺地域への影響力を行使することは実質的には困難であったことを意味している。

おわりに

出雲国内のいわゆる八所八幡のうち平浜別宮は国衙近傍に、安田別宮・横田別宮・赤穴別宮は伯耆・備後・石見国境の要衝各所に位置し大規模な所領を擁して成長した。鎌倉時代後半、それらには守護・得宗・有力御家人らが地頭職を保持し、鎌倉幕府の出雲国・地域支配にとっても重要な要素であった。しかし、鎌倉幕府が倒壊すると一部を除いてこの体制は崩れ、代わって建武政権や室町幕府等国家的な諸権力が一円的な社領寄進・安堵を石清水八幡宮に対して行い、八幡宮との政治的関係を整序して地域支配の安定を計った。

八所八幡のうち平浜別宮は、出雲国東部の国衙近傍にあって宍道湖・中海を結ぶ水道の南岸という政治・交通の要衝に立地していた。鎌倉時代から南北朝動乱期の同別宮は、惣検校職が主導する主要年中行事・遷宮において国衙支配と密接に関わった。つまり、同別宮は、出雲国造出雲氏が分掌した惣社や一宮（国鎮守）系統とは別に独自の地位を維持し、国衙を中心に展開した国家的祭祀の一環を構成していた。これを顕密秩序や王法・仏法相依の観点からいえば、天台系寺院鰐淵寺と結びつく一宮杵築大社と、元来真言系寺院と結びつきが深い八幡宮を、国衙が核となって総括しようとしたと考えられる。

この平浜別宮の立地と地位ゆえであろう、鎌倉時代後半には、守護佐々木氏がその地頭職を保持した。これをとり囲むように、別宮に隣接する竹矢郷では得宗が、東側の出雲郷では出雲国内屈指の有力西遷御家人であった多胡氏が地頭職を確保して、これら鎌倉幕府勢力が、国衙・平浜別宮を含む府中域の政治秩序を整序したとみられる。

鎌倉幕府倒壊後、この体制は解体するが、竹矢郷に安国寺が置かれ、草創期の室町幕府が旧守護・得宗に代わり宍道湖・中海水系の要衝府中域に政治的布石を敷いた。南北朝動乱期に国衙権力が衰退すると、平浜別宮は、低湿地開発を進める周辺新興寺院を取り込んで社役の寺を形成し、さらには惣検校が外来神・在来神を含む近隣地域の小社・小祠を統括するなどを通じて、地域により密着した自立路線を展開した。

出雲国西部では、鎌倉時代後半に新たに塩冶郷を本拠地とした守護佐々木（塩冶）氏が、出雲山間を貫流する斐伊川・神戸川下流部の要衝にして国鎮守杵築大社にほど近い塩冶郷の在来郷鎮守神塩冶社に八幡神を勧請した。佐々木氏は、神主職補任権を行使し、郷内外における祭田を寄進・安堵し、放生会を先行する塩冶社年中行事のなかに挿入配置するなどを通じて在来の塩冶社を八幡宮化した。しかし、郷内中核部では国鎮守杵築大社の国造出雲氏の一族が同社の祭田知行者や神主職の地位を占め、先行する社会関係が根を張っていた。新規参入の守護・領主権力佐々木氏はこの関係と共存せざるをえず、それを社会基盤に要衝塩冶郷および周辺諸領支配を行い、出雲西部から斐伊川・神戸川上流山間地域への政治的影響力を確保しようとしたと考えられる。鎌倉幕府勢力にとっては、地域寺社勢力である八幡宮と結びついて、出雲国支配の主要な一角を構成したのであった。

この地域支配体制は、鎌倉幕府の倒壊、佐々木（塩冶）氏の守護職喪失と塩冶郷一領主化、地域における南朝・北朝の勢力交代によりいったんは解体したかにみえたが、のちに、その地域社会基盤を有する塩冶氏が室町幕府奉公衆として取り込まれる形で、室町幕府体制に継承されたと考えられるのである。

註

（1）井上寛司『日本中世国家と諸国一宮制』（岩田書院、二〇〇九年）。『大社町史　上巻』（大社町、一九九一年）。

（2）井原今朝男「中世の国衙寺社体制と民衆統合儀礼」（一宮研究会編『中世一宮制の歴史的展開　下　総合研究編』〈岩田書院、二〇〇四年〉所収）。同『増補　中世寺院と民衆』（臨川書店、二〇〇九年）。

（3）拙稿「平安末・鎌倉期出雲国一宮の造営・祭祀からみた地域支配と国家」（本書第Ⅱ部第二章）（『ヒストリア』二一八、二〇〇九年初出）。

（4）石塚尊俊『出雲国神社史の研究』（岩田書院、二〇〇〇年、第三部「『雲陽誌』に見える勧請神社の研究」）。

（5）『新修島根県史通史篇1』一九六八年のほか、石塚前掲註（4）著書に詳細。

（6）以下、『鎌倉遺文』『南北朝遺文』に不所載の同文書については島根県立図書館影写本に依る。

（7）公家年中行事については、前掲註（1）『大社町史　上巻』四七三～四七四頁。

（8）各寺院の初見は以下である。能満寺は、天福元年（一二三三）拾月日、「平浜八幡宮惣検校分田畠坪付」（青木家文書、影写本）。宝光寺は貞和四年（一三四八）十月八日、「守護代吉田厳覚安堵状」（迎接寺文書、以下同じ）。観

音寺は永和三年（一三七七）三月十日、「某安堵状」。迎接寺は、天文十二年（一五四三）七月三日、「尼子晴久書状」。菩提寺は天文十六年（一五四七）七月十七日、「尼子晴久袖判尼子氏奉行人連署状」。五寺が揃って見えるのは天文十六年のこの文書においてであり、それまでに五寺院が整備されたとみられる。

（9）迎接寺文書は、『島根県古代文化センター調査研究報告書7　出雲国風土記の研究Ⅱ　島根郡朝酌郷調査報告書』二〇〇〇年において、写真版の掲載とともに翻刻をしている。本書では特に断らない限りにおいて、本文書はこれに依る。

（10）建長元年六月日、「杵築大社造宮所注進」（北島家文書『鎌倉遺文』七〇八九）。

（11）『迎接寺文書』（註（9）に同じ）。

（12）明治時代の切図には、大橋川北岸の福富町の集落下手ほかの複数地点に観音寺の字名があり、さらにその東側の大橋川沿いの水田地帯に「寺中」「古屋敷」の字名が残されていることから、これが一連の観音寺・田屋・浜屋敷であった可能性がある。黒田祐一「朝酌の地名と地理」（『島根県古代文化センター調査研究報告書7　出雲国風土記の研究Ⅱ　島根郡朝酌郷調査報告書』二〇〇〇年）。

（13）出雲国衙の消滅については前掲註（1）『大社町史　上巻』六一七〜六一九頁。

（14）石塚前掲註（4）著書によれば、この保元の時点で、一国内に八カ所以上の八幡を数えるのは山城・河内・但馬・出雲の四カ国で、出雲国で八幡宮は優勢であるとする。

（15）国一宮杵築大社の恒例最大の神事である三月会における相撲・舞頭役を出雲国内荘公地頭に、二十年に一度負担させる輪番制を定めている。

（16）石塚前掲註（4）著書によれば、現在、雲南市大東町下佐世の佐世神社に合祀。

（17）石塚前掲註（4）著書によれば、出雲市の朝山八幡。

（18）この二社は、文永八年十一月、「関東下知状案写」（佐草家文書『大社町史　史料編　古代中世』〈大社町史編集委員会、一九九七年〉に翻刻）に見ることができる。千家家文書の「関東下知状案」は結番の一番・二番部分が欠落している。佐草家文書の同文書写は、千家家文書の当該部分欠落以前に筆写されたものと推察される。

（19）石井進「鎌倉時代「守護領」研究序説」（『中世国家史の研究』〈岩波書店、一九七〇年〉）。

(20) 中世出雲府中の空間構造は明らかではないが、小川信氏が整理された、中世府中域の一般的な空間構造からは、府中域のなかに性格を異にする二個ないし三個の拠点ないし中核部分が形成され、分散型ともいうべき空間構成をなしたことが多いとしている。おそらく出雲の場合も、目代以下国衙の所が所在する大草郷の旧国府付近のほか、守護所、竹矢郷に得宗方拠点、神魂社付近に出雲国造の館などが分散形成されていたものであろう。小川信『中世都市「府中」の展開』(思文閣出版、二〇〇一年、「終章」、五三一頁)。

(21) 貞和七年正月十八日、「佐波顕清申状」(『萩藩閥閲録』三十七―一―49)、正平十三年三月十二日、「山名師義書下」(『同』三十七―一―50)。

(22) 観応三年十月七日、「山名師義禁制」(出雲岩屋寺文書『南北遺』二三七〇)、永和三年十二月二十日、「山名師義禁制」(東京大学史料編纂所所蔵岩屋寺文書『同』四三九七)、康暦元年七月日、「山名時氏寄進状」(出雲岩屋寺文書『同』四五二七)、永徳三年八月二十四日、「山名義安安堵状」(東京大学史料編纂所所蔵岩屋寺文書『同』四八一七)、至徳四年六月七日、「前伊予守寄進状」(出雲岩屋寺文書『同』五〇七五)、康応元年七月日、「山名満幸寄進状」(出雲岩屋寺文書『同』五二一二)。

(23) 出雲の南北朝動乱については、『新修島根県史　通史篇1』一九六八年など。

(24) 藤岡大拙「後塩冶氏について」(『島根地方史論攷』ぎょうせい、一九八八年)。長谷川博史『戦国大名尼子氏の研究』(吉川弘文館、二〇〇〇年、第一章・第二章)。

(25) 同社は、近世の地元地誌『雲陽誌』によれば、九州の宇佐八幡宮を勧請したとされる。また、地元の秦敬造『塩冶史談』(一九〇五年草稿)によれば、この地に守護所を置いた佐々木頼泰が、延慶年中(一三〇八～一三一一)に塩冶神社に八幡宮を勧請し、合祀したとする。

(26) 島根県古代文化センター編『富家文書』(一九九七年、井上寛司執筆分「杵築大社上官富氏と富家文書――文書の伝来とその歴史的性格――」二四頁)。

(27) 石塚前掲註(4)著書、三六三頁。

(28) 前掲註(7)書のうち井上寛司氏執筆分、四七三～四七四頁、または前掲註(1)著書。

(29) 前掲註(26)書のうち井上寛司氏執筆分、二四～二五頁。

（30）永享五年三月日、「塩冶光清安堵状」、永享五年卯月日、「某通綱添状写」、永享伍年八月十五日、「定角譲状」（富家文書）。

（31）永禄十年十二月七日、「長野隆綱請文」、永禄十二年十月朔日、「尼子勝久安堵状」、年未詳十二月七日、「小田就宗書状写」（富家文書）。

（32）この申状の前年の貞治三年は、南朝方（足利直冬方）の山名時氏が幕府に降参し、出雲における幕府（北朝）方優勢がほぼ確定した時期であった（佐藤進一『日本の歴史9　南北朝の動乱』〈中央公論社、一九七四年、三四九頁〉）。

（33）原慶三氏は『出雲塩冶誌』（出雲塩冶誌編集委員会、二〇〇九年）において、貞治三年四月二十五日「某袖判宛行状写」（富家文書）の花押写から義綱とは別人の塩冶一族が支配を継承したとしている。しかし、同花押写は写として良好とはいえず欠損もあり判断が難しい。この時期の政治状況からは、旧来の義綱説の可能性も残しておきたい。

第四章　戦国大名尼子氏の領国支配と地域寺社勢力

はじめに

かつて、今岡典和氏は、尼子氏の領国内統治権の根拠を守護権に求めた。[1]これに対し、長谷川博史氏は、尼子氏の領国形成過程における領国内要所要衝の支配による有力領主層の圧伏という、尼子氏の地域支配権力としての実力形成を重視した。[2]近年、川岡勉氏は、室町幕府・守護体制論の立場から十六世紀第1四半期から第3四半期における尼子権力膨張・衰亡の要因が、尼子氏と中央政界との関係や、中央政界の影響をうけた中国地方東部・西部の政治的動きに規定されたものであることを明らかにしている。[3]このような尼子氏が見せるおのおの多様な性格や動きをどのように統一的にとらえ理解すればよいのか。これが本章の課題である。

それを考えるひとつの題材として、それ自体が領主権力として自律的であることは武家領主権力と同様の性格を持つが、中世の支配機構においては、かつて権門・顕密体制下で国家的機能を分掌し、地域において宗教・政治両面で実力を保持してきた寺社勢力と新興の尼子権力との関係をとりあげる。つまり、中世国家体制としての権門体制・顕密体制を経験した、そのなれの果てとしてのこの時期の領国支配体制をとらえたい。その際、尼子権力が領国を支配するうえで、同権力と密接な関係を持った新興の勧進本願や禅衆の機能・役割がどのような意味を持つかについても考えていきたい。

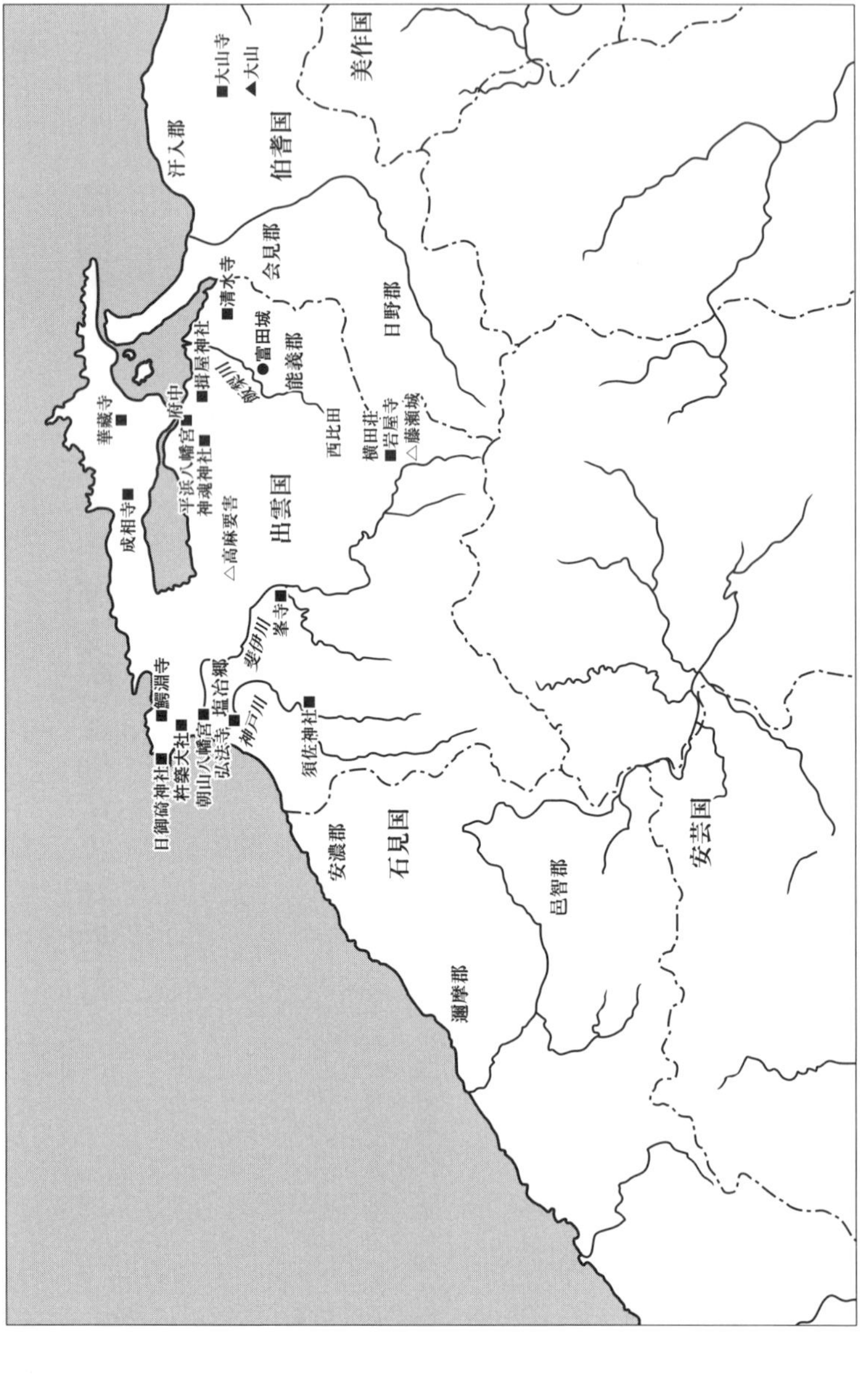

地図　尼子氏領国支配関係図

かつて、尼子権力と出雲国内有力寺社との関係については、井上寛司氏が、尼子氏の宗教政策論として、一宮制論を核にした尼子領国内（出雲一国内）宗教秩序を論じ、中世一宮制の本格的な再編成と解体を結局はなしえないままに尼子権力自体が解体したと評価した[4]。

本章では国一宮杵築大社のみならず、尼子領国内主要寺社と、尼子権力との個別的な関係も併せて概観してみる。また、尼子氏の特徴として、禅衆との密接な関係が何を意図したものであったかについても考えることとし、以下を明らかにしていきたいと思う。まず第一に、尼子権力が領国支配の維持や拡大のために主要顕密寺社や禅衆などの社会勢力をどのように構造的に関わり合わせ利用しようとしたのか。その際の権源・立場・正統性が何であり、どのような政治状況においてそうしたのかを明らかにしたい[5]。第二に、中央の天皇権力に収斂される旧来の寺社秩序の在り方から、尼子氏の領国支配がその内部で完結せず、中央の諸権力にも依拠しながら行われざるをえなかった秩序構造を明らかにしたいと考える。

第一節　領国規模の主要な造営・仏事とその政治的背景

まず、本節では、尼子氏によって行われた地域寺社の造営や大規模な仏事が、領国支配形成や地域の政治的・軍事的動きと関連してどのような時宜に行われたのかを見ながら、尼子氏の領国支配における寺社（利用）政策について考えていきたい[6]。

1　経久時代

1　永正の杵築大社造営――永正五年（一五〇八）～永正十六年（一五一九）

尼子経久の領国支配において、最大の寺社造営事業として永正の杵築大社造営があげられる。この造営を皮切りに、経久期を通じて同社内部の社殿・仏閣造営が継続的に実施される。この造営事業は、経久の領国権力としての実質的な出だしともいうべきもので、大規模かつシステマティックに実施されている。また同時に、永正期は経久の出雲国支配をめぐる政治的・軍事的な活動も活発である。

本章では、特に断りがない限り、広瀬町教育委員会編『出雲尼子史料集』二〇〇三年（以下、『史料集』と略記）、『大社町史　史料編　古代・中世』一九九七年（以下、『町史』と略記）に依る。

この造営事業の起こりから造営・遷宮に至る過程は、永正十六年四月晦日「永正年中大社造営・遷宮次第」（千家家文書『町史』一〇三〇）に詳細である。このほか「杵築大社旧記御遷宮次第」（鰐淵寺文書『町史』一〇一四）がある。

まず、永正五年（一五〇八）九月十五日、「当国佐々木尼子民部少輔経久造営之立願有ニよつて、中郡、高さのようかい御出張之時、御造営之次第当家へ御尋有、其時当家ヨリ使親類阿吾泰経為当家使中郡高さのようかいへ被参候」とあり、当時、大原郡高麻《たかさ》城へ出陣していた経久から千家国造家に対し、造営の願主となる旨打診があった。そこで、経久のもとに同家から使者を派遣して協議したという。その後、大社社家中へも経久が造営願主となる旨打診があり、その結果、永正六年三月十七日、経久は造営奉行を藤原帷（惟カ）宗朝臣（亀井氏）、多胡悉休入道とし、本願は源春と尼子殿中間彦左衛門として、「当国中」に「人別五文」を徴収させることとした。永正七年（一五一〇）

六月二十四日には、柱立てを行い、鰐淵寺より勤行衆二十人が下向参画した。そして九年後の永正十六年（一五一九）四月二十八日に遷宮儀式が執行されて、造営事業はいったんの節目を迎える。[7]

この造営の時期、永正五年当時の雲南高麻要害への出陣にもその一端を見ることができるが、尼子経久の領国権力形成をめぐる政治的な動きには顕著なものがある。

まず、永正五年十月下旬、京極政経から同吉童子に宛て京極氏の惣領職、出雲・隠岐・飛驒三カ国守護職ほかの譲状が尼子経久・多賀伊豆守へ預け置かれている。これは、すでに先学によって事実上の守護権譲渡であると評価されている出来事である。[8]〈永正五年十月二十一日「宗済（京極政経）書状案」〈佐々木文書『史料集』九四〉、永正五年十月二十五日「宗済（京極政経）譲状案」〈佐々木文書、東京大学史料編纂所影写本〉ともに『島根県の歴史を語る古文書――戦国大名尼子氏の伝えた古文書――佐々木文書――』島根県古代文化センター、一九九九年に収載）つまり、永正の造営開始は、尼子経久が京極氏の惣領・守護職の文書を預け置かれたほぼ同時期にあたっている。

また、翌永正六年（一五〇九）十月二十日、経久は、杵築大社と関係が深い鰐淵寺に対し掟書を出して、鰐淵寺や寺領内の支配に対して影響力を行使しようとしていることからも、杵築大社・鰐淵寺など出雲西部のこれら有力寺社勢力に対して、事実上の守護権を背景にした政治的影響力の形成を目指したと考えられる（同日「尼子経久掟書」〈鰐淵寺文書『史料集』九五〉）。

このように、尼子氏は京極氏から守護権を継承して、出雲国内の平定を進め領国支配権力としての体制を大きく進展させ、飛躍しようとした時期に国一宮杵築大社造営を実施し関係寺院への影響力を形成しようとしていたと考えられる。

2　平浜八幡宮造営——永正十一年（一五一四）

平浜八幡宮造営は、出雲府中近傍の主要神社のひとつで、宍道湖から中海へ通じる大橋川の要衝に位置する。永正十一年六月に棟上げされたこの八幡宮正殿の棟札には「守護　佐々木京極殿」「守護代　伊予《（経久）》守殿」と見られる（永正十一年六月二十八日「平浜八幡宮棟札銘写」〈平浜八幡宮文書『史料集』一一〇〉）。また、永正十一年六月五日「平浜八幡宮造営入目目録」（平浜八幡宮文書『史料集』一〇九）では、平浜社奉行多胡出雲守から「平浜八幡宮御造立入目事、出雲国・隠岐国二ヶ国以反別、如往古之、相調候事」（傍線筆者。以下同）とあり出雲・隠岐国内への段別賦課により造営経費を捻出していることからも、やはり守護権に由来して実施された造営であることがわかる。

3　法華経の開板——永正十二年（一五一五）

永正十二年（一五一五）には、経久は法華経を開板し頒布したとみられる[9]。これらは、主に領国内の有力寺院への影響力を意識して作成されたものと考えられる。

この前年の永正十一年十月十四日、尼子経久は横田荘・岩屋寺へ発向してこれを平定しようとしている。藤瀬城には岩屋衆が籠城して反抗しており、尼子氏にとっては横田荘付近の雲南地域は平定途上にあった（「岩屋寺快円日記」同日条〈『史料集』一一二〉）。岩屋寺は、横田荘にある出雲南部最大の真言密教寺院であり、雲南最大の国人領主三沢氏の保護をうけた寺院でもある。のちに、杵築大社西浜で行われた万部法華経読誦においても、岩屋寺は出雲の四大顕密寺院のひとつとして勤行に参画していることからも、出雲南部で最大級の宗教・政治勢力であったことがわかる。つまり、この当時、同寺はいまだ尼子権力にとっては敵対的な勢力として存在している。この法華経開板は、領国支配権力として、領国内寺院勢力の庇護者を自認・主張する尼子氏の政治的攻勢として位置づけることができるのではないか。

4　朝山八幡宮の遷座――永正十四年（一五一七）

近世の記録、『雲陽誌』神門郡（『史料集』一一九）に依れば、杵築大社造営最中の永正十四年、経久が白枝松寄下にあった朝山八幡宮を遷宮したという。出雲西部神戸川下流域の杵築大社にほど近く鎮座するこの社に尼子権力の手が及んだことになる。

ちょうど、この年は、石見国守護職に大内義興が補任される一方、先の守護方（山名氏）へ尼子氏が合力して反大内氏の動きを見せている（永正十四年八月十一日「室町幕府奉行人連署奉書」〈益田文書『史料集』一一六〉）。また、少なくとも、翌永正十五年（一五一八）頃までに塩冶氏に経久三男・興久が養子に入ることにより、尼子氏の勢力が出雲西部の斐伊川・神戸川下流部要衝の塩冶郷に扶植された（永正十五年十二月一日「塩冶興久寄進状」〈日御碕神社文書『町史』一〇二八〉）。

このように、ちょうど出雲西部の平野部から石見に向けた尼子氏の政治的動きが顕著に見られる時期にあたる。

5　大庭神魂社仮殿遷宮――永正十七年（一五二〇）

先の平浜八幡宮に引き続いて、同じく府中近傍の大庭に鎮座する神魂社の仮殿遷宮が実施される。この神社が鎮座する大庭田尻保は、国衙在庁の系譜をひき杵築大社の司祭者でもあった出雲国造家の本領で、同社は、出雲国造の代替わり火継神事を行う重要な場所であった。ここでは、「尼子伊予守ヨリ造営被申付候」とあり、経久の命令で造営が実施されたことがわかる。当初の作事奉行は多胡出羽守であったが、無沙汰につき、のちに両国造家（千家家・北島家）・亀井能登守被官より別途に奉行を立て、大庭惣反銭をもって造営が進められている（年月日未詳「杵築大社千家豊後旧記」〈千家家文書『史料集』一三二〉）。

この後、正殿は大永三年（一五二三）に造立され、奉行は尼子経久の重臣亀井能登守秀綱が務めている。これは、府中域と出雲西部域（その要衝にある杵築大社）への政治的手当を意識したものであったと考えられる（天正十一年三月二十一日「神魂社造営覚書断簡」〈秋上家文書『町史』二〇四八、『意宇六社文書』島根県教育委員会、一九七四年〉）。

6　大社中鳥居柱立て――永正十八年（一五二一）

年月日未詳「杵築大社旧記断簡」（千家家文書『町史』一〇四四）に依れば、大社中鳥居の造営について以下のとおり記す。

永正十八年七月、「御柱一本当所七浦男女罷出候て、鳥居へ付申、のこりの御柱も其外材木同月にひき付申候」とあり、大社領七浦の男女が柱引きの運搬作業を行っている。この用材については、「此柱ハ伯州ひの郡より出候、七浦の船にて当浦へ付候」とあり、隣国伯耆西部の日野郡から調達され、大社領七浦の船舶で杵築浦まで運搬したものであったことがわかる。この事業を運営したのは、「本願ハ当国のき（能義）の郡の住高順と僧ナリ、伊与殿中間に三郎次郎と申もの奉行に罷出候」と見えることから、尼子氏の拠点である能義郡の僧が本願となり、これに尼子経久の中間が奉行となって加わったことがわかる。

つまり、出雲国一宮の鳥居造替を、能義郡にいた本願聖が杵築大社領の諸浦の人員・船舶動員によって実施した。これに尼子氏から奉行が加わり、尼子氏の勢力圏の東限、もしくは勢力圏を主張する伯耆国日野郡から、領国出雲の西端まではるばる資材を調達して実施した。

7　杵築大社西浜の万部法華経――大永二年（一五二二）

大永二年、杵築大明神の大鳥居の西側一町ばかりの浜に経所を作り、釈迦如来を本尊として万部法華経読誦が実施された[10]。

「出雲国杵築大明神ニテ万部之法花経、人数千百人、大永二年壬午二月九日ヨリ同廿日結願」（「岩屋寺快円日記」〈岩屋寺旧蔵『町史』一〇四五、『史料集』一三九〉）とあり、大永二年二月九日から二十日の結願まであしかけ十二日にわたって実施された仏事は、一一〇〇人の僧侶を集めて実施された。願主は尼子伊予守経久、奉行は亀井能登守秀綱であり、「与州ハ塩冶ニ御入」とあることから、経久は大社領の南方にある塩冶郷の塩冶興久の許に逗留していたようである。

この仏事の四座頭は、鰐淵寺・岩屋寺（横田荘）・清水寺（吉田）・弘法寺（古志）など天台・真言系で出雲国内の主要顕密寺院が務め、これに、成相寺（佐太神社奥院）、小蔵（華カ）寺、峯寺、八幡ノ谷ノ寺（平浜別宮社役寺）など、国内諸所の有力顕密寺院が加わった。そのほか国中の衆会が不足のところからは、禅衆が集められた。「杵築大社旧記御遷宮次第」（鰐淵寺旧蔵文書『町史』二〇一四）に依れば、「国中聖道」五五〇人、「禅衆」五五〇人という構成であり、旧来の天台・真言系顕密僧に加え新興の禅衆の寄合からなる、出雲国内の全仏教勢力を結集した仏事であった。

8　「日御崎社修造勧進簿」から――大永四年（一五二四）卯月十一日

大永四年の同勧進簿（大永四年卯月十九日「日御崎社修造勧進簿」〈日御碕神社文書『町史』一〇六〇、『史料集』一五八〉）には、日御碕神社造営の財源として「出雲一国」「隠州一国」「伯州　汗入郡・日野郡・相（会）見郡」「石州　尼摩

郡〈邇摩郡〉・安濃郡・大知郡〈邑智郡〉」の棟別分を充当して造営を行うことが記されている。この文書の袖には、「権大納言〈花押〉」として元将軍足利義稙の花押、「国司」として「佐々木伊予守〈花押〉」つまり尼子経久の花押が据えられている。足利義稙は、前年大永三年四月九日、阿波国撫養で死去しているので、この花押の素性には疑問があるが、本文書が同時代に尼子権力主導で作成されたものであったとするならば、尼子経久が出雲・隠岐・伯耆西部三郡、石見東部三郡の領域支配権を主張しようとして元将軍によるオーソライズという体裁を整えたとも考えられよう(11)。

この大永四年の勧進状に関連する政治的動きとしては、先に朝山八幡宮の遷座のところで述べたとおり、永正十四年〈一五一七〉、尼子氏による先の石見守護代への合力により大内氏と敵対する動きを示す。これに続いて、大永三年〈一五二三〉七月には尼子勢が石見国賀戸塩田浜で大内勢と対戦する〈大永三年八月六日「大内義興感状」〈阿川家文書『史料集』一五〇〉〉。この戦いで経久は那賀郡波志浦を切り取り、八月半ばには日御碕神社に、不知行地であったとして、この地を寄進している〈大永三年八月十四日「尼子経久寄進状」〈日御碕神社文書『史料集』一五二〉〉。

一方、尼子氏勢力圏の東に目を転じれば、大永五年〈一五二五〉、伯州淀要害に戦線があり、石見邑智郡川本の小笠原氏が尼子方として出陣し同要害を陥落させている〈大永五年十一月十日「小笠原長徳感状」〈庵原家文書『史料集』一六五〉〉。

このように見ると、先の「日御崎社修造勧進簿」の内容は、出雲・隠岐およびこれらを核に尼子氏が切り取りつつあった伯耆西部三郡・石見東部三郡支配の正統性の主張であったと考えることができよう。

9　大社前神門原の一万部御経読誦

享禄三年（一五三〇）二月、経久は、杵築大社前の神門原において一万部法華経読誦という一大イベントを実施する[12]。この行事は、大永二年（一五二二）に続き二回目となる。願主は尼子経久、奉行は亀井能登守である。

この時期最大の政治的事件は、享禄三年三月八日の塩冶興久反乱事件の勃発である（年月日未詳「杵築大社旧記御遷宮次第」〈鰐淵寺旧蔵文書『町史』二〇一四、『史料集』一九三三〉）。この仏事が、反乱の直前に行われたことが注目される。反乱勃発後の同年五月頃の状況として、志道広良宛「陶興房書状」には「塩冶かたも可然候ハんするニて、何となく武略ハ又富田ニまし候ハんする哉」（〈享禄三年〉五月二十八日「陶興房書状写」〈閥閲録一六　志道太郎右衛門69、『史料集』二一一二〉）と見え、興久の優勢、経久の苦戦が伝えられている。このようななかで、石見・備後・安芸国境の国人領主高橋氏が滅亡したとみられる（享禄四年十一月二十三日「尼子経久書状」〈中川四郎氏所蔵文書『史料集』二二二三〉）。

この仏事実施に関しては、塩冶興久の反乱との時期的符合に注目することができるが、出雲西部における反乱への不穏な動きに対応して仏事興行が行われた可能性を指摘しておきたい。

10　杵築大社一切経堂造営

天文八年から九年（一五三九～一五四〇）にかけて杵築大社一切経堂が造営され、一切経が摂津兵庫より用途十万疋で買い求められ、輪蔵へ納められた。願主は尼子詮久（晴久）である（「杵築大社旧記御遷宮次第」〈鰐淵寺文書『町史』二〇一四〉）。この一切経堂も含め、三重塔・鐘楼など、大社境内の社殿周辺に仏閣群が建立されたのもほぼ同時期である。これらによって、杵築大社境内は、仏教的な雰囲気を醸すことになった。この百余年後、同社上官の佐草自清は、松江藩の儒者黒沢石斎に、尼子氏によって両部習合説が用いられたためだと説明している（『雲州懐橘談』杵築条〉。

この時期、尼子氏は播磨方面に遠征している〈〈天文七年〉十一月四日「櫛橋村貞・小寺祐職連署書状」〈白国文書『史料集』三一〇〉、〈天文七年〉十一月二十七日「赤松政村感状」〈飯尾文書『史料集』三一六〉ほか多数〉。その時宜をとらえて摂津兵庫において一切経の購入が行われたのであろう。

11　杵築仮宮より重善上人が補陀落渡海

天文十年（一五四二）九月十八日、杵築大社西浜の仮宮より重善上人が補陀落渡海に出発する（「杵築大社旧記御遷宮次第」〈鰐淵寺旧蔵文書『町史』二〇一四〉）。重善上人は俗名を亀井（惟宗）彦三郎というところから、経久の重臣の亀井一族であったと考えられる。このとき、勤行衆として鰐淵寺衆徒が一五人、導師は同寺の竹本房栄伝法印で、出発にあたっては「道俗男女凡十万余人群集シ見物ノ涙ヲシホリ畢」と記されている。杵築大社に至近であることはもとよりであるが、領国内外から多くの人々が集まる沿岸都市杵築の周縁において、衆目のなかで一大イベントを実施しているところに、この渡海の眼目があったのであろう。

この年の一月には、尼子詮久（晴久）が安芸郡山で毛利・大内勢らに大敗を喫している〈〈天文十年一月頃〉「尼子陣切崩頸注文」〈毛利家文書『史料集』四五八〉、『岩屋寺快円日記』〈『史料集』五一八〉など〉。この安芸郡山の戦は、尼子一族・重臣をはじめ多数の戦死者を出す惨憺たるものであったが、この直後における尼子重臣一族による補陀落渡海は、敗戦の痛手のなかで人心を収斂することを目的にした尼子氏による宗教的パフォーマンスであったのではないか。この二カ月後の同年十一月には尼子経久がついに没するのである。

12　小括

経久時代は、国内平定・領国拡大・外征など、さまざまな政治的・戦略的節目にあたる時期に、一国規模にも及ぶ大がかりな造営や仏事を行うところに特徴がある。

杵築大社・平浜八幡宮など、かつて国衙権力と密接であった国一宮級の神社造営にあたっては、守護権を根拠に造営用途を捻出したと考えられ、守護権の行使者としての地位や立場を示す機会となった。また、日御碕神社造営にあたっては、元室町将軍と結びつき造営用途に棟別を充当することを通じて、守護権が及ぶ本国出雲・隠岐のほか、それが及ばない伯耆西部三郡や石見東部三郡など進出地の支配を正当化することを試みたものとみられる。一方で、地域民衆を編成できる能力を持つ勧進聖と結びつき、伯耆国日野郡から杵築大社中鳥居修築用の用材を調達・運搬させるなど、地域社会の底辺を構成する社会勢力を集約しつつ新たな進出地との結びつきを強めようとしたと考えられる。

また、経久は、国一宮杵築大社周辺で行われた法華経仏事では、旧来の顕密仏教系寺院の取り込みを行う一方で禅衆を併用して一堂に結集し、さらには法華経を開板することを通じて領国内の主要仏教勢力を集約する立場であることを表明したと考えられる。

2　晴久時代

晴久の時代になると、安芸国郡山における敗戦以後、一転して経久時代のように盛んな造寺・造社や大規模な宗教行事は少なくなってくる。

1　杵築大社仮殿造営――天文十五年（一五四六）**頃〜十九年**（一五五〇）

この造営事業が、晴久時代では最も大規模である。経久没後、天文十二年（一五四三）、晴久は大内義隆の出雲侵入を撃退し、領国支配は安定期を迎える。

この造営事業は、大檀那佐々木修理大夫晴久を願主に、多賀久幸を奉行にして実施された。天文十五年六月初旬に鍬始を行い、十月には柱立てを行っている。棟上げは天文十九年九月二十四日に、遷宮は同二十六日に行われている。晴久名代に造営奉行の多賀久幸が出向いて、両国造が出仕し、鰐淵寺から導師として竹本房栄印法印、衆僧二〇人が下向して仏事にあたった。このとき、造営事業の本願を務めたのが南海上人という天台の僧である。あしかけ五年の事業である（天文十九年九月二十八日「杵築大社造営遷宮次第」〈千家家文書『町史』一二三一、『史料集』七四五〉、天文十九年九月二十八日「杵築大社造営遷宮次第」〈佐草家文書『町史』一二三二、『史料集』七四六〉）。

2　能義郡西比田庄岩舟蔵王権現の造営――天文二十三年（一五五四）

天文二十三年八月二十一日「西比田村市原神社棟札銘写」（島根県神社史料『史料集』八五九）に依れば、天文二十三年六月一日に鍬始を行って造営を開始した西比田の蔵王権現は、八月二十一日に棟上げ・遷宮を行う。造営主は「地頭御屋形　尼子民部少輔晴久様」で代官が晴久家臣の森脇山城守家定である。西比田は能義郡内にあり、尼子氏の本拠富田からほど近く、その南側には雲南最大の国人領である仁多の三沢領を控えている。

3　神魂社造営――天文二十四年（一五五五）

天文二十四年に尼子修理大夫晴久（民部少輔）の命令で開始された造営は、奉行に多賀掃部を起用して国反銭を財源に用い実施している。このとき、守護不入地であった大庭にも同社造営のため反別一一三文が宛課された（天正十一年三月二十一日「神魂社造営覚書断簡」〈秋上家文書『町史』二〇四八、『意宇六社文書』〉）。神魂神社は、宍道湖・中海を繋ぐ要衝である旧府中に隣接しており、近隣には平浜別宮、惣社などかつて神魂社とともに国衙祭祀の一角を構成した有力諸社が存在する要地であった。また、杵築大社の奉祭者であった出雲国造の本貫地で、国造代替わりの火継神事が行われる重要な神社でもある。守護権を根拠に、そのような神社の立地場所と、国一宮杵築大社との関係を意識して行った造営事業であろう。

4　大山寺の再興――天文二十三年（一五五四）～天文二十四年（一五五五）

天文二十三年三月に焼失した大山寺を尼子晴久が大檀那となって再興している。同年四月二十四日には杣取・鋘始を実施、九月下旬には本社三間を完成、この間、六月から九月にかけて晴久嫡男の三郎四郎（義久）が神体の智明菩薩制作の願主となり、これを開眼させた。このとき「自霊獄引紫雲、覆御殿上、道俗貴賤催感涙了」であったという。このほか、晴久自身は佐々木地蔵等身像、重臣の立原備前守幸隆は山王権現を、晴久次男の千代堂丸は龍王形像、三男の足童子丸は役行者ほか制作の施主となった。作事奉行は晴久の重臣仲原（多賀）久幸で、神輿の檀那は同じく宇山誠明であった。翌天文二十四年の四月から十月には拝殿・楼門なども完成し、十月二十四日には棟上げ・遷宮を遂げている（天文二十四年初冬二十八日「大山寺洞明院棟札銘写」〈洞明院文書『史料集』八八六〉）。

いうまでもなく、大山寺は伯耆国最大の天台寺院であり、特に、尼子権力の膝元ともいうべき西伯耆の最有力の寺院勢力であることからも、同権力がこの復興に熱心に取り組んだのであろう。

5　須佐神社遷宮――天文二十四年（一五五五）

同社造営は、天文二十四年三月十八日に鍬始を実施し、同二十八日には仮殿遷宮、五月十八日には柱立て、十一月二十六日には遷宮を遂げている。須佐神社は、出雲西部、神戸川中流域にある。天文二十四年十一月二十六日「須佐神社棟札銘」（須佐家所蔵『史料集』八八八）に依れば、大檀那は「源朝臣佐々木修理大夫晴久、同御息三郎四郎」であった。この棟札には「大宅朝臣高橋越中守常光」の名も見える。石見国境の須佐高矢倉城にあった本城《本城》常光は、この後、石見銀山の山吹城を守備した。しかし、毛利元就が出雲へ侵入する直前の永禄五年（一五六二）六月、毛利方に寝返り、同十一月には吉川元春によって誅殺される。この本城氏の動きからも、この造営は、尼子権力が、石見国境にほど近い須佐郷を確保する政治的布石であったと推察される。

6　美作一宮仲山大神宮造営――永禄二年（一五五九）

現在、津山市にある美作一宮仲山神社は、天文初年頃、尼子詮久（晴久）の兵火に逢い焼失したのち、同六年（一五三七）に詮久によって再建が開始され、永禄二年（一五五九）に完成したものである。同社の永禄二年己未卯月五日の棟札銘には「大願主　佐々木修理大夫源朝臣晴久」とあり、建立・上棟には晴久の奉行人で「御名代　多賀津馬《マヽ》守仲原朝臣久幸」の名が見える（「中山神社棟札銘写」〈国幣中社中山神社史料『史料集』九七三〉）。[13]

7　小　括

晴久時代は、経久時代に比べて、一国規模にわたるような大がかりな造営・仏教行事は、一宮クラスの造営を除けば見られない。富田荘の南端である岩舟蔵王権現の造営、伯耆最大級の寺院である大山寺の再興、石見国境で銀山支配に繋がる要衝である須佐神社遷宮などは、自らの領国や本拠地の領域的な支配の境界付近に位置する有力寺社の造営事業を主導したものである。また、一五三〇年代からと、早くから取りかかっている美作一宮仲山大神宮造営事業は、同社が美作・播磨方面へ抜ける通路の要衝にあり、戦略的に重要であったことが要因とみられる。一方、府中域や杵築大社の出雲国造家と深く関わる神魂社造営や、石見国境の須佐神社の造営事業は、天文二十三年十一月の新宮党の討滅事件の直後であり、この事件に伴う出雲国内への政治的手当であったと考えられる。(14)

第二節　勧進・本願からみた一宮杵築大社と尼子氏支配——勧進・本願の起用とその位置づけから

杵築大社における本願については、すでに山崎裕二氏や長谷川博史氏の研究がある。

山崎氏は、本願の機能と設置から廃止に至る過程について詳細に整理し、本願が果たした機能を、造営・修理経費の徴収・管理（永禄元年六月日「杵築法度条々写」〈千家家文書『町史』一三七八、『史料集』九六二〉）、造営用資材・職人の調達（慶長十年十一月二十五日「大久保長安下知状」〈北島家文書『出雲国造家文書』一七二〉）、社内の日常清掃業務など、広範な庶務にあったとした。(15)

また、長谷川氏は、本願が尼子氏や毛利氏ら戦国大名による杵築大社および大社領への支配権の浸透の媒介項であることを明らかにした。すなわち、それまでの千家・北島両国造家による大社支配の独占を、大名権力の本願への影響力を媒介にして切り崩し、杵築大社を国鎮守として「公的化」していくプロセスととらえている。(16)

そこで、本節ではこれらを踏まえ、勧進・本願の在り方や活動と尼子領国支配との関係、その変化を見る。

1　尼子清貞から経久時代

杵築大社造営における勧進本願の動きを、現在、具体的に見える限りで遡上してみると、以下である。

初見は、応仁元年（一四六七）、十穀聖の勧進活動による造営で、『杵築大社旧記御遷宮次第』（天正年間頃、鰐淵寺文書『町史』二〇一四）に「一、応仁元年丁亥十月ニ御棟上同遷宮アリ、十穀勧進ノ立候宮也」と見られる。次が、文明十八年（一四八六）遷宮の造営で、文明八年明星閣院という勧進僧が造営事業を開始する。当時、京極氏の分国であった出雲の守護代は尼子清貞である。しかし、いまだ勧進と大名権力との関係は見られない。

永正造営では、まず、永正四年（一五〇七）以前に、現せん上人という僧が出雲国・石見国両国内で勧進活動を行っている。大社の柱用材五本ほか材木を調達したが、同年十二月に死去して頓挫した（永正十六年四月晦日「永正年中大社造営・遷宮次第」〈千家家文書『町史』一〇三〇、『史料集』一二七〉）。これをうけて、永正五年、尼子経久が造営事業に乗り出す。

永正四年当時、出雲国は尼子経久によって平定途上にあった。また、石見国は大内氏の分郡支配の邇摩郡のほかは、山名氏分国であり、勧進僧らは国境を越えた地域において勧進活動を展開していたことになる。

尼子経久がこの造営に乗り出すと、勧進本願として源春という僧を起用する。おそらくは、勧進僧が持つ広範な地域活動領域や社会的裾野を取り込んで造営を実施するという意図があったものと推測される。

このことは、永正十八年（一五二一）の大社中鳥居柱立てにおいて、明瞭に現れてくる（年月日未詳「杵築大社旧記断簡」〈千家家文書『町史』一〇四四〉）。

このときの本願は「当国のきの《（能義）》郡の住高順と僧ナリ」とあり、尼子氏の本拠地、能義郡の僧が務めているところが注目される。本章第一節の「大社中鳥居柱立て」の項で見たとおり、高順は、伯耆西部から資材を調達し、大社領七浦から労働力を編成して運搬にあたらせるなど、尼子氏の勢力範囲の東限付近からの輸送に、地域民衆を編成して事業を進めている。当時の尼子権力の領国拡大の状況や、高順に中間の三郎次郎を付けて奉行とした尼子経久の立場からすれば、勧進僧の社会的に広範な活動力を尼子権力の領国支配やその拡大運動の末端に取り込もうとしたと考えることができよう。

2　晴久時代

天文十九年（一五五〇）、尼子晴久が杵築大社遷宮を実施した際、杵築大社に本願を常置する。寛文二年（一六六二）六月十六日「杵築大社本願次第写」（別火家文書『町史』一二三八）中の「出雲大社本願始り以来之次第」に依れば、初代本願は南海上人で、千家・北島両国造によって、「天台の沙門」南海上人が初代本願職に任じられ杵築大社として造営にあたる体制が整えられた。天台僧ということからは、天台寺院である鰐淵寺の意向も加えた可能性がある。

二代目本願職は周透で、永禄年間（一五五八～一五七〇）頃にこの職にあった。周透は、尼子氏の本拠地能義郡富田の洞光寺（尼子清貞の菩提寺）の末寺で、杵築にあった清光院（跡地不明・天文年間に開基）の住持で曹洞禅の僧であった。このことから、本願職継承が尼子氏の影響下において行われた可能性が高い。ただし、この段階までは、千家・北島両国造より、南海や周透へは所領と得分が与えられており、いまだ、杵築大社の両国造が本願に対する支配的地位を維持している。(17)

このように、晴久時代には本願が杵築大社内に常置されるようになり、出雲国造の下で杵築大社機構のなかに位置づけられている。一方で、補任にあたっては、尼子権力の裁量が強くなっていったことを窺わせており、大名権力が、杵築大社の内部へ日常的に浸透しつつあったことがわかる。

3　小括

杵築大社造営に本願の姿が見られるようになるのは、応仁の頃からである。しかし、この段階から永正の造営の直前まで、勧進聖と京極・尼子氏らとの関係は見られない。

これが、経久時代の永正の造営を境に、尼子権力によって勧進を目的に本願が造営・修造の都度設定されるようになる。彼ら本願の活動は、国境を越えほかの大名領にまで広範に展開しうるものであり、経久権力には、この勧進聖の資金・資材収集・労働力編成能力といった社会的活動能力を取り込もうとする政治的意図があったとみられる。つまり、広範な社会深部への浸透による領国支配形成さらには領国拡大の手段としても本願聖を利用しようとする意図を看取することができる。

晴久時代になると、天文の杵築大社造営から社内に本願が常置され制度として整備されるようになる。まだこの時点では、大社の両国造から本願に所領と得分が給与されるなど、いまだ、国造配下としての本願という体裁は守られている。しかし、当初は本願が天台僧から起用されるものの、のちには尼子権力と関係が深い曹洞宗寺院の僧が起用されるようになり、尼子権力の意向が大社内部へ浸透できる方向へと推移していったと考えられる。

第三節　鰐淵寺・清水寺座次相論――天文二十四年（一五五五）～弘治三年（一五五七）

この事件は、出雲国内最大級の天台寺院鰐淵寺と清水寺が、富田城において行われる千部経読誦において上座を争った相論である。相論の展開過程で、尼子権力や幕府さえも超えて、中央の延暦寺・三門跡・天皇の力関係や三好政権の介入によって裁定が二転三転するという複雑な展開をみせた⒅。

この座次相論の原因について、井上寛司氏は、経久時代には能義郡単位で行われた読経をそのまま一国規模に拡大し、杵築大社で行われた読経を晴久の時代になって富田城で行うようになったことにあるとしている。そして、晴久時代の対鰐淵寺政策は、同寺を出雲国一寺として認めず、杵築大社ではなく富田城に国内すべての僧を集めて法華経読経をしようとしたところに特徴があるという。つまり、国一宮に対する尼子権力の優位性を示すことを意図したという大名の国内宗教政策論として理解されている⒆。

しかし、すでに経久段階に富田城で行われた読経にも鰐淵寺僧が参画しており、これが能義郡単位といえるかどうか疑問である。さらに杵築大社の読経が富田城に移され、国内すべての僧を集めたという論拠は不明瞭である。国一宮門前で国内の主要顕密寺院や禅衆を集めて実施する行事の一国規模的な性格に対し、尼子氏の居城富田城内で鰐淵寺と清水寺の僧を集めて実施する法華経の読経とでは、やはり後者において尼子氏の私的または固有の性格が強いと考える。

そこで、ここでは両寺の相論の過程をとらえることに重点を置き、顕密寺院の秩序意識・原理を背景に、中央寺院・政界と地域寺院・地域権力との位置関係を見ていきたい。そして当該期の政治過程との連動を整理分析することを通じて、尼子晴久期領国支配構造の性格を考えたい。

1　相論の第一段階

1　相論の勃発——天文二十四年二月

天文二十四年（一五五五）二月、鰐淵寺一山四七名の僧らが、鰐淵寺の富田城千部経仏事における左座（上座）を確認し合い、清水寺の左座着座要求を国守尼子氏が停止しなければ、一同、鰐淵寺を離山する旨申し合わせた（天文二十四年二月十二日「鰐淵寺僧連署起請文」〈鰐淵寺文書『町史』一一八二、『史料集』八六五〉）。この直後に、鰐淵寺と清水寺が、国守尼子晴久の下で対決した結果、清水寺の左座が認められる[20]。

しかし、鰐淵寺は、山門を経由して禁中に働きかけ、天文二十四年五月二十日、禁中において一転して鰐淵寺の左座の主張が認められた。その内容は、「当寺《鰐淵寺》者為　推古天皇勅願之浄場、於一州第一之義無紛云々、歎申之旨被聞食畢、所詮、任前例可為左座者」（天文二十四年五月二十日「後奈良天皇綸旨」〈鰐淵寺文書『町史』一一八九、同案は、『延暦寺文書』六一[21]〉）というものであった。これをうけて、六月十日、山門三院宿老から佐々木修理大夫（尼子晴久）に宛て「清水寺近年新儀之興行、太以不可然候、山門末寺旧規之旨、被披　叡慮聞召被成厳重　綸旨候（中略）其趣無異儀様、御意見肝要候」として、山門から、天皇の裁定により鰐淵寺が左座たるべしと尼子晴久に宛て申し入れられた（同日「山門三院宿老連署書状」〈鰐淵寺文書『町史』一一九二、『史料集』八七四〉）。同時に、山門三院別当代・執行代から尼子氏奉行人立原備前守に宛て「向後弥無諍《争カ》論様、御意見肝要之由」申し入れが行われた（同日「山門三院別当代・執行代連署書状」〈鰐淵寺文書『町史』一一九五、『史料集』八七五〉）。一方、同日付で、山門三院宿老から雲州鰐淵寺衆徒に宛て「今度　綸旨厳重之上者、当寺永可為左座段、弥不可有異儀候」と伝えられ（同日「山門三院宿老連署書状」〈鰐淵寺文書『町史』一一九三〉）、これに加えて、同日付で鰐淵寺衆徒に宛て、山門衆徒の衆議も鰐淵寺が左座と決したことが伝えられた（同日「山門三院別当代・執行代連署書状」〈鰐淵寺文書『町史』一二九四〉）。

つまり、後奈良天皇の綸旨を根拠に、尼子権力の裁定が覆されてしまった。鰐淵寺の中央への動きを皮切りに、領国内で生じた問題が領国の枠組みでは完結せず、それを超えて中央の天皇権力とこれに基づいた本山＝山門の力によって整序されようとしたのである。

2　事件勃発時期の政治的状況

実は、座次問題は経久時代から出てきはじめた問題であったが、この時点に至って顕在化したものである。それでは、この事件が起こった時期の政治的状況がどのようなものであったか。それは、この相論自体の勃発契機を考える有力な手がかりとなる。

この直前の天文二十三年（一五五四）十一月、尼子晴久による新宮党討滅事件が勃発している。塩冶領を継承し、出雲西部に力を持っていた新宮国久（晴久の叔父）とその一族が、晴久によって滅ぼされた事件である。

この事件直後の天文二十四年（一五五五）二月頃から、尼子晴久は、出雲西部の主要社寺に所領の安堵・宛行などを集中的に実施しており、新宮党旧領または旧勢力範囲であった出雲西部を名実ともに尼子本家の支配下に置きつつあった。

まず、二月二十八日、尼子晴久は日御碕大明神へ神門郡薗村一〇〇貫を寄進（同日「尼子晴久寄進状」〈日御碕神社文書『町史』一二八三、『史料集』八六六〉）。同日、出雲国造（杵築大社）に対し「当国之儀任嫡家相続之由緒」により神門郡高浜郷のうち一五〇貫を寄進（同日「尼子晴久寄進状」〈出雲大社文書『町史』一二八四、『史料集』八六七〉）、同日、揖屋大明神に対しては、出東郡氷室のうち一〇〇貫を寄進（同日「尼子晴久寄進状」〈揖屋神社文書『町史』一二八五、『史料集』八六八〉）し、三月吉日には、「御崎殿」（日御碕神社）に対して脇刀・装束を寄進（同日「尼子晴久寄進目録」〈日御碕神社文書『町史』一二八七、『史料集』八七二〉）している。六月晦日には、日御碕社へ神門郡朝山郷粟津村内が安堵（同日「尼子晴久書状」〈日御碕神社文書『町史』一二九七、『史料集』八七八〉）され、これに、本章第一節第2項で見たとおり、同年には神魂神社と須佐神社の造営を執り行っている。

つまり、尼子晴久によって、出雲西部の神社を中心に地域への政治的梃子入れが行われている矢先に鰐淵寺側から相論が勃発しているのである。つまり、新宮党の支えを失った出雲西部所在の鰐淵寺による政治的攻勢であった可能性が指摘できると思う。背景には、富田城にあった尼子本宗晴久権力が、新宮党滅亡後、出雲西部に名実ともに浸透し、一国支配権力としての内実をより一層調えてきたことがあろう。いずれにしても、尼子領国内部の東西勢力図が変化した時期にあたり、これを背景に勃発した事件であったと推察される。

以上からは、領国内問題とはいえ顕密寺院秩序は旧来の中世国家体制的な秩序を内在させており、いったん事があると、新興の領国大名権力にとっては単独で解決できない問題となりうることを物語っている。

2　相論の第二段階（弘治二年）

1　清水寺の反撃と尼子氏の判断

相論が収束したと見えたのも束の間で、翌弘治二年（一五五六）春には、この問題が再燃する。今度は、天文二十四年五月の綸旨を不服とした清水寺が、山門三門跡のひとつで当時天台座主でもあった梨本宮梶井門跡応胤親王（一五三一～一五九八年、座主補任は天文二十二年七月）と結び、左座の勅許を得ようとする動きを示した。

これに対して、尼子権力はどう対処したか。

弘治二年四月三日、尼子氏奉行人横道石見守久宗・馬来四郎右衛門尉真綱から鰐淵寺衆徒中宛の書状においては「彼方《（清水寺）》江茂綸旨幷座主様、其外之数通有之事候、是又為私押而難有裁許儀候、所詮、両寺有御上洛可被仰究之旨、以御一通被仰出候、来六月法事被成執行之条、五月中有落着、必可有御下着候」〈弘治二年〉卯月三日「尼子氏奉行人連署書状」（鰐淵寺文書『町史』一三〇九、『史料集』九〇〇）として、清水寺方にも綸旨と梨本宮（座主・梶井門跡）令旨そのほかの証拠文書があるので、尼子氏が私として裁許しがたいとして、鰐淵寺・清水寺双方に上洛して決着し速やかに問題を解決するようにと指示した。ここに、門跡間の力関係を察知した尼子権力は自らの判断を放棄してしまう。

これをうけ、弘治二年五月九日「山門横川宿老連署状」（鰐淵寺文書『町史』一三一二）で、横川の楞厳院別当代はじめ解脱谷・戒心谷・般若谷・飯室谷・椛尾谷・都率谷各和尚代連署で鰐淵寺に宛て、叡慮と三院連署により、鰐淵寺を左座とすべき衆議の結果が伝えられる。一方、（弘治二年）五月十一日「山門三院長老連署書状」（鰐淵寺文書『町史』一三一三、『史料集』九〇五）では、山門の横川別当代・西塔執行代・東塔執行代から尼子晴久に宛てて、前年（六月十日）の山門における判断に基づいて鰐淵寺を左座とされたい旨申し入れている。また、弘治二年五月日「行忠奉書」（鰐淵寺文書『町史』一三一二）では、青蓮院門跡庁務行忠より鰐淵寺に宛てて、天文二十四年五月から同六月の綸旨以下山門三院連署などに基づいて、鰐淵寺を左座とするのが適当であると伝えられている。

2　室町幕府の判断

このなかで、弘治二年五月二十三日付で、「室町幕府奉行人連署奉書」が出雲国守尼子晴久宛に出され、尼子氏は幕府から鰐淵寺を左座とするよう命ぜられるのである（鰐淵寺文書『町史』一三二〇、『史料集』九一〇）。

幕府の判断の根拠は以下のとおりである。まず、①鰐淵寺が往古以来の勅願寺であり御判以下の証文を所持し、寺役を勤仕していること。次に、②天文二十四年の後奈良天皇綸旨と同六月の山門三院執行代の連署状が明確であること。つまり、綸旨でも述べられる「於一州第一之儀無紛」であるがゆえに鰐淵寺が左座であると判断しているのである。ただし、この幕府の奉書は、将軍足利義輝が三好長慶に追われて京都を出奔し近江朽木谷にあった時点において出されたものである[22]。

いずれにしても、前年の天皇（綸旨）の裁決をうけ、鰐淵寺の本寺である山門の意志も明確であるので、将軍（奉書）が尼子氏に対し当事者へ下知を加えるよう遵行を命じる形をとっている。

しかし、これを挟んで、この将軍（武家）権力の意志の頭越しに、相論は展開する。すなわち、年月日未詳「清水寺初問状」（『延暦寺文書』五八、同案は、鰐淵寺文書『町史』一三二六）とこれに対する年月日未詳「鰐淵寺初答状」（『延暦寺文書』五九、同案は、鰐淵寺文書『町史』一三二七）、続いて、弘治二年（一五五六）五月日「清水寺二問状」（『延暦寺文書』六二、同案は、鰐淵寺文書『町史』一三二八）で清水寺が反問し、鰐淵寺も、同年六月日「鰐淵寺二答状」（『延暦寺文書』六三、同案は、鰐淵寺文書『町史』一三二九）で応じるのである。

3　相論の第三段階――三問三答から三好氏の関与と梶井門跡方の反撃

1　禁中三問・三答――弘治二年（一五五六）四月から六月

清水寺側は、天文二十四年五月二十日の綸旨と弘治二年五月二十三日の「室町幕府奉行人連署奉書」にかかわらず、将軍の京都不在を突くかのように梨本宮梶井門跡を動かし、禁中対決は続く。

さらに清水寺側は弘治二年六月日「清水寺三問状」（『延暦寺文書』六五、同案は、鰐淵寺文書『町史』一三三〇）で反問し、鰐淵寺は弘治二年六月日「鰐淵寺三答状」（『延暦寺文書』六六、同案は、鰐淵寺文書『町史』一三三一）において応酬する。清水寺と鰐淵寺の間で禁中（後奈良天皇）において三問三答が展開する。ここに、幕府・尼子氏から離れて事態が展開し、相対的に天皇権力が浮上してくるのである。

この三問三答をうけて、後奈良天皇の判断が下され、弘治二年六月頃、一転して清水寺が左座であると判断を覆した。

同時期のものと考えられる（弘治二年六月ヵ）「後奈良天皇女房奉書」（鰐淵寺文書『町史』一三三三）には、「又さうろん《（相論）》の時に、せいすい《（清水）》寺ひたりさ《（左座）》のうしろにつきたる事れきせんにて候へハ、かたく、せいすい《（清水）》寺申ところあるよし」として、天皇の意向を知ることができる。[23]

これに対して、鰐淵寺を支持する青蓮院側の西塔を中心にした山門諸谷の猛反発が起こる。

まず、弘治二年六月二十八日、山門西塔北谷の正教坊において衆議が行われる。彼らは、天文二十四年の鰐淵寺左座の綸旨が覆り、清水寺から座主梶井門跡への働きかけにより、清水寺に勅許が出されたことや、天文六年以前の先例を云々せず、それ以降の新儀を承認するなどは西塔として承知できないとしている（年月日未詳「北谷一院衆議案断簡」〈鰐淵寺旧蔵文書『町史』一三三三〉）。次いで、弘治二年七月十九日、西塔院執行代、同北谷・東谷・南谷・南尾・北尾の主立った僧らの連署で、「既以天文六年以来之新儀、棄数百ヶ歳上代之旧規、無道之言上御許容之上者、於山門更難存知者歟、（中略）以三院評議之憲法可有落着之条、加満徒一味之連判」として、同じく承知できないと訴える（弘治二年七月十九日付「山門西塔衆議連署状案」〈鰐淵寺文書『町史』一三三四〉）。そして、横川と西塔全体の意志として、弘治二年七月二十八日に「従往古、鰐淵寺事者於大社及度々左座、無其隠者也」と述べたうえで「非道之儀不正之至（中略）吾山之満徒、更同心不可在之」などとして「今般三問三答之儀（中略）不被尽於理非、為　天子被仰出云々、縦雖被成下宣旨、於非分之儀者及山訴、被成返　詔勅事先例非一」として山訴によって詔勅が差し戻された例は少なからずあるとして圧力をかけるに至っている〈弘治二年七月二十八日「楞厳院別当代・西塔院執行代連署条々書」〈鰐淵寺文書『町史』一三三五、『史料集』九二〇〉〉。

このようにして、叡慮に対する山門西塔・横川の執行代・衆徒らの不満が沸騰したのである。

2　山訴と三好長慶の周旋

弘治二年九月十八日、京都一条宿に集まった山上列参衆らは衆議して以下のように述べる。「出雲国鰐淵寺与清水寺法席座論之事、去夏為　梶井宮依被仰掠　禁中、対清水寺被成　綸旨候、片手打之御裁許、前代未聞次第也、所詮　綸旨為可申返、今度東塔北谷・西・川両院之衆参洛候」として強訴に出る〈弘治二年九月十八日「山門列参衆衆議連署状」〈鰐淵寺文書『町史』一三四二〉〉。

ここに、将軍足利義輝を近江に追い、京・畿内で政治的な主導力を保持していた実力者三好長慶が関与することとなる。

弘治二年九月二十五日、長慶から山門西塔院執行代・山門楞厳院別当代に宛て、禁中の不十分で方向の定まらぬ判断について山門西塔・横川が嘆き訴えていることを、伝奏に伝えるつもりであることを告げる〈〈弘治二年〉九月二十五日「三好長慶書状」〈鰐淵寺文書『町史』一三四四〉〉。また同十月十三日、三好長慶の重臣松永久秀が山門両塔執行代・楞厳院別当代に宛てて、三好氏方から禁中へ申し上げると重ねて伝える〈〈弘治二年〉十月十三日「松永久秀書状」〈鰐淵寺文書『町史』一三四六〉〉。

その結果、三好長慶政権から禁中への申し入れがあり、後奈良天皇も再度の判断をする。広橋大納言（広橋国光）宛（弘治二年十一月十三日頃）「後奈良天皇女房奉書」（鰐淵寺文書『町史』一三五一）に「いつものくにりやう寺の事につきて、みよしちくせんのかミしよしやう《（三好筑前守書状）》ない〳〵御らんせられ候、三もん三たう、せうもん以下のうへにて、御きうめいをとけられ候、せう〳〵《（少々）》をの〳〵《（各）》にもあひたつね《（相尋）》られ、いけん《（意見）》にまかせて存せつけられたる事にて候」と見えるように、三好長慶の書状を天皇が内覧して糺明を遂げ判断し鰐淵寺を左座に決したようである。

弘治二年十一月十三日に裁定の綸旨が出て、「当国諸法事座次相論之事、先度対清水寺雖被成　綸旨、道理等未究之旨山訴之間、訴陳之状重而　叡覧之処、当寺証跡依無紛、被棄置去六月之　綸旨、幷当寺向後可為左座者」との裁定が出された。つまり、清水寺へいったんは綸旨を出したが、山門衆徒の山訴をうけて、再度、三問三答の文書を叡覧のところ鰐淵寺の証拠文書に問題がないので、弘治二年六月の清水寺への綸旨を撤回し、以後は鰐淵寺を左座とするとしたのである（弘治二年十一月十三日「後奈良天皇綸旨」〈鰐淵寺文書『町史』一三五〇〉）。

同日のものとみられる「後奈良天皇女房奉書」（鰐淵寺文書『町史』一三五三）にも、四辻大納言（藤原季遠）に宛て「かくゑん寺ハ久しきちよくくわん《（勅願）》寺にて候、くに《（国）》、おきては、うへもなき事にて候まゝ、左のさ《（座）》につき候へきよし、りんし《（綸旨）》をなされ候とのよし、くにのかミ《（国守）》をの〳〵もそんし候て、かさねていろん《（異論）》なきやうに存せくたされ候へく候よし、心して申とて候」として、鰐淵寺は勅願寺であるので左座とし、出雲国守尼子氏ほか関係者にこの勅裁を承知して異論ないよう求めている。

3　梶井門跡方の反撃

しかし、この再度の裁定と、ほぼ同時期に、天台座主・梶井門跡方の山門東塔が反発し、西塔に反撃する動きに出た。

（弘治二年）十一月二十一日「延暦寺本院執行代書状」（『延暦寺文書』七三）には、「就雲州両寺座論之儀、西塔院之衆令庭中濫訴之段、併依青門之衆馳走」として、このたびの濫訴が、叡山西塔および青蓮院方によるとの認識を示している。また、弘治二年十二月日「延暦寺本院大衆申状」（『同』七五）では「右、就雲州両寺座論之儀、庭中不儀之趣、先度注子細経　上奏之処、于今不預勅答段、弥添鬱陶条事」と訴え「今度尋濫訴之元起、山中之悪徒青門之候人、以巧略之調談、号三院之列参」として、青蓮院門跡方の叡山中の悪徒が、三院全体を標榜して濫訴したものだと訴えているのである。同文書の中で、「曼殊院門跡、青蓮院為御代、既被預置法流上者、諸事可有御存知儀也（中略）門主又御幼稚之処仁、恣号　令旨被触催事、希代次第也」とも述べており、この問題のこじれが、青蓮院門主（尊朝）が幼少であることと、同院預の曼殊院門跡の恣意によると記している。これをやや遡る、同年十一月二十一日の根本中堂の衆会では、「綸旨於清水寺処、今度寄事於青門之末寺、濫理於在俗之権威（中略）因茲、西院往還之路次、上下之出入相止、張行之凶徒、放覚師門徒、堅加制止訖」（「延暦寺根本中堂衆会事書」『同』七二））として、西院往還の封鎖、濫訴の張本を慈覚大師門徒から放つことなどを群議している。[24]

これらの動きをうけて、梶井門跡の勾当内侍宛、年月日未詳「梶井応胤法親王仮名消息」（『同』七四）には「此たひのらうせき《（狼藉）》、さた《（沙汰）》のほかなるやうたい、山もんのかきん《（瑕瑾）》とそんし候へハ、とうたう《（東塔）》のいきとをり、もつてのほかなる御事にて、こゝもとにをきて、ちやうほん人の事は永断いたし候、はいくわいにつきてハ、せいはい《（成敗）》いたし候ハんするよし候、さいたう《（西塔）》の事ハ、みち《（道）》なとかたくとゝめ候まゝ、きと申たつし候へきとのしゆき《（衆議）》けんこ候」と記されている。出雲国で起こった両寺の相論は、ついに、山門という坩堝《るつぼ》の中で嵐を巻き起こすに至っている。

このような経過により、翌弘治三年（一五五七）五月頃には、また新たな動きが出ている。同年五月日「延暦寺大衆中状」（『同』七七）に「抑寄事於悪徒之嗷訴、対鰐淵寺天載（裁）之趣、頗再三之御糺明、似無其詮、衆鬱之至極、何事如之乎、仍忽忘国家鎮衛之護持、可企　神輿動座之大訴旨、評議之処仁、忝奉拝　勅書、開喜悦之眉、含歓喜之笑訖、然者、被任女房奉書之旨、今般一途之　綸旨、可被成下清水寺段、勿論之処、于今遅慢」と見え、この間、梶井門跡側の大衆が、神輿動座の評議という強硬路線をもって天皇に清水寺への左座裁定を要求し、これを可とする女房奉書を得た様子が知られ、清水寺に綸旨が下されて然りという状況にまで持ち込まれている。

以上のような動きの一方で、青蓮院方である楞厳院別当代・西塔院執行代らは尼子晴久に対し連署で「至于当年、清水寺江被成返　綸旨之由、為梨門庁務被申遣、其外表裏種々被申掠云々（中略）此等之趣、為公家中被経奏聞之処、去年落居之通、今以　天気無異路之由候、則為伝奏、各以直札被仰遣之間、鰐淵寺理運之段者、山洛別途無之候、於国中弥順路之儀可為肝要之旨候」〈弘治三年〉五月二十日「楞厳院別当代・西塔院執行代連署書状」〈鰐淵寺文書『町史』一二九一、『史料集』九五〇〉）として、裁定に変化のない旨を、書き送っている。[25] このような混迷模様にあって、その後の展開は不明である。

綸旨の変転は、青蓮院門跡方と梶井門跡方の山門諸塔の対立と分裂をより一層熾烈なものにし、両派による山訴や神輿動座の企てなど天皇権力への強硬姿勢を惹起し、綸旨の動揺を生み出している。煎じつめるところ、出雲在地で起こったこの座次相論が尼子領国では解決できず、天皇権力の役割が浮上し、この問題が本山（門跡）に持ち込まれるものの、これら中央諸権力の力関係によって、かえって彼らの間に対立を増幅させ、天皇権力の裁定自体も変転し動揺をきたすという矛盾を露呈する結果となった。その渦中にあって、後奈良天皇も、この年の九月五日には没してしまうのである。

4　小　括

新宮党討滅事件の直後に勃発したこの相論の契機は、塩冶氏滅亡後、出雲西部地域を支配していた新宮党の、鰐淵寺を含むこの地域に対する政治的保護が失われたことにあったと考えられる。つまり、この地域の寺社勢力を含む政治勢力と尼子本家晴久の根拠地である出雲東部の同じく政治勢力との力関係や地位に変化が生じ始めたと考えられる。

しかし、尼子領国内において、個々の寺社は、自律性を持った個別領主権力でもあり、それら顕密寺社勢力内部の秩序問題は、新興の武家権力である尼子氏では究極的には整序できない、領国内に内在する、いわば旧来の体制的秩序問題であった。その解決のために、尼子権力は、中央＝旧来の国家権力（究極的には天皇権力）に依拠しなければならなかった。綸旨の獲得をめぐる座次相論にあたって地方寺院と天皇との間を媒介したのは本寺（門跡）で、結局は、この相論も実質的には青蓮院門跡・梶井門跡間そして双方に与する山門諸塔・諸谷の争いになってしまった。このことが、戦乱で傾いた天皇権力を構造的に再浮上させている。しかし、その裁定は、当該期の中央諸権力・勢力間の政治的力関係に規定されざるをえなかった。

領国内秩序構造の観点からいえば、このような秩序体系を持った寺社勢力を領国内に内在させたがゆえに、尼子権力が構造的に旧来の国家権力を含む中央の諸権力との政治的関係を良好に維持しなければならなかったのであろう。

おわりに

少なくとも経久期までの尼子領国における宗教勢力を考えるとき、二つの力関係を考えなければならない。一方は、旧来の顕密寺社勢力で旧来の国家権力と関係してきた体制的な勢力であり、いま一方は、禅衆や、そのなかにも多く含まれたと推測されるが、勧進僧などとして活動を展開し地域社会の深部と関わりが深い新興の勢力である。

前者は、領国内にあって伝統的な個別領主権力・宗教勢力であり自律性が強い。この自律的な顕密寺社勢力を領国内部に内在させながら、尼子氏は領国を統一的に支配しなければならなかった。したがって、領国支配の正統性の主張や内乱・対外戦争における危機的状況にあたっては、造営・法華経開板・宗教行事・所領宛行などを通じて、これら個別の顕密寺社勢力の懐柔・利用・集約に努めた。その際、国一宮級の造営にあたっては、伝統的な守護権を行使した。また、たとえば、杵築大社門前における盛大な法華経仏事の開催などは、その権力意志の象徴的かつ実体的な表現として、有力顕密仏教寺院に加え禅衆まで集め、国レベルで仏事を興行することを通じて、国内の仏教勢力全体を集約しようとした。

勧進僧らは、地域的活動領域も広く、政治的領域性を超えて民衆を組織し活動しうる能力を持っていた。尼子経久はこの力を取り込み、自らが願主となる国一宮杵築大社の造営事業に利用することを通じて、国の枠組みを越えた、あるいは、領国内の個別領主の領域性を超えた広範な地域社会の深部、つまり地域民衆に対して、尼子権力の影響力の浸透を計ろうとしたと考えられる。そして、それを下地にして、領主支配により分裂の契機を内在する領国内支配の統一性の維持を計り、同時に領国外への政治・軍事的行動範囲の拡大を窺ったのであろう。

晴久期になり、領国支配が安定期に入ると、寺社造営や仏事興行を領国支配・拡大のために政治的・戦略的に活用するといった経久時代のような積極的かつ大がかりな動きは見られなくなる。

晴久期も、依然として顕密寺社の領主権力としての自律性は本質的には経久期と同様であったと考えられる。しかし、たとえば杵築大社においては、本願を制度的に常置することとし、その人事を通じて自律的な同社の内部に尼子権力と近い曹洞宗寺院の僧を本願に配置するなど、同権力の意向が日常的に浸透できるシステムを構築しようとする新しい動きが見られる。一方、晴久やその一族・近臣らが領国・領域支配の要所要衝に位置する寺社造営・造仏の願主として立ち現れるなどの政治的手当が見られる。また、新宮党討滅事件の直後に、同党の旧領・勢力圏であった出雲西部の寺社への政治的手当として所領安堵のほか造営を実施する動きも見られる。晴久期の寺社勢力に対する動きは、いずれも、領国支配拡大に伴う動きではなく、既存の領域内統治を整序・維持する方向に向かう動きであったと理解できる。

しかし、一貫していえることは以下のようなことであると考える。

尼子領国内に個別領主権力として存在する顕密寺社勢力は、その内部秩序が究極的には旧来の国家的な秩序体系（中央の天皇・権門寺院）によって整序されるものであった。そして、天台寺院鰐淵寺と国一宮杵築大社、真言密教寺院と八幡宮などの諸役を通じた関係や習合によって、寺院秩序は神社秩序とも密接に結びついていた。また、尼子氏の領国支配においては、神仏の習合（「両部習合」）も、これらの関係し合う寺院・神社を結びつけ寺社勢力統合を計る接合論理であり、ひいては、国一宮の造営・修造システムを整序することを根拠に、尼子氏が勧進僧ら新たな社会勢力を取り込むに好都合な背景をなしたと考えられる。(26)

しかし、尼子氏はやはり武家権力の一角に属するのであって、公家・寺社勢力とは、本来、階層的秩序系列を異にしていた。しかも尼子氏それ自体は戦国期になって急成長した新興の地方大名権力にすぎなかった。したがって、いまだ自律性を保持する在来の有力領主であり、かつての権門・顕密体制国家以来の秩序体系の系譜をひく顕密寺社の秩序問題は、究極的には尼子権力が踏み込みえない領域であったのである。そこで、有力寺社に介入できる限られた手段として、旧来の国役を用いた寺社修造が浮上し、京極氏以来の守護権による正統性が必要とされたと考えられるのである。ここに、尼子権力は、一様ではない新旧多様な相貌・性格を持つことになった。

以上から、尼子権力は、広範な活動力を持つ地域社会勢力を取り込みつつも、旧来の国家権力やそれに影響力を持つ中央の諸権力とも結びつき良好な関係を維持しながら、自律的な武家・寺社領主層が内在し分裂離反の契機を胚胎する領国支配を統一的なものにしていかなければならなかったと考えるのである。

註

（1）今岡典和「戦国期の守護権力――出雲尼子氏を素材として――」（『史林』六六―四、一九八三年）。

（2）長谷川博史「戦国期出雲における大名領国の形成過程」（『史学研究』二〇一、一九九三年）、同「戦国大名尼子氏権力の形成」（『史林』七六―三、一九九三年）など。ともに『戦国大名尼子氏の研究』（吉川弘文館、二〇〇〇年）に再録。

（3）川岡勉「戦国期の室町幕府と尼子氏」（『尼子氏の特質と興亡史に関わる比較研究』〈島根県古代文化センター、二〇一三年〉）。

（4）井上寛司「尼子氏の宗教政策――出雲国一宮制の解体過程を中心に――」（尼子氏研究会『尼子氏の総合的研究』その一、一九九二年）。

（5）以下、尼子氏と近隣大名・領主との政治的関係や軍事行動については、長谷川博史「戦国期西国の大名権力と東アジア」（『日本史研究』五一九、二〇〇五年、「一　戦国期の対立軸と大名権力」）。

（6）以下、尼子経久期の政治・軍事プロセスに関しては、主に、長谷川博史『戦国大名尼子氏の研究』（吉川弘文館、二〇〇〇年）の第一編に依った。

（7）永正の造営については、『大社町史　上巻』（大社町、一九九一年、六七五頁～六八一頁）。

（8）前掲註（1）論文。

(9)　東京大学史料編纂所蔵・保坂潤治氏旧蔵「妙法蓮華経巻第三　薬草喩品第五」(冒頭断簡)、「妙法蓮華経巻第八　普賢菩薩勘発品第二十八」(末尾断簡)写真のうち前者の袖には「二千部内佐々木伊予守源経久」の長方印、天には、「長谷寺三十部寄進」と墨書されている。また後者の奥には「永正十二季《(年)》乙亥正月吉日」とある。前者については、寄進の主体や時期は不明ながら、杵築仮宮の長谷寺(真言宗)もしくは加茂町三代の長谷寺(曹洞宗)に納められたと考えられる。同様にして、刷られた経文は、地域の有力寺院に寄進され広まっていったものであろう。

(10)　この仏事については、前掲註(7)書、六八一～六八三頁。

(11)　『尊卑分脈』公卿補任。

(12)　前掲註(7)書、六八一～六八三頁。

(13)　尼子氏の美作支配が永禄五年頃まで継続し、その後も尼子与党の国人江見氏、三浦氏の重臣牧氏ほかが尼子方として残った事実が注目される。長谷川博史「尼子氏の美作国支配と国内領主層の動向」(『広島大学文学部紀要　第五十五巻特輯号二　岡山県地域の戦国時代史研究』一九九五年、のち、長谷川博史、前掲註(6)著書に一部改稿所収)。

(14)　出雲西部における新宮党の地位や役割については、長谷川博史「戦国大名尼子氏権力の形成」(『史林』七六―三、一九九三年)。

(15)　山崎裕二「杵築大社の本願」(『大社町史研究紀要』三、一九九八年)。

(16)　長谷川博史前掲註(6)著書、第二編第二章。

(17)　ちなみに、毛利時代の天正十九年、四代目本願の正巴は、毛利氏より本願給をうけるようになり、本願が出雲国造の支配から大名権力の支配へと離れていく。

(18)　曽根研三『鰐淵寺文書の研究』(鰐淵寺文書刊行会、一九六三年、一〇九～一一八頁)。ただし、年未詳文書の前後関係の検討を含め、相論の経緯には検討の余地を残している。なお、本章の初出稿の提出と時期を同じくして、杉山巌「戦国期の山門社会――鰐淵寺・清水寺の座次相論を素材に――」(『出雲鰐淵寺の歴史的・総合的研究』〔二〇〇九(平成二十一)年度～二〇一一(平成二十三)年度科学研究費補助金　基盤研究(B)研究成果報告書(課題番号 21320123)研究代表者:井上寛司、二〇一二年所収〕)が出され、相論文書の年次比定、相論経過と当事者について詳細な分析・考察がなされた。さらに、その後、上嶋康裕「戦国期の中央―地方の法秩序――鰐淵寺・清水寺座次相論を中心に――」(『年報中世史研究』中世史研究会〈名古屋大学〉二〇一三年)が出され、さらに相論の背景を含めた詳細な経過が精緻に明らかにされた。これらをうけ、本章では前稿(二〇一一年三月完稿・提出、前掲註(3)書掲載)に加筆修正を加えた。

(19) 前掲註(7)書、七〇四〜七〇七頁、井上氏執筆分。

(20) 弘治二年五月「清水寺初問状」(『延暦寺文書』五八、同案、鰐淵寺文書『町史』一三二六)には「去年二月経之砌、鰐淵寺及違乱之条、於富田晴久両寺之座次遂対決之処、清水寺以理運無紛旨左座之事」とある。また、弘治二年五月日「鰐淵寺初答状」(『延暦寺文書』五九、同案、鰐淵寺文書『町史』一三二七)にも「於富田晴久両寺之座次遂対決之処、清水寺以理運無紛旨左座之由申歟」とある。

(21) 末柄豊校訂・京都東山御文庫所蔵『延暦寺文書』(八木書店、二〇一二年)。以下、『延暦寺文書』。

(22) 義輝や三好長慶らの所在については、今谷明『戦国期の室町幕府』(講談社、二〇〇六年、第四章)など。

(23) 『お湯殿の上の日記』弘治二年七月二十五日条「さすの宮より(中略)こんと清水寺へりんしさな《なさ》れ候につきて、御しゆうちやくのよし申さるゝ」とある。

(24) この西塔路次封鎖について久留島典子氏は、東塔方が、西塔から綸旨が出雲へ下るのを阻止しようと計ったものであるとしている(久留島典子「鰐淵寺・清水寺相論と六角氏関係文書」〈前掲註(18)『出雲鰐淵寺の歴史的・総合的研究』〉)。また、この梶井門跡・東塔・清水寺には、近江の六角氏の支援があったとする。

(25) ほぼ同時期のものとみられる「さゝきしゆり大夫」(尼子晴久)宛「後奈良天皇女房奉書」(鰐淵寺文書『町史』一三五四、『史料集』九五二)では、「こそしも月《去年霜月》」(弘治二年十一月であろう)に鰐淵寺へ綸旨をなされたこと、また、重ねて清水寺へ綸旨が成し返されたというので、内々に青蓮院門跡として勧修寺尹豊・中山孝親ら伝奏や職事中に確認した結果、清水寺に綸旨が出されたことは知らないと直状で申し述べるので、「とにかくにこそなされ候りんしのすちめにて、かくゐんしへ、ちきなく申つけ候へく候」と伝えられている。

(26) この百年後に成立した黒沢石斎の『雲州懐橘談』においては、経久による「両部習合」の採用が記される。

補論1　建久の杵築大社造営とその政治的背景

寂蓮法師の歌に「出雲の大社に詣て見侍けれは天雲たな引山のなかはまてかたそきのみえけるなん此世の事とも覚えさりける」として「やはらくる光や空にみちぬらん雲にわけ入ちきのかたそき」（「寂蓮法師集」『続群書類従』二六九）と驚きをもって詠われるように、鎌倉時代初頭の杵築大社の本殿は、雲にも届く高壮なものであった。出雲を旅した寂蓮が見た本殿は、同人の没年が建仁二年（一二〇二）であることから、建久元年（一一九〇）に完成した、いわゆる建久の造営になる正殿であったと考えられる。

そこで、平安時代後期から鎌倉時代の杵築大社造営のうち、史料に比較的恵まれた久安の造営（一一四一〜一一四五年）や宝治の造営（一二二五〜一二四八年）と異なり、造営遷宮関係文書の伝来が皆無である建久の造営過程とその背景について『吾妻鏡』に残されたわずかな記事を糸口に考察していきたい。

建久の造営は、顚倒から造営まで十八年もかかったもので、それまでの治暦の造営（七年）・永久の造営（七年）・久安の造営（五年）に比べてかなり長期にわたっている。(1)

この造営は、承安二年（一一七二）の神殿顚倒をうけ、安元元年（一一七五）に仮殿遷宮が行われ、正殿遷宮が行われたのが建久元年（一一九〇）である。

顚倒が起こった承安二年に出雲知行国主であったのは正三位皇太后宮権大夫藤原朝方であった(2)。朝方は、後白河院庁の別当も務めた同院の信頼厚い側近中の側近である。すでに、仁安二年（一一六六）・同三年頃には兄弟の朝時が出雲守であったから、その時点で知行国主であった可能性が高い(3)。

朝方は、永久の造営を完遂した藤原顕頼の従兄弟にあたり、永久造営を実質的に総裁したとみられる院近臣藤原為房の孫でもある(4)。勧修寺流藤原氏一門は、顕頼の天仁元年（一一〇八）から永久二年（一一一四）を皮切りに、その従兄弟の憲方が保安二年（一一二一）から大治三年（一一二八）まで出雲国守を務めている。その一族の縁故に連なって朝方は知行国主となったと考えられる。

朝方が知行国主であった安元元年（一一七五）の仮殿遷宮時点の出雲守は藤原能盛で、父の代以来、後白河院北面で侍身分にあった人物である(5)。ちなみに、能盛の一族は歴代西国国守を輩出しており、兄弟の信盛が従五位下石見守、兼盛が周防守、伯父成景が因幡守で出雲の近国の国守を務めた官歴の持ち主たちであるので、能盛の任出雲守もこの地域と一族との縁故が背景にあったかもしれない(6)。

養和元年（一一八一）頃には引き続き正三位権中納言にあった朝方が出雲知行国主で、その息朝定が出雲守(7)で重任となっている。このことから、この時期に続いて朝定が国守であったことがわかる。しかし、朝定は、寿永二年（一一八三）閏十月二十六日に十九歳で没している(8)ことから、出雲守在任中は、十歳代半ばという若年であった。このことから、出雲国務も、父朝方の家政機構で行われていたと考えるのが妥当であろう。その後は、朝定の弟の朝経が出雲守となっており、寿永二年（一一八三）十一月(9)および文治五年（一一八九）四月の解官を挟んで、少なくともあしかけ八年以上続いて出雲守を務めている。寿永二年十一月には、朝定の父権中納言朝方も解官を被っており、直前の木曾義仲による法住寺殿焼き討ち事件にあたり後白河院派の公卿以下の解官に連なっている(10)。

また、文治五年（一一八九）四月十三日にも、鎌倉の源頼朝の訴えによりこの父子はいったん解官され、閏四月五日には矢継ぎ早に復任している。[11] このときのいきさつであるが、『吾妻鏡』の同年二月二十二日条には「一、按察大納言朝方卿、左少将宗長、出雲侍従朝経、出雲目代兵衛尉政綱、前兵衛尉為孝、此輩依同意義顕之科、可被解却見任事」とあり『同』同年四月十九日辛卯条には梶原景時の在京していた郎従がもたらした同月八日の中納言藤原経房の消息の趣旨が見え、そこに「朝方卿父子事、任令申請給之旨、被沙汰切畢、且彼政綱通義顕之状（中略）去十九被按察大納言幷侍従朝経籠居、同十三日、彼父子及左衛門尉政綱等被解却見任云々」（傍線筆者。以下同）と見える。また同二十一日条では「出雲国目代政綱事、被進　院宣御請文、所被染自筆也云々」と見える。つまり、朝方の知行国で朝経が国守であった出雲国の目代政綱なる人物が、義顕（源義経）と通じていたという嫌疑がかかり、この三者が見任を解却されたというものである。後白河院側近として、いったんは同院に引級された義顕と関係した結果、鎌倉の頼朝の追及をうけてしまったのであろう。これをうけた四月二十一日付の頼朝の自筆請文には「たゝし、ともかたのきやう、くにをめされ候ハんこと、返々ふひんにおもひ給候しかとも、きづきのやしろの御せんくうとけられ候ハさらんも、ふひんに思給候、（中略）くにをはもとのことくさたして、まさつな（政綱）ゝらぬもくたいをめしつかふへきよしの、御定の候はんとおもひ給候」として、朝方の知行国出雲国を召し上げることは、杵築大社の遷宮を遂げるためにも不都合であるので、国の召し上げはとどめおいて、政綱以外の目代を採用することで決着しようとしている（『吾妻鏡』同日条）。すでに朝方は、四月十三日の臨時除目で、いったんは解官されるものの、直後に出仕は認められた。また、朝経は翌閏四月八日の臨時除目で出雲守に還任された。[12] このようにして両者は早々に返り咲いたわけである。

このように、明らかに、杵築大社造営が出雲知行国主たる藤原朝方を頂点に実施されていることを知ることができる。これは、頼朝による後白河院への政治的掣肘のひとつであった可能性が高いが、同院近臣を国主に、国鎮守造営の完遂がなによりも体制的に優先されていることからしても、後白河院政の威信にも関わるものであったことが読み取れるのである。

この後、出雲守は、建久九年（一一九八）九月八日に、朝方の申任により従五位下藤原家時が任じられていることから、引き続き朝方が知行国主であったのであろう[13]。なお、朝方は、建仁元年（一二〇一）二月十六日に六十七歳で没している。

このように、藤原朝方が国主であった時期、治承三年（一一七九）の平氏による後白河院の院政停止と幽閉、治承四年（一一八〇）の治承寿永の乱の勃発、木曾義仲の入京と法住寺殿焼き討ち、元暦二年（一一八五）の平氏滅亡、その直後の源義顕と頼朝との不仲、奥州合戦、後白河院と鎌倉との政治的緊張関係など、後白河院近臣の朝方にとっても、出雲国衙・同在地社会にとっても、必ずしも杵築大社造営に専念できる状況にはなかったと考えなければなるまい。これが、建久の造営事業が十八年もの長期にわたってしまった原因であったと推測される。以上からは、知行国主一門の責任による国鎮守杵築大社造営事業、そして権門政治の動きに強く規定される造営の過程が、より鮮明に浮かび上がってくるのである。

註

（1）拙稿「鎌倉期出雲国一宮の造営・祭祀からみた地域支配と国家」（本書第Ⅱ部第二章）（『ヒストリア』二一八、二〇〇九年初出）。

（2）『玉葉』同年閏十二月七日条。

(3)『兵範記』仁安二年十月九日・同三年七月三十日条。
(4) 拙稿「天仁・久安の出雲国杵築大社の造営と白河院政の台頭」(本書第Ⅱ部第一章)(『古代文化研究』五、一九九七年初出)。
(5) したがって、後白河院北面の藤原能盛の出雲守への任用も、朝方が後白河院の意をうけて行われたものであろう。
(6)『尊卑分脈』良門孫。
(7)『吉記』『玉葉』同年三月六日条。
(8)『尊卑分脈』顕隆卿等孫。
(9)『玉葉』同年十一月二十九日条。
(10)『公卿補任』、『百練抄』寿永二年十一月二十八日条「院近習人中納言朝方卿以下数十人解官」、『玉葉』寿永二年十一月二十九日条。
(11)『百練抄』同年四月十三日条、閏四月五日条、『公卿補任』、『玉葉』同年四月九日条には「朝方卿事、可被解所職、又可被停国云々」。
(12)『百練抄』同日条。
(13)『公卿補任』嘉禄元年項。

補論2　国造出雲氏の身分と大庭田尻保地頭職

はじめに

井上寛司氏によれば、宝治の遷宮直後、建長元年（一二四九）十一月二十九日の「鎌倉将軍九条頼嗣御教書」（北島家文書『鎌倉遺文』七一四三）により、国造出雲氏は、鎌倉将軍から大庭田尻保地頭職を安堵され御家人化したとされる。[1]これについては、同文中の「承元二年九月六日孝綱給御下文之上」の文面を根拠に、原慶三氏の批判があり、承久以前に、国御家人が増加したなかで、国造出雲孝綱もいったんは幕府との関係を強めたのであろうとしている。[2]当該下文は伝存しないが、文面を素直に読むならば、まずは原氏の推論を踏まえて考えてみる必要があろう。

一方、井上氏の着眼点でもあるが、この安堵が、ことさらに守護佐々木氏の斡旋によるものであったことにも注意を払う必要がある。この直後の建長年間（一二四九～一二五六）には、国造出雲氏は、国衙近傍諸社の造営・祭祀権を手に入れ国衙祭祀機能を吸収していく。したがって、この安堵は、幕府・守護の立場からは、国造出雲氏をその政治的影響下におさめ、出雲国一宮や国衙における地位の強化を介して、幕府体制を地域に浸透させる要素としていく出発点になったとも理解できるのである。

しかし、井上氏の、いわゆる国造出雲氏が国造として御家人化したという理解が正しいかどうかは問題である。少なくとも十二世紀には、国造職は国司による進退権の下にあった職で、出雲氏が代々世襲してきたものである。[3]

ここで留意したいのは、出雲氏が持つ複数の職名・身分呼称である。つまり、杵築大社にあっては杵築大社神主・物検校職であり、本領大庭田尻保にあっては地頭職であり、国衙にあっては在庁諸職そして出雲国の国造という地位にある。ここでは、文書に見える出雲氏の呼称がどのように使い分けられているのか、そのなかで、幕府が、出雲氏が持つ複数の身分・立場にどこまで直接・間接に関わりえたのかを見たい。また、それと関わらせながら、出雲氏が、複数の身分・地位を兼帯した国家的支配・地域支配上の意味とその変化について整理しておきたい。このことは、幕府の支配が地域の国家的支配のどの部分までを占め、公家・寺社の果たす支配機能にどこまで影響してきているのかを考えるうえで重要なメルクマールになると考える。つまり、武家・公家・寺社の地域支配における相互補完の在り方とその変化を明らかにしていく糸口でもありうるのである。

1　大庭田尻保地頭職安堵の意味

宝治元年（一二四七）十月日の「杵築大社神官等連署申状」（鰐淵寺文書『鎌倉遺文』六八九四）では、発信人に名を連ねた出雲義孝は「供神所祝部国造兼大社司物検校散位出雲宿禰義孝」と記されている。また、弘長二年（一二六二）十二月三日「国造出雲義孝譲状」（千家家文書『鎌倉遺文』八九〇二）にも「供神所兄部国造兼大社司物検校散位出雲宿禰義孝」と見える。これだけからも、出雲氏物領が複数の身分・地位を兼帯していたことを知ることができる。まず、「兼」以下の大社司・物検校は国一宮杵築大社に直接関わる身分である。一方、それ以前に記載される供神所・祝部・兄部・国造などはそれには含まれていない別系統の身分である。国造がかつては出雲国司庁宣によって補任された経緯からすると[4]、供神所や祝部・兄部も、出雲国・国衙に関連した身分・地位であったと推測される。

そのような立場の国造出雲氏が、幕府から大庭田尻保の地頭職の補任・安堵をうけているのである。

以下は、大庭田尻保地頭職が安堵された建長元年（一二四九）十一月二十九日の「鎌倉将軍九条頼嗣御教書」（北島家文書『鎌倉遺文』七一四三）の文面である。被補任者の名は実名のみの記載である。

□出雲義孝

可令早領知出雲国神魂社領大庭田尻保地頭職事

右、承元二年九月六日孝綱給御下文之上、当知行無相違云々者、為彼職、守先例可致沙汰之状、如件

建長元年十一月廿九日

先に述べたように、承元二年（一二〇八）九月六日に出雲孝綱が賜ったという下文は現存していない。ただし、この記述が持つ意味は、承久以前の地頭職補任、すなわち、本領地頭であることにあると考えられる。

この直後の建長元年十二月十二日付の「出雲守護佐々木泰清書状」（北島家文書『鎌倉遺文』七一四八）では、出雲国造宛で「去十一月令賜大庭田尻御下文給之状目出候、令執申候之処、如此候之条」として祝意を表するとともに、実は、この安堵を斡旋したのが泰清自身であったことを述べている。つまり、少なくとも守護佐々木泰清が出雲義孝を後推ししているのである。

また、文永二年（一二六五）八月二十二日の「鎌倉将軍惟康親王御教書」（北島家文書『鎌倉遺文』九三三六）では、

可令早出雲泰孝領知出雲国神魂社領大庭田尻保地頭職事

右、任親父義孝譲状、可令領掌之状、依仰下知如件

文永二年八月廿二日

相模守平朝臣（北条時宗）（花押）

左京権大夫平朝臣（北条政村）（花押）

これも被補任者の名は実名のみの記載である。

その直後の同年九月六日には「出雲守護佐々木泰清施行状」（北島家文書『鎌倉遺文』九三四八）で「任親父譲状、以出雲泰孝可令領知之由事、守去八月廿二日御下文之状、可被存知」と守護から義孝後継の泰孝に告げられている。この鎌倉幕府から発給された地頭職安堵の御教書には、いずれも被補任者の名は実名で書かれており、兼帯している杵築大社および国衙関係諸職の記述は見られない。それは、本文書の目的にもよるが、これら関係諸職の身分・地位が、幕府の指示命令系統とは、基本的に別のものであったからであろう。したがって、国造として地頭職を安堵された御家人であったのではなく、出雲氏の家長としてそうであったと考えるべきであろう。

2　出雲氏が持つ複数の身分・地位

国造出雲氏宛、もしくは事実上同氏宛に発給された文書と領家検注文書のうち、発信主体や内容によって出雲氏の呼称がどのように異なるかを見ると**表1**のとおりである。

まず、**表1**は、大庭田尻保を安堵された建長元年から、宝治造営神殿焼失後にその仮殿再建遅滞が問題になりはじめる蒙古襲来直前までの三十年分、ちょうど、国造出雲氏が国衙祭祀権を吸収した時期のもので、建長から弘安初年頃発給の現存文書群を整理したものである。選んだ文書の内容は以下のとおりである。
①地頭職安堵（**表1-1**・16）、同関係文書（**表1-2**・17）②諸職相伝（**表1-13**）、③杵築大社関係諸職の補任（**表1-15**・19・24・25）、④国衙関係諸社の祭祀造営権など諸権益の付与・安堵（**表1-3**・4・5・6・8・9・11・12）、⑤杵築大社造営関係（**表1-22**・23・26）、この時期の当該文書群は、ほぼ年代記載が明確なもの、もしくは記載はないが関連文書や記事から年代が特定できるものである。

①は鎌倉将軍家発給の御教書と守護の書状・施行状、②は出雲氏内部の譲状、③は荘園領主からの御教書、④⑤は国司庁宣・国宣など国司関係文書である。

①は先にみたとおりで、将軍家御教書は実名で宛てられている。ただし、守護人佐々木泰清の書状は「出雲国造」宛になっているが、内容は泰清が地頭職安堵を喜ぶ私信であり、また出雲の国衙守護所の立場からいえば国造呼称も不自然ではない。②は、国造出雲氏が兼帯する国衙関係・杵築大社関係の諸職（供神司・祝部・国造および大社司・惣検校）が盛られている。③は、国造宛、または、神人等・神官等宛、文書本文中の呼称は国造・実名・国造＋実名で、補任する杵築大社の諸職名が記される。④⑤は出雲国造宛または国造＋実名宛で、いずれも国造呼称が入る。

このように考えると、国衙関係文書には国造呼称を必ず入れることがわかる。荘園関係文書にも領家が進退権を持つ所職の名称と併せて国造呼称が記されている場合が多い。逆に大庭田尻保地頭職補任・安堵に関わる幕府の正式文書は実名で、出雲氏が持つほかの肩書きはまったく記されない。**表1-20**の「関東御教書」では唯一「御家人国造義孝」と見えるが、内容が問題で、国衙の目代の狼藉に対する国造出雲義孝の相論であることで、これを義孝が国衙在庁でありながら御家人身分を兼帯していることを根拠に幕府に訴え出ているという図式から、両身分が併記されたのであろう。

以上から、国造呼称は、国衙や国衙が持つ造営・祭祀権の関係において出てくる呼称であり、国造の地位は公家方に属する身分であることが確認できる。逆に、幕府は直接的には国造の地位とは関わらない様子がわかる。

つまり、出雲氏はおおむね三つの法的人格を有している。まず国衙に属する身分、次に荘園領主の進退権に属する身分、そして鎌倉幕府に属する御家人身分というように、公家・武家諸方兼帯を指摘することができる。

表1　文書別出雲氏呼称

番号	和暦年月日	西暦	文書名	発信	受信	出雲氏記載呼称	備考	所有	遺文
1	建長元・一一・二九	一二四九	鎌倉将軍九条頼嗣御教書	九条頼嗣	出雲義孝	出雲義孝	神魂社領大庭田尻保地頭職安堵	北島家	七一四三
2	建長元・一二・一二	一二四九	出雲守護佐々木泰清書状	左衛門尉	出雲国造	出雲国造	安堵の祝意	北島家	七一四八
3	建長三・八	一二五一	出雲国司庁宣	大介高階朝臣	留守所（→国造出雲義孝）	国造出雲義孝	国造義孝の沙汰で国衙関係社造営	千家家	七三四六
4	建長三・八	一二五一	出雲国司庁宣	大介高階朝臣	留守所（→国造出雲義孝）	国造出雲義孝	惣社八月朔幣所役	千家家	七三四七
5	建長三・八	一二五一	出雲国司庁宣	大介高階朝臣	留守所（→国造出雲義孝）	国造義孝	惣社灯油承仕	千家家	七三四八
6	建長五・一二	一二五三	出雲国司庁宣	大介高階朝臣	留守所（→国造出雲義孝）	国造出雲義孝	国衙関係社造営	千家家	七六九〇
7	「建長六ヵ」三・一	一二五四	出雲国宣	大介高階朝臣	出雲御目代	国造義孝		千家家	
8	建長七・二	一二五五	出雲国司庁宣	大介ト部宿禰	留守所（→国造出雲義孝）	国造出雲義孝	国衙関係社料田領知	千家家	七八四八
9	建長七・二	一二五五	出雲国司庁宣	大介ト部宿禰	留守所（→国造出雲義孝）	国造出雲義孝	国衙関係社灯油田・惣社祭田領知	千家家	七八四九
10	康元元・一二	一二五六	出雲杵築大社領注進状	国造兼神主義孝 物検注使証恵		国造兼神主義孝		出雲大社	八〇六八
11	康元二・二	一二五七	出雲国司庁宣	大介三善朝臣	留守所（→国造出雲義孝）	国造出雲義孝	国造出雲義孝に安居師免畠を知行せしむ	千家家	八〇七七
12	康元二・二	一二五七	出雲国司庁宣	大介三善朝臣	留守所（→国造出雲義孝）	国造出雲義孝	国衙関係社・惣社神田寄進	千家家	八〇七八
13	弘長二・一二・三	一二六二	国造出雲義孝譲状	供神所兄部国造兼大社司惣検校散位出雲宿禰義孝	出雲泰孝	供神所兄部国造兼大社司惣検校散位出雲宿禰義孝	国造職幷杵築大社惣検校職譲与	千家家	八九〇二

14	文永元・一〇・八	一二六四	出雲国司庁宣	大介平朝臣	留守所（→国造出雲義孝）	国造義孝	惣社・神魂社の仏事田を免立	千家家	九一六五
15	文永二・三・二〇	一二六五	領家藤原兼嗣御教書	証恵	国造	国造	大社惣検校職	北島家	九二三八
16	文永二・八・二三	一二六五	鎌倉将軍宗尊親王家御教書	相模守平／左京権大夫平	出雲泰孝	出雲泰孝	神魂社領大庭田尻保地頭職安堵	北島家	九三三六
17	文永二・九・六	一二六五	出雲守護佐々木泰清施行状	守護人前信濃守源	出雲泰孝	出雲泰孝	安堵下文を守り存知せらるべし	北島家	九三四八
18	文永三・五・二四	一二六六	六波羅下知状	散位平／左近将監平	出雲泰孝	出雲泰孝	関東下知により安堵の沙汰	北島家	九五三六
19	文永五・正	一二六八	領家藤原兼嗣下文	藤原兼嗣	杵築大社神官等	出雲泰孝	出雲泰孝を杵築大社神主職に補任	千家家	九八五〇
20	文永九・四・一二	一二七二	関東御教書	相模守／左京権大夫	陸奥左近大夫将監	御家人国造義孝	御家人国造義孝が目代狼藉を訴え	千家家	一一〇〇九
21	（文永九）七・一七	一二七二	出雲守護佐々木泰清書状	前信濃守	出雲国造	出雲国造	国造職・大社造営、国司庁宣につき奉行	千家家	
22	文永九・一二	一二七二	出雲国司庁宣	大介藤原朝臣	留守所	国造義孝	国造義孝の記録を守り大社造営のこと	出雲大社	一一一七一
23	文永一〇・正・一九	一二七三	出雲国宣	書博士仲業	出雲御目代左衛門尉	国造義孝	国造義孝の日記文書により大社造営せよ	出雲大社	一一一八〇
24	文永一二・正	一二七五	領家藤原兼嗣下文	藤原兼嗣	杵築社神人等	国造出雲義孝	国造出雲義孝を杵築社惣検校職に補任	千家家	一一八〇二
25	建治二・二	一二七六	領家藤原兼嗣下文	藤原兼嗣	杵築社神官等	出雲宿禰義孝	杵築社惣検校職に義孝を還補	北島家	一二二三一
26	弘安二・六・六	一二七九	出雲国宣	右衛門少尉章宣	出雲国造	出雲国造	大社仮殿造営の沙汰いたすべし	出雲大社	一三六一〇

＊25文書は『鎌倉遺文』では「将軍惟康親王袖判下文」であるが、『大社町史　史料編』および花押から表記のとおりとした。

3　出雲国造による国衙祭祀権の吸収

神魂社は、出雲国造のかつての邸内斎館とされる社である。同社と国衙がある意宇郡は、古代には出雲国造が郡司を兼帯した本拠地の郡で、その奥地には同氏の祖神を祀る熊野大神が鎮座していた[5]。また、神魂社がある大庭田尻保は、国衙がある大草郷の西側至近にあり、国衙在庁でもある出雲国造にとって、神魂社と大庭田尻保はいわば本貫地であった。

この神魂社の性格について、井上寛司氏は、惣社・伊弉諾社などに準ずる公的性格を持っていたとされる[6]。それは以下の根拠による。まず、(1)戦国期には伊弉諾社・伊弉冊社が両神魂と呼ばれていること〈大永三年〈一五二三〉三月九日「北島雅孝書状」、同年十二月九日「同書状」〈秋上家文書『意宇六社文書』〉〉。遡って、(2)伊弉冊社が国衙から神田を与えられていること〈建長七年〈一二五五〉二月日「出雲国司庁宣」〈**表1－8文書**〉〉。また、(3)惣社への仁王講田と並んで神魂社に対し大般若経田が与えられていることである〈文永元年〈一二六四〉十月八日「出雲国司庁宣」〈**表1－14文書**〉〉。

(1)と(3)の指摘は伊弉諾社・伊弉冊社が神魂社を構成する要素になっていることと、国衙祭祀に連なる社となっていることが指摘された点において重要である。

ただ、(2)の国司庁宣は、出雲義孝に伊弉冊社の供料田を新たに領知させるとする国司の命令文書だが、このなかに「件供料田者、年来雖令高貞・義元領知」とあることから、大中臣氏はじめ他氏が領知していたことがわかり〈本項後述〉、神魂社に組み込まれる以前の伊弉冊社である可能性が高いと考える。とすれば、(3)の文永元年段階に明確に現れてくる、神魂社と国衙との関係が生じる背景がどこにあったかを考えてみる必要がある。

文永八年十一月日「関東下知状案」（千家家文書『鎌倉遺文』一〇九二二）の相撲舞頭役結番注文によれば、同保近隣で国衙北側の山代郷には那須氏、同じく竹矢郷には得宗、同じく平浜別宮には守護佐々木氏、東側の出雲郷には多胡氏が地頭職を保持していた。守護で近江出自の佐々木氏を除けばいずれも東国御家人である。そのような要衝諸郷の地頭職が鎌倉幕府勢力によって占められていることからは、守護・得宗ら幕府勢力が国衙に一定の政治的影響力を及ぼす意図があったことは推測にかたくない。このように考えると、国衙近隣の大庭田尻保地頭職を出雲生え抜きの氏族である出雲国造が獲得していることは、特別な意味があると考えなければならないだろう。

そして、出雲義孝が、大庭田尻保地頭職を安堵された建長元年からあまり時日を経ない、建長三年（一二五一）から康元二年（一二五七）のわずか数年の間に、惣社をはじめ国衙近傍諸社の造営・祭祀権が出雲国造の手中におさまっていくのである。内訳は以下のとおりである。

建長三年八月には、国司庁宣により伊弉諾社の造営権が国造に付与されている（**表1－3**文書）。このとき、国造義孝は造営料田として出雲郷に一町（御厩田）、竹矢郷に五反（利正名田内）、山代郷に五反（公田の内）、大草郷に一町（惣社灯炉田）などを引き募ることとしている。いずれも国衙近傍の諸郷に散在している。また同月、同じく国司庁宣によって惣社の八月朔幣料田を継承して同役を勤めることになっており、その料田は出雲郷内に一町引き募ることになっている（**表1－4**文書）。

建長五年（一二五三）十二月には、伊弉諾社造営料田の追加として、国司庁宣により国造出雲義孝の沙汰として朝酌郷に二町、大草郷政盛跡五反・同屋敷が寄進されている（**表1－6**文書）。

康元二年（一二五七）二月には、国司庁宣により、伊弉諾社・伊弉冊社・惣社の神田畠が国造出雲義孝に領知させている。このなかには大草郷内の高貞跡が含まれており、これが、国衙官人大中臣高貞の旧領であったことがわかる。

このなかで、建長七年（一二五五）二月には、従来「高貞・義元」が知行していた伊弉冊社供料田七反半（大草郷内四反半・山代郷内三反）を、また、「元頼」が引き募り、役を勤めていた伊弉冊社灯油田（大草郷内五反）・惣社御神楽田（竹矢郷内五反・山代郷内五反）を国造出雲義孝が獲得しているのである（**表1-8・9文書**）。

その背景には高貞・義元ならびに元頼が「依在庁等之訴訟、被追出府中畢」という事情があった。この三名は建長元年六月日の「杵築大社造宮所注進」（北島家文書『鎌倉遺文』七〇八九）にも見られる。うち二名は大中臣高貞と大中臣元頼である。いずれも神祇官官人の大中臣氏の流れであろう。

元頼は、宝治の造宮事業の長官を務めた目代（大行事）の代官で、肩書きも「大行事代官左馬允」とあるから国衙内においてはかなりの高位にあり、国衙神祇行政のトップクラスにあった人物と考えられる。したがって、建長七年頃に起こったこの在庁らによる大中臣氏の府中追放劇は、在庁らの行動により国衙の神祇行政に大きな変化があったことを暗示している。神魂社が国衙との関係を持ち公的性格を帯びてくるのも、この一連の動きの結果ではないかと考える。そしてその結果、国衙神祇行政のヘゲモニーが名実ともに出雲国造の手に帰したということであろう。

4　大庭田尻保の国衙祭祀権における意味

こうして、出雲国造の手に入った諸社造営・祭祀料田の所在をみると、大草・竹矢・山代・出雲郷など国衙近隣の国衙領諸郷に散在している。先述のとおり、この直後の文永年間（一二六四～一二七五）頃にはそれらの諸郷では守護佐々木氏や得宗以下の東国御家人らが地頭職を保持していた[7]。したがって、これら諸郷では彼ら地頭（地頭代）の政治的・社会的な影響力を想定しなければならない。このような構造で、国衙とそれをとりまく府中域は、鎌倉幕府勢力の影響をうけつつあったと考えてよいであろう。そのような政治的環境の下、出雲の在来氏族であった出雲氏は、国衙近傍にある大庭田尻保を本領とする地頭であった。そして、その条件の下で、国造の国衙祭祀権者としての実力が培われていったのであろう。

それでは、幕府から地頭職を安堵され、国衙近隣諸社の造営・祭祀権を継承・維持することが可能であった国造出雲氏の実力的基礎とはどのようなものであったか。

まず、先にみた国衙近隣諸社の造営料田が、国衙近隣の国衙領諸郷内に散在設定（割り当て）された小地片であったことに注意したい。都下りとみられる大中臣氏らが所有していた料田は、国衙主導で国衙近傍諸郷に設定された散在の免田でしかない。

元亨四年（一三二四）八月二十七日「国造出雲孝時譲状」（平岡家文書『町史』三六二）では、「出雲国神魂号伊弉諾伊弉冊社領大庭田尻」と見え、文保二年（一三一八）十一月十四日「国造出雲孝時去渡状」（千家家文書『鎌倉遺文』二六八五二）には「さりわたす　いさなき・いさなミ・きつき大社・そう社と山の社・ゆやの社・みさき社神田経田等」と見えるところから、十四世紀初め頃には、すでに神魂社が伊弉諾社・伊弉冊社とも呼ばれたことがわかる。つまり、建長から元亨までの約七十年ほどの間に伊弉諾・伊弉冊両社と神魂社が合体したのであり、ここに、神魂社が、公的機能を帯びるようになったのであろう。そして、国造出雲氏の本領で神魂社領大庭田尻保が核となって、伊弉諾・伊弉冊両社の経営を支える基盤となったと考えられる。

また、文永元年（一二六四）十月八日「出雲国司庁宣案」（**表1-14**文書）では、国造義孝が、「惣社仁王講田　在大草郷」「神魂社大般若経田　在山代郷」双方に対する留守所（目代）の妨げを停止するよう国守に訴えて認められている。このことからも、すでに国造出雲氏の下で、実質的には神魂社・同社領と惣社・惣社領とが一括で機能していた可能性が高い。いわば、国衙祭祀を行うこれら諸社の経営を、旧来の国衙領内の散在料田を基礎にする体制から、それを吸収しつつ全体を国造家領の一環とし、事実上、国造家本領大庭田尻保を基礎あるいは拠点とする体制へと移行したと考えられるのである。

そして、これにより、惣社など国衙関係諸社・諸領の一環が構成され、出雲国造家による家産化が達成されていったのであろう。

おわりに

以上のような展開を、守護佐々木氏が当初から意図したかどうかはわからないが、国造が守護との良好な関係を結んで、大庭田尻保地頭職を安堵されてさほど年数を経ないうちに、神祇系の国衙官人である大中臣氏トップの追放・国造の国衙祭祀権吸収という、国衙行政・府中支配体制の変化を伴う流れが生じたことは重要である。

国造出雲氏は、この時期までに、国衙関係の身分である国造職以下、荘園領主の進退権下にある杵築大社関係諸職、鎌倉幕府の進退権下にある大庭田尻保地頭職など公武の諸職を兼帯している。そのなかで、大庭田尻保は、在庁でもあった国造出雲氏が、国衙近傍の国衙関係諸社の造営・祭祀権を吸収し支える核となる実力的基礎として位置づけられたのであろう。そのようにして、十三世紀半ばに国衙支配体制が祭祀機能において再編された結果、十三世紀末・十四世紀初頭には、国造が、競合しようとする他氏を圧倒して、杵築大社を名実ともに独占的に家産化しえたのであろう。つまり、このような過程を経て公武諸職の兼帯によって支えられる「社家」としての出雲氏が成り立つという構図が読めるのである。したがって、大庭田尻保地頭職は、平浜八幡宮をはじめ国衙隣接諸郷に守護・得宗ほかが地頭職を保持する鎌倉幕府勢力にとっても、国衙機構と府中に政治的影響力を行使できる構造的な布石であったといえるのである。

以上のような在地的展開に、権門体制国家における公武寺社勢力の相互補完関係のひとつのありようと、鎌倉期における権門政治の力関係の変化が現れていると考えられるのである。

註

（1）『大社町史　上巻』（大社町、一九九一年、第三章「三、国造出雲氏の鎌倉御家人化」、同「二、幕府・守護と国衙・一宮」）。
（2）原慶三「中世前期出雲大社史の再検討」（『三刀屋高校研究紀要』一八、二〇〇四年）。
（3）現在のところ、太政官符による補任の終見は、長保四年（一〇〇二）六月二十八日付「太政官符」（『類従符宣抄』）。国司庁宣による補任の所見は、安元二年（一一七六）十月日「出雲国司庁宣」（千家家文書『平安遺文』三七七八）、文治元年（一一八五）十一月三日「出雲国司庁宣」（千家家文書『鎌倉遺文』一二）である。
（4）国造職補任の文書上の最後の所見は、文治元年十一月三日「出雲国司庁宣」（千家家文書『鎌倉遺文』一二）。
（5）前掲註（1）書、四四六〜四四七頁。十世紀前半の『延喜式』神名帳にも現れない。
（6）前同書、四四八頁。
（7）文永八年十一月日「関東下知状案」（千家家文書『鎌倉遺文』一〇九二二）。

第Ⅲ部　地域の再形成と権力の興亡

第一章　戦国期石見国における在地領主支配と地域経済秩序

——益田氏庶流福屋氏の発展・滅亡過程を中心に——

はじめに——問題の所在

本章では石見中部地域における戦国期在地領主の領域支配と地域経済との相互規定関係について述べる。

昨今、中世後期における分業・流通をめぐる研究のなかで、地域経済の発展という議論がクローズアップされている。この議論に先鞭をつけたのは一九八〇年代初頭の鈴木敦子氏であった[1]。七〇年代までは主として佐々木銀弥氏が、商品生産地としての畿内と、原料・半製品供給地としての地方（地域）、すなわち畿内（中央）への経済の求心構造を強調する考え方を述べてきたが、それに対して[2]鈴木氏は、地域経済圏の自生的発展を踏まえた非求心的な地域間流通という考えを主張した。この考えは、その後八〇年代半ばにかけて秋山伸隆氏・岸田裕之氏などの諸研究に規定的な役割を果たすことになるが[3]、何よりも、八〇年代後半における佐々木氏自身の所論の展開にも微妙な影響を与えることになったという点で注目される[4]。佐々木氏は、鈴木氏の述べる「地域経済圏」という概念を排他的・自己完結的なテリトリーを持つ経済圏と解釈し、やはり地域経済圏なるものは相互に流通ルートが入り組んだ非完結的なもので、その機能は畿内との遠隔地商業によって増幅されるものであるとして従来の所説の大枠は一応保持しているが、地域的拠点を中心にした地域経済圏形成の方向性も一応認めるに至っているのである。ここで、自己完結的経済圏というか中央との繋がりを強調するかは別として、地域における経済発展ということが強く認識されるようになってきたという点は指摘できるであろう。九〇年代に入って、貝英幸氏が地域内流通と隔地間流通との分かちがたい相互補完関係の事例を、具体的に明らかにしようとしたことも、こうした流れのなかに位置づけられるであろう[⑸]。

次に、権力と地域経済との関係、とりわけ権力による地域の分業・流通支配の在り方については従来の研究史をまとめてみる。一九七〇年代、佐々木銀弥氏は、中世前期から後期にかけて荘園制的分業体制から在地領主の領域内分業体制への移行というかたちで地域経済の在り方を説明した[⑹]。そこでは、権力による領域内商人・職人層の身分的把握という形での領域内分業体制の編成が強調された。これに対して、松岡久人氏は、領主権力によって把握されない商人職人層も存在するとして、権力による領域内経済支配の完結性・十全性に否定的見解を示した[⑺]。こうした議論を踏まえて、八〇年代に入ると、領主権力の領域内では完結しえない分業・流通関係という基本的制約を前提にした議論が行われるようになる。秋山伸隆氏による毛利権力の財政史研究では、戦国大名権力による都市支配・交通支配や、有力商人・職人の掌握を通じた一般商人・職人層の間接的把握という形での大名領国における流通支配の努力が明らかにされている[⑻]。また、岸田裕之氏も、大名領国支配という観点から、権力による都市支配や領域内交通網整備、特権商人の掌握を通じた領国経済掌握努力について明らかにしている[⑼]。ともに大名権力による、分業・流通の人的地域的結節点の掌握を通じた領域内経済支配への指向性を論じたものである。しかし、八〇年代前半の研究は先の鈴木氏の研究をはじめとして、地域経済の自然発生的展開が前提となっており、秋山・岸田氏の明らかにした大名権力による領国経済支配への指向性も、やはり領国内経済の自然発生的な発展を前提にした議論であると考えられる。こうした流れに対して、佐々木銀弥氏は「地域経済の形成はその地域の経済力だけで独自に達成されるとはいいがたく、背後に権力の影がある」と述べ、経済主義的分析・評価に陥る問題点を指摘した[⑽]。

そこで、本章ではこうした議論を踏まえて、大名・在地領主の領域的枠組みを中心にした権力的支配の在り方と、自然発生的な地域経済の形成発展への動きとの間の相互規定関係について明らかにし、両者の緊張関係のなかで形成される地域経済システムの具体的ありようを明らかにしたい。そして、この地域経済システムの基本的枠組みを地域経済秩序という言葉で表現したいと考える。

本章で題材とする石見地域は、その内部からは、広域権力としての戦国大名権力を生み出してはいない。逆に、独立的な性格の強い在地領主の領域支配が、対立要因を含みながら割拠し、戦国大名毛利氏においてすら個々の在地領主の領域内部に対して強力な支配権を行使することは困難であったといわれる。[11]一方で、この地域は、常に隣国の領国大名権力による政治的な影響力によって安定を得られるという一見矛盾した政治秩序構造を持っていた。

こうした特質を持ったこの地域の地域経済に関しては、この地域の都市と流通構造の実態について網羅的に解明した、井上寛司氏の「中世山陰における水運と都市の発達」がある。[12]氏はこのなかで、

①日本海沿岸の都市が（出雲・石見）両国の流通機構全体の最も重要かつ規定的な位置を占めていたこと。

②内陸部の流通機構が自然発生的・分散的であったこと。

③戦国期に飛躍的に発展した水運が両国の主要な交通手段・流通ルートであったこと。

などを初めて明らかにした。しかし、この研究が、地域経済の自然発生的展開・発展を前提とするという点については、この論文が出された八〇年代前半の研究状況に規定されているといわなければなるまい。したがって、氏の所論を踏まえつつも、地域社会の政治的動向を含めて、地域の交通体系を中心にした経済システム形成・展開の問題が論じられる必要が出てくるのである。

そこで、本章では以下の課題を設定したい。

①在地領主の領域を中心とした一、二郡程度の地域経済秩序の形成が領域内にあって、地域経済の担い手である在地の諸階層の欲求と在地領主権力の領域支配との緊張関係のなかで、いかに権力的に推進されたかについて明らかにする。

②在地領主の領域支配と、在地における地域経済の担い手などの経済的欲求との間に生じていた矛盾を明らかにして、戦国末期の在地領主層が抱えていた領域支配の限界と問題点を明らかにする。

③そのうえで、一般的に自立性が強いといわれるこの地域の在地領主権力の崩壊やその支配の限界のうえに、領国大名権力の支配が浸透してくる必然性について、地域社会の混乱を通じて行われる一、二郡レベルおよび一国レベルの地域経済秩序再編・再構築過程における両者の役割能力から考察する。

第一節　戦国期福屋氏の石見沿岸部進出と地域経済

1　鎌倉期から室町期に至る福屋本領

福屋氏は、鎌倉時代、石見国の有力在庁官人御神本氏（のちの益田氏）から分出して成立したとされる。石見国には、福屋氏同様、御神本氏から分出したとされる在地領主として周布氏・三隅氏などがある。周布氏は朝鮮貿易で比較的よく知られている。しかし福屋氏の場合、その歴史過程は滅亡で史料の多くが失われたことにより不明な点が多い。ここでは、福屋本領の形成とその地理的位置を確認し、戦国期における福屋領の発展を説明する前提材料としたいと考える。

福屋氏の所領は、貞応二年（一二二三）三月日「石見国田数注文」に見られ、「ふくや知行」として那賀郡の公領

「木田」「くさ《久佐》」「あと《阿刀》」「しけとミ《重富》」邑智郡の公領「いちき《市木》」の五カ所（**地図—A〜E**）の、計四七丁余が見られる。[13]ただし、「田数注文」中の「ふくや知行」は異筆であるので、これらの所領が貞応二年段階において福屋領であったかどうかは注意を要するが、正和二年（一三一三）十一月二日付「六波羅御教書」のなかに「福屋郷地頭」と見えることから、[14]福屋氏は鎌倉時代十三世紀を通じて国衙領を基盤に在地領主として成長を遂げたものと思われる。

　南北朝内乱期に至って、南朝方に属した福屋氏は、建武五年（一三三八）三月、安芸国大朝新庄（**地図—13**）へ侵入、[15]暦応四年（一三四一）八月、「三渡川」（地図中、乙明城〈本明城〉と家古屋城の中間点、三又川〈**地図—26**〉あたりカ）で上野頼兼を主将とする北朝軍と合戦して敗れ、[16]翌五年二月まで「福屋城」（福屋氏の拠点的な城という意味カ、所在不明）に籠城する。[17]観応元年（一三五〇）には福屋氏を含めた石州南朝軍が、石見・安芸国境の邑智郡市木御[三]坂（**地図—15**）で安芸大朝の吉川軍と衝突している。[18]貞治五年（一三六六）七月には「有福城」で、福屋氏と益田・久利氏（北朝軍）が戦闘を交え、その後「久佐金木城」でも戦闘が行われ、最後に「福屋大石城」（**地図—14**の大石谷城であろう）落城で福屋氏が敗北し、戦闘が一段落する。[19]以上のように、南北朝動乱期における福屋氏関係の合戦記事を地理的に追うと、先の「田数注文」における所領の所在と重なってくるのである。

　また、福屋氏本領を地理的に見ると、本領東部を八戸川が貫流し、市山（**地図—10**）を経て中国地方屈指の大河川、江の川下流部へ流れ込んでいる。このように、福屋氏は、那賀郡の木田・久佐・阿刀（現在の跡市）・重富、邑智郡の市木などを本領として発展していった、山間部在地領主であったのである。

2　戦国期福屋領の石見沿岸港湾部への発展過程

　ここでは、在地領主福屋氏の石見沿岸港湾部、特に小石見浜田方面への進出過程を明らかにしながら、浜田港湾

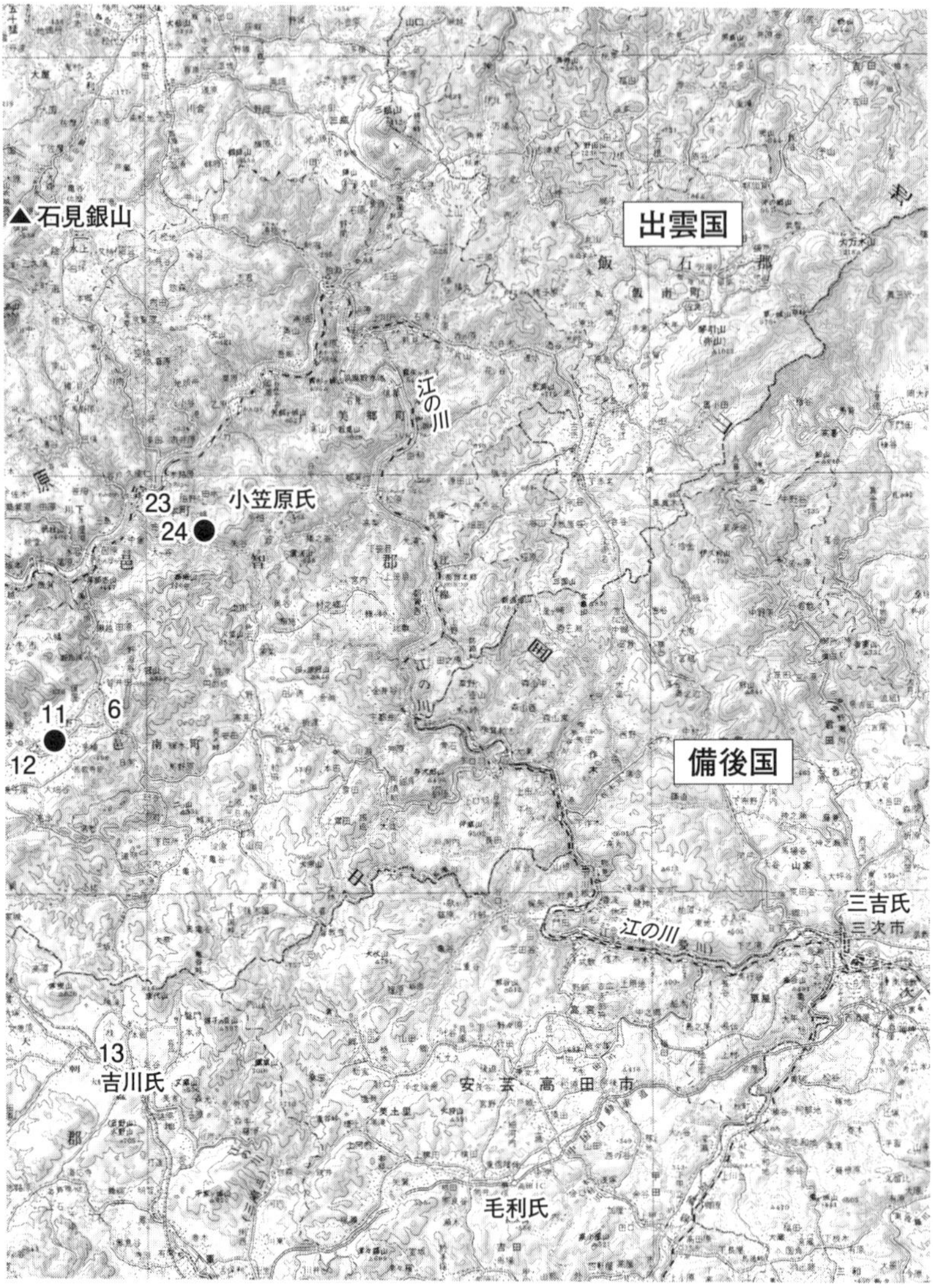
▲石見銀山
出雲国
江の川
小笠原氏
23
24
11
6
12
備後国
三吉氏
三次市
江の川
13
吉川氏
安芸高田市
毛利氏

地図　福屋氏関係地図（国土地理院発行１：200,000 地図をもとに作成した）

１井村	２永安	３木東	４日和村	５都治	６井原	７井田
８波積	９福光	10市山	11余勢城（中村要害）		12矢上	13大朝
14大石谷城	15市木三坂	16黒川（三宮）	17周布城	18吉浦	19温泉津	20都野
21上村（神村）	22小国	23川本	24温湯城	25仁万	26美又	27熊ヶ峠城
Ａ木田	Ｂ久佐	Ｃ阿刀	Ｄ重富	Ｅ市木		

部掌握の具体像を、進出過程で行われた小石見における土豪層掌握の在り方から考察していきたい。

第1項で見たように、福屋氏の所領は石見国中部の内陸部域に位置し、安芸国の吉川領と接していた。基本的にこの状況は、戦国期まで大きく変化することはなかったと考えられる。また、福屋氏の本拠地は、少なくとも南北朝期以降は那賀郡中部の本明（乙明・乙焼）山周辺、もしくは現在の那賀郡旭町今市の家古屋（「かこや」または「けこや」）城跡を中心とした地域であったと考えられる[20]（**地図**参照）。これらの点を念頭において、以下福屋領の拡大過程を限られた史料からあとづけていきたい。

福屋領の拡大方向は二方向ある。ひとつは西方向の周布・永安・三隅領方面、もう一方は、東方向の小笠原領方面である。福屋領の領域ならびに勢力範囲の拡大が、史料上明確に現れるのは、天文年間（一五三二～一五五五）である。

天文年間、福屋氏は、小石見郷（**地図－16付近**）の山間部寄りの土豪岡本氏への支配の浸透を計り始める。以下その経過を段階を追って述べたい。

岡本氏は、小石見郷黒川（現在の浜田市黒川町・**地図－16**）に本拠を持ち、石見三宮（大祭天石門彦神社）の神官職を相伝していた[21]。かつて岡本氏に伝来していた三宮岡本文書では、天文四年（一五三五）頃を境にして、三隅氏発給文書が姿を消し、福屋氏発給文書が見られるようになる[22]。

第一段階として、福屋権力の岡本氏への浸透は、天文四年（一五三五）三月六日付の重富次郎兵衛尉兼里による三宮社への田地寄進に始まる（**表1**参照）。重富氏は、当時福屋氏の本城であった家古屋城に隣接する、福屋領の中核部分の重富（**地図－D**）に所領を持つ、福屋氏麾下の最も有力な土豪のひとつといわれ、**表1**からもわかるように、井頭氏らとともに所領給与関係の実務にあたるなど福屋氏の奉行人クラスの役割を果たしていた。天文六年

表1　三宮岡本文書における福屋氏関係史料

	年月日	史料名	発信人	受信人
1	天文四・三・六	重富兼里寄進状	重富次郎兵衛尉兼里	岡本左衛門尉
2	天文六・十二・十八	福屋正兼一字状	正兼	岡本弥八郎
3	天文十・十一・十五	御扶持在所之事	稲光民部大輔兼経	岡本豊後守、同弥六
4	天文十二・七・二十六	御扶持在所之事	井頭内蔵助正公	浅井弥次郎
5	天文十二・八・二	福屋正兼判物	正兼	岡本豊後守
6	天文十二・八・三	御扶持在所之事	井頭内蔵助正公	岡本豊後守
7	天文十二・九・八	井頭正公書下	正公	小石見大工志ちう四郎（大工太郎四郎）
8	天文十二・十・二十二	福屋正兼書状	正兼	上野介
9	天文十二・十・二十六	福屋正兼書状	正兼	井頭内蔵助
10	天文十三・九・十一	上村兼高書下	上村下野守兼高	岡本弥八郎
11	天文十三・十一・十四	祇園御寄進田之事	井頭内蔵助正公	（三宮社）
12	天文十三・十一・十四	若宮新御寄進田之事	井頭内蔵助正公	（三宮社）
13	天文十四・二・十九	井頭正公・大屋某連署書下	井頭内蔵助正公、大屋杢助ヵ	岡本豊後守
14	天文十四・四・五	御扶持在所之事	大屋杢助正□	岡本弥五郎
15	天文十六・三・十七	井頭正公・片山兼明連署書下	正公、兼明	岡本左衛門尉
16	天文十六・六・二	福屋正兼判物	正兼	岡本宗左衛門尉、上村下野守
17	天文十六・六・二	井頭正公書下	正公	岡本宗左衛門尉、上村下野守
18	年未詳・五・十六	福屋正兼判物	正兼	（岡本氏）
19	年未詳・九・七	福屋正兼判物	正兼	岡本宗左衛門尉
20	天文十九・十二・十一	福屋隆兼判物	隆兼	岡本宗左衛門尉
21	天文二十・三・二十	福屋隆兼判物	隆兼	東坊又五郎
22	天文二十一・二・二十	井頭正公・重富正俊連署書下	井頭内蔵助正公、重富右京助正俊	岡本源兵衛尉
23	天文二十一・七・二十三	福屋隆兼判物	隆兼	岡本大蔵丞
24	天文二十一・十一・二十一	御扶持在所之事	重富山城守兼道、同兼里	岡本大蔵丞

（一五三七）には福屋正兼から岡本弥八郎へ「兼」の一字が与えられており、この時点で、すでに福屋氏と岡本氏との間に主従関係が結ばれていた可能性が高いと思われる。天文十年（一五四一）十一月には、福屋氏から同奉行人稲光民部大輔兼経署判で岡本豊後守・同弥六へ田地と屋敷地が宛行われている。この宛行で、給与された場所「生越《おごせ》」（現在の有福温泉町付近）「宇野村」は、福屋氏本領である本明山麓に所在しており（**地図**参照、本明城付近）、この頃から本格的に、岡本氏が、福屋氏の新恩給与に基づく軍役体系のなかに組み込まれ始めたことがわかる。

第二段階、天文十年以降福屋氏は、小石見への支配権を強化する。それは、岡本氏一族内部の、謀叛人の一掃と、その闕所地の親福屋派への宛行を手始めに行われたものと考えられる。以下その経緯をみてみよう。

以先年約束之旨、小石見之内岡本民部跡五反、同郷壱反、彼居屋織（敷）・脇屋敷、同郷中之原ほり田等之儀扶持候
様□（弥脱カ）心馳可為肝要者也、仍如件

天文十二年

八月二日　　　　　　　　正兼（花押）

岡本豊後守とのへ

これは、福屋正兼から岡本豊後守に出された所領給与の判物（**表1－5文書**）であるが、この文書をうけて、翌八月三日付で奉行人井頭正公署判の「御扶持在所之事」（給地目録）が発給され、「岡本民部丞先給、岡本掃部助先給」が岡本豊後守に宛行われている（**表1－6文書**）。

このように、闕所地が同族に再給付されたわけであるが、岡本民部丞・同掃部助が福屋氏から与えられていた「先給」地が、やはり同姓である豊後守に給付されるに至った事情を窺わせる史料は、以下である。

先年小石見之儀、岡本左衛門尉依謀叛、彼郷及忩劇候、然処子孫候条岡本弥八郎ニ可被仰付候通頻致愁訴候、

就其於小石見数度之致太役年来辛労不能申候、只今岡本分無相違被仰付候処（中略）

天文十三年　　　　　上村下野守
九月十一日　　　　　兼高（花押）
進上候
岡本弥八郎殿

これは、福屋氏奉行人上村下野守兼高から岡本弥八郎へ発給された書下である（表1－10文書）。これらの史料から、まず天文十二年をさほど遡らない時期に、詳細は不明であるが、岡本氏一族内の岡本左衛門尉が謀叛を起こし、その際、同民部丞・同掃部助らも連座したものと推測される。福屋氏は、彼ら謀叛人の闕所地を、岡本一族でも親福屋氏派と思われる岡本豊後守・同弥八郎らに新恩として給与し、彼らを福屋権力の軍役体系へより強力に編成するとともに、岡本氏内部への直接的影響力の浸透を計ったものと考えられる。こうした傾向は、次の史料内容からも窺われる。

小石見大工太郎四郎扶持之儀申候、長沢三反田今度検地候て四反之辻遣候其由可申聞候、恐々謹言

天文十二年
十月二十六日　　　　正兼（花押）
（包紙）
「井頭内蔵助とのへ　　正兼」

これは、福屋正兼が奉行人井頭内蔵助に出した指示を記したものである[23]（表1－9文書）。ここには、小石見大工太郎四郎へ、長沢にある三反の田地を検地の上四反に打ち出して給与した旨を「可申聞」とある。大工太郎四郎は、小石見郷大工職であるが、福屋氏はこの地域における職人層への支配浸透を目指したものと思われる。また、正文

であるこの文書が岡本文書のなかに残されていることからすると、この文書は奉行人井頭内蔵助の手を経て岡本氏に給付されたと考えられる。加えて、小石見郷大工職の進止権を岡本氏が保持していたことなどを合わせてみると[24]、大工太郎四郎は岡本氏と主従関係にあった者で、岡本氏の支配下にあった三宮の遷宮、神宮寺の造営・修理などにも携わる者ではなかったかと推測される。したがって、福屋権力が、文面の上で大工太郎四郎宛に直接所領を給付しているということは、同権力が、土豪岡本氏の家内部の主従関係にまで楔を打ち込んだということを意味すると考えられるのである。それは、岡本氏の三宮支配にまで間接的に介入しうる条件をも獲得したことを意味しよう。

また一方、福屋氏は小石見において検地を行う足がかりも得ており、先の上村下野守兼高の書下に見られる「小石見数度之致太役」や、この頃から顕著にみられる小石見内における所領宛行（**表1**参照）などから、この地域における三隅氏との確執を少しずつ克服しながら、この地域における下地支配権を一層強化・浸透させていったものと考えられる。そして、年未詳で宛先を欠くが、天文十年代のもので、福屋正兼から岡本氏に対するものと思われる、「今度予浜田発向付而動無比類候、弥御心馳肝要候」との書状が発せられる[25]。

以上のように、この時期を通じて、福屋氏は、本領から浜田へのルート上に位置した岡本氏を、謀叛人処分、謀叛人闕所地跡の給与権行使、岡本氏の家内部における主従制的支配へ割り込むなどの手段で、家支配の枠組みを相対化しつつ配下に収めた。さらに、小石見郷の職人層への影響力浸透、軍事行動をも交えて、港湾都市浜田への進出を果たしていったと考えられるのである。それは、土豪岡本氏がこの地域において保持していた旧来の支配権を否定し去るのではなく、むしろそれを利用しつつ達成されていったのである。

3　福屋氏権力の領域内地域経済秩序構築と社会背景

本節第2項で明らかにしたような福屋氏の沿岸港湾部への進出という行動は、一体何に規定されたものであろうか。井上寛司氏は、内陸部地域経済の結節点としての港湾・浦の機能について指摘しているが、本項では、在地領主権力の港湾都市との結びつきについて見たのち、在地領主権力が、領域内農村部の経済的発展や地域経済の直接の担い手たちの欲求にどのように対応し、その成果をどのように取り込みながら一郡程度の領域を中心とした経済秩序を構築し、領域支配を貫徹していったかについて考えてみようと思う。

まず、天文十年代に福屋氏は小石見（現在の浜田市を中心とした地域）方面への進出を推し進める。小石見は、浜田の港湾を含み、従来三隅氏による支配が行われていた地域であったと考えられる。

この時代の浜田について知ることのできる史料はきわめて少ない。毛利氏時代のものではあるが数少ないもののひとつとして、『中書家久公御上京日記』に天正三年（一五七五）島津家久一行が浜田に立ち寄った際の記録が見られる[26]。一行の逗留中、薩摩の商人らがたびたび一行の許を訪れており、天正初年には、すでに遠隔地商人が浜田を訪れていた様子が窺える。

また、福屋氏滅亡後あまり時間を経過していないと思われる、年未詳九月四日付「吉川元春書状案」に次のような記述が見られる[27]。

一、福屋方杵築まて被下候て彼表ニ被忍居之由、有方□□内通候、此時者其表諸村礑可付心事肝要候、油断候てハ不慮可有出来候〳〵

一、浜田之町人、人質頻ニ差出馳走之由可然候、於其上茂可自心候、船出入候事能々可相究候、不可油断候、追々趣可申越候、吉事謹言

九月四日　元春（花押）

安楽寺
森脇一郎右衛門殿
二宮左京亮殿
森脇縫殿助殿
境美作守殿
其外番衆中

これは、吉川元春が配下の浜田の番衆らに対して出した書状である。福屋氏の残党が杵築から福屋旧領諸村を窺っており、それと連動するように浜田の「町人」が吉川氏に人質を差し出している。さらに、元春から、浜田番衆に対して浜田における船出入りに注意を払うように指示が出ている。これらから福屋氏時代の浜田の町人と福屋権力との密接な関係が窺われ、これに福屋氏滅亡の際、当主福屋隆兼が浜田の細腰という海岸から海路出雲杵築に脱出したことなどを考え合わせれば[28]、浜田の船持商人と福屋権力との関係は御用商人という関係であったと推測されるのである。

次に、福屋権力が浜田港湾・内陸農村部の間の流通ルート形成にいかに関わっていたかについて考えていきたい。永禄二年（一五五九）十月十一日付で、福屋領内奥山百姓から、福屋兵部大輔・奥山の土豪小国和泉守・神主（三宮）越前守らへ駄別料に関する次のような請文が出されている[29]。

就小石見三宮口之儀、岡本殿御存分共候間、各不罷通候処、従　御上意被成御下知候之条不及兎角致御請候、彼口役之儀、近年岡本殿御一通之旨、無相違可致調候、其内那越しの板一駄ニ雖三枚宛相定候、四枚可調之由被仰下候間、其分任　御意候、幷くれ之事かそへおとし之儀、是又御意次第聊不可存油断候、以此旨向後之儀

順路ニ御分別可忝候、恐惶謹言

永禄二年

十月十一日

奥山惣百姓

腋中

越前守殿

小国和泉守殿

兵部大輔殿

参

この文書の発信者「奥山惣百姓・腋中」らは、浜田港湾部への入口「三宮口」の通行者で福屋領内農民である。受信人のなかに小国氏の名が見えることなどから、浜田から山間に入った現在の金城町小国を中心にした地域の山間部村落農民であったと考えられる。受信者についてみると、越前守は、三宮神主で神主越前守（岡本）兼貞、小国和泉守は、農民らの居住地域を支配する土豪の一人で岡本氏らと共に福屋配下にあった者と思われる。また、兵部大輔は福屋一族の福屋兵部大輔である。[30]この史料は、小国郷をはじめとした山間地域の村落農民が、岡本領内の三宮口の駄別料について、岡本氏の恣意的な収奪を忌避して三宮口の通行を避けたが、福屋権力により、三宮口の従来どおりの通行と従来より高額の通行税を受け入れさせられたという内容のものである。

以下、これらの内容についてもう少し解釈を加えてみたい。まず、この問題の本来の直接当事者は奥山の農民と三宮神主の岡本氏である。しかし、福屋権力内部で実際に農民側当事者になりえたのは農民ら自身ではなく、福屋権力を構成した小国氏であったと考えられる。[31]しかし、農民側にも、この請文を「奥山惣百姓・腋中」の名において提出しうるだけの政治的自立性は保持しえていた。そして、その自立性は、旧来の村落構成員である名主級農民に加えて、脇百姓をもその構成員に加えるという直接生産者農民諸階層の一定の経済的成長を踏まえていたことがわかるであろう。

これを先の「吉川元春書状案」と併せて考えれば、まず、山間農民層が、一定の経済的成長を遂げて商品生産を行うに至り、その販路を近隣の港湾部にも求めるようになっていたことが指摘できよう。したがって、この地域における安定的な通路「順路」確保の欲求は当然、山間部農民の側にあったと考えられよう。一方、港湾部の商人らも経済的後背地としての山間部村落との安定的繋がりによって経済活動を行っていたものと考えられ、それゆえに、彼らは福屋権力に把握されえたのであろう。このような、彼らの住郷を越えた経済活動が、住郷を越えた調停能力を持つ一、二郡レベルの地域支配権力を必要としていたことを推測させる。このように考えれば、天文年間における福屋氏の浜田方面への強力な進出は、山間部村落側の欲求と、港湾部商人層の欲求とを結びつけるなど、領域を中心にした一、二郡程度の地域経済システムの形成のうえで権力的に推進的役割を果たしたものといえよう。

しかし、地域支配権力としての在地領主福屋権力は、このように在地の要請に応える一方で、農民層が流通過程で生み出す剰余を、高額賦課・流通ルートの強制という形で吸収し、農民側にとって高価な代償を支払わせることも忘れなかった。また、福屋権力は、この剰余の取得権を、地域経済上要衝に位置していた配下の土豪岡本氏に保障して、浜田港湾部入口における政治的安定を、福屋権力のもとで恒常的に確保するという政治的配慮も怠らなかったのである。

このように、在地領主権力福屋氏は、領域内地域の諸階層から出てくる複雑な政治的・経済的欲求を、時には強硬手段も用いてさまざまな形で権力的に調整しながら領域内部を中心にした地域経済秩序を構築し、領域支配および領域内社会秩序全体の安定を期していた。そのなかにあって、浜田港湾部は、福屋領および福屋権力の外港として位置づけられていたのである。

第二節　毛利・吉川氏の石見進出と福屋領の発展過程

本節では、まず、石見の一在地領主の支配領域拡大が、中国地方の戦国大名権力の勢力均衡とその変動にいかに規定されながら展開したかについて、大内氏の滅亡から毛利権力の台頭に至る時期の石見中部・東部域における政治過程を明らかにしながら概観する。また、併せて地域の混乱と新しい秩序形成の胎動期における石見中部域の在地領主層の所領構成と所領獲得傾向から、この地域の交通体系がどのように組まれていたのか考察し、石見国における地域経済秩序の基本的な在り方について明らかにしたい。

1　大内・陶氏の滅亡と石見中部域における領域再編

天文二十年（一五五一）、周防の大内義隆が、陶晴賢の謀叛によって倒れるに至り、石見国内の政治情勢は急速に流動化する。大内氏は、この時期まで義興・義隆と二代にわたり石見国守護職にあったから、当然その影響が出たものと考えねばなるまい。これを境にして、福屋氏は、邑智郡川本の小笠原氏と、江の川流域を舞台に軍事衝突を繰り返すようになる。天文二十二年（一五五三）十二月には邑智郡日和村（**地図Ⅰ-4**）で両軍合戦におよび[32]、また同時期、江の川下流部東岸の井田（**地図Ⅰ-7**）付近を境にして、福屋氏は、問田衆（大内権力の奉行人で石見支配と関わりが深い）と結んだ小笠原勢力と対峙するに至っている。同年の毛利元就から吉川元春に宛てた書状に、「福屋・

小笠原之事、近日者節々取相之由候、就其河本へハ三吉・江良爰許申合、使者遣候間可異見候、福屋へハ従御方急度〳〵可被仰遣候〳〵」「一、福屋之儀を者雲州へ申談候事必定にて候なと、問田衆なとにくミ候て聞へす、井田之城ニも問田衆小笠□(原脱カ)同前ニ居候、ひかれ候へと此間従江良所両度申遣候へとも、防州へ注進候ハんとて于今不引候」とあり、[33]混乱のなかで福屋氏と尼子氏との繋がりが疑われるなど、従来大内氏の影響力によって地域の政治的安定が保たれていたことがわかるとともに、それが崩れるに従い、福屋氏が江の川下流から河口部東岸、邇摩郡を窺い日本海沿岸地域へ進出を計るようになったことがわかる。

　このような状況のなかで、毛利元就は、調停工作に乗り出し、福屋氏へは吉川元春を、小笠原氏へは三吉・江良氏をそれぞれ交渉役としてあたらせている。特に、元就は、元春に対して送った自筆覚書のなかで、「是非共河上半分被出、福・小笠原何とそ縁辺なとニ被申合、福・小笠無二ニ被申談候ハてハ、可被及大事事、さ候而、福・小笠・吉川無二申談候へハ長久可然事」と記しており、福屋・小笠原間における河上領の折半と縁組を条件に、両者の対立を解消しなければいずれ大事に至ると指摘し、危機感を表明している。[34]おそらく福屋氏は、この頃には、河上領を含めて江の川河口近くにあった河上松山城を獲得し、石東邇摩郡方面への進出拠点としていたものと考えられる。同城は、元来在地領主の河上氏の拠点であったといわれるが、河上氏の断絶よりのち、福屋氏の手に帰したものであろう。[35]福屋・小笠原の抗争は、直接的には旧河上領の継承をめぐるものであったといえよう。それは同時に、福屋氏が、江の川河口近くに位置する軍事・交通上要衝にある河上松山城とその周辺地域を獲得することによって、江の川水上交通権に主導的に介入する立場を手にしたことに対する、小笠原氏の強力な反発ではなかったかと推測されるのである。したがって、毛利権力が河上領の折半・縁組という方法で事態を打開しようと試みた裏には、ともかくも福屋・小笠原両者の政治的対立関係を鎮静化し、福屋氏の江の川水上交通権への進出を容認する代わりに、河上領の半分を小笠原氏に譲渡させるという福屋・小笠原双方にとってぎりぎりの譲歩を迫り、江の川中下流地域の政治的安定を確保しようとする意図があったものと考えられるのである。

しかし、このような状況下、毛利本領を遥かに離れたこの地域における政治的混乱に対して、元就が危機感を持って和平工作に乗り出した理由は何であったろうか。それを直接的に語ってくれる史料は今のところないが、この問題については、江の川水系が、対立する政治勢力間で分断され軍事衝突を含めた混乱がもたらされることが、直接・間接的に毛利権力に深刻な影響を及ぼす可能性があったという仮定の下に考察が加えられなければなるまい。これに、当時毛利氏が政治的に置かれていた立場を勘案すれば、いくつかの推論を加えることは可能であろう。

それまで毛利氏が石見国人に対して保持していた立場は、岸田裕之氏が述べている芸石国人領主連合の盟主的地位である。[36]しかし一方で、すでに毛利氏は、天文十九年（一五五〇）の井上一族誅滅を境に五奉行制を整備するなど、安芸の国人衆に対して上位権力としての立場を整えながら戦国大名として出発しつつあったのである。天文二十一年頃には備後国を支配下に置いており、備後国人三吉氏も傘下に入っている。[37]その直後、天文二十二年段階における毛利氏の石見国人に対する立場は、同氏による本格的な石見進出以前であり、やはり国人領主連合の盟主的地位を出るものではなかったと思われる。しかし、その行動の実力的基礎が、戦国大名としての性格に基づいたものになりつつあったということも一方では事実であった。とすれば、当時毛利氏が、まだ陶氏に対抗するには至っておらず石見進出を積極的に行いうる状況にもなかった段階においては、これは、遠隔にあるはずの自らの領国支配に直接関わってくる問題としての江の川水系問題であったと考えられる。つまり、江の川上流に位置し、毛利権力に属したばかりの備後地域と、江の川中下流域にあった石見中部地域との交通・経済関係の安定的確保という課題に関わる問題ではなかったかと考えられるのである。

しかし、毛利氏の調停工作も、結局は順調には進まなかったと推測され、天文二十三年五月の毛利・陶両氏の決裂以後、福屋氏の毛利氏への服属という形での戦国大名毛利氏の石見導入、福屋・吉川両氏による小笠原攻めへと展開していくのである。

天文二十三から二十四年（一五五四～一五五五）にかけて、福屋氏は、周防の陶氏・出雲の尼子氏と断交して毛利氏の配下に入る。毛利氏と結んだのちの福屋氏は、吉川氏の加勢を得て所領の西境、周布・永安・三隅領方面での領域確定を計る。天文二十四年霜月二十一日付「吉川元春自筆書状案」に「如仰去年以来防雲江被成御手切、被対毛吉江無二御入魂之至、更忘却有間敷候、然者、西表被及御取合之処、備芸衆相催致出張候、就其永安為始、木束・井村則時被任御存分候、対貴家中、元春致馳走候事、定而御忘却有間敷候」とあり、福屋氏は、吉川氏の援助の下で永安・木束・井村方面（**地図-2・3・1**）へ進出している。その際、井村は毛利氏が調停役となって、福屋・周布両氏の間で折半が行われ[38]、永安については、旧来吉川氏が領有を主張していた関係上、上分一五〇貫を福屋氏から吉川氏へ分与することを約している[39]。この年の十月、陶晴賢が厳島合戦で滅亡しているが、ほぼ同時期に、福屋氏は、毛利・吉川両勢力を本格的に石見に引き入れたのである。

この直後、十二月九日には、毛利隆元から吉川元春へ、石見国邇摩郡吉浦（**地図-18**）が宛行われている[40]。吉浦は、江の川河口からやや東に位置し、のちに毛利氏の直轄領となる温泉津《ゆのつ》（**地図-19**）や石見銀山の外港がある仁摩郷方面、すなわち大内氏の旧邇摩分郡を窺う位置にある。したがって、この頃から、毛利氏の石見銀山方面への進出が日程に上り始めたことを知りうる。また、先の元就らによる福屋・小笠原間の調停工作の動きと考え合わせれば、江の川河口近辺にある吉浦への毛利・吉川勢力の進出は、備後地域とも関連した日本海沿岸部での水上交通の拠点確保という意味合いを持ったものではなかったかと推測されるのである。この時点以後、福屋氏にも吉浦の一部が給与されているが(41)、福屋氏にとって、このような形での毛利勢力の進出は、大内・陶両氏の影響力が後退した当時の石見にあっては、尼子氏を背景にした小笠原氏に対抗して、江の川水系における所領の安定的支配権を確保するためにも、不可欠の条件であったと考えられるのである。

こうした状況下、弘治二年（一五五六）には、江の川河口東側にある旧小笠原領の都治（**地図-5**）が福屋氏の勢力下に入り、福屋越中守兼清が土豪湯浅権頭に対してこの地を安堵している(42)。また、弘治三年三月、福屋・吉川両氏は、江の川中流域西側の井原（**地図-6**）に対小笠原の相城を普請し、同四月下旬には、福屋・吉川連合軍は、小笠原氏の旗山城を攻撃(43)、小笠原氏の勢力下にあった江の川中流域への進出を試みている。

このように、福屋氏の領域拡大、とりわけ江の川水系および河口部の沿岸地域への進出は、毛利・吉川氏による江の川水系地域からの尼子勢力駆逐、邇摩郡方面への進出を背景に行われたのである。それは、毛利・吉川権力の立場からすれば、大内氏の滅亡以後混乱をみせた、中国地方西部内陸部から日本海西部地域における、政治・経済面での地域秩序の再編・構築を意味したと考えられる。福屋氏による江の川水系地域における支配および勢力拡大は、その流れのなかに位置づけられてはじめて安定的でありえたのである。

2　周布・石見吉川氏の邇摩郡所領をめぐる動向と交通体系

毛利氏の邇摩郡方面への進出とこれに連動した福屋氏の動きについて前項で明らかにしてきた。毛利氏は、弘治・永禄年間（一五五五〜一五七〇）にかけて、尼子勢力を駆逐しながら邇摩郡への進出を遂げていくが、ここでは、毛利氏がこの地域を押さえる意味が一体何であったのかについて、石見地域における交通システムという観点から考察を加えてみたい。

この問題を考える前に、毛利氏進出以前の周防大内氏時代に邇摩郡が置かれた政治状況について概観しておく必要があろう。このことについては、井上寛司氏の論考があるので、それを整理しておきたい(44)。それによると、周防大内氏の邇摩分郡支配は、十四世紀山名氏が石見守護を歴任していた当時からのものである。分郡支配の実態は今のところ不明であるが、守護山名氏の石見支配下においても、邇摩郡については周防大内氏が単独・排他的ではないが守護権をはじめとして支配の足がかりを多く持っていたと推測される。邇摩郡内における知行形態については、室町時代以来、益田・周布・福屋など石見生え抜きの有力在地領主の所領が本領を離れて散在する一方で、この郡内に本拠を置く有力在地領主をほとんど見いだしえないことなどが指摘されている。

このように、石見地域のなかでも邇摩郡が特異な歴史過程を経ていることがわかるが、特に石見における有力在地領主所領の邇摩郡内における飛び地的な存在が、石見地域の在地領主の所領支配の構造とどう関わっていたのかについて明らかにしたい。ここでは、大内権力末期である天文から、毛利権力侵入時期、弘治・永禄期にかけての周布・石見吉川氏のこの地域における所領獲得動向を大まかに追いながらこの問題に迫っていきたい。**表2**を見ればー目にしてわかると思うが、周布氏の場合は、大内氏の時代よりおおよそ一貫して福光郷（**地図-9**付近）の内に所領を獲得している。それに加えて、毛利権力の下に入ってからは仁万（**地図-25**、石見銀山の北方にある港町）にも所領を獲得している。ここで注意されるのは、福光の所領のなかに湊が含まれていることである。弘治二年（一五五六）における元就から周布千寿丸への知行宛行の内福光郷本地五〇貫は、天文十年（一五四一）の大内氏からの宛行の再給付であろうと思われるからである。仁万の場合も同様であると思われる。

周布氏の本領は、福屋領の浜田よりさらに西の那賀郡周布郷にあるが、本領からこのように離れた石見東部の邇摩郡沿岸部にかなり大がかりな所領を獲得したという事実は、周布氏の本領にある長浜港（現在の浜田市西部）と邇摩郡の福光湊・仁万を結ぶ、周布氏の領域支配に伴う独自の海上ルートがつくり上げられていたことを想定させるものである。

石見吉川氏は津淵を本拠地とするといわれ、決して有力在地領主とはいえないが、**表3**を見れば、やはり邇摩郡内において、津淵・井尻（**地図I-7**付近）という内陸部所領と併せて福光の湊がセットで給付されていることは指摘できよう。また、温泉津の勘過料の一部が給付され、永禄五年（一五六二）の給付に至っては、吉浦という港湾部の代替所領として、福光湊とその背後にある福光本分や、西郷井尻村などの内陸部所領、そして江の川沿日和の所領が与えられているのである。つまり、ここでも石見吉川氏の所領支配と港湾・沿岸水上交通との深い関わりが想定されるのである。

表2　周布氏の所領獲得状況

年月日	**給与者**	**受給者**	**知行地**	**文書名・出典**
天文十年十月九日	大宰大弐（大内義隆）	周布左近将監	福光郷内河下 同湊 （両所五〇貫文地）	大宰大弐大内義隆判物 『萩閥』一二一ノ二―一六九
天文十年十月十九日	（問田）隆盛	周布左近将監	同右	大内氏奉行人問田隆盛書下 『萩閥』一二一ノ二―一七〇
（弘治二年）九月一日	毛利元就	周布千寿丸	福光内本地五〇貫 上村の内一八貫	毛利元就書状 『萩閥』一二一ノ三―一七六
（永禄元年）六月二十八日	毛利隆元・元就	周布彦次郎	邇摩郡の内福光 掃部助兼教先知行 一〇〇貫 同仁万二〇〇貫地	毛利隆元・元就連署知行宛行状 『萩閥』一二一ノ三―一九七

表3　石見吉川氏の所領獲得状況

年月日	給与者	受給者	知行地	文書名・出典
(弘治四)二月十八日 (弘治四)二月二十一日	吉川元春	吉川和泉守(経安)	温泉津勘過の内五〇貫	「吉川元春書状写」石見吉川家文書九四 「吉川元春書状写」石見吉川家文書九二
永禄二年九月六日	治部少輔(元春)	吉川和泉守(経安)	邇摩郡西郷の内本地津淵一八貫 福光・大田下村共　七〇貫	「吉川元春安堵状影写」石見吉川家文書一二
永禄五年三月二十六日	毛利隆元 同　元就	吉川和泉守(経安)	邇摩郡福光内本分二〇貫 邇摩郡　同所湊　二五貫 邇摩郡西郷内井尻村一五貫文之地 邑智郡日和内五〇貫文之地 (吉浦の代所として宛行)	「毛利元就・同隆元・吉川元春連署知行充行状影写」石見吉川家文書五

これらと、毛利勢力が本格的に石見に入ってきた天文末年における安芸の吉川氏による吉浦知行、そして、のちの福屋氏の吉浦知行と執拗なまでの福光方面進出（第三節第2項）を考え合わせれば、邇摩郡およびその周辺地域の港湾部に対するこれらの領主権力の求心性・集中性が指摘できるであろう。つまり、彼らの所領支配全体にとって、邇摩郡の港湾部を中心とした地域と結びつくことが重要な意味を持つということを示しているといえよう。大内権力の消長と毛利権力の進出という事態の狭間で演じられた所領獲得競争は、前代の周防大内氏分郡時代からこの地域が石見地域全体の経済システムのなかで中心的・先進的位置を占めたという、この地域が置かれた特殊な事情を物語っているのではなかろうか。つまり、毛利権力にとってみれば、この地域は、石見沿岸の交通体系、したがって石見国沿岸を中心にした比較的広域の地域経済秩序を押さえる要としての役割を持っていたのであろう。

第三節　福屋氏の滅亡過程からみた石見地域の水上交通と地域経済

本節では、在地領主福屋氏滅亡の必然性を地域経済秩序の枠組みとの関連において考察したいと考える。まず最初に、福屋氏の毛利氏離反に至る政治的背景を概観する。そして、天文から永禄にかけて約三十年にわたる福屋権力の急速な膨張と崩壊が何に規定されたものかを、福屋氏最末期における配下の土豪層の動向と経営面での基本的欲求について考察しながら明らかにしたい。

1　江の川流域からの尼子勢力後退と福屋氏滅亡への過程

福屋氏の江の川沿岸部から石見東部日本海岸への進出も、弘治三年（一五五七）三月から五月にかけての、石見益田氏の毛利氏への帰属、毛利氏の周防且山攻めの終了を通じて最終局面を迎える。中国地方西部のおおよその平定を終えた毛利氏は、永禄二年（一五五九）五月、石見東部、小笠原領方面への攻撃を開始する。[45]これに対して、尼子氏は、総力をあげて小笠原救援に向かい、同年七月、江の川河口近く河上松山城（**地図**参照）で、吉川・福屋氏らを中心とする毛利軍と戦闘を交えるが、敗退して海路温泉津（**地図‐19**）まで引き揚げる。[46]この直後、同年八月末、小笠原氏は毛利氏に降伏し、[47]これ以後、毛利氏の石見銀山計略が一層本格化するのである。

こののち、永禄四年に至るまで福屋氏の政治的な動向を知る同時代史料が現在のところほとんど見られない。しかし、尼子氏の江の川水系からの後退と、それに伴う小笠原氏の毛利氏への帰属が、江の川水系に一応の政治的安定をもたらしたに相違ない。そのことが、この地域における毛利対尼子の対立構造のなかで、小笠原領に侵攻することで勢力圏を拡大し、江の川水系から邇摩郡沿岸部域への進出を推進していた福屋氏の動きに歯止めをかける結果となったことは推測に難くない。『陰徳太平記』巻之三十二・巻之三十三には、永禄元年、毛利氏が江の川水系にある小笠原本領川本を小笠原氏から取り上げる代わりに、江の川河口部東岸、河上松山城に隣接する井田・波積（**地図Ⅰ-7・8**）を福屋氏から取り上げて小笠原氏に宛行ったために、福屋氏が毛利氏から離反したと記されている。これについては『陰徳太平記』中の福屋離反の年代に錯誤もあり、同時代の史料も欠くためにその真偽は測りがたい。しかし、推論を重ねるが、従来政治的混乱に乗じて、この地域への進出を強力に推進していた福屋氏と、石見銀山方面進出に必要な石見中部地域の安定、とりわけ江の川東岸地域の政治的安定を確保しなければならなかった毛利権力との間に、矛盾が生じ始めていたと考えるならば、こうした事件は可能性として多分に起こりえたと考えられる。

以上のように、石見の一在地領主としての福屋氏は、毛利氏という領国大名権力による地域秩序の再編の波に乗って、はじめて領国支配の拡大を可能なものとしたのである。しかし、領国大名権力の欲する、数郡から一国にまたがり国境をも越えうる地域秩序再構築への道程と、ほぼ一郡単位の自領とその近辺を中心とした福屋氏独自の領域支配の利害とは、いつまでも一致することはなかったのである。

2　福屋氏の滅亡過程と配下の土豪層の動向

永禄四年（一五六一）十一月六日、毛利氏に反旗を翻した福屋隆兼は、毛利方の吉川和泉守・竹内平兵衛、福屋氏から離反した都治隆行らの籠城する福光城を攻撃する。福光城は、福光湊を控え、毛利の要港温泉津の西側に位置する要地である。すでに、この年の七月頃には、毛利隆元の許へ福屋謀叛の風聞が届き[48]、十月には福屋氏の離反が確実となっていた。福屋氏は、毛利氏から離反するに際して、出雲の尼子氏との連携を計ろうとするが、足利義輝の仲介による毛利・尼子間の和議の最中ということもあり、尼子氏は福屋氏の勧誘に応じようとしなかった[49]。そこで、福屋氏は、尼子配下牛尾太郎左衛門らを勧誘して河上松山城へ入城させ、出雲との連携を持とうと努めた[50]。十月二十二日に、毛利隆元は家臣の冷泉五郎元豊・桂兵部丞元親らへ福光城での番衆を命じていたが、十一月上旬に始まった戦闘は中旬過ぎまで行われ、結局福屋氏の福光城攻撃は失敗する[51]。十二月上旬、矢上（**地図-12**）方面へ侵入してきた毛利軍を、福屋氏は、配下の中村氏の籠る余勢城（**地図-11**）で迎え討ったが、激戦の末余勢城は落城し、続いて熊ヶ峠城（**地図-27**）・矢上城（**地図-12付近**）も総崩れとなり、開戦よりわずかにして矢上盆地はほぼ毛利氏の手中に落ちる[52]。

この余勢城の戦闘の直前、福屋氏の福光攻めの失敗の直後にあたる十二月初旬、毛利氏は、江の川下流部の福屋配下の土豪市山衆や、去就不明瞭であった在地領主都野氏の勧誘・切り崩しに成功する。毛利氏は、市山の土豪井下新兵衛・寺本伊賀守を窓口にして、それまで共に福屋氏に属していた、江の川下流部市山の土豪層河辺・井下・寺本・米原氏ら「市山衆」を配下に引き入れた[53]。また、同時に江の川河口部に位置する在地領主都野氏も配下に引き入れ、都野氏がその知行を主張していたものの、実際には、福屋氏奉行人上村（神村）氏が知行していた上村神主職について、都野氏の主張に同意する旨、福光の吉川和泉守を使者に立てて約している[54]。

このように、福屋氏の石見東部福光における軍事行動の失敗以後、江の川下流域から河口部に至る福屋氏の非奉行人系の土豪層および在地領主層は、ほとんどが毛利氏に属したのでる。そして翌永禄五年（一五六二）正月五日付毛利隆元からの、重臣佐藤元実宛の書状の中に、「石州面之儀も人数一かうあるましく存候処、元就・元春短息にて中之村要害如此候、切崩得勝利候、（中略）けこやニても候へ、河上にても候へ、ちと〳〵手をくたかせ候ハてハにて候間」とあるように、中村要害（余勢城）陥落後は、福屋氏の二大拠点、福屋本城「けこや」（家古屋城）と「河上」（松山城）が毛利・吉川軍の最終攻撃目標となったことが知られる。[55]このように、市山、都野が毛利氏に属してのちは、二つの拠点は分断され、河上松山城も孤立状態に置かれていたのである。

そして、永禄五年二月五日、毛利元就は、河上松山城攻撃を開始する。激戦の末、城将福屋隆任（当主福屋隆兼の次男）、上村下野守らが討死して落城した。[56]次いで、家古屋城から本明城に退いていた当主福屋隆兼は、二月半ば城を出て浜田から船で杵築へ脱出、残された福屋兵部大輔・千代延藤左衛門ら一族奉行人をはじめ主だった家臣らは本明城も守りきれず、小石見黒川の三宮神宮寺（**地図-16**）で毛利氏に降伏して戦いは終了する。[57]

今までにみてきたように、毛利氏の侵攻に対して積極的に防戦が試みられたのは、ごく一部で、最後まで福屋方にあったのは、福屋権力の中核にあった一族と譜代の奉行人層と思われる者たちであった。一方で、江の川下流部から河口部にかけての在地領主・土豪層は福屋氏の福光攻め失敗直後までの早い時期に毛利氏に属し、小石見の岡本氏も最終的に毛利氏に降り、福屋氏滅亡直後本領安堵をうけている。[58]このように、地域の在地領主・土豪層の支持を一度に失い、総崩れに近い結末を迎えるに至った意外なほどにもろい在地領主福屋権力とは、配下の土豪層にとっていかなる意味を持った存在であったのであろうか。とりわけ、江の川下流部から河口部にかけての土豪・在地領主層の多くが、福屋氏の邇摩郡方面福光進出に失敗した直後に急速に離反した理由は何であったろうか。

3　江の川水系土豪層の性格と在地領主権力

都野氏・都治氏・市山衆ら江の川下流河口部の諸氏は、地理的にその存在位置を見れば、元来河川交通・沿岸交通と関係が深かったことが想定される。ここではこの地域の土豪層の経営の性格を明らかにしながら、この地域の交通体系を明らかにして、彼らが経営上上位権力に求めたものが何であったかという観点から、福屋権力の崩壊の必然性を述べてみたいと思う。

1　市山衆

ここに、福屋氏滅亡後のものであるが、市山（地図I-10）の土豪井下氏の経営内容を知ることができる史料があるので、まずこの地域の土豪経営の性格を見て、彼らの活動範囲、地域における経済的役割について考察していきたい。

打渡　元春御袖判

一、田六町壱反　　奥山大
一、田弐町三反　　久佐河井垣内
一、田弐町七反　　日和板屋名
一、田七反半　　阿刀宮ケ原
一、小石見湊大登い　　付田三反畠三反 屋敷七ツ
一、田二町四反　　市山居屋敷分
一、畠三町六反半　　同　居屋敷分
一、市山三谷山、　　日和道平山

以上

右田帳之儀、今度火事ニ付而失却之御理遂披露被成御分別候条調進之候、仍如件、

天正拾年十一月十四日　　　　左馬助
　　　　　　　　　　　　　　因幡守
　　　　井下左馬丞　殿[59]

井下氏は、「市山居屋敷」とあることから、市山を本貫とする土豪である。経営地の所在を見ると、市山の本貫地を中心に比較的近辺の阿刀（**地図Ⅰ-C**）と江の川沿岸筋の日和（**地図Ⅰ-4**）・奥山（川本からさらに上流）が大部分を占め、これに比較的沿革の久佐（**地図Ⅰ-B**）・小石見（**地図Ⅰ-16**）が加わる。ここで注目されるのは、小石見の「湊大登い」の「屋敷七ツ」と「付田・付畠」である。屋敷の数が七カ所と特に多く、付田・付畠を付加するという港湾部の知行によく見られる形式である。すなわち、井下氏は、少なくともこの時点で、浜田の港湾部にかなり大きな経営の拠点を持っていたのである。したがって井下氏は、農業経営のほか、船持土豪として商業・運輸にも関わっていた可能性が高いのである。

ただし、これは天正十年（一五八二）の史料であり、福屋氏滅亡後二十年も経過した段階のものであるから、これをそのまま福屋氏末期永禄年間におけるこの地域の土豪層の具体的な経営形態であると判断することには慎重であらねばならない。おそらく、奥山など江の川を遡った地域の所領は、旧福屋領の領域から離れていることから、福屋氏滅亡後における毛利権力による給付であろうと考えられる。しかし、これが、彼ら土豪層の基本的欲求の一定の反映と帰結であるとするならば、これを基に逆に彼らの基本的な経営形態を推論することは可能であろうし、彼らの経営上の欲求を考察していく手がかりにもなるであろう。

そこで、井下氏以外の市山地域の土豪層にも井下氏に類似した要素が見られるかどうかを確認してみたい。永禄五年（一五六二）のものと思われる正月九日付の毛利元就から祖式氏宛の書状の中に、「某衆船橋之舟之儀、彼衆中則返上之由候、無比類仕様候、尤肝要候、就夫井下・大畠なと所へ為礼此者遣候」とあり[60]、また、のちの覚書ではあるが、「二宮俊実覚書[61]」に「市山之者無残御被官ニ参候、左候而、二月二日ニ大江至御陣替候（中略）殿様信直井下之渡ヲ被作せ、十合ニ御陣候て、同松山尾頭どうとこと申山ニ御陣被成候」とあり、河上松山城攻めに先立って、毛利方が軍勢を渡す船橋を江の川に架けたことが記されている。船を用いたこの架橋に、毛利氏に対する市山衆側の窓口役を務めた井下氏が深く関わっていることからすれば、市山衆も含めた江の川沿岸部の土豪層が架橋に深く関わっていたと考えて間違いあるまい。さらに、永禄四年のものと思われる十二月二日付で吉川元春から寺本伊賀守に宛てられた書状には「今度別而馳走一段祝着候、先年於河本約束之辻無相違可申達候、可御心安候、弥於忠義者猶以可有褒美候[62]」とあり、寺本伊賀守が本領より江の川上流へ遡った小笠原氏旧領川本の内に所領を求めていることがわかる。とすれば、井下氏以外の寺本・米原・門田・河辺氏らも、井下氏と同様水上交通と関わった経営形態を保持していたと推測され、しかも、彼らの所領（経営拠点）欲求は、江の川水系沿いにはあるものの、福屋領を越えた場所にも向いていたことが読み取れるのである。

以上のことから、この地域の土豪経営の基本的形態と地域社会での経済的役割、経営上の基本的欲求を考えると次のようなことがいえよう。江の川沿いの土豪層は、本貫地のほかに、日本海沿岸部の港湾にも経営拠点としての屋敷地を持ちうる存在で、船持ち層として活動していた。彼らの行動範囲は、その所領・屋敷地の分布からして、江の川水系から那賀郡の日本海沿岸部の港湾部にかけての河川・沿岸交通を主とする、ほぼ一、二郡であったと考えられる。したがって、彼らは、内陸部の物資を地域内流通の結節点である沿岸部の港湾へ運搬する、地域流通の担い手であったと考えられるのである。先述のように、井下氏の史料は、天正十年（一五八二）毛利氏の支配体制が一定の安定を得ていた時期のもので、おそらく日本海沿岸交通体系も整備された段階のものであろうから、これをそのまま福屋氏支配下の永禄年間までの事情にあてはめることには慎重であらねばならない。しかし、このようなルートの形成が寺本伊賀守の要求にみられるように、彼らの欲求のおおよその帰結であるとするならば、福屋氏段階でもこの地域の土豪層が、所属する在地領主の領域を越えた、江の川水系の中上流地域や近隣にある沿岸港湾部にまで活動範囲を求め、安定的な交通路と経営拠点を求めていたと考えることは可能であろう。そのような在地の求めに応えられる権力が、彼らの上位権力者たる資格を持つのである。

2　都野氏

また、御家人の系譜をひく在地領主都野氏については、早くから毛利権力と直接交渉を持ち、福屋氏とも対等に近い関係を保持していたものと思われる。都野氏は江の川河口部・日本海に面した都野津（**地図Ⅰ-20**）の港を拠点にしており、その地理的位置からしても、江の川水系や石見沿岸近隣の諸々の浦・湊との経済的繋がりも大きかったと考えられる。（天正十年）七月十七日付、都野越中守・同右衛門宛の「吉川元春書状」に、「度々被申候、上勢至因州打下付而主水之事片時茂差急大崎江指籠度儀候、然間舩之義急度被申付候て可給候間、別而御馳走［虫損］祝着候」とあり、吉川元春から都野氏に対して、因幡大崎への船舶の軍事動員がかけられている。[63]これらは、都野氏が相当数の、しかも遠隔地まで移動可能な船を所有していたことを物語るものであろう。したがって、都野氏も、石見沿岸部交通に、かなり広範に活躍しうる存在であったと推測されるのである。[64]

とするならば、福屋氏としては、江の川河口部と沿岸の通行を福屋氏の主導で安定的に確保するには、都野津を取り巻く地域の諸々の浦・湊を押さえることによって、都野氏を牽制しておく必要があったであろう。福屋氏の石見東部沿岸部への執拗な進出、都野氏と対立的な上村氏の重用、河上を中心とした江の川下流部域の堅持という一連の動きは、ひとつはそうした背景があったと考えられるのである。

3　小括

崩壊に至る福屋氏の行動は、多くの江の川下流・河口域の在地の土豪層の経済的な欲求に規定されているといえよう。村落の主導者としての土豪層の経済的成長が、在地領主権力の政治的な動きを規定していたといい換えることもできよう。一、二郡程度の地域内流通の担い手としての、あるいは遠隔地流通とも接触しうる土豪層の経営にとって、より有利で安定的なルートや経営拠点の獲得は常に重要な課題であったと考えられる。しかし、そうした欲求の実現は、村落の土豪層が単独でなしうるものではない。あくまでも、彼らの欲求は、彼らを領域支配のための権力基盤として欲するがゆえに彼らの欲求に応えようとする上位権力との結合によってはじめて実現可能となってくるのである。こうしたやりとりのなかで、一、二郡程度の地域経済秩序が形成されてくる。福屋権力もそうした土豪層の欲求に、上位権力者として応えていかなければならなかった。しかし、江の川流域における毛利対尼子の構図が消え去り、毛利氏の温泉津・仁万方面への進出が展開するなかで、福屋氏の石見東部沿岸への進出に限界が現れ、毛利氏との対立が明確になるに及んで、福屋権力は、江の川沿岸域の土豪層のそうした課題・欲求に応ええなくなっていたのである。福屋氏が、出雲の尼子氏を頼ろうとし、邇摩郡への軍事行動に出たのは、毛利氏に代わる領国大名権力を頼りながらも、自らの領域を中心にした地域経済秩序を再編成しようとする最後のあがきであったといえよう。しかし土豪層にとっては、むしろ毛利権力のように、小笠原氏を圧倒して江の川水系に進出し、尼子氏を邇摩郡から駆逐して国レベルで地域経済の主導的地位を築きつつあった広域権力が、彼らのそうした課題と欲求に応えうる権力、すなわち、彼らの欲する新たな地域経済秩序を約束する新しい実力者であったのである。

おわりに

以上、戦国期石見における在地領主の興亡をみながら、この時期の領主権力と地域経済秩序との関係について考えてきた。

まず、元来山間部に本領を置いた在地領主福屋権力は、天文十年代に石見沿岸部屈指の港湾であった小石見浜田へ進出する。進出にあたり、山間部から浜田への入り口にあたる小石見黒川に本拠を持ち、石見三宮神官職を保持する土豪岡本氏をその支配下に収める。その際、岡本一族の中の、謀叛人を一掃し、親福屋派への小石見内を中心とした謀叛人跡の闕所地給与を介して、岡本本領小石見郷の下地支配権への影響力を強化した。また、福屋氏は、岡本氏と主従関係にあったと思われる小石見郷大工職に対して、強化した下地支配権を根拠に、検地で打ち出した所領を直接給与するなど、小石見郷の職人層に対する支配権ならびに、岡本氏の家支配権に次々と楔を打ち込んでいった。そして、軍事行動も含めて浜田方面へ進出し、地域流通の結節点としての港湾部を押さえたと考えられる。この際、在地領主福屋権力は、土豪岡本氏の小石見郷支配権を否定するのではなく、旧来の支配権を利用しながら浜田港湾部の支配権を貫徹していったのである。

福屋氏のこうした動きは、領内山間部農村において、脇百姓をも共同体構成員とし、山間部から港湾部に至る流通ルートの担い手となるまでに成長していた、村落農民諸階層の安定的交易活動を求める経済的欲求に基づいていたものと思われる。彼らは村落の土豪層の主導によって活動していたと思われるが、在地領主権力による交易通路の強制、高額通行税の賦課を受け入れさせながらも、安定的交易路の確保のために一村・一郷を超えた郡単位の地域権力（在地領主権力）を必要とした。一方、浜田港湾部には、福屋権力の御用商人がおり、山間部村落との経済的結びつきのなかで活動を行っていたものと思われ、両者が経済活動において相互に促進的役割を果たしたものと考えられる。このように、浜田港湾部と山間農村部との一、二郡規模の経済ルートの形成は、在地社会の自然発生的な経済成長や経済的欲求を背景としながらも、権力による強力な推進力があってはじめてなしうるものであったといえる。このようにして、一、二郡単位の在地領主の領域を中心にした地域経済秩序が形づくられてくるのである。

しかし、こうした在地社会の欲求を背景とした在地領主の地域経済秩序形成は、在地領主支配の領域性ゆえに常に限界を伴うものであった。江の川という大河川を軸に、山間部へ支流が延びる石見では、河川沿岸部の土豪層は、河川交通を通じて日本海沿岸部の港湾へ繋がっていた。彼らは流域に所領を持ち、沿岸港湾にも経営拠点としての屋敷地を持ちうる地域流通の担い手であったと考えられる。そうした彼らの性格からすれば、より安定的で有利な交易ルートを保証しうる上位権力の存在は必須のものであった。このような、在地の要求に応えなければならない在地領主権力は、支配を維持・貫徹するために、常に交通路および地域経済の結節点たる浦・湊を沿岸部に確保する必要があった。しかし、それは近隣の在地領主権力にとっても同じ事情であったと考えられる。そうした状況のなかで、守護大内義隆の滅亡という石見国全体の政治秩序に変化が生じるような事態が起こったとき、在地領主の領域拡大運動と混乱を招来するのである。これはなによりも、安定的交通ルートを求める在地勢力を領内に抱える在地領主層自身にとっての矛盾であった。

この矛盾を解消することは、在地領主にとっても、その配下にある土豪層にとっても重要な課題であった。そこに新たな広域支配権力と、数郡・数カ国にまたがる政治秩序の出現が要請されるのである。そうした状況のなかで、毛利勢力が石見に引き入れられるのである。領国大名毛利権力は、邇摩郡という前代以来石見地域の経済センター的な地位を占めた地域を押さえることで、石見沿岸交通を中心とした一国レベルの地域経済秩序を再編しようとしたものと思われる。在地領主は、戦国大名という広域支配権力の秩序創出という運動方向に依拠し、その枠組みのなかに収まってはじめて近隣在地領主との共存と地域の政治的繁栄を獲得しえたのである。

しかし、それは一方で、在地領主権力にとっては、その運動方向から外れ、あるいはその運動が止まったとき、より有利な交易活動を求める配下の土豪層の欲求に必ずしも応えられなくなるという可能性を多分に含んだものであった。そうした場合、土豪層の活動にとっては、在地領主の領域支配と領域を中心とした地域経済秩序はその領域性ゆえにかえって桎梏にさえなりえたのである。そこに、むしろ広域支配権力と結合することに価値が見いだされるようになるのである。市山衆・都野氏・都治氏の福屋氏からの離反はこうした点から説明がつくのではあるまいか。しかし、これは在地領主支配にとっては危機である。福屋権力が、毛利権力から離反するにあたり、石見東部諸々の浦・湊支配を目指す一方、それまで敵対していた領国大名尼子権力にさえ頼ろうと画策する事実は、福屋権力が、一国レベルの地域経済秩序の主導者たりえないばかりか、自らの領域支配に対応した地域経済秩序さえ、領国大名権力の影響力を抜きにしては容易には構築できないという限界を示している。とすれば、福屋権力末期の軍事行動は、地域経済秩序の破壊行為を意味したといえよう。

しかし、ここで誤解を避けるために付け加えておくが、土豪層が、広域支配権力に依拠するとはいっても、その実力を超えて無制限に活動範囲を拡げるという意味ではない。彼らの経済的実力に応じた、やはり一、二郡程度ではあるが在地領主の領域性に強く縛られることのない新たな活動領域が形成されると考えられるのである。そして、そこに領国大名権力の主導力に依拠した一、二郡程度の新たな地域経済秩序が生み出され、それが一国レベルの比較的広範な地域経済秩序の枠組みのなかに位置づけられていくのではあるまいか。

註

（1）鈴木敦子「中世後期における地域経済圏の構造」（『一九八〇年度歴研大会』特集号　一九八〇年）。
（2）佐々木銀弥『荘園の商業』（吉川弘文館、一九六四年）、同『中世商品流通史の研究』（法政大学出版局、一九七二年）。
（3）秋山伸隆「戦国大名毛利氏の流通支配の性格」（『戦国大名論集　毛利氏の研究』〈吉川弘文館、一九八四年〉所収）、岸田裕之「中世後期の地方経済と都市」（『講座日本歴史』4　中世2〈東京大学出版会、一九八五年〉）。
（4）佐々木銀弥「中世後期地域経済の形成と流通」（『日本中世史研究の軌跡』〈東京大学出版会、一九八八年〉）。
（5）貝英幸「中世後期における地域的流通の発達と守護領国――大内氏領国を例にして――」（『佛教大学大学院研究紀要』一八、一九九〇年）。
（6）佐々木前掲註(2)著書『中世商品流通史の研究』。
（7）松岡久人「中世後期内海水運の性格」（福男猛市郎編『内海産業と水運の史的研究』〈吉川弘文館、一九六六年〉所収）。
（8）秋山前掲註(3)論文。
（9）岸田前掲註(3)論文。
（10）佐々木前掲註(4)論文。
（11）岸田前掲註(3)論文。
（12）有光友学編『戦国期権力と地域社会』（吉川弘文館、一九八六年所収）。
（13）益田家文書『鎌倉遺文』三〇八〇。
（14）益田家文書『鎌倉遺文』二五〇二九。
（15）建武五年三月二十七日「周防親重軍忠状」（吉川家文書『南北朝遺文』七四三、以下『南北遺』と略記）、建武五年三月二十九日「吉川辰熊丸代須藤景成軍忠状」（吉川家文書『南北遺』七四四）。
(16) 暦応五年二月日「越生光氏軍忠状写」（『萩閥』一二一ノ四、周布吉兵衛251）、同年二月日「久利赤波公房軍忠状」（久利文書『南北遺』一一四六）、同年二月日「御神本兼躬軍忠状」（益田家文書『南北遺』一一四五）。
(17) 暦応五年二月九日「上野頼兼感状」（久利文書一四『南北遺』一一四〇）、暦応五年六月十八日「逸見大阿代子息有朝軍忠状写」（小早川家文書『南北遺』一一七三）、康永元年六月二十三日「吉川辰熊丸須藤景成軍忠状」（吉川家文書『南北遺』一一七五）。
(18) 観応元年七月二十七日「吉川実経軍忠状」（吉川家文書『南北遺』一八四七）。
(19) 貞治五年八月日「久利長阿軍忠状」（久利文書『南北遺』三四八四）、同年九月三日「益田兼見軍忠状」（益田家文書『南北遺』三四八九）。
(20) 広田八穂『西石見の豪族と山城』（私家版、一九八五年）。
(21) 岡本氏については、『浜田町誌』、山藤忠執筆の『旭町誌』などの郡町誌のほか、松村建「中世後期の村落と土豪——石見国岡本氏を中心に——」（『山陰史談』二三、一九七八年）を参照。
(22) 三宮岡本文書は現在現物が見られないため、戦前島根県史を編纂する際、野津左馬助氏らが筆写した島根県立図書館所蔵の謄写本に依った。
(23) これに先立って天文十二年九月八日、大工太郎四郎宛の「井頭内蔵助正公書下」（三宮岡本文書）が出されて長沢の山口名前四反が給付されている。また、同年と考えられる十月二十二日付（福屋）上野介宛「福屋正兼書状」（同文書）にもこの記事が見られる。
(24) 天文二十四年十月四日、「神主越前守兼貞書下」（三宮岡本文書）に「当郷大公職之儀明次第たてかへ渡可申候」とある。
(25) 年未詳五月十六日「福屋正兼書状」（三宮岡本文書）。天文十九年十二月十一日「福屋隆兼判物」（三宮岡本文書）に「於隆兼代無相違可分別候」とあり、これ以後福屋隆兼の判物が出るようになり、正兼のそれは出なくなる。
(26) 『神道大系　文学編』所載に依った。
(27) 『岩国藩中諸家古文書纂』森脇久太夫（岩国徴古館蔵）。

(28)　年月日未詳「二宮俊実覚書」(『大日本古文書』家わけ第九　吉川家文書別集五六一)。
(29)　三宮岡本文書。
(30)　年未詳二月二十一日「(益田)藤兼書状」(長江寺文書『新修島根県史』資料編1　古代中世、一九六七年)の宛先に「福屋兵部大輔殿」とあり、これが本史料宛先の兵部大輔と同一人物ではないかと考えられる。
(31)　現在の那賀郡金城町小国付近の土豪と思われる。
(32)　天文二十二年十二月二十八日「小笠原長雄書状」(平田家文書、島根県立図書館影写本)。
(33)　年月日未詳(天文二十二年)「毛利元就書状」(『萩閥』遺漏五—一松岡良哉1)。
(34)　年月日未詳「毛利元就自筆覚書」(『大日本古文書』家わけ第九　吉川家文書二—一一六五)、年未詳(天文二十二年ヵ)十二月十七日「毛利元就自筆書状」(『大日本古文書』家わけ第九　吉川家文書二—一一六四)、これらは、毛利氏が陶氏と交渉・連絡を持っていたことがわかる史料で、毛利氏が陶氏と決裂する以前のものである。また、十二月十七日の書状のなかで元就は、小笠原・福屋両氏の「弓矢之口」を断たなくてはならないと述べており、天文二十二年頃のものと考えられる。
(35)　天文十年代に入ると河上氏が史料上姿を見せなくなる。『都治・河上由緒書』(写本、島根県立図書館蔵)などには天文十一年河上家断絶とあるが、本書成立事情未詳のため検討を要する。
(36)　岸田裕之『大名領国の構成的展開』吉川弘文館、一九八三年。
(37)　加藤益幹「戦国大名毛利氏の奉行人制について」(『戦国大名論集　毛利氏の研究』〈吉川弘文館、一九八四年〉)。
(38)　天文二十四年霜月二十一日「吉川元春自筆書状案」(『大日本古文書』家わけ第九　吉川家文書一—四五六)。
(39)　(天文二十四年)十一月十五日「福屋隆兼書状」(『大日本古文書』家わけ第九　吉川家文書一—四五一)。
(40)　天文二十四年十二月九日「毛利隆元書状」(『大日本古文書』家わけ第九　吉川家文書一—四五七)。
(41)　(永禄六年)正月十六日「吉川元春書状」(『萩閥』八四、児玉弥七郎67)、児玉若狭に「吉浦之事(中略)彼続儀福屋先給ニ付而」とあり、吉浦の一部が福屋氏の旧領であったことがわかる。
(42)　弘治二年九月十一日「福屋越中守兼清安堵状」(武明八幡宮文書、島根県立図書館影写本に依った)。
(43)　弘治三年四月二十七日「小笠原長雄感状」(平田家文書、島根県立図書館影写本)、(弘治三年)三月二十三日弥七郎10）。「毛利元就書状」（『萩閥』八四、児玉弥七郎9）、（弘治三年）三月二十六日「毛利元就書状」（『萩閥』八四、児玉

(44) 井上寛司「周防大内氏の石見国邇摩郡分郡知行」（『南北朝遺文月報』二、一九八九年）。
(45) （永禄二年ヵ）四月六日「尼子晴久書状」（藤間家文書、島根県立図書館影写本）。
(46) （永禄二年ヵ）七月二十六日「杉原盛重書状」（横山文書、『広島県史古代中世史料編』Ⅳ）。
(47) （永禄二年）八月二十二日「益田全忠書状」（鈴木國弘編『日本大学総合図書館所蔵　俣賀文書』一九八六年、六一一）。
(48) （永禄四年）七月八日「毛利隆元書状」（『萩閥』四〇、井原藤兵衛48）、（永禄四年）十月二十二日「毛利隆元書状」（『萩閥』一〇二ノ一、冷泉五郎48）。
(49) （永禄五年）正月十二日「僧玄龍外二名連署状」（『大日本古文書』家わけ第八　毛利家文書三─八五八）。
(50) 年月日未詳「二宮俊実覚書」（『大日本古文書』家わけ第九　吉川家文書別集五六一）。
(51) （永禄四年）十一月十九日「毛利元就書状」（『萩閥』一四六、竹内兵兵衛3）。この書状が出た段階ですでに福光での戦闘は終了していることがわかる。
(52) 年月日未詳「二宮俊実覚書」（『大日本古文書』家わけ第九　吉川家文書別集五六一）。
(53) 永禄四年十二月二日「吉川元春書状」（『岩国藩中諸家古文書纂』井下孫左衛門、同案、『同』寺本助右衛門）、（永禄四年）十二月一日「吉川元春契状」（『岩国藩中諸家古文書纂』井下孫左衛門、同案、『同』寺本助右衛門）、（永禄四年）十二月十二日「毛利元就・吉川元春連署書状案」（『岩国藩中諸家古文書纂』井下祥蔵、寺本助右衛門）。
(54) 「毛利元就書状」（『萩閥』八五、都野三左衛門3）。
(55) 「毛利隆元書状」（『萩閥』九七、佐藤又右衛門6）。
(56) 永禄五年二月十三日「小笠原長雄感状」（清水文書、島根県立図書館影写本）、年月日未詳「二宮俊実覚書」（『大日本古文書』家わけ第九　吉川家文書別集五六一）。
(57) 年月日未詳「二宮俊実覚書」（『大日本古文書』家わけ第九　吉川家文書別集五六一）。（永禄五年）三月二日「熊谷信直書状」（『萩閥』六八、杉原与三右衛門6）。

（58）永禄五年二月十五日「岡本大蔵丞兼祐・弥八郎兼貞神文」、同年二月二十四日「吉川元春判物」（三宮岡本文書）。
（59）「吉川氏奉行人連署打渡状」（『岩国藩中諸家古文書纂』井下孫左衛門）。
（60）（永禄五年）正月九日「毛利元就書状」（『岩国藩中諸家古文書纂』祖式嘉蔵）。
（61）『大日本古文書』家わけ第九　吉川家文書別集五六一。
（62）「吉川元春判物」（『岩国藩中諸家古文書纂』寺本助右衛門）。
（63）（永禄八年ヵ）七月十七日「吉川元春書状」（『岩国藩中諸家古文書纂』大島省三郎）。
（64）井上寛司「中世の江津と都野氏」（『山陰地域研究（伝統文化）』三、島根大学山陰地域研究総合センター、一九八七年）。

第二章　尼子領国衰退と毛利領国勃興をめぐる地域構造
――出雲西部、石見中・東部――

はじめに

本章では、尼子氏の興亡期・毛利氏の勃興期における出雲西部、石見中・東部地域の領有関係の変化から、大名権力や領主権力の領域支配と地域との緊張関係を考えることを目的にする。その際、東アジア海域の広範な経済的動きに、出雲西部・石見地域がどう構造的に関係し影響され、権力の興亡に繋がるのかについても考えていきたい。尼子氏は、西隣の周防大内氏や南の安芸毛利氏と衝突を繰り返し、毛利氏の勃興と膨張によって衰亡していく。尼子経久に始まり晴久から義久の時代にかけて、その相剋の直接的な場となったのが、石見国中・東部から出雲国西部にかけた地域である。

尼子氏と東アジア海域との関係については、長谷川博史氏の以下のような指摘がある。長谷川氏は、まず、尼子氏の外征を経久段階の畿内方面への遠征段階と、晴久の安芸郡山での敗戦以降の近国への外征段階とに分けた[1]。そのなかで尼子権力後半期の晴久段階については、無理な遠征を慎んで地盤を固め、（領国の）西すなわち日本海沿岸部の港湾や石見銀山の確保と、それによって実現される東アジア海域との関わりに活路を見いだそうとした可能性が高いとしている。

そこで本章では、尼子・毛利両氏の石見中・東部地域の支配上の位置づけや自らの領国支配への取り込みの成功・失敗によって、大名権力のその後がどのように展開したのかを具体的にみていきたいと思う。そのための作業として、尼子氏が大内義隆滅亡後に押さえ、その後、毛利氏が石見平定にあたっていちはやく進出を遂げようとした石見東部の経済構造や、尼子本国出雲西部と石見東部地域の関係を、江の川水系の内陸奥深くから沿岸に至る地域構造を視野に入れて分析し、それが東アジア経済とどのように接点を持ち、それに規定されうるものであったかをみていきたいと思う(2)。

これは尼子権力の後半期、すなわち晴久時代の最盛期から衰退、そして義久時代の滅亡に至る同権力の領国支配の志向性や方法を考えていくうえで重要である。また、これと同じく、毛利氏が安芸の国人領主から戦国大名として成長し、さらに中国地方の広域大名権力となっていく過程において、この地域が持つ意味を考えるうえでも重要であるといえる。

第一節　領域支配と隔地間商人・地域商人

1　銀山発見期の銀山地域支配と隔地間商人神屋氏

『石見国銀山旧記』（以下、『銀山旧記』と略記）に依れば、大永六年（一五二六）、博多商人神屋寿禎が、出雲国鷺浦へ銅商いに行く途中に、石見銀山を発見したという。神屋氏が大内氏の遣明船派遣とも深く関わる商人であることは『策彦入明記』などの記載でも知られるところである(3)。

『策彦入明記』『銀山旧記』の記事や当時の博多の領有関係からも、神屋氏は周防・長門・豊前・筑前と石見を分国支配する大内氏と関係が深い豪商であったと考えられる。また、石見東部の邇摩郡は、室町時代、石見国が山名氏の分国であった時代においても、一貫して大内氏の分郡であったとされている。(4) 石見国は、永正十四年（一五一七）には、すでに室町幕府より大内義興の守護国となっている（永正十四年〈一五一七〉八月十一日「室町幕府奉行人連署奉書」〈『大日本古文書』家わけ第二十二　益田家文書二七五〉）。

しかし、大永三年八月六日「大内義興感状」（阿川家文書『武州古文書』）には「去七月廿三日、於石州賀戸塩田浜、親父掃部允総康討死、無是非次第也、於高名忠節者、令感悦畢、弥可抽勲功之状、如件」とあり、大永三年（一五二三）七月には石見国加戸・塩田（江津市渡津町）付近で、尼子方と大内方が合戦に及んでおり、すでに、尼子氏が石見東部の安濃郡・邇摩郡の沿岸部よりさらに西の石見中部那賀郡沿岸へと進出しつつあったことがわかる。このことは次の「尼子経久寄進状」（日御碕神社文書(5)）からもよくわかる。

石州那賀郡之中波志浦之事、先規雖為御崎領之由候、数ヶ年御不知行候、今度此表不慮切取之、為特寄進立置
申候、弥可被抽精誠之者也、恐々謹言、

大永参
八月十四日　　経久（花押）
御崎又五郎（小野宗政）　殿

とあり、また、同日付の御崎殿宛「亀井能登守秀綱書状」（日御碕神社文書）でも「宇津波志之浦之事、御本領之由候間、為新寄新《ママ》被返進之候」として、日御碕社に対して石見国那賀郡波志浦（江津市波子町）を寄進している。その理由は、元来、日御碕社本領であった同浦がここ数年不知行に陥っていたが、尼子氏がこの地を切り取ったので同社に寄進するという。ここに、尼子氏の軍事的行動がさらに西に向かったことがわかる。

そして、大永四年（一五二四）卯月十九日付日下に尼子氏奉行人で造営奉行の亀井能登守（秀綱）の名が見える

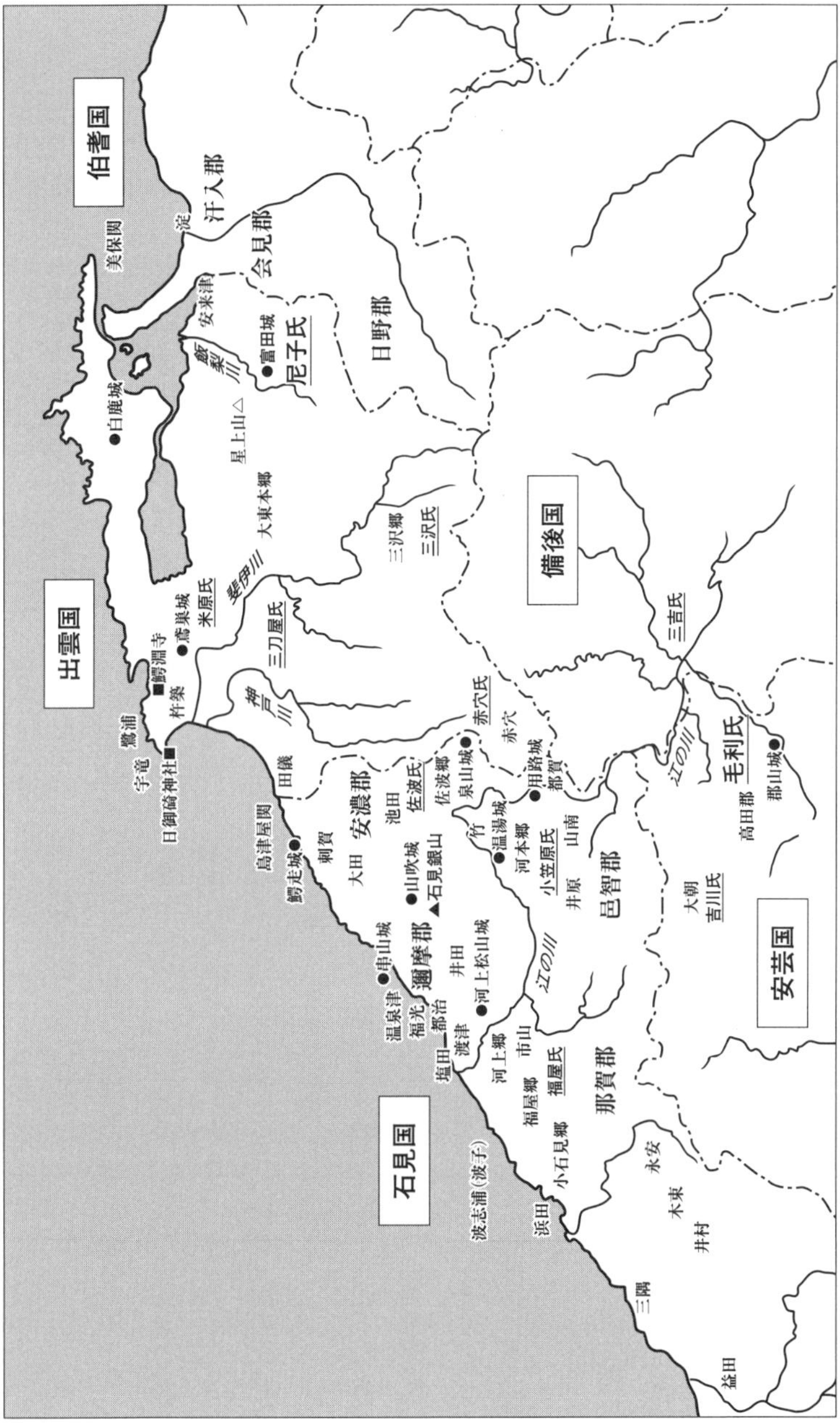

地図　尼子氏・毛利氏関係図

「日御崎社修造勧進簿」（日御崎神社文書『町史』一〇六〇、『史料集』一五八）には、「雲州日御崎遷宮修造化縁簿」として元室町幕府十代将軍足利義稙と佐々木伊予守（尼子経久）の袖判が据えられている。(6)「日御崎付テ御造営、任先例公方様御下知、御判在」として勧進の範囲を「雲州一国棟別之事」「伯州　汗入郡・日野郡・相見《(会)》郡」「石州　尼摩《(邇摩)》郡・安濃郡・大知《(邑智)》郡」「隠州一国棟別之事」とあり、いずれも「無所　免除申付候」または「棟別之事、無所　免除申付候」などとしており、棟別分を勧進に充当しようとしたものとみられる。ここには、この時点で尼子氏が公方として正統とする元将軍義稙の「公方様下知」によって、これら国郡支配の正統性を主張しようとする意図が見られる。そのなかに石見東部三郡（邇摩・安濃・邑智郡）が含まれている。

この勧進簿に記された範囲は、この時期、尼子氏が軍事行動を展開した範囲にあたり、領国支配を主張した範囲と考えられる。大永五年（一五二五）十一月十日の「小笠原長徳感状」（庵原家文書）(7)には「今度伯州淀要害落居」とあり、当時の尼子氏の東部戦線が伯耆国汗入郡付近であったことと、当時、尼子方として活動していた小笠原氏が石見国邑智郡河本郷（川本）を本拠とする国人であったことなどから、尼子氏の東西勢力範囲と勧進状の東・西限がおおむね符合していることがわかる。

つまり、石見銀山が発見されたという大永六年（一五二六）の直前頃は、このように西は石見東部から東は西伯耆三郡へと、尼子経久の軍事的進出の時期にあたっていた。博多商人神屋寿禎が尼子領国内の出雲国鷺浦（佐木）へ銅商いに往来していたというこの時期、寿禎が銀山を目指して上陸した温泉津《ゆのつ》を含め石見東部一帯は、大内氏の守護国の範囲にはありながらも、実質的には尼子氏の軍事的占領下にあった可能性が高い。寿禎とともに石見銀山へ入山した鷺浦の三島清右衛門が出雲国西部田儀出身の山師であり地元商人であったことも、そのような事情と関係があるかもしれない。また、神屋氏も、三島氏のような地元商人との結びつきによって、隔地間商人としてその役割を果たしえたことに留意しておかなければならない。

そのなかにあって、博多商人神屋寿禎は、筑前博多から出雲まで、大内・尼子間の政治的軍事的修羅場となった境界を越えて交易活動をしつつ、石見東部邇摩郡の銀山を発見開発したのである。神屋氏は、東アジア交易をも担ったことと併せて、そのような意味において、隔地間商人であったわけである。

2　大内義隆自刃後の銀山支配と地域商人

天文二十年（一五五一）、石見守護職でもあった大内義隆は、家臣の陶隆房の謀反により自刃する。

天文二十一年（一五五二）十二月六日「尼子晴久袖判奉行人連署書状写」（尼子家古記録、島根県立図書館蔵）では、尼子氏奉行人らから坪内宗五郎に対し「石州佐間銀山にて、屋職五十貫可被遣之由候」と見え、石見銀山において貫高設定された屋敷が給与されると伝えている。坪内氏は、杵築大社門前の杵築を拠点にした商人であり、檀所（御師宿）を経営するとともに、尼子氏と被官関係を結んで軍役衆として立ち働くなど多様な性格を持った[8]。

この直前に坪内氏に対して出されたと考えられるのが次の「尼子晴久書状」（坪内家文書『町史』一二六三、『史料集』七九四）である。

坪内備州細々使仕候、神妙之至候、彼表於任本意者、林木・朝山以両所之内壱名可遣候、若両所之内出入共候て、相支儀候者、何にても候へ於原手公領分内壱名可遣候、石州銀山屋敷之事、書立之旨五ヶ所不可有違儀候、弥忠儀肝要之由可被申候、恐々謹言、

（天文二十一年）十月十日　　晴久（花押）

（捻封ウハ書）「（墨引）受楽寺

仁賀左衛門尉殿まいる　　晴久」

これは、岸田氏も述べるように、尼子晴久が、坪内氏に対し複数の所領の給与を約したなかで銀山にも五カ所の屋敷の給与を約したものである(9)。おそらく先の五〇貫の屋敷を指すと思われ、十月から十二月までの間に貫高が付されたものと考えられる。ただし文面からは、書立の記述にある（既存の）五カ所の屋敷の所有をあらためて認めるという印象が強い。

これらの文書は、いまだ大友晴英が大内氏に入っていない時期のものである。天文二十一年頃には、石見銀山は、大内義隆ののち、陶隆房が支配を引き継いでおり、尼子氏が支配していた徴証はない(10)。

天文二十一年頃の図師木工允宛「山根常安書状」（真継文書『中世鋳物師史料』法政大学出版局、一九八二年）には、

任　綸旨之旨、如先々鋳物師公役事、可相調之由、従　陶殿対長雄被成御一通候、可致其調之由、堅固被申付候、存其旨候、仍於所々市・町・見世棚之儀、以先例可申付之由、申渡候処、各同心被申候、然処銀山大工所へ両度申渡候へ共、無同心候、彼大工在山口幸之儀候条、従　尾州様急度被成御下知候様、可有御注進候

とあり、石見銀山が山口の陶氏の下、大内領国支配下にあったことがわかる。この文書からは、

①綸旨によって蔵人所から石見国の鋳物師らに課された公役の徴収を、山口の陶隆房が、川本の国人領主小笠原長雄に対して一通をもって指示したこと。

②これをうけて、長雄の被官であった鋳物師頭領の山根常安が、先例のとおり石見国内の市・町・見世棚に徴収をかけたところ、おのおの同心してくれたこと。

③しかし、銀山の大工のみ同心しなかったので、この大工が山口にいるのを幸いに陶隆房から直接命じてもらうように注進するのがよいとしていること。

などがわかる。

これは、大内氏の守護権に依拠して公役賦課を実現しようとしたものであると考えられる。公役の徴収は、各郷の大工職の同心を前提としたとみられるが、[11]市・町などの流通の結節点において行われ、これが先例となっていることがわかる。

これは、陶氏がもっぱら下知の主体となっており、陶氏の謀反以後で大友晴英（のちの大内義長）入部以前の状況と考えられる。邑智郡川本の小笠原氏も大内領国（守護国）の枠組みに組み込まれて陶氏に従っており、尼子氏の支配あるいは軍事力が石見銀山に入りこむ余地がほとんどない政治状況であることがわかる。

天文二十二年（一五五三）卯月五日付の「大内義長袖判安堵状」（『萩閥』六六、刺賀佐左衛門11）には「石見国安濃郡刺賀郷五百貫地、同国邇摩郡内重富村肆拾貫地等事、先証於山吹城令焼失云々、任当知行之旨、刺賀治部少輔長信可領掌之状如件」とあり、当時、刺賀氏が知行していた安濃郡刺賀五〇〇貫と邇摩郡重富村四〇貫の地が、権利証文類が銀山山吹城の焼失により失われたため、大内氏の新当主義長により安堵されている。焼失の事情は不明ながら、安濃郡沿岸部刺賀郷（久手・鳥居付近）の領主でもあった刺賀氏が銀山山吹城に入って、大内氏のために銀山の守備にあたっていたことがわかる。

以上と、先の坪内氏への屋敷地安堵からは、すでに大内領国下の石見銀山において坪内氏が領国の境界を越えて商業活動を展開していた可能性を読み取ることができる。[12]

また、晴久による屋敷地安堵からは、坪内氏が大名支配の政治的領域を超えた一見自由な活動を行いながらも、やはり被官関係を結んだ大名の支配からは必ずしも自由ではないことがわかる。ここに、彼ら地域有力商人らの商業経営上の利益と、政治的支配関係との間に矛盾・齟齬が生じる可能性を胚胎していることを読み取ることができるのである。

第二節　毛利氏の勃興と石見地域

1　石見国人間の対立と元就の和平調停の政治史的意味

しかし、この直後、江の川沿岸とそれ以東の石見銀山周辺地域をめぐる政治状況は急速に混乱してくる。

天文二十二年（一五五三）十二月、江の川沿岸地域に位置する邑智郡日和村において、那賀郡福屋郷の国人福屋氏と邑智郡川本郷の小笠原氏が軍事衝突を起こす。また、ほぼ同時期に江の川下流部東岸の井田付近を境に、福屋氏と、大内方の邇摩郡代問田衆や小笠原氏とが対峙するに至っている。同年のものと考えられる、吉川元春宛年月日未詳「毛利元就書状」（『萩閥』遺漏五―一、松岡良哉１）には「福屋・小笠原之事、近日者節々取相之由候、就其河本へハ三吉・江良爰許申合、使者遣候間可異見候、福屋へハ従御方急度〳〵可被仰遣候〳〵」と見え、最近になって福屋と小笠原が衝突するようになったため、川本の小笠原氏へは江の川上流の備後国人三吉氏らが毛利元就と申し合わせて和平の説得工作を行っているので、福屋氏へは吉川元春の方より同じく説得工作を行うよう元就が指示している。また、「一、福屋之儀を者雲州へ申談候事必定にて候なと、問田衆なとにくミ候て聞へす、井田之城ニも問田衆小笠□（原脱カ）同前ニ居候、ひかれ候へと此間従江良所両度申遣候へとも、防州へ注進候ハんとて于今不引候」とあり、ことは福屋対小笠原間の問題ではなく、この地域を越えて尼子氏・大内氏という領国大名間問題へと発展する可能性を含んでいた。つまり、小笠原氏に与した大内氏方の問田衆らは防州＝大内氏（陶氏）へ注進しようとし、これに対する福屋氏は出雲の尼子氏との結びつきが疑われているのである。このようにして、安芸国高田郡にあった毛利元就が中心となって、小笠原・福屋両氏らと同じ江の川水系にあった安芸・備後の有力国人らを動員して和平工作に腐心するが、はかばかしい方向には向かわなかった。ここに見える江の川水系領主の動きはこの水系社会の地域的一体性を考えるうえで注目される。

この時期の危機的状況を記したとみられる年月日未詳「毛利元就自筆覚書」（『大日本古文書』家わけ第九　吉川家文書二―一一六五）では「是非共河上半分被出、福・小笠原何とそ縁辺なと二被申合、福・小笠無二ニ被申談候ハてハ、可被及大事事、さ候而、福・小笠・吉川無二申談候へハ長久可然事」と記しており、元就の強い危機感が表明されている。江の川河口部に位置する河上郷（現在の江津市松川町付近）の折半をもって両者からぎりぎりの譲歩をひねり出そうとする内容からは、第Ⅲ部第一章でも触れたように、大内領国の政治的な変動のなかで、江の川河口部の河上郷の支配を通じて、江の川水系山間部から沿岸部への出口確保を強く志向した福屋・小笠原ら石見山間部領主の政治的動きがあったことと、それが水系社会全体の秩序維持にとって大きな矛盾であったことを窺わせている[13]。

このように、江の川下流域に起きた石見の二大国人領主間の軍事対立は、備後・安芸にまで遡上した江の川水系全体を巻き込んだ地域問題へと発展し、これに東西の大大名らが介入しそうな危機的様相を呈してきている。このことが元就の強い危機感の原因であったと推測されるのである。

2　大内領国の継承者毛利氏の石見進出と尼子氏――石見中・東部情勢から

しかし、この和平工作は失敗したものとみられ、結局、調停を断念した毛利氏は吉川氏を先鋒に、石見の切り取りへと動いていくのである。

天文二十四年（一五五五）霜月二十一日付「吉川元春自筆書状案」（『大日本古文書』家わけ第九　吉川家文書一―四五六）では、福屋氏に宛てて「如仰去年以来防雲江被成御手切、被対毛・吉江無二御入魂之至」としており、福屋氏は、すでに天文二十三年には出雲尼子氏と周防の大内氏と手を切り毛利氏と結ぶに至っている。このなかで毛利・吉川氏らは、福屋氏に対し同領の西側に位置する石見国那賀郡永安・木束・井村の支配を認めた。

毛利・吉川氏らも天文二十三年（一五五四）五月に、陶氏と手を切っているので、これら一連の動きは連動しているとみられる。少なくとも福屋氏は天文年間に入ってから、石見国中部の那賀郡の山間部福屋郷から沿岸部の要衝小石見郷浜田の港湾部に向けて進出してこれを支配し、大内義隆滅亡以後は、さらに江の川河口部から石見国東部の邇摩郡方面に向けて進出を試みていた。福屋氏は、石見中部にあって江の川河口部の西側沿岸部の要衝から安芸吉川領境に至る山間部にかけての広範な領域支配を展開していた[14]。毛利氏がこの福屋氏と提携することは、石見東部・同西部双方向への進出にとって重要な一歩である。

これにほぼ時を同じくした天文二十三年十一月、尼子氏内部では新宮党討滅事件が勃発し、その後始末の時期にあたっている[15]。この混乱によって、尼子氏としては毛利氏の石見切り取りの動きに対抗するのが困難となっていたに違いない。討滅事件直後の翌天文二十四年二月を中心に六月頃にかけて、尼子晴久は、出雲西部の主立った神社ほかに所領寄進・安堵などを集中的に行っている[16]。これは、それまで新宮国久が支配した出雲西部地域への尼子晴久による政治的手当であったとみられる[17]。

この動きから、新宮党討滅後の出雲西部地域のとりあえずの政治的手当を経て、福屋氏と敵対する邑智郡川本の小笠原氏が、尼子氏に接近していった蓋然性が高い。おそらく天文二十四年十月、陶晴賢が厳島で敗れたことを契機に、この動きは決定的なものになったと考えられる。

（弘治二年〈一五五六〉ヵ）三月十日「尼子晴久感状」（石見小笠原文書、島根大学附属図書館蔵）では尼子晴久から小笠原弾正少弼に宛てて「先日、竹表御動之時、御親類大蔵丞殿首一討取候」と見え、川本の西方の江の川沿岸の竹において尼子方の小笠原氏と毛利方（福屋勢）との間で合戦があったことがわかる。ほぼ同時期のものとみられる（弘治二年）三月二十日「毛利元就書状」（『大日本古文書』家わけ第十四　熊谷家文書一三一）には、元就から熊谷信直に宛てて「一、石州表之事、乱にて何とも笑止千万候、如仰元春・隆家、一昨日被出候、都賀・用《（要）》路計ニてハ佐波へ伝難成候条、山南一城取付、佐波へ伝ニ仕度由候」と見える。毛利氏は、出雲国境付近にある邑智郡佐波郷の佐波氏とよしみを結んでいた。しかし、江の川を挟んだ要衝で出雲赤穴庄へと繋がる重要な渡河点でもあった都賀郷と都賀西の用路城（要路城）を押さえるだけでは佐波への連絡路としては不足で、江の川西側の山南（邑智郡比敷・村之郷・宮内付近）に城が必要だと吉川元春・宍戸隆家らが述べている。これは、出雲の尼子氏と川本の小笠原氏との赤穴・都賀経由の連絡路を断とうとする意図もあったとみられるが、安芸・備後方面から石見東部への通路として江の川ルートの確保がいかに重要な意味を持っていたかを窺わせている。

つまり毛利氏は、陶晴賢と手を切り、石見切り取りのため石見中央部の福屋氏と結びつくことによって、陶方にあった小笠原氏を尼子方に走らせてしまったのである。ともかくも毛利氏にとっては、出雲国境邑智郡における石見佐波氏の確保は、小笠原領以南の石見東部と備後など江の川水系上流域に対する尼子氏の軍事的圧力を分断する要件であったのである。

3　小笠原氏の降伏と尼子氏の石見撤退

これ以後、しばらくは銀山周辺で尼子・毛利方の戦闘が一進一退であった。弘治二年（一五五六）八月頃には、

銀山尼子陣之事、此方為後巻罷出候事、其聞候而、浮立候、然砌、佐波ニ置候此方人数、佐波衆申談、中途之山江打上、成行候処、則時退散候、山吹衆敵数輩討捕由候、左候間、三久須・矢筈・三ッ子以下敵城、悉退散之由候、昨日佐波衆此方之衆、至池田相動、則時切取候、其儘大田江相動之由候、定而大田之事茂可事行候歟（中略）小笠原之儀者、急度可仕仕詰候者（年未詳八月九日「毛利元就書状」〈『萩閥』一一、浦家3〉）

と見え、銀山周囲の三久須城・矢筈城・三ッ子城などに陣取っていた尼子勢を、佐波氏と佐波へ置いていた毛利勢らが退散させ、その際、毛利方の銀山山吹城衆が敵尼子勢を討ち取ったとする。そのうえで、彼らは佐波領至近にあった三瓶山麓の池田を切り取り、さらに大田方面へ進出しつつあるとする。このような佐波衆の目覚ましい働きからであろうか、同八月二十六日には、元就から佐波興連・同隆秀に対して、「弓箭中之儀進之置候」として都賀半分が宛行われ用路（要路）在城が命じられている（弘治二年八月二十六日「毛利元就書状写」〈『萩閥』七一、佐波庄三郎9〉）。

一方、江の川河口部に目を転じると、弘治二年九月には、それまで小笠原領であった都治が福屋氏の支配に入っている（弘治二年菊月十一日「福屋越中守兼清安堵状」〈武明八幡宮文書[18]〉）。弘治三年（一五五七）三月には福屋・吉川両氏は江の川中流域西側の井原に対小笠原の相城を普請、同四月下旬には小笠原の旗山城を攻撃し小笠原氏の勢力下にあった江の川中流地域への軍事的進出を試みている（弘治三年四月二十七日「小笠原長雄感状」〈平田家文書[19]〉、〈弘治三年〉三月二十三日「毛利元就書状」〈『萩閥』八四、児玉弥七郎9〉、〈弘治三年〉三月二十六日「毛利元就書状」〈『萩閥』八四、児玉弥七郎10〉）。

以後も、毛利氏は、石見東部進出のため、川本の小笠原氏の圧伏に全力を注ぐ。

永禄二年（一五五九）七月、尼子氏は、小笠原氏救援のため、毛利方の福屋勢が守る河上松山城を攻撃して失敗

する。（永禄二年）七月二十六日「杉原盛重書状」（横山文書）[20]では、

雲州衆福屋端城河登（上）へ相動候間、元春・熊谷同前に為後巻打廻候処、不待付、ゆの津迄引退候、彼表ニ于今雖逗留候、手負死人依有数多、重而之行、不及了簡由其沙汰候、小笠原之儀茂、一姿可有候間

と見える。河上松山城は江の川河口近くの大河の屈曲点にある要衝である。[21]小笠原氏は、同年六月以来、毛利勢によって包囲され本城である川本の温湯《ぬくゆ》城において籠城戦を強いられていた。しかし、この尼子氏の失敗直後の同年八月に小笠原氏は三カ月近くの籠城の末、温湯城を開城し、毛利氏に降伏してしまう。ここに、尼子氏は石見東部三郡のうち沿岸部を除いて足がかりを大きく失ってしまうのである。

河上松山城攻めで敗北した晴久は、退却して永禄二年七月二十八日頃には温泉津に在陣、さらに撤退して九月末から十月にかけて大田に在陣し、結局、十月二十四日に出雲へ帰陣し神魂社（意宇郡）などに参拝するなど、石見東部沿岸から出雲へ引き揚げている（年月日未詳「神魂伊弉諾両社先例覚書」〈秋上家文書三九三[22]〉）。

尼子氏の動きで注目されるのは、江の川水系出口の河上松山城、その東の要港温泉津、銀山入り口の大田を重視していることである。つまり、石見東部沿岸の要衝を軍事的に制圧しながら江の川水系（石見奥地から備後北部）へと影響力を及ぼしていくという戦略をとろうとしている。[23]尼子氏は、江の川水系地域の出口とその周辺の要衝を押さえ、同水系地域の領主層・土豪層に政治的・経済的インパクトを与えることにより、毛利勢力の石見進出を牽制しようとしたと考えられる。

第三節　支配領域の変化と地域関係

1　江の川水系地域と沿岸港湾の結びつき

このことを考えるにあたり、邑智郡の国人小笠原氏と那賀郡の国人福屋氏が争った江の川中流域の市山の船持土豪層であった市山衆の動きは注目される。

第Ⅲ部第一章でもみたとおり、市山衆は、福屋氏が毛利氏に反旗を翻し邇摩郡沿岸の福光湊（毛利氏の城番が守る不言城《ものいわずじょう》）への軍事的進出に失敗した直後の永禄四年（一五六一）十二月、福屋氏を離れ毛利氏に属した。福屋氏は福光湊を抜いて銀山外港の温泉津へと進出を試みたが、これに失敗するや一気に滅亡へと向かう。翌永禄五年二月に、毛利勢は、福屋勢が守る河上松山城を攻撃してこれを陥落させる。その際、市山衆は江の川に船橋を架けて、松山城の裏山へ進軍する毛利勢に合力した（〈永禄五年〉正月九日「毛利元就書状」〈『岩国藩中諸家古文書纂』祖式嘉蔵〉）。このことからも、市山衆が船持土豪で、江の川水上交通に携わる者であることがわかる。また、彼らの帰趨が、江の川水上交通を制する重要な要素であったこともわかる。

市山衆のなかで、井下氏は、天正年間（一五七三～一五九二）には本貫地市山の屋敷分の田畠を中核に、比較的近隣の日和・阿刀とその周辺の田や山、やや離れた久佐・奥山に所領を散在的に所有している。そして、江の川河口からさらに西の有力な沿岸港湾である小石見浜田にも屋敷を多数所有するなど、遠隔地交通の結節点でもある沿岸港湾部にも経営拠点を持っていた[24]。これらから、天正年間には、井下氏は、一郡から二郡程度の活動範囲を持つ船持ちの商人的な土豪層であったことが知られる。これが、彼らのような村落上層民で地域経済の担い手たちの志向性であるとすれば、それが那賀郡国人領主福屋氏が天文二十三年以降、毛利氏と提携して江の川水系河口部から沿岸部にかけて進出していくという運動方向を規定していたと考えられる。(25) しかし、国人領主福屋氏は、結局この運動に失敗して淘汰されたのである。

井下氏が経営拠点を持つ小石見浜田湊は、天正年間にはすでに遠隔地交通の寄港地で要港であった。天正三年（一五七五）、薩摩の島津家久一行が薩摩への帰路、毛利領国下の出雲から石見に入った際、薩摩・大隅の商人が活動していたのは銀山・温泉津・浜田などである。それ以東では彼らが姿を見せなかったことが注目される。温泉津、次いで逗留地浜田から出港した家久一行は平戸に立ち寄り南蛮船を見物して薩摩へと向かっていること、(26) それに、当時の東アジア大陸規模での銀需要の状況からしても、銀山の開発以降の銀の主要な流れ、それは、この当時に即していえば主要な経済の動きが、銀山付近を起点に大隅・薩摩商人のような遠隔地商人らの活動によって顕著に西向きになっていたことを想定しなければならない。ここに、水陸交通路に位置した地域の土豪層による一、二郡レベルの経済活動範囲、すなわち小地域経済圏が遠隔地交通の結節点たる主要港湾へと結びつくことによって、国人領はもとより大名の領国を越え、九州を経て東シナ海にも繋がる東アジア規模の広域経済圏に構造的に組み込まれたものと考えられる。

このような運動方向を基本的な動きと考えるならば、その少し前の時期に、毛利氏が、江の川河口部から西側の小石見浜田を領有する福屋氏といちはやく提携し、邇摩郡沿岸方面・銀山方面への進出を窺ったことには重要な意味がある。江の川流域から石見東・中部の支配は、この狭小な地域の枠組みを越えて、すでに、九州から東シナ海方面との結びつきによって規定される段階に立ち至っていたと想定できるのである。したがって、この毛利氏の石見進出は、陶氏（大内義長）との手切れと対決を考え合わせれば、毛利氏が安芸国の山間部領主を脱皮し、防長から北九州を含めた大内領国の継承者となっていく新たな段階に立ち至ったことを意味していよう。

2　尼子氏の領国支配衰退と地域関係——杵築坪内氏の商業圏と尼子氏末期の政治領域

では、尼子氏は、そのような経済構造を自らの領国支配にうまく取り込みえたであろうか。結論を先にいえば否である。

出雲国杵築の商人坪内氏は、少なくとも天文初年頃には尼子経久が杵築大社門前町杵築において、十六軒の「室」あるいは「檀所」という、いわゆるのちの御師宿に独占的営業権を与えたもののひとつである[27]。この坪内氏は、のちに備後のほかに少なくとも出雲国内の三沢郷・大東本郷、石見、安芸など出雲国内から近隣諸国にわたる活動範囲を持っている[28]。

坪内氏の性格は、同家文書の翻刻分析を交えた岸田裕之氏の研究に詳細である。それによれば、杵築大社の御師として大社信仰圏の檀那の参詣宿・祈禱などの機能を果たし、この師檀関係により政治外交機能を媒介した。また商人司として地域における商人間紛争の調停者として登場し、地域商業活動の秩序維持機能を果たす一方、尼子氏と被官関係を結んで軍役衆として立ち働くなど多様な性格を持った。特に、尼子氏の備後北部地域における勢力圏拡大に伴い、坪内氏が三吉氏や江田氏・田総氏など備後北部領主層との間に関係を持ち、布教・商業・政治等一体の活動を展開していた。岸田氏は、彼らのこのような多様な性格の政商的な都市有力者が、大名の領国支配の維持にとって、また、彼らの外交政策遂行にとって不可欠の存在であったことを明らかにしている[29]。

このような政治と不可分の坪内氏の性格を踏まえながら、尼子氏衰退期の銀山と杵築との物資需給関係をみると、以下のような政治領域と経済活動領域との矛盾を抽出することができる。

「牛尾久清書状写」（坪内家文書『町史』一四三三、『史料集』一一〇五）

島津屋関所就被仰付候、御印判之旨、少も不可有相違候、自然相紛儀候者、可任御法度之旨候、以上馬三疋分可有御通候、恐々謹言、

永禄四年

十月五日　　　牛尾太郎左衛門尉

久清（花押影）

坪内孫次郎殿まいる

「尼子氏黒印状」（坪内家文書『町史』一四二一、『史料集』一〇七六）

（黒印）

此馬壱疋石州罷通候、如御法度、米・酒・塩・噌・鉄被作留候、其外肴・絹布已下者不苦候、自然寄事左右押妨之族、堅可有停止者也、為其被成袖　御判候、恐々謹言、

（永禄五ヵ）
二月五日

真鍋

豊信（花押）

立原

幸隆（花押）

彦六　殿

これらは、尼子氏が石見からほとんど後退し、これに代わって毛利氏の石見支配が確立しつつあった永禄四年末から五年初め頃の状況と考えられる。尼子氏重臣や奉行人らが、坪内氏に対して、出雲国と石見国境の島津屋関を通行する馬匹の許可と制限、石見への搬出物資の制限を命じたものである。敵地石見へは、軍需物資への転用ができる米・鉄・塩や食料として保存が利く酒・味噌などは搬出禁止であり、逆に、都市的需要がある贅沢品で高い利

潤が見込める絹布、保存が利かない魚などは規制対象外となっている。これら日用物資の需給関係からは、出雲西部と石見東部との国境を越えた日常的な地域的一体性が見えてくる。

一方、このような需給をめぐる往来において領国支配権力から規制が入れられ、政治的支配の領域的枠組みと商業的な活動範囲との間に齟齬が生じはじめているのである。

しかし、これもそもそも、地域商人と尼子権力との政治的保護関係による地域商人の活動の拡がりが、毛利領国の領域的拡大・尼子領国の縮小という境界変化のなかで桎梏に変じたものであった。

そのような構図によって、坪内氏のような地域有力商人の活動が規定されていたのであろう。たとえば、次に見える史料はそのことを示唆する。

「温泉英永・彦二久長連署書状」（坪内家文書『町史』一四九〇、『史料集』一一九九）

尚々諸祈念之儀、余人にハ申付間敷候、此外不申候、

爰元籠城之中、祈念頼候之処、御懇之至候、本望此事候、於帰国者、於石州温泉津せんさきや又衛門屋敷一ヶ所進之候、永代可有進退候、将又英永知行之内御供無残、是又不可有相違候、恐々謹言、

十二月廿三日

温泉
英永（花押）
彦二
久長（花押）

石田二郎右衛門尉　殿
参

「温泉英永寄進状」（坪内家文書『町史』一五四九）

大社
　奉寄進
　　常灯
右意趣者、息災延命武運長久、別者、至石州滞国、温泉津串山幷銀山款冬山、任其外邇摩郡石見悉存分所々令
知行成就、如（件脱カ）、
　永禄八年五月廿八日　　　　　　　　　信濃守英永（花押）

いずれも、永禄五年に尼子氏が石見国東部から出雲に撤退したのちの永禄六年から同九年の間の文書である。文書の年紀である永禄八年五月には、すでに毛利軍は本陣を富田城前面の星上山に移して富田城総攻撃に入ろうとした時期である。[30] 尼子氏の撤退以前に邇摩郡温泉津付近を領した温泉氏は、このとき、富田城に籠城していた尼子氏に従っていたと推測される。この文書は、その富田城から杵築の坪内氏に託されたものと考えられる。[31] 前者は温泉氏が石田氏に神願祈念や御供を依頼していることが知られ、後者は大社への常灯寄進を内容としていることから、温泉氏は御師坪内氏の檀那であったとみられる。

前の文書では温泉英永が、石田氏に対し温泉津にあった長門国仙崎の「せんざき屋」の屋敷を与えることを約そうとしている。しかし、この文書はすでに毛利氏の支配下であった杵築の坪内氏のもとに滞留したままで石田二郎右衛門尉には届かなかったとみられる。また後の文書では、石見国への帰参が叶えば温泉津の串山城や銀山の款冬《ふき》山などの知行を祈念したりしているなど、かつての温泉氏の領主支配の概要を窺わせている。

御師坪内氏は、尼子氏との被官関係や、杵築大社に対する国境を越えた信仰を背景に、尼子氏の石見撤退以前から石見東部邇摩郡の領主温泉氏と師檀関係を取り結びながら、当該地域との往来による商業活動を展開してきたと

考えられるのである。

しかし、尼子氏が石見東部から軍事的に撤退し、それに伴って政治的領域・境界に変化が生じたとき、需給関係によって結ばれた地域は政治的に分断され、都市を拠点に大名権力とも結びながら、本国と国境を越えた近隣諸国で活動を伴う地域有力商人にとっては、「自由な」商業活動の桎梏となってしまうのである。そこに、彼らのような立場からは、地域における広域的で、かつ安定的な政治秩序が求められるようになってくると考えられるのである。ここに、大名権力の強力な牽引力による領域支配の広域化を望む主体として、坪内氏のような大名権力に結合した地域都市型有力商人が想定されてくるのである。

このことは、永禄五年三月の福屋氏の滅亡直後、尼子氏の石見からの完全撤退に伴う以下の政治過程からも推測される。

永禄五年六月には、それまで尼子方にあった赤穴《あかな》氏が毛利氏に雲石国境の泉山城（佐波）を去り渡して毛利氏に通じた。また、同時期に牛尾久清が波根湖出入り口の鰐走《わにばしり》城を明け渡し、石見における尼子勢力は一気に撤退する。(32) その直後の永禄五年七月末、毛利勢が本格的な出雲攻めを開始し、出雲西南境の飯石郡赤穴から出雲へ侵入し、出雲西部の大津・塩冶・今市方面に展開し、(33) 八月後半にはすでに出雲西部楯縫《たてぬい》郡の鳶巣城まで進出した（〈永禄五年〉八月二十四日「毛利隆元書状」〈『萩閥』一六一、後藤屋善兵衛1〉）。結局、この年の末までに、赤穴氏（大原郡）、三沢氏（仁多郡）、三刀屋氏（大原郡）、米原氏（出雲郡）、杵築大社（神門郡）、鰐淵寺（楯縫郡）など出雲西・南部地域（斐伊川・神戸川水系とその周辺）における主な国人・寺社が毛利氏の傘下に入った。(34)

このように、出雲西・南部は、石見東部が毛利氏の手に落ちるやいなや、短時日で毛利方の支配下に入ってしまった。翌永禄六年十月末に島根郡の白鹿城が毛利勢の激しい攻撃により落城してのちも、少なくとも宍道湖東岸以東の島根郡・意宇郡・能義郡など出雲東部地域が、かなり長期にわたって毛利勢の進出に対して持ちこたえ、天文九年十一月になってようやく富田城開城に至ることと比較すれば、出雲西・南部地域が尼子領国から脱落するのはきわめて速やかであった。

つまり、石見銀山を擁する石見東部と出雲西部地域間の経済活動における不可分な関係と尼子・毛利領国支配の境界との齟齬が、このような展開を規定した主要因と考えられるのである。

おわりに

以上のように、十六世紀の石見銀山開発以降、日本海西部から東シナ海に繋がる広域経済は、石見銀山以西において顕著に西向きに動くことになった。

少なくとも石見銀山が発見されたという大永六年（一五二六）前後、石見銀山がある石見東部は、大内氏の守護国内にありながらも、尼子氏が領国支配に組み込もうとしていた。隔地間商人神屋寿禎の交易は、大内・尼子氏が対戦する政治的境界を越えて展開しており、三島氏のような地域商人・山師との結びつきのなかで行われていた。この時点は、銀が西に向かって動く以前のことで、経久期尼子氏のこの石見進出は、銀山や銀の動きとはいまだ直接関係しなかったと考えられる。

しかし、石見銀山の開発が進んだ十六世紀第3四半期にさしかかってくると、江の川水系地域社会では、地域経済の担い手である船持土豪層が成長し、石見の主要港湾（都市）へと結びついていった。『中書家久公御上京日記』からは、天正初年頃には、小石見浜田や温泉津など沿岸主要港に大隅・薩摩商人ら隔地間商人が進出しており、浜田から出港する船舶が、南蛮船が着岸する平戸を経由して薩摩にまで繋がっていることを知ることができる。このように、石見沿岸都市から内陸部へと繋がる近隣交通体系と、石見沿岸から九州へと繋がる遠隔交通から、十六世紀第3四半期頃には地域が東アジア海域へと経済的に繋がるメカニズムの形成を読み取ることができる。このことによって、石見中東部地域が東アジアの広域経済に組み込まれていったことがわかる。

石見国那賀郡の国人領主福屋氏の急速な膨張・滅亡や、毛利氏が安芸高田郡の領主から備後・石見東部へと進出膨張していく動きも、このことと相関関係があったと考えられる。天文二十年（一五五一）の大内義隆自刃直後の毛利氏は、いまだ、大内領国の枠内にあって江の川水系の地域秩序の調停者として腐心する地域権力段階にあったが、天文二十三年（一五五四）に陶氏と手切れし翌年の厳島合戦で勝利を経る過程で大内領国継承者として、東アジア海域との経済的関係を意識してであろう、広域大名権力として飛躍していく。その天文末年から弘治にかけて、福屋氏と提携して石見国侵攻、特に石見東部の切り取りへと動いたと考えられる。

一方、大内氏滅亡後の一五五〇年代、尼子領国は、石見東部の主要港湾の支配により、東アジア海域の広域経済と接点を持ったと考えられる。尼子末期の永禄四年頃には、出雲西部の要港宇龍にまで唐船が入り込み着岸している。[35]また、尼子氏の領国出雲においては、尼子氏の被官であった杵築の坪内氏のような檀所・商人であった地域都市型有力商人が、国境を越えて政治・宗教・経済活動を行っていた。弘治から永禄初年頃には、坪内氏は石見東部沿岸の領主温泉氏と師檀関係を結んで、銀山近隣地域で商業活動を展開していたとみられる。このように、すでに十六世紀第3四半期には、出雲西部の港湾都市杵築と石見東部銀山地域とは経済的に結びつき、地域的に一体性を持っていたのである。

にもかかわらず、永禄四、五年、尼子権力が、毛利氏に駆逐され石見東部を撤退するなかで、出雲西部から石見東部への物流に規制をかけてしまったことは、国境をまたがる地域の一体性を損う行為であった。このことは永禄五年（一五六二）六月、尼子氏が石見東部支配から完全撤退し、その直後の七月、毛利氏が矢継ぎ早に出雲西南境から西部へ侵入し、出雲西・南部（斐伊川・神戸川水系とその周辺）の諸領主層が毛利方へ離反して、同年末までには毛利氏が出雲西部を尼子領国から奪い取ったことからも理解できる。この東アジア海域との結びつきを背景にした出雲西部・石見東部の一体性は、尼子氏が、永禄九年までの三年にわたって、尼子氏の最後の勢力範囲として、出雲東部地域が毛利氏の進出に堪えたことと好対照をなしながら裏付けられるのである。

註

（1）長谷川博史『戦国大名尼子氏の研究』吉川弘文館、二〇〇〇年、第一編第三章「尼子氏による他国への侵攻」。

（2）長谷川氏は「戦国期西国の大名権力と東アジア」（『日本史研究』五一九、二〇〇五年）のなかで、十六世紀の東アジアの経済変動が、中近世移行期の政治的統合や社会変動の要因になったが、そのなかにおける地域権力の位置づけについては、なお検討すべき課題が残されているとする。そして、戦国期の変動と統合を推し進めた原動力は、東アジアの変動が日本銀を起爆剤にしてさらに拡大したことによっているとする。

また、「十六世紀における西日本海域の構造転換」（『日本海域歴史大系５　中世編』清文堂、二〇〇五年）においては、石見をはじめ西日本海沿岸部の港湾の発達と、東西水上交通の活発化、これによる東アジアとの結びつきと、これに規定された港湾都市の変化を述べている。

（3）『策彦入明記』天文十年七月三日条。

（4）井上寛司「周防大内氏の石見国邇摩郡分郡知行」（『南北朝遺文月報』二、一九八九年）。『温泉津町誌』上巻、一九九四年、第三章。

（5）『大社町史　史料編　古代・中世』一九九七年、一〇五四（以下、『町史』と略記）、および、広瀬町教育委員会編『出雲尼子史料集』二〇〇三年、一五二一（以下、『史料集』と略記）。

（6）この文書の題箋には当時将軍職にあった義晴の名があるが、花押は義稙のものである。義稙については、『公卿補任』大永三年の項では「於阿州撫養四月九日薨給云々、数年後風聞」とあり、大永元年十二月に将軍職を廃されて、同三年四月九日に下向先の阿波国で没していた。経久の花押は自署とみられるが、この流浪の元将軍の花押には筆勢がなく、本史料へ花押が据えられた経緯は不明である。

（7）『新修島根県史　史料篇1　古代・中世』一九六七年。および、島根県立図書館架蔵影写本に依る。

（8）藤岡大拙「出雲大社の御師」（『茶道雑誌』三九―一一、一九七五年）。のち、同『島根地方史論攷』（ぎょうせい、一九八七年）に再録。

（9）岸田裕之「大名領国下における杵築相物親方坪内氏の性格と動向」（『大社町史研究紀要』四、一九八九年、のち同『大名領国の経済構造』〈岩波書店、二〇〇一年〉に再録）。

（10）原慶三「尼子氏の石見国進出をめぐって――石見銀山、吉川・小笠原氏との関係を中心に――」（『山陰史談』二九、二〇〇〇年）でも同様の見解が示される。

（11）天文十二年十月二十六日「福屋正兼書状」（三宮岡本家文書、島根県立図書館謄写本）、この文書は、福屋氏当主から奉行人井頭内蔵助に宛てて「小石見大工太郎四郎扶持之儀申候、長沢三反田今度検地候て四反之辻遣候其由可申聞候」と書き送っているものである。この頃から、小石見郷大工職への扶持や安堵は、当該地域の国人領主である福屋氏が行っており、郷大工職を国人の被官化している。

（12）原前掲註（10）論文。

（13）拙稿「戦国期石見国における在地領主支配と地域経済秩序――益田氏庶流福屋氏の発展・滅亡過程を中心に――」（本書第Ⅲ部第一章、『ヒストリア』一三五、一九九二年、初出）。

（14）前掲註（13）拙稿。

（15）天文二十三年正月説と同年十一月説があるが、原前掲註（10）論文の指摘や、天文二十四年二月頃から急に頻出する出雲西部地域の所領寄進・再編の動き、鰐淵寺・清水寺座次相論などの動きから十一月説をとりたい。

（16）天文二十四年二月二十八日「尼子晴久寄進状」（日御碕神社文書『町史』一二八三、『史料集』八六六）では日御碕神社に対し出雲国神門郡薗村一〇〇貫、同日「尼子晴久寄進状」（出雲大社文書『町史』一二八四、『史料集』八

六七）では杵築大社に対し神門郡高浜郷之内本家分一五〇貫ほか、同日「尼子晴久寄進状」〈揖夜神社文書『町史』一一八五、『史料集』八六六）では意宇郡の揖夜神社へ出東郡氷室庄一〇〇貫など。

(17) 塩冶郷を中心にした出雲西部における国久の支配の成立については、長谷川博史、前掲註(1)著書、第二章「戦国大名権力の形成——尼子氏による出雲国奉公衆塩冶氏の掌握と討滅——」に詳しい。

(18)『新修島根県史　史料篇1　古代・中世』一九六七年。および、島根県立図書館架蔵影写本に依る。

(19) 同前。

(20)『広島県史古代中世資料編』Ⅳ。

(21)『島根県中近世城館調査報告書　石見編』島根県教育委員会、一九九七年。

(22)『出雲国意宇六社文書』島根県教育委員会、一九七四年。

(23) 原慶三氏は前掲註(10)論文中において、尼子氏が銀山支配にそれほど興味を示していなかったのではないかと指摘している。毛利氏に比べて尼子氏が銀山の確保にあまり熱心でなかったのも、東アジア経済との結びつきを、毛利氏ほどに領国支配を成り立たせる基本的な要件として強く意識しなかったのではないかと推測する。

(24) 井下氏が浜田で知行していた「大とい」については、筆者が前掲註(13)拙稿で「大土居」と解釈したが、長谷川博史氏は前掲註(2)『日本海域歴史大系5　中世編』掲載論文において、「大問」との解釈を示している。

(25) 前掲註(13)拙稿。

(26)『中書家久公御上京日記』〈原本は東京大学史料編纂所蔵、写本は鹿児島大学中央図書館など〉。

(27) 藤岡前掲註(8)論文。

(28) 備後国（天文十七年七月吉日「三吉致高寄進状」〈坪内家文書『町史』一一一三〉、年未詳七月十六日「粟屋隆信書状」〈坪内家文書『町史』一一一四〉、年未詳七月十七日「三吉隆亮書状」〈坪内家文書『町史』一一一五〉、年未詳三月九日・同三月廿六日「福永重久書状」〈坪内家文書『町史』一一一八・一一一九〉）。出雲国三沢本郷（天文十五年九月廿六日「秋上重孝他十一名連署状」〈坪内家文書『町史』一一九五〉）、安芸国（年未詳十月廿六日「其高慶書状」〈坪内家文書『町史』一一一六〉）、石見銀山（年未詳十月十日「尼子晴久書状」〈坪内家文書『町史』一二六三〉）がある。

(29) 岸田前掲註(9)論文。
(30) 米原正義『出雲尼子一族』新人物往来社、一九八一年。
(31)『温泉津町誌　上巻』温泉津町、一九九四年。
(32)（永禄五年）六月二十三日「毛利元就・同隆元連署書状写」（『萩閥』遺漏四ノ一、川尻浦斎藤源左衛門3）、永禄五年六月十二日「毛利元就・同隆元連署安堵状」（『萩閥』三七ノ一、中川与右衛門1）。
(33) 三卿伝編纂所編『毛利元就卿伝』マツノ書店、一九八四年、四一四〜四一八頁。
(34) 米原前掲註(30)著書。
(35) 永禄四年十月二十七日「尼子氏奉行人連署奉書」（日御碕神社文書『町史』一四三六、『史料集』一一〇八）。このことからは、かつて矢田俊文氏が「中世水運と物資流通システム」（『日本史研究』四四八、一九九九年）で指摘した、尼子氏末期頃の島根半島西部宇龍付近を境にした東西二つの日本海経済圏の在り方が理解されてくる。

補論1　戦国期石見小笠原権力の再編と地域支配

はじめに

小笠原権力が勢力を張ったのは、石見東部山間の邑智郡においてである。本拠地の川本は、江の川水系の中流域に位置する河川水運の要港である。江の川は、安芸・備後北部から石見へと貫流し、日本海へと流れ込む中国地方屈指の大河で、小笠原領がある中流域は、出雲国境にも至近である。

政治的には、十五世紀から十六世紀初頭にかけ、石見国は山名氏の分国でありながら、邑智郡の北側に隣接する邇摩郡は大内氏が拠点を置いて支配をしていた。[1]また、十六世紀初頭の永正年間（一五〇四〜一五二一）には、石見は大内氏の分国となり、これに対して隣国出雲の戦国大名尼子経久が、山名氏の旧守護代と連携して対立した。さらに尼子氏は、石見東部三郡（安濃・邇摩・邑智）から石見へと侵攻する。[2]また、大内氏滅亡後も、尼子晴久の支配と毛利元就の侵入をうけ、永禄五年（一五六二）に毛利氏の支配が確定する。このように、石見東部は東・西・南の大きな政治勢力が出入りするという政治的に難しい位置に置かれ、これが大永六年（一五二六）に始まるとされる石見銀山（邇摩郡）の開発[3]によって、さらに熾烈を極めることになってくる。

このような地域に支配を展開する在地領主小笠原権力が、十五世紀後半から十六世紀にかけて戦国期領主権力へ転生した態様を、守護大内氏や中央政治など諸権力の動きとの関係を交えて明らかにしていく。また、地域権力として領域拡大を展開するなかで、地域社会へ浸透するため、この地域に多数存在した八幡宮を取り込んだ意味を明らかにする。

第一節　戦国期権力への展望

本節では、在地領主小笠原権力が、応仁文明の乱を経て戦国期に至る地域社会や体制の動きのなかで、それに適合した権力形態をどのようにして創り上げていったのかについて、明らかにしていきたい。

1　石見小笠原氏概観

まず、ここでは、石見小笠原氏の成立から終末までを概観しておきたい。

石見小笠原氏の歴史については、戦前の旧『島根県史』（一九二一～一九三〇年）や森脇太一編『邑智郡誌』（邑智郡、一九三七年、一九七二年再刊）に記されているが、小笠原氏の石見入部から出雲国神西転封に至るまでを述べたのは、三上鎮博氏執筆の『川本町誌』（川本町教育委員会、一九七七年）においてである。現在、我々が手にする小笠原氏像は、三上氏の諸論に多く依っている。しかし、氏の所論は古文書史料のほか、後年の述作を含むとみられる「小笠原十五代記」（『丸山伝記』島根県立図書館架蔵）に依るところも多く、慎重な検討が必要である。また、そののち、上垣玲子氏の「石見小笠原氏の研究㈠㈡」（一九八六・一九八七年、島根県立図書館架蔵）があり、古文書を基軸に据えて石見小笠原氏の成立から終末までを通観している[4]。

そこで、まず、上垣氏の所論をもとに、石見小笠原氏の通史を簡単に見ておきたい。

小笠原氏が石見国川本（河本）郷に移って来たのは鎌倉時代後期であろうといわれる。同氏がどのような経緯を経て石見に土着したかについては必ずしも明確ではないが、その出自は、おおむね甲斐源氏でのちに信濃へ移った小笠原氏の一族であろうと考えられている。

それを物語る最初の史料は、建武四年（一三三七）七月二十五日付「小笠原信濃守貞宗代桑原九郎次郎家兼軍忠状」である。(5) この史料は、当時、北朝方にあり信濃国の守護で邑智郡川本郷の一方地頭を兼ねていた小笠原貞宗が、代官桑原九郎次郎家兼を派遣して、同じく北朝方にあった小笠原長氏とともに、江の川下流部地域で南朝方にあった河上孫三郎と戦ったというものである。この小笠原貞宗の代官とともに戦った小笠原長氏が、いわゆる石見小笠原氏であるという信頼できる初見である。

この文書は、小笠原信濃守貞宗の代官が、当時、足利方にあって石見方面における総大将であった上野頼兼の証判をうけた軍忠状である。そのなかに、長氏の名が付記されていることからすると、長氏が信濃小笠原氏の庶家であって、石見に土着してそれほど時間が経過していなかったことを推測させる。上垣氏は、こののち、長氏が二分されていた川本郷のもう一方の地頭職を持ち、長氏の子孫が、信濃小笠原氏の所持していた一方地頭職を引き継いで、川本郷全体を領して自立したという見解を示している。

これ以後、小笠原氏は十四世紀末の南北朝動乱末期以降、近隣の南朝方在地領主領を吸収する形で、本領の北側の河合郷・吉永郷・三原郷方面へと所領を拡大していったものと推測される。(6) この過程で、三原郷の鎮守八幡宮（のちの武明八幡宮）を祀り、荘厳寺・甘南備寺など地域の有力寺院と、所領寄進を通じて関係を深めていったものと考えられる。(7)

こうして、川本郷を中心とした邑智郡内における小笠原氏の所領が形成され、戦国時代の永禄二年（一五五九）、毛利氏に降伏して、川本を含む江の川以南を手放すまでの二世紀、さらに江の川以北の三原郷に本拠地を移してから天正十九年（一五九一）の出雲国神西転封に至る約三十年、全体であしかけ二世紀半にわたって、現在、明確にできるだけでも北は三原・大家・井田方面、東は竹から都賀、南は山南、西は井原から日和に及ぶ石見東部に勢力を保持したのである。

2　戦国期領主としての権力基盤形成——十五世紀末・十六世紀初頭の権力編成から

この時期の小笠原権力の編成を知るには、小笠原氏とその被官であった井原氏との軍役・所領給与を巡る関係を明らかにするのが有効である。

井原氏の歴史を伝える庵原文書には、小笠原氏が周防の大内義興に従って上洛し、畿内を転戦していた時期の軍役以下の諸役や所領給与に関わる史料が比較的良好に残されている（以下、本項・次項引用の文書は庵原文書）。

庵原文書は、性格の異なった二つの文書群から成り立っている。ひとつは、文明十年（一四七八）以後のもので、文書の宛先が井原氏となっているもの。もうひとつは、そのほとんどを南北朝期のものが占め、井原氏以外に宛てられたものであり、小笠原氏や小笠原領に関わったものが多くを占めてはいるものの、文書が発給された時点では、のちの井原氏に直接関わっていたとは思われない文書群である[8]。両文書群は、時期的に約一世紀近くかけ離れている。このことからして、おそらく、後者は、井原氏自身の伝来文書群ではなく、同氏が小笠原権力の下で活躍した十五世紀後半から十六世紀にかけてのいずれかの時期に井原氏の手元に流れ込んだ、井原氏とは別系統の系譜をひく文書群と考えられる。井原氏の出自は、現在のところよくわかっていないが、前者の文書群のうち以下に示す複数の文書内容からして、応仁文明の乱以後の十五世紀後半に急速に台頭してきた在地の上層農民で新興勢力であったと推測される。

そこで、井原氏が小笠原氏の被官として、一定の地位を占めるに至った過程を追っていこうと思う。

文明十年正月二十一日、井原経信は、井原弥次郎に対して、川本郷内の抽見村にあった「かちへ屋敷」を譲り与える。この屋敷は、経信の先代が小笠原長弘（大殿道賢）から給与されたものであった。

　　ゆつりわたすやしきの事

石見国河本郷ゆミの村之内、かちへやしきの事、大殿道賢の御方よりおやにて候しやうしゆ永代給はられ候て、重代さうてんの所領と（して脱カ）知行すべきの由ゆつり給候間、同弥次郎ニ譲とらする処なり、たのさまたけなく、重代さうてん之所領と（して脱カ）知行あるべく候、諸公事御免の事、本文書見へ候、しせん之時ハそのふん心ゑらるべく候、仍為後日ゆつり状如件

　文明十年正月廿一日　　　　　　　　　　経信（花押）

　　井原弥次郎　殿

また、永正五年（一五〇八）、井原弥六は、祖父君善左京亮が君谷の戦いの際、討死したことにより、小笠原長隆から井原にある「かちや名三貫文」を「本領」として給与されている。そして、永正九年（一五一二）六月一日には、小笠原長隆より、井原民部左衛門に対して、以下のような判物が与えられている。

知行分之事、山南比敷之内あさり名、同ふせの内かち屋名、河下之内すけさわの名、同ゆミの内六百前、又中原之内かちや名之事、去永正五年六月一日、別而判形在之、合而五ヶ処、分銭十弐貫之地、右代々雖為給所、先祖左京亮以来以忠節、為本領申付候、公役之事、此内分銭有不足間、十貫前之役銭五分一可沙汰、弥自今以後忠切（節）可為肝要者也、仍状如件

永正九年六月一日　　長隆（花押）

井原民部左衛門　殿

井原民部左衛門が所持していた五カ所の所領は、代々の新給地ではあったが、左京亮以来の忠節により、永正五年六月一日付で、小笠原権力より本領として認められたことが記されている。これから、従来、井原氏は代々の本領を所持していなかったか、もしくは、著しくわずかしか所持していなかったかのいずれかであったと考えられる。本領という場合、公役という形で幕府権力や守護権に繋がる軍役をはじめ、諸賦課の義務を負わなければならない領地であったと考えられるが、一方で、上級領主権力が、無制限に踏み込むことができない部分でもあった。しかし、この本領部分にまで、賦課基準として「分銭十弐貫之地」として、大まかながら、新給地に見える分銭高表示が持ち込まれている点が注目されるのである。つまり、小笠原権力は、権力の末端部分に引き上げ組み込んだ在地の新興勢力を、軍役以下の諸役の体系のなかに強力に捕捉しようとする意図を持っていたものと考えられるのである。

そして、永正十年三月二日には、小笠原長徳から井原民部左衛門に対して以下のような判物が与えられている。

抽見之内壱貫前之事、もと〳〵より作候、此在所とすみやきめん六百前、合而一貫六百前、給所としてふち（扶持）候、

全可知行之状如件

永正十年壬（癸）酉三月二日　長隆（花押）

井原民部左衛門　殿

ここで、井原氏が「もと〳〵より作」っていた抽見の内一貫相当の土地とは、井原氏が作職など耕作権を持っていた土地であったと思われる。また「すみやきめん六百前」は、先の永正九年六月一日付の史料に見える「ゆミの

内六百前」にあたると思われる。つまり、炭焼きに伴う免田であったと考えられる。これらを「給所」として「扶持」するということは、小笠原権力が井原氏に対して年貢賦課権をはじめとした領主権を分与するということにほかならない。これらから、井原氏の本領は、本来、耕作権または地主的な得分権からなっていたと考えられ、それが小笠原権力によって領主権へと転化させられつつあったことが窺えるのである。

こうしてみると、以下の二つのことがいえると思う。ひとつは、井原氏が、領主化しつつあった在地の上層農民であって、これを小笠原権力が、その権力基盤として取り込もうとしていたこと。いまひとつは、これら在地の上層農民から軍事的・経済的な収取を貫徹するために、きわめて大雑把にではあるが、分銭高表示という賦課基準で収取を定量化しようとしていたということである。このことから、小笠原氏は、十六世紀初頭という時期に井原氏ばかりではなく、領内に存在した在地の有力者層（中間層）を、その末端に編成しようとしていたと推測されるのである。

3　大内義興の京都出兵と小笠原権力——京・畿内の戦乱と地域権力の変容

それでは、小笠原権力が在地の上層農民層を権力の末端に取り込み位置づけようとしたのは何ゆえであったろうか。

永正九年六月一日付で、小笠原長隆は、井原民部左衛門に対して以下のような判物を与えている。

今度在京並簾役之事、為役分、着料之具足一領沙汰候、本領役之辻、以是皆納候所如件

永正九年ミつのへさる　　長隆（花押）

六月一日

井原民部左衛門とのへ

これは、小笠原権力から井原氏の本領に対して課せられた賦課が完済されたことを通知した文書である。このなかに見られる「在京」（役であろう）であるが、この当時、周防・長門を本拠地に石見国邇摩郡を拠点に、石見国内にも政治的影響力が強かった大内義興は、上洛して細川高国とともに将軍足利義尹を補佐して幕府政治に参画していた。この政権を支えたのは、中国地方西部の大内領国とその近隣から動員した強力な軍事力であった。大内義興は、永正四年（一五〇七）末に、流浪の将軍足利義尹を奉じて周防を進発して上洛し、当時、将軍職にあった足利義澄とそれを補佐していた細川澄元・三好之長らを追い払い、澄元・之長派から寝返った細川高国と結び、義尹を再度将軍職に就けた。そののち、永正八年の船岡山の戦いで足利義澄方の反攻を撃退して、永正十五年に帰国するまでの約十年間在京した[9]。

このなかで石見衆は、大内氏の重臣問田氏の配下として在京した。小笠原氏もこれに従い、船岡山の戦いでは小笠原長隆自身奮戦して、その功により刑部少輔に任官している[10]。この時期、小笠原氏が、この大がかりな動員に要する人的・物的な基盤を急いで整える必要に迫られていたことは、十分に推測できる。

そこに、在地の上層農民を権力に取り込み、大雑把で不完全ながらも、分銭高表示に基づく軍役そのほかの課役賦課の基準を整備する必要性があったと考えられるのである。当時の京・畿内を中心とした中央政界の混乱と変動、それは、室町幕府守護体制が抱えた矛盾の集中的表現であったが、それが、地理的に遠隔にあったはずの石見の地域支配権力を確実に戦国期権力へと転生させ、地域社会における動員体制を推進していったのである。

第二節　小笠原権力の地域支配と八幡宮

１　小笠原権力における八幡宮神主の役割

江の川水系から石見沿岸部にかけては現在でも八幡宮が多いが、小笠原氏は、武明八幡宮を御氏八幡宮としてとりわけ尊崇するとともに、領内にあるほかの八幡宮とも深い関わりを持った[11]。これは、源氏が歴史的に八幡宮を尊崇してきたことや、武神としての神格を持ったためであることはいうまでもないが、小笠原氏は、これらを積極的に利用している。

そこで、ここでは、小笠原権力と八幡宮神主との主従関係の内容を見ながら、小笠原権力が宗教領主をどのように編成し、利用していたのかについて明らかにしたい。また、これが、地域支配にとってどのような意味を持ちえたのかについて考察したい。

弘治二年（一五五六）十一月二十八日付で小笠原氏の当主であった長雄は、御氏八幡宮の神官であった湯浅権頭に対して次のような所領給与の判物を与えている。

昨日於社頭余次郎元服候、以今度弓矢利運如此儀太慶候、内々祈念辛労之験候、然者弐百疋之地可成扶持候、陣役等余次（事）不可懃候、段銭以下者可取沙汰也、弥心馳肝要候也

弘治二年十一月廿八日　　長雄（花押）

湯浅権頭殿[12]

一族の余次郎が御氏八幡宮の社頭において元服できたのも、今度の戦いに利運があったためで、それも湯浅権頭

の内々の祈念の辛労によって神力の験があったからだとする。その功により、湯浅権頭には長雄から二百疋の領地を扶持することが約されている。しかも、この領地には段銭以下は賦課するものの、戦の陣役ほかは課さないと定めている。この当時、江の川を挟んで、小笠原氏は那賀郡の福屋氏と対戦中であった。

また、年未詳十二月五日の「小笠原長雄書状」には、大家八幡宮神主が大田作山で敵を討ち伏したことが記される。(13)

去月二十四日大田面動之時、於作山大家神主敵討伏之由神妙云々、相心得可申聞候、恐々謹言

十二月五日　　　　長雄（花押）

また、天文十年（一五四一）七月十日付で、小笠原長徳は、「ぬくい《温湯》」山神八幡の神官であった横屋神四郎に対して、温湯山山神の御祭田として抽見（川本町弓市）において二百前の田を与えている。「ぬくい山」は、いわゆる、当時、小笠原氏の本城であった温湯城があった山であり、山神は、温湯城山の守護神であったと考えられる。

ぬく井山手之山神御まつり田として、於抽見村弐百前申付候、以此辻能々御まつり可勤者也、仍状如件

天文十年七月十日　　　　長徳（花押）

横屋神四郎とのへ(14)

永禄二年（一五五九）六月下旬、小笠原長雄が温湯城に籠城して毛利軍と対峙していたときに、小笠原配下として籠城軍のなかにいた大家郷の大家八幡宮神官須子宮内大夫（大宮公明）に対して、小笠原長雄から判物が与えられる。

今度籠城仕辛労神妙候、仍而以弓矢理運之上、百匹之地可成扶持候、社役調儀候間、右之扶持之儀者諸役免許候、弥忠義肝要候也

永禄二年
六月二十四日　　長雄（花押）
須子宮内大夫とのへ[15]

内容は、戦況が好転した暁には、一〇〇疋の地を扶持するというものである。そして、この扶持については、社役を調えるため諸役を免除するとしている。

これら四件の文書の内容からは、以下のことがわかる。まず、八幡宮の神官らは、戦時においては、軍役衆として動員をうける存在であったこと。一方、平時にあっては祭礼や祈念・祈禱も奉公の主要な部分として位置づけられていたことである。

2　福屋氏の邇摩郡進出から見た八幡宮——八幡宮と地域社会

前項では、八幡宮神官が、小笠原権力の下で、きわめて軍事的に編成されていたことを明らかにした。そのなかで、平時における祭礼執行が、小笠原権力に対する奉公の重要な部分をなしていたことを述べた。

そこで、ここでは、在地領主権力が、彼ら神官をその配下に編成しなければならなかった理由を考える手がかりとして、八幡宮の石見東部地域社会における地位について考えたいと思う。

弘治二年（一五五六）、小笠原氏と対抗していた福屋氏の一族、福屋越中守兼清は、小笠原氏の被官であった御氏八幡宮神官湯浅権頭が江の川下流部の都治に所持していた所領を安堵した。さらに兼清は、都治の内にあった御八幡に対して、新たに五貫相当の所領寄進をするとして、湯浅氏の代理人を派遣して支配するようにと、屋敷一カ所を付して湯浅権頭に申し入れている。それが以下の史料である。

如長雄一通都治安堵候、尤彼在所御八幡江為新寄進伍貫前之辻可申渡候、然者遣名代裁判肝要候、此内居屋敷一ヶ所可遣候、馳走可為肝要者也、仍一筆如件、

弘治二年

菊月十一日　　　　福屋越中守

兼清（花押）

湯浅権頭とのへ[16]

これは、小笠原長雄が出した一通のとおり都治の支配を引き続き認めるというものである。この当時、都治は、この地の在地領主であった都治氏の本領であり、同氏が支配していたが、小笠原氏の勢力下から福屋氏の勢力下へと移ったばかりであった。この時期の、この地域の政治状況を理解するには、これより数年ばかり時間を遡ってみる必要がある。天文二十年（一五五一）九月、石見守護でもあった周防山口の大内義隆が、家臣の陶隆房の謀反で倒れたことによって、石見地域も政治的混乱に陥った。天文二十三年には那賀郡の福屋氏が、安芸の毛利氏・吉川氏らと手を結び、同勢力を石見国内へ引き入れ、それ以後、小笠原氏の勢力下にあった江の川中下流域に向かって急速な進出を遂げ、小笠原勢と戦闘を繰り返した。この過程で都治が福屋氏の手に落ち、都治氏も福屋氏配下に組み込まれた。

それでは、福屋氏側は、なぜ敵対していた小笠原配下の八幡宮神官の湯浅氏に所領を安堵し、湯浅氏が神職を持っていたと考えられる都治の八幡宮に所領を寄進し湯浅氏に屋敷を付与したのであろうか。しかも、その際、何ゆえ敵方であるはずの小笠原長雄がそれ以前に出した文書の効力まで認めたのであろうか。おそらくは、新たに支配者となった在地領主福屋氏も、それまで小笠原氏や都治氏が八幡宮を支配の重要な要素として、地域において構築してきた先行社会関係を否定して、支配を行うことが困難であったのであろう。つまり石見東部では都治のような

郷レベルの地域社会の核として八幡宮が存在していたのであろう。

3　小笠原権力の邇摩郡大家郷支配と大家八幡宮

そこで次に、小笠原権力と八幡宮の関係、そして、八幡宮と地域社会との関係を見ながら、権力―八幡宮―地域社会との繋がりについて明らかにしていきたい。ここでは、邇摩郡大家郷の大家八幡宮とその神官大宮氏を題材に考察を加えていこうと思う。大家郷と大家八幡宮については、すでに、井上寛司氏の研究がある[17]。

以下、井上氏の研究成果を簡略にまとめてみる。中世都市大家は川本から大田・江津・温泉津を結ぶ交通の要衝に位置した都市的集落であった。元来、大家は、在地領主大家氏によって支配されていたが、天文年間、少なくとも天文十四年（一五四五）以前に大家氏が没落して、小笠原氏支配下に入ったとされる。小笠原氏の支配下に入ってからは、小笠原氏の目代であり自らも町の構成員である野田氏と八幡宮神主であった大宮氏によって統括された。井上氏の論考では、ここから大家の町衆が自治を達成しえていないという町衆の未熟さが指摘され、大家の中世都市としての未熟さが説明される。また、町中にある大家八幡宮は、都市大家の鎮守神である一方、中世以来の伝統に立つ大家郷全体の産土神としての性格を持つという二面性を持っていたと指摘されている。これらから、都市大家は、戦国時代に至って急速に勃興した町場であったとの推測をしている。

これらの成果を、先の都治における福屋氏の例と併せ考えると、小笠原権力も新たに勢力を伸ばした地域における社会関係のなかへ、町の有力構成員を代官にし、八幡宮神主大宮氏を被官として編成しながら食い込んでいこうとしたものと考えられる。

そこで、次に小笠原権力が、大家郷へ支配を浸透させるためにとった手段のひとつが、次のようなものであった。

この当時、一般的に郷・村鎮守社の祭礼においては、その地域の主立った身分の人々をはじめ、広範な身分の人々が集まり、天下泰平・五穀豊穣が祈られた。生産力の必ずしも高くない当時の社会においては、鎮守神へのこれら祈り自体も地域における生産活動の重要な一環をなしていたであろう。また、大家八幡宮でも祭礼の場に集まった人々の席次で、地域における身分秩序を再確認するという機能も果たしていたに違いない[18]。神主が大宮氏のように宮内大夫という五位相当の官途名を名乗り、湯浅氏が権頭の官途名を名乗ったことも、祭礼・神事を担う彼らが地域社会におけるトップクラスの身分であることを示している[19]。

この大家郷鎮守社である大家八幡宮の祭礼・神事に小笠原権力が以下のように関与したことは注目される。十六世紀半ば頃、大家八幡宮では、正月一日祭・九月二十三日祭・湯立神事・大本祭などが行われていた。これらの神事を、小笠原権力が、財政面から外護しようとしたことが窺われる史料が以下である。これは、小笠原上野介長実から大家八幡宮神主大宮宮内大夫に対して出されたものである。

当社八幡宮九月二十三日之御祭入目並湯立銭到候、其刻従前々役人相渡候、雖然御用稠候へハ、油断之儀条（候脱カ）、右二ヶ条又正月祭定刺大もと祭為入目弐貫前相渡候、坪付在別紙、無油断堅固御祭可致調候也、仍状如件、

天文十六稔　二月九日　　　　上野介（花押）

大家惣領分

神主宮内大夫　殿[20]

おおよその内容を見てみると、八幡宮の九月二十三日の祭りの経費、ならびに、湯立神事に必要な経費は従来より、その都度、経費を渡していたが、以後は、この二つの祭りに加えて正月一日祭・定刺・大もと祭の費用として合わせて二貫前の領地を大家八幡宮の神主方へ渡すとしている[21]。

このように、小笠原権力は、新たに勢力圏に組み込んだ地域の八幡宮における年中行事の外護者、すなわち、天下泰平・五穀豊穣と、祭礼に参加する地域住人層の身分秩序の外護者として立ち現れようとしていたと考えられるのである。

おわりに

以上、小笠原氏の戦国期権力としての転生と、八幡宮を通じた地域への支配の浸透の一端を粗描した。

十五世紀後半から十六世紀初頭にかけて、石見農村部では農民層の階層分化により地主的上層農民が析出されていたと考えられる。この中間層が、小笠原氏によって、領主権を分与され、軍役衆に編成されていった。その際、未熟ながら本領・新給ともに分銭高表示に基づいた知行が宛行われ、軍役が徴集されるというシステムが構築されている。これは、現在のところ同時期の隣国出雲には見られない特徴である。

その背景には、十六世紀初頭の永正年間（一五〇四～一五二一）、室町幕府体制内部のヘゲモニー争いから、石見の在地領主層が、周防の大内義興に従って上洛し、長期にわたる軍役を負担しなければならなかった事情があったと考えられる。これにより、在地領主の領内において軍役衆の強化と、彼らへの負担の定量化が必要とされていた状況が想定されるのである。換言すれば、この在地の状況と、中央の体制的な動きに刺激・規定されて、小笠原氏は、戦国期の領主権力としての体裁を整えることになったのである。

一方、十六世紀、小笠原権力は、石見地域に多く存在した八幡宮の神官を軍役衆に取り込んで、戦時には軍役・祈禱をもって奉公させている。また、新たに支配に組み込んだ地域では、その都市的集落の中核にあった八幡宮の年中行事執行を財政的に支えることにより、地域社会の秩序維持機能を外護する役割を果たそうとしている。つまり、邑智郡川本郷を起点に、邇摩郡方面への進出を含めて石見東部を広範に支配しようとした小笠原権力は、石見東部地域の社会に先行して根を張っていた八幡宮を取り込み地域社会にその支配を浸透させていこうとしていたのである。

註

（1）井上寛司「中世温泉津地域における領主支配の歴史的展開過程」（『温泉津町誌研究』三、一九九二年）。
（2）米原正義『出雲尼子一族』（新人物往来社、一九八一年）、長谷川博史『戦国大名尼子氏の研究』（吉川弘文館、二〇〇〇年、第一編第三章）。
（3）小林准士氏によれば、石見銀山の発見は大永七年（一五二七）である可能性が高いとする。それは、「石州仁万郡佐摩村銀山之初」（高橋家文書）に大永七年とあること、銀山清水寺蔵の寛永二年（一六二五）の本堂再建棟札中にも「大永七丁亥年」の記述が見えることなどによるとする（石見銀山史料解題『銀山旧記』島根県教育委員会、二〇〇三年）。
（4）島根県立図書館架蔵。このほか小笠原関係史料について基礎的な検討を加えたものに、井上寛司「〈島根大学附属図書館架蔵〉石見小笠原文書について」（『山陰地域研究〈伝統文化〉』一、島根大学山陰地域研究センター、一九八六年）がある。
（5）庵原文書（『新修島根県史　史料篇1　古代・中世』、島根県、一九六五年所収）。また、本史料は島根県立図書館の影写本に依った（以下同）。
（6）明徳元年四月十日「右京権大夫細川頼元遵行状」（庵原文書）。
（7）寛正三年九月吉日「小笠原長弘願文」（武明八幡宮文書『新修島根県史　史料篇1　古代・中世』所収）には、同八幡宮が応安年中（一三六八〜一三七五）に祀られた鎮守社であることが記されている。また、応永十六年九月三日「源長宣寄進状写」、応永二十一年正月十三日「小笠原長義寄進状写」（以上、打荻英一氏所蔵文書）などには甘南備寺へ、大永二年十二月二十四日「小笠原長隆寄進状」（荘厳寺文書）などには荘厳寺への所領寄進が記される。

(8) 前掲註(5)所収。

(9) この経緯については、杉山博『中公文庫　日本の歴史11　戦国大名』（中央公論社、一九七四年）など。

(10) 永正八年九月二十三日「大内義興感状」（清水文書、林文書、藤間文書）、十二月《（永正八カ）》六日「問田興之書状」（林文書。以上、『新修島根県史　史料篇1　古代・中世』、島根県立図書館影写本）。

(11) 寛正三年九月吉日「小笠原長弘願文」、天正七年十二月十二日「小笠原長旌・同元枝願文」、天正十一年二月二十一日「小笠原元枝判物」（以上、武明八幡宮文書『新修島根県史　史料篇1　古代・中世』所収）。

(12) 武明八幡宮文書（『新修島根県史　史料篇1　古代・中世』所収）。

(13) 大宮文書（『新修島根県史　史料篇1　古代・中世』所収）。

(14) 武明八幡宮文書（『新修島根県史　史料篇1　古代・中世』所収）。

(15) 大宮文書（『新修島根県史　史料篇1　古代・中世』所収）。

(16) 武明八幡宮文書（『新修島根県史　史料篇1　古代・中世』所収）。

(17) 井上寛司「中世石見国大家荘・大家氏と都市大家」（『温泉津町誌研究』一、一九九〇年）。

(18) 榎原雅治「中世後期の地域社会と村落祭祀」（『歴史学研究』六三八、一九九二年）。

(19) 薗部寿樹「中世村落における宮座頭役と身分——官途、有徳、そして徳政——」（『日本史研究』三二五、一九八九年）。

(20) 大宮文書（『新修島根県史　史料篇1　古代・中世』所収）。

(21) 前掲註(19)文書。小笠原氏の大家目代野田三郎兵衛実家が署判した坪付が同日付で打渡されている。

補論2　十五、六世紀の朝鮮王国・対馬と出雲・石見間の動きから

1　石見銀流出とその歴史的前提

朝鮮王国に、倭人らが銀を急速に持ち込み始める記録が見えるようになるのは、朝鮮王朝・中宗三十三年（一五三八）頃である。すでにそれまでに、朝鮮王国内で灰吹きが行われ、あるいは倭人へ同技術の伝習が行われて問題になっているが、『朝鮮王朝実録』同年八月己未条には、「今来倭人只持銀両、而不持他物云」とある。そして、この問題が急速に深刻なものとなるのは、『同』同年十月己巳条に「小二殿使倭所持銀鉄、多至三百七十五斤（中略）今昔悉許公貿、則日本及大内殿亦皆利之（中略）令礼曹当語之曰、銀鉄非国用緊要之物（中略）今後銅・鑞鉄・鉛鉄外、絶勿持来」と、見られるとおり少弐殿使者がもたらした大量の銀の取り扱いをめぐってである。この年を境に、朝鮮王国内への倭銀流入記事が増加するが、この頃対日銀貿易対策の画期が認められそうである。また『同』中宗三十四年（一五三九）七月癸酉条にも、「銅鉄民之所欲也、然倭人若不持来、則国家之用不足」とあり、前年十月己巳条と併せて、民用物である銅ほかの産物が、日本から入らなくなり、需要を満たせないことが問題になっている。さらに、銀は唐物など奢侈品の購入にあてられるばかりで[1]、民用物とはならないとして、朝鮮社会における社会的生産に結びつかないという問題を窺わせている。したがって、銀以外で日本から送り込まれた鉱産物が、すでに朝鮮社会の生産活動に不可欠なものであったことを示している[2]。

この時期は日本の天文年間（一五三二〜一五五五）にあたり、すでに博多商人神屋寿禎らが、石見銀山を「発見」

して、開発を始めたとされる大永六年（一五二六）から数えて十年以上が経過している。しかし、いまだ生野や佐渡が開発される前であるので、これらの銀は、石見銀山から産出されたものと判断される。

しかし、すでに、倭銀の流入を待つまでもなく、それ以前から、朝鮮王国の官僚には、日本が鉱産資源の供給国であることが意識されている。

朝鮮王国の高官申叔舟により朝鮮王朝・成宗二年（一四七一）に編集された『海東諸国紀』には、長門の銅・刃鉄、周防の荷葉緑、備後・備中の銅、丹後の深重青銅、伊豆・下野・薩摩の硫黄、伊勢の水銀、陸奥・出羽の金など、日本国内の鉱産資源に関する記述が多い。少なくとも、民間需要も含めて、十五世紀後半から十六世紀にかけて、朝鮮王国内においては、日本は鉱産資源の日常的な供給国としての認識が持たれていたことがわかる。いわば、こうした歴史的前提をうけて、天文年間以降、倭銀が朝鮮王国に流入していったものと考えられる。

2　応仁初年の「朝鮮遣使」とその背景

応仁初年は、日本の多くの大名・領主ほかから、個別に朝鮮王国へ使者が遣わされた、高橋公明氏の述べる、いわゆる朝鮮遣使ブームといわれる年である。(3)井上寛司氏も、日本海西部に拠点を置く領主層で祝賀使ほかをあげて、彼らの経済的利益の追求と、地域支配・領主支配の安定において積極的な意味を持つと評価した。また、この時期の動きの理由については、かつては、田中健夫氏が、応仁文明の大乱が諸豪族の関心を何らかの要因で、朝鮮の通交に向けたことにあるとし、朝鮮との通交を支える国内商業圏の形成を想定している。(4)

しかし、この遣使ブームも、長節子氏や橋本雄氏らによって、十五世紀半ば以降、顕在化する偽使問題全体の一環として、ほぼ対馬の宗氏とその周辺によって仕立てられた偽使であることが明らかにされてきた。(5)そして、近年

表『海東諸国紀』所載　朝鮮遣使記事（出雲・石見・隠岐）

国名	場所	派遣者	年	区分	名目・記事
出雲州	美保関	藤原朝臣盛政	丁亥年（一四六七）	遣使	寿藺護送 「美保関郷左衛門大夫」
	美保関	松田備前太守 藤原朝臣公順	丁亥年（一四六七）	遣使	賀観音現象 「出雲州見尾関処」
	宇龍	藤原朝臣義忠	己丑年（一四六九）	遣使	宗貞国の請により接待 「出雲州留関海賊大将」
石見州	（長浜）	周布和兼	丁卯年（一四四七）	歳遣一舡	図書を受く 「石見州因幡守藤原」
	桜江	平朝臣賢宗	庚寅年（一四七〇）	遣使	「石見州桜井津土屋修理大夫」
	益田	藤原朝臣久直	丁亥年（一四六七）	遣使	寿藺護送 「石見州益田守」
	三隅	源氏朝臣正教	丁亥年（一四六七）	遣使	寿藺護送 「石見州三住右馬守」
	江津	平朝臣吉久	戊子年（一四六八）	遣使	寿藺護送
隠岐州	隠岐州	源朝臣秀吉	己丑年（一四六九）	遣使	宗貞国の請により接待 「隠岐州太守」
	隠岐州	佐々木尹栄熙	文明三辛卯年（一四七一）	遣使	対馬特送の例をもって接待、時に隠岐州に住す 「山陰路隠岐州守護代」

では、ほぼこの評価が定着してきているといってよい。とすれば、この状況をうけながら、偽使「遣使」とその背景が、この出雲・石見およびその周辺地域史と関係がありえたのかどうかについて再考してみる必要がある。

応仁初年頃に、遣使が急増する理由について、長氏は、以下のように述べる。熱心な仏教信者であった世祖王が、観音現象ほかの瑞祥がたびたびあったことにより、一四六六年、日本国王に宛て祝賀使を要請する書を作ったことが契機であったとする。そのとき、この書を託されたのが、来朝中であった、肥前国那久野の藤原頼永の使僧・寿藺であった。これを、交易拡大路線の千載一遇の好機ととらえた宗氏は、偽日本国王使の派遣に先立って日本各地の諸氏名義で祝賀使や寿藺護送を名目とする使節を朝鮮王国に送ることにしたと推測する。

長氏は、祝賀使の名義八〇例を階層別に分類して、そのなかで最も多いのが「津・浦・島・港湾の領主・住人」

で四三例、それと重なる部分もあるが「中小領主」が二一例であるとしている。[6]ここに、出雲・石見・隠岐に関係する諸領主について、記事を表のとおり拾ってみた。ここで、石見国那賀郡周布郷（長浜湊）に本拠を置く周布氏は、応永三十二年（一四二五）以来、すでに通交があり、特別な例である。[7]また、ほかの国人領主名義の遣使はといえば、寿藺護送、賀観音現象などが理由で、丁亥年（一四六七）・戊子年（一四六八）に集中して見える。出雲・石見では沿岸港湾部の主立った国人領主の名義が連ねられており、石見ではいわゆる益田氏・三隅氏・土屋氏・平（都野）氏、出雲では、松田氏らの名義が見える。長氏も述べるように、祝賀使の遣使は、他地域を見ても戊子年（一四六八）までに集中しており、その発端をつくった世祖王の没（一四六八年九月）までである。同王没後の一四六九年以降は、出雲州留関（宇龍津）海賊大将源朝臣義忠、隠岐州太守源朝臣秀吉は、対馬の宗貞国の要請ということで、朝鮮王朝側も接待、山陰路隠岐州守護代佐々木尹栄煕は、対馬特送使に准じて受け入れられている。長氏は祝賀使と宗貞国の請による接待を、宗氏の企てによる一連のものとしてとらえているが、[8]この動きは、世祖王の祝賀使要請を契機に、対馬の宗氏が回賜品や過海料目当ての通交と交易の拡大を企てたものと評価される。つまり、朝鮮王朝と対馬との間の事情として述べられている。

しかし、このことは、裏返せば、少なくとも経済的には、王朝側の当該期までの交易水準の枠では収まらないほどに、日本列島側や南海方面における朝鮮産品の需要があったという背景を想定しなければならない。そして、政治的には、もっぱら、対馬宗氏が交易拡大の主導権を実質的により強化しなければならない、当該期における何らかの事情があったと想定しなければならないだろう。

藤川誠氏は、文明年間（一四六九〜一四八七）に対馬の塩津留氏の活動が、九州・石見・若狭・高麗にわたる交流をするなど寛正から文明にかけて、対馬船が長門肥中関を越えて日本海を往来していることを明らかにしている。[9]

このことからは、対馬商人を主体とした朝鮮半島から九州・山陰沿岸部の日本海西部域における流通経路と需給関係を想定することができよう。

であるとすれば、対馬宗氏によるこの偽使の遣使は、日本側の、とりわけ、対馬やこれと関係のある地域の政治的・経済（生産）的な諸契機と無関係ではありえないのではないか。このような視角から、当該期の状況を、あらためて一瞥しておく必要があろう。

応仁元年（一四六七）、少弐教頼が対馬兵を率いて博多・大宰府奪還のため、大内・大友氏らと戦い敗死するという事件が起こっている[10]。この事件は、結局、文明元年（一四六九）になって、幕府の命で、大内・山名両氏が、少弐氏に旧領を復させることでいったんは小康状態を保ったようである[11]。この時期（一四七〇年頃）の博多の様子を『海東諸国紀』には「少弐殿与大友殿分治、少二西南四千余戸大友東北六千余戸、以藤原貞成為代官、居人業行商、琉球・南蛮商舶所集之地（中略）往来我国者於九州中博多最多」と、少弐氏と大友氏の分治による東アジア交易の中継拠点としての状況をきわめて明快簡潔に述べている。これらのことからは、一四六七年から一四六九年の間の、少弐氏の敗北、その後の、大内氏の後退、少弐氏の回復という北九州の博多・対馬周辺地域の政治的変転に留意する必要があろう[12]。これは、長氏が整理された祝賀使と宗貞国請による遣使の時期[13]と符合する。この一連の動きは、列島側の事情としては、やはり応仁文明の乱の勃発と関係したとみなければなるまいが、博多・対馬経由の対朝鮮通交秩序の混乱、とりわけ宗氏が少弐氏の被官としての地位を守っていたことからすれば[14]、大内・大友氏らと対抗した少弐氏―宗氏ラインの動きが、宗氏主導による祝賀使とその一連の遣使を、この時期に急速に生み出した内的・政治的な理由であるといえるであろう。

一方、これを、経済（生産・交通）的な契機から見る場合、朝鮮と日本側の需給関係のことを考えるのに、以下が、ひとつの手がかりを与えてくれる。『朝鮮王朝実録』成宗四年（一四七三）三月癸卯条には「日本国京極京兆尹佐佐木氏・江岐雲三州太守大膳大夫入道生観、遣人来献土宜、其書契曰（中略）、本朝丁亥而降、中原風塵、干戈四起、臣之敝邑、江入戦図、雲接賊塁、徭玆俗廃農桑、最乏絺綌、是故、士卒多困堕指之厄、若被白登之囲、伏望忝蒙貴国家紬幷木綿之恩恵、則救凍死於三軍」とある。近江・隠岐そして出雲守護職でもあった京極生観の偽使と考えられる者が[15]、朝鮮王朝に遣使し、表文を提出している。表文の主旨は、第一に京で起こった応仁文明の乱により、京極氏の守護国である近江が戦乱に入り、出雲は敵方の拠点に接触していること。第二に、戦乱のため、農桑が衰え、軍需衣料が窮乏しており、京極氏の献じた「土宜」の回賜として木綿などの布を求めたいとしていることである。これが偽使の表文でまことしやかな作文に見えるとはいえ、当時の京極氏およびその領国が置かれた事情を反映しているようである。

第一点目の「雲接賊塁」については、以下のことを指していると考えられる。

応仁二年（一四六八）、出雲国美保関・安来津十神山に拠点を置く松田備前守ら[16]が、伯耆の山名氏、隠岐の諸豪の兵らとともに、守護京極方の拠点で、出雲守護代尼子清貞が守る富田城（現在の島根県安来市広瀬町）に攻め寄せ、出雲国内が戦乱に入っている[17]。松田氏の両拠点は、尼子氏の本拠地である富田を貫流する飯梨川水系の外海への出入り口にあった。このとき、尼子清貞は反撃に転じ、松田氏の拠点で、中海から日本海へ繋がる要港であった安来津の十神山城（現在の島根県安来市）を攻略した[18]。のちに出雲国西部の要衝で、斐伊川・神戸川の河口にほど近い神西湊[19]など沿岸の要衝を転戦するなど、苦戦しつつも東西に因幡・伯耆・石見など西軍山名領国に挟まれた東軍京極領国における国人衆の反京極活動に対抗している[20]。結局、文明年間にかけて、尼子氏は松田氏を駆逐して、美保関代官職ならびに関銭徴収権を獲得しており、日本海への出口を確保して出雲国内における反京極方の活動を辛くも沈静化することに成功している[21]。ここに、出雲国支配の主導権形成における、日本海から宍道湖・中海水系や斐伊川・神戸川水系の要港、したがって流通の結節点の掌握の重要性がわかる。特に、当時の美保関は、日本海交通最大級の港として、政治的影響力の布石のための最重要地であった[22]。しかし、成宗四年（一四七三）段階においても、京極領国は、周囲に敵対する山名領国を控えている「接賊壁」という状況に変わりはなかった。

これらからは、京の戦乱が地方の隅々にまで波及し、地方では農桑が廃れ、ひるがえって、戦乱の中心である都市京都における手工業生産活動さえ滞りを余儀なくされていることも推測されてくるのである。

このように、当時の日本国内における敵対的諸関係ゆえに、諸物資の供給に欠が出て需要が高まれば、偽使を立ててでも、隣国朝鮮王国に対し、その供給源が求められたのであろう。

3　日常的需給関係

『朝鮮王朝実録』世宗十八年（一四三六）己丑条には「慶尚道監司馳報、倭人太郎左衛門等十五人、共騎一舩、到蔚山波連巌等処依岸、為塩浦軍官所捕、自言、将往石見州興販、漂風而来、然無文引、又持兵器、其心難測、姑於蔚山官拘囚聴候、上以別無犯辺之状、即令放回」とあり、交易許可のないまま、石見と朝鮮王国沿岸との間を往反して交易にあたるものが見られる。つまり、倭人太郎左衛門ら十五人は「文引」不所持のうえ武器を携帯していたことを怪しまれ、蔚山官で拘束されて取り調べられ、その結果、ほかに罪を犯していないので解放されている。武器の所持により、おそらくは倭寇であるか否かを疑われたのであろうが、本来、対馬宗氏が発給する「文引」不所持の交易をとがめられなかったことが注目される。ちょうど永享五年（一四三三）から永享八年（一四三六）頃は、大内持世による大友・少弐討伐により北九州が混乱した時期である[23]。その影響があったと思われるが、太郎左衛門らのように、地域の商人らによる北九州を経由しない交易が行われている。そのことは、すでに十五世紀第2四半期には、平時にあっては、朝鮮半島から、おそらくは対馬（博多）経由で、石見に至る需給関係の存在を示唆しているると考えられるのである。

つまり、十五世紀後半における対馬の塩津留氏の石見を含む日本海西部域における往来も、そのような脈絡でとらえることができるであろうし、彼ら対馬商人の活動領域における需要の在り方は、朝鮮―対馬間の通交・需給関係の在り方にも影響を与えたと考えなければならないであろう。

註

（1）『朝鮮王朝実録』中宗三十五年（一五四〇）八月己卯条。
（2）このほか『朝鮮王朝実録』中宗二十七年（一五三二）二月癸巳条「近来鑞鉄、倭人不持来、故国無所儲」とある。
（3）高橋公明「中世西日本海地域と対外交流」、井上寛司「中世西日本海地域の水運と交流」（ともに『海と列島文化日本海と出雲世界』小学館、一九九七年所収）。
（4）田中健夫『中世対外関係史』東京大学出版会、一九七五年。
（5）長節子「朝鮮前期朝日関係の虚像と実像――世祖王代端祥祝賀使を中心として――」（『年報朝鮮学』八、二〇〇二年）。橋本雄『日本中世の国際関係――東アジア通交圏と偽使問題――』（吉川弘文館、二〇〇五年）。同『偽りの外交使節』（吉川弘文館、二〇一二年）。
（6）長前掲註（5）論文。
（7）周布氏の朝鮮通交については、関周一「十五世紀における山陰地域と朝鮮の交流――石見国周布氏の朝鮮通交を事例として――」（『史境』二〇、一九九〇年）。同「中世山陰地域と朝鮮との交流」（『山陰地域における日朝交流の歴史的展開』〈島根史学会、一九九四年〉）。
（8）長前掲註（5）論文。

（9）藤川誠「石見周布氏の朝鮮通交と偽使問題」（『史学研究』二二六、一九九九年）。または井上前掲註（3）論文。
（10）田中健夫編『海東諸国紀』岩波書店、一九九一年。
（11）田中健夫『中世対外交渉史の研究』東京大学出版会、一九五九年。
（12）文明十年十月六日「徳政訴訟事」、文明七年卯月十日「防州長州寺社半済事」（大内氏掟書）。
（13）長前掲註（5）論文、および、本補論表を参照。
（14）佐伯弘次「大内氏の筑前国支配――義弘期から政弘期まで――」（『九州中世史研究』一、一九七八年）。
（15）すでに京極生観は一四七〇年に没している。橋本雄「中世日朝関係における王城大臣使の偽使問題」（『史学雑誌』一〇六―二、一九九七年）では、王城大臣使の第二波で、無条件に偽使とみなせるとしている。
（16）『海東諸国紀』に見える「松田備前太守公順」。
（17）応仁二年七月六日「京極生観感状」、応仁二年七月二十八日「同」（以上、佐々木文書、東京大学史料編纂所影写本、活字本は、島根県古代文化センター編『戦国大名尼子氏の伝えた古文書』一九九九年。以下同じ）。
（18）（応仁二年）九月十一日「京極生観感状」（佐々木文書）。
（19）文明二年十二月十三日「京極政高感状」（佐々木文書）。
（20）この時期の政治過程については、前掲註（10）書、米原正義『出雲尼子一族』（新人物往来社、一九八一年）、長谷川博史『戦国大名尼子氏の研究』（吉川弘文館、二〇〇〇年、第一編第一章）に詳細。
（21）年未詳一月十一日「京極生観書状」、年未詳四月二十三日「京極生観書状案」、文明六年十一月十七日「京極政高書状」、文明八年卯月二十九日「京極政高書状」（以上、佐々木文書、註（17）に同じ）。
（22）長谷川博史『尼子氏の研究』（吉川弘文館、二〇〇一年）。
（23）佐伯前掲註（14）論文。

最終章　権門体制国家の支配メカニズムと地域の多元的・重層的構成

以上、出雲地域を中心的題材に、権門体制国家が、中央から遠隔地にあり、かつそのなりたちにおいて歴史的経緯を異にする地域を、どのように有効に支配しようとしたのかについて構造的に明らかにしてきた。また、文化＝自我同一性と人・モノの動きを想定しながら、広域・中小次元から地域の形成について考え、国家や地域権力による領域的支配との矛盾・齟齬、諸権力による地域支配の構成と権力の興亡への規定性について明らかにしてきた。

1　国一宮造営体制と権門政治

杵築大社の造営は、十一世紀半ば以降、宣旨を用いた王権の命令により開始され、国守（国主）の責任において一国平均役を財源に進められたことは、従来、明らかにされているとおりである。これを、国家的支配および権門政治や地域の動きという要素を加えて動態的にみると以下のとおりである。

1　院政期の造営と権門政治

十一世紀半ば以来の中世的造営体制の成立過程において、知行国主による造営体制が成立するのは、十二世紀初頭に白河院政下で行われた永久の造営（本書では天仁・永久の造営）、鳥羽院政下で行われた久安の造営にかけての、いわゆる院政期である。

永久の造営は、寄木の造営と呼ばれ、因幡国一宮の神験により造営用材が大社西の浜に漂着するという異例の事件により、ほかの時期の造営事業に比べても順調に事業が進捗した例である。

それは、出雲国衙を襲った義親の反乱事件のときに地域が見せた動き、すなわち、出雲の近隣諸国にも義親に同心する者が出たという反国家的な動きを深刻に受け止めた院政権力の、出雲国と近隣地域に対する政治的手当であったと考えられる。つまり、乱の直後、白河院権力は、政治的に不安定要素を抱える山陰地域を、一院分国、近臣受領らの任国として固めた。一院分国伯耆を挟むように、有力近臣藤原為房の息男長隆に因幡守、孫の顕頼に出雲守を、そして、院北面武士であった平正盛に但馬守を担当させた。若年の顕頼の背後にあったのが父顕隆で、顕隆・長隆の背後には彼らの父為房が控えていた。すなわち、白河院側近のまさに能吏と武門からなる有力近臣団を投入した地域的な支配ブロックの形成とでもいうべきものであり、のちの武家権門の成長と国家的機能分掌を占うものでもあったといえよう。

その一環としてこの寄木の造営と呼ばれる造営が行われたものと考えられ、院近臣中の近臣であった勧修寺流一門によって、杵築大社の巨大神殿がわずか数年で完成するのである。これは、急速に成長した白河院権力が、都人に対しても、地域人に対しても、一国支配を超えた国家意志の発動者として、その実力と威信を誇示する場となったのである。

杵築大社造営のうち、工期が五年と歴代造営のなかで最も短く最も順調に造営が行われた久安の造営（一一四一〜一一四五年）は、出雲国内に一国平均役を賦課して行われた造営事業であった。しかし、この賦課は必ずしも円滑に行われたわけではなかった。冒頭から荘園の新立・加納問題に直面して造営役の収納困難に陥っている。のちに保元新制でも問題となるこの新立・加納問題は、権門の立荘活動と呼応した在地側の国家的収納に対する抵抗であった可能性が高い。これに対し、出雲国衙の在庁官人等解によって、国守藤原光隆を通じて中央に窮状が上申され、太政官から現地に官使を派遣して造営役収納を出雲国内荘公に強制する権限が国衙に付与されるよう要請が出されている。保元新制第二条が立てられた理由も、当時、このような在地からの上申をうけていた国家側の対応であったと思われる。造営の結果からして、この国家による経済外強制の手当は進められたとみられるが、この調整は事実上、出雲国内に荘園を有する権門勢家を交渉相手にできる地位を持つ知行国主が行わなければ具体化しなかったと考えられる。つまり、国守光隆が近衛天皇の乳兄弟であるという王権との親近性を背景に、光隆の父藤原清隆が、最高実力者鳥羽院の近臣であり出雲の知行国主であったことによって具体化されたと推測されるのである。

このように、永久・久安の造営は、白河・鳥羽院政権力の下、院の有力近臣である知行国主によって造営が進められるという、当該期権門政治の構図のなかで実施されたものであった。また、中央の国家権力が積極的に関与する造営は、中央の立場からみれば杵築大社が山陰道に二カ所しかない大神宝使発遣社のひとつであるという特別な歴史的条件を前提に、中央の知行国主・国守そして国衙のライン主導で実施された。そのことによって、出雲地域やその周辺に、権門体制国家の力を誇示・浸透することができ、直接的には国衙支配を促進することになったと考えなければならないであろう。

2　鎌倉期の造営と公武関係

建久元年（一一九〇）に正殿が完成する建久の造営は詳細不明ながら、顚倒から正殿遷宮までに十八年もの長きを費やしている。この造営は、永久の造営を実施した藤原顕頼の一族藤原朝方が知行国主、その息朝経が国守となって実施されている。この造営の最中には、治承寿永内乱・奥州合戦など内乱が続発し、木曾義仲の法住寺殿襲撃事件や源義顕追捕など後白河院と武家（頼朝・義仲）との政治的関係が悪化するなど、後白河院を核にした王権が動揺し、同院近臣であった国主朝方一族もこの二つの事件に関係して二度の解官に遭遇してしまう。これらの混乱は出雲国衙をはじめ同国内にも波及したと考えなければならないだろう。それが、建久の造営が十八年もの長い工期にならざるをえなかった理由であったと考えられる。

宝治造営は、久安の造営を実施した旧国守・杵築大社領家藤原光隆の外孫平有親とその子時継が知行国主となって事業が進められた。つまり、永久・久安の造営以後の建久・宝治造営においても、二つの系統の権門との関係が継続しているわけである。

宝治造営は、嘉禄二年（一二二六）の仮殿造営に始まるが、寛喜元年（一二二九）に開始された正殿造営はあしかけ十九年を経て宝治二年（一二四八）にようやく完成をみるに至る。

従来、公家の沙汰により一国平均役と成功を財政的基盤に実施された一宮杵築大社の造営は、宝治の造営になると事実上の行き詰まりをきたし難渋することとなった。そのため、造営事業の中途で、鎌倉幕府が、出雲国内の荘郷に配置した御家人地頭らへの課役賦課を基礎に、資材・造営用途調達による側面支援を開始することになった。この国一宮造営事業への幕府の財政的貢献によってようやく完成をみるに至る。これによって、幕府勢力は出雲国内における政治的地位を向上させたとみられ、遷宮儀式にあっては、守護人佐々木泰清は、儀式空間から厳密に区別されながらも目代に次ぐ格づけをうけるようになる。

宝治造営の杵築大社本殿が、遷宮から二十二年後の文永七年（一二七〇）に焼失すると、以後、国衙無沙汰により造営が進展しなくなる。この国衙の機能不全に対して、前出雲守護佐々木泰清は、幕府を介して公家に造営事業の促進を働きかけながらも、国一宮造営における公家の沙汰を堅持する姿勢を守り続ける。結局、幕府からの働きかけをうけた院権力（治天）は、国衙・社家相共による造営体制を出雲国内に求めた。

この国衙無沙汰の原因が何であるかについては、当該期体制全体の構造的な問題であるので、今後の課題とせざるをえない。しかし、たとえば、文永の結番注文に見えるおびただしい数の出雲国外出自の地頭名義からは、その背景に、治承寿永内乱・承久の乱による国衙在庁層はじめ国内領主層の多くの没落と、外来領主層の新たな配置による影響があったと考えられる。つまり、これら地域の領主層の交替と支配関係の変化が、国衙在庁層の人的基盤を弱体化させるとともに国衙支配の国内荘公に対する浸透力を低下させたことを推測することは可能であろう。

以上のように、平安末期から鎌倉時代にかけて、出雲国一宮杵築大社の造営は、中央の国家権力における権門間の力関係と、在地側の政治的・社会的動きに規定されながら実施されていたのである。

2　体制的契機による人・文化の移動

本書第Ⅰ部第一章・第Ⅱ部第二章では、国一宮の造営遷宮や主要恒例祭祀の構図から、国衙官人層・技術者・芸能民の移動・往来や、鎌倉幕府の成立発展に伴う守護や地頭領主級の移動など、主に体制的契機による移動をみた。そして、それらが身分・階層秩序や地域社会秩序に与えた影響を、文化的な側面から考察してきた。

1　国衙在庁官人層

まず、国衙機構内部においては、都下りの多様な氏族と出雲在来氏族からなる在庁官人らによって構成されており、彼らは、中央の侍級の官職・位階秩序を共有するとともに、鎌倉期には国一宮の遷宮儀式において、ともに諸役を果たしている。その際、中央から伝播した舞楽・音曲などの諸芸能が彼らによって担われており、都下りの官人層（公家勢力の末端層）と、在来の在庁層がともに演じている。これは、祭式をほぼ同じくする恒例行事三月会でも同様であったと推察される。つまり、中央・地方の支配階級において、中央の貴族層が持つ文化の共有が行われ、被支配階級との間で文化的な差別化が生じている。ここに、階級支配を支える文化的機能がみられるが、それは、中央の下級官人の地方国衙への下向もしくは往来によって支えられたと考えられる。そして、このことは、地域生え抜きの支配階級を、中央の支配階級の文化的秩序の枠組みの末端に引き入れ組み込むことを意味している。

2　技術者・芸能者

技術者・芸能者の往来からは、以下のような技術・文化の移動や浸透が想定される。

まず、杵築大社遷宮の調度品からは、都から調達されたものと国衙細工所から調達されたものがあることを知ることができる。宝治造営時の国衙細工所別当が目代一族であったことからしても、たとえば、国一宮内殿の畳縁が、中央貴族層の階層的ルールにのっとって国衙細工所から調達されていることからも国衙の細工所に中央の技術・文化が伝播していたと考えられる。また、高壮神殿の建設を伴う大土木建築工事は、都から木工寮の技術者や番匠らが下向し、国大工らとともに造営にあたるなど、当該期、造寺・造塔が盛んであった中央の土木建築技術の優位性とそれへの依存によって行われていたと考えられる。さらに、柱立て・上棟・遷宮儀式など造営過程は、陰陽寮の日時勘文に従い行われるなど中央の暦運用に支配されている。そして、これらが、造営が行われる当該国においては、国衙機能が核となって造宮所が設けられ、実施されているのである。

一方、杵築大社恒例最大の年中行事三月会の神事芸能である相撲も、文永八年の関東下知状以前は、都下りの相撲人が用いられており、毎年の行事に、都鄙間の往来があったことがわかる。しかし、同下知状においては、以後、地元の相撲人を用いるよう命じられていることから、その急転換が可能なほどに、中央と地方において相撲の儀式・作法が類似もしくは共通のものであったことを推察させる。おそらくは地元の相撲人らが、すでに国内の荘郷鎮守など諸社祭礼で盛んに相撲を実施していたのであろう。同様に、相撲に伴う左右舞も荘郷鎮守で実施されていた可能性がある。たとえば、南北朝期には、出雲氏一族が神主を務める郷鎮守塩冶八幡に舞人の屋敷が存在したことからは、元来、国衙にあった多氏のような下向官人相伝の舞楽が、国一宮から荘郷鎮守級の祭祀へと伝播・浸透し共有されていくという道筋を想定することも不可能ではないだろう。

今後も具体的事例を重ねる必要があるが、これら芸能・技術は、造営課程や恒例行事を介して、有機的に連動しながら、地域民衆にも可視的に伝わっていくものであり、中央の文化力を地域に浸透させる媒介項たりうるであろう。権門体制国家が持つ文化的機能も含めた機能的幅の広さは、このような脈絡からも説明できよう。

3　鎌倉幕府勢力

体制変動を契機にした人の移動の主要なものとして、鎌倉幕府の成立から発展過程における守護と地頭の往来・定着がある。

東国に幕府が成立してのち、出雲にも守護が設置され、鎌倉期を通じておおむね近江出自の佐々木氏がこの職につき、少なくとも蒙古襲来の頃には、前守護佐々木泰清は出雲に下向・在住し、その子孫は出雲西部の塩冶郷に本拠を置いた。また、承久の乱を経て、信濃以東の東国御家人が地頭として出雲国内に多く配置され、十三世紀後半には、これが在来氏族の地頭数を凌駕していた。ここに、治承寿永内乱と承久の乱による、出雲国衙の在庁層をはじめ国内の在来領主層のうちのかなりの数の没落が想定されるのである。したがって、網野善彦氏の東国論を敷衍するならば、外来の東国御家人やその関係者によって、従来とは異なった信仰・文化・言語・習俗、土地制度や社会集団、御家人制の在り方が新たに持ち込まれたに違いないのである。たとえば、信濃御家人らによる諏訪明神や、守護佐々木氏による八幡神の勧請など、外来神の在地勧請などの動きが見られることもそのひとつの現れである。しかし一方で、国一宮遷宮儀式においては、乱後国内荘公に配置された、おのおの出自を異にする地頭らも、在来氏族の地頭らとともに流鏑馬の役を務め、当該武芸を共有する武門としての職能身分と出雲国に所属する所属身分を確認しあっている。そして、同様の祭式を持つ三月会でもそのような機能が恒常的に果たされたと考えられる。

この一宮祭祀における地頭層の公役の共有からは、逆に彼ら領主層の分裂契機の胚胎、旧来の地域文化と外来の新たな文化との矛盾の契機、それによる地域分裂の胚胎をともかくも調和し統一していかなければならないという、幕府にとっても、新たな政治的課題の存在が見えてくるのである。幕府主導による文永八年（一二七一）の杵築大社三月会相撲・舞頭役結番注文の作成には、そのような背景もあったと推察される。

3　地域支配における公武寺社機能分掌のメカニズム

1　地域の自我同一性と顕密寺院の機能

出雲地域の、少なくとも十三世紀の鰐淵寺縁起、十四世紀頃の大山寺縁起に見られるこの地域の創成の歴史には、『出雲国風土記』の国引き神話をモチーフにしたものが根強く生きている。この神話は、巨大な神、八束水臣津野命と日本海域の平面的世界観に根ざしたものであった。

しかし、縁起では、それが仏教的世界観と中央の王権神話との接続によって変容を遂げ、国家中央の歴史認識と論理的に結びつけられたものへと転化している。これは、現世・来世の善処を希求する人々の救済への意識に応えつつ顕密仏教による三国世界観と西方浄土観・国家観・国土観の連鎖によって、日本海世界に根ざした地域の自我同一性を相対化し、国家＝中央の自我同一性に接続し、地域を日本国の領域観に組み込もうとしたものであった。

つまり、地域の自意識と、国家の支配集団が持つそれとの間に生じる矛盾を、ともかくも調整し、事実上、国家の論理に組み込むという形での自我同一性の整序機能が当該期の国家権力に必要とされ、その重要な部分を顕密寺院勢力が担おうとしたことがわかる。

また、出雲国一宮杵築大社と不可分の関係を持つ鰐淵寺は、古代王権との関係を標榜し、隋・唐仏教の東伝をうけたとの自己認識のもと、都を遠く離れた地方にありながらも国家鎮護の道場であることを標榜する。その背景には、「神国」に属する「神境」出雲という国家に対する国帰属の論理がある。一方、仏法の興廃、言外に浮浪山鰐淵寺におけるそれが「神境」出雲そして「神国」の興廃をもたらすとして、地域から国家を護持する機能を果たそうとしている。

2　国一宮杵築大社の国家的機能

王権神話の神である素戔嗚尊を祀り王権に繋がる国一宮杵築大社は、遷宮儀式・三月会など国家的行事を介して、出雲国内屈指の有力顕密寺院鰐淵寺と結びつき、これを恒常的に国家・王権に結びつける機能を果たした。一方、杵築大社は出雲国衙から遥か離れ独自の所領支配によって自立してはいるものの、主要祭祀の執行形態や神官の人員構成など運用面からは国衙機能との有機的な繋がりのなかで成り立っていた。こうして同社は王法と仏法を媒介しつつ、地域と国家中央を媒介する機能を果たした。

同社は国家的行事を通じて、目代以下都下りの系譜を持つ国衙官人らを交えて、国家・中央の支配階級によって形づくられた中央文化の地域伝播の窓口の役割を果たした。また、公武寺社からなる外来・在来氏族を含むさまざまな出自の支配階級や、芸能民・雑人からなる被支配階級を含め、公役を通じて地域における職能的・階層的身分秩序を確認する場として機能した。一方、国内荘郷保に割り当てられた諸役の負担を通じて出雲「国」および荘郷保の領域的区分に基づいた支配を確認する機会や場ともなっていた。

とりわけ平安・鎌倉期の杵築大社の造営・遷宮は一貫して知行国主一門による権門の政治力と国衙機能を用いて行われた国家事業であったが、中央が持つ政治的調整力・技術力・文化力に依拠しながら行われた。

このように、国一宮は、国衙や顕密寺院との密接な関係を前提に、造営・祭祀を通じて、芸能・文化の階級的・職能的共有によって地域の階層的・職能的身分秩序を整序・統合し、絢爛豪華な中央の文化や技術の優位性を地域に伝播する機能を果たしながら、国家的威信の流布浸透と階級的・領域的支配の整序による地域統合の機能を果たそうとするものであったのである。

3　国衙・幕府勢力の国支配と神祇秩序の多元性

元来国衙と個別的関係にあった国一宮・惣社ほか府中諸社の神祇秩序が、十三世紀半ば以降、出雲国造を中心に再編される一方、鎌倉時代から南北朝期にかけて、少なくとも、出雲国造が総裁する惣社・国一宮系統とは別に、八幡宮系統が国衙や幕府勢力と結びついて有勢であった。

出雲国内のいわゆる八所八幡のうち平浜別宮は国衙近傍にあり、出雲国東部の宍道湖・中海を結ぶ水道の南岸という政治・交通の要衝に立地していた。また安田別宮・横田別宮・赤穴別宮は、おのおの伯耆・備後・石見国境の要衛各所に位置し大規模な所領を擁して成長した。鎌倉時代後半、それらには守護・得宗一族・有力御家人らが地頭職を保持し、鎌倉幕府の出雲国・地域支配にとっても重要な要素となった。

鎌倉時代から南北朝動乱期の平浜別宮は、造営・遷宮においては国衙から料田を与えられ、国衙の年中仏事の一部を分掌していた。つまり、同別宮は、出雲国造出雲氏が分掌した惣社や一宮（国鎮守）系統とは別に独自の地位を維持し、国衙祭祀の一環を構成していた。これを顕密秩序や王法・仏法相依の観点からいえば、天台系寺院鰐淵寺と結びつく一宮杵築大社と、元来真言系寺院と結びつきが深い八幡宮を、国衙が核となって総括する形になっている。

このなかで鎌倉幕府勢力は、平浜八幡宮に守護佐々木氏を、同宮と宍道湖・中海を繋ぐ水道に接する竹矢郷には得宗を、そして国衙東隣の大庭田尻保には出雲氏を地頭として配し、国衙をとりまく出雲東部の府中要衝を政治的に固めた。

一方、出雲山間部の斐伊川水系には、飯島・中沢・桑原氏ら信濃出身の西遷御家人らが配置されており、彼らが配置された諸郷とその周辺に、諏訪明神が点在している。彼らが出身地において崇敬した神を移住先に勧請し、祭祀を通じて自我同一性を確認し続けていたものが郷鎮守級の神社として定着したとみられる。

また、出雲国西部では、鎌倉時代後半に守護佐々木（塩冶）氏が来住し、新たに塩冶郷を本拠地とした。同郷は、出雲山間を貫流する斐伊川・神戸川下流部の要衛である。佐々木氏は国鎮守杵築大社にほど近い塩冶郷の在来郷鎮守塩冶社に八幡神を勧請し塩冶社の八幡宮化を進めた。しかし、同社と塩冶郷内中核部では、杵築大社の国造出雲氏の一族を中心に先行する社会関係が根を張っていた。そこで、新規参入の守護・領主権力佐々木氏は出雲氏一族を塩冶八幡宮の神主職に補するなど旧来の勢力とも共存しつつ、それを基盤に要衝塩冶郷および周辺諸領支配を行った。つまり、地域に先行する荘郷鎮守社に、新規入部の権力が新たに外来神を勧請・併存させ、事実上、当該神社を掌握することによって、小地域支配を達成しようとしたのである。それを通じて佐々木氏は、出雲府中からは遠隔にあった出雲西部から斐伊川・神戸川上流山間地域への政治的影響力を確保しようとしたと考えられるのである。

このように鎌倉幕府勢力は、鎌倉における幕府と八幡宮との密接な関係を踏まえてであろうと思われるが、地域の有力寺社勢力のひとつで要所要衝に鎮座する八幡宮とも結びつきこれを利用して、出雲国の領域的支配を実質的なものに構成しようとしたのであった。

4　国衙機構の衰退と国衙祭祀機能の家産化

国衙無沙汰に象徴される十三世紀後半における国衙機能の不全と、造営における国衙・社家相共が指令される理由を考える糸口として、出雲国造による国衙祭祀権の吸収・家産化がある。

十一世紀後半から十二世紀、一族が国衙在庁であった国造出雲氏は、杵築大社造営遷宮で「御体奉懐」の役を果たす司祭者として、国司による社領寄進・形成を奉行することによって、社領の知行体系に入っていた。そののち、十二世紀末の杵築大社領の荘園化を経て十三世紀半ばには同社領十二郷の荘官としての地位を確立した。また、ほぼ同時期、国造は守護とも連携しつつ、本領神魂社領大庭田尻保（地頭職）を核に御家人身分を兼帯した。国造はこれらの培ってきた実力を基礎に、在庁等の訴訟で府中追放となった都下りの神祇系国衙官人大中臣氏に替わって、惣社以下府中諸社の国衙祭祀権を吸収し、これらの諸社・社領を家産化した。そして十三世紀後半以降、御家人であることを背景に幕府の後押しを得て、杵築大社の家領化を進め、名実ともに出雲一国の司祭者国造・社家としての地位を確立していった。

十三世紀末に公家権力が標榜する「国衙・社家相共」は、国衙機能の分割家産化と、武家・公家・社家複数系統の諸職を兼帯し在地において実力を蓄積してきた出雲国造（社家）の力を前提に、これを取り込んだ公家主導による造営体制の維持を意図したものであったと考えられる。つまり、ともかくも権門体制国家の機能分掌を在地の現実的状況に即して守ろうとする動きであったのである。

5　幕府勢力による地域・国支配体制の再編

十三世紀半ば、杵築大社の宝治の造営を通じて出雲国内において政治的実力を示した幕府勢力は、十三世紀後半、宝治正殿焼失の翌年文永八年十一月、国一宮杵築大社最大の恒例年中行事である三月会の頭役結番体制を荘公公田と地頭御家人制に立脚して再構築した。ここに幕府主導の体制再編により、杵築大社が持つ国一宮としての機能に梃子入れが行われた。このことは幕府勢力による出雲国内支配の主導力の深化にほかならない。

折から文永五年（一二六八）に蒙古牒状がもたらされた直後にあたっており、幕府にとっては、国一宮祭祀の執行体制再編を理由に、出雲国内の地頭御家人を把握し直す機会にもなったと考えられる。また、これを通じて幕府は、在国司（国衙方）・守護（幕府方）の実務的協働を主導し、西遷御家人地頭層あるいは複数国にまたがって地頭職を保持する御家人層の国家的な課役の多重負担の矛盾調整を行うとともに、個別所領を越えて支配階級間・被支配階級の剰余配分の構造的調整を行ったのである。

三月会は、遷宮儀式とほぼ同じ祭式で、国衙・鰐淵寺・国内地頭らの参画を得て行われる出雲国一宮恒例最大の年中行事であった。王法・仏法の接点において、出雲国内の公武寺社勢力の集まりにより国レベルで実施されることの行事の負担が幕府主導によって整序されたことは、出雲国内支配にとっては大きな画期であったといえる。

この主導を可能にしたのは、宝治造営における幕府勢力の財政的貢献による政治的地位の上昇と、国衙中枢にあった朝山氏・出雲氏ら、出雲生え抜きの在国司・有力在庁らを地頭御家人として把握し、その関係を通じて幕府が国衙機構に影響力を行使しえたところにあったと考えられる。

さらに、この結番体制では、国内荘公公田の把握を基礎に、国内の地理的・政治的要所要衝における守護領・得宗領の相互補完的配置、および国内地頭領主の実力の大小と、斐伊川水系や飯梨川水系に顕著に見られるように主要河川水系の小地域内の地頭領主層を組み合わせることを通じて、地域社会や領主層に頭役負担の強制力を行使できる領域的・空間的支配体制を構築したことが重要である。

ここに、権門体制国家の地域支配機能を強固なものに再編しようとする幕府・守護勢力の動きのなかで、後年の室町幕府・守護体制下の分国支配の基礎が生じつつあったと考えられるのである。

6　戦国期尼子領国支配における顕密寺社勢力の影響力

十六世紀初頭に、京極氏から守護権を事実上継承し、大名権力として急速な勃興を遂げた尼子経久も、古くから地域に根づいた有力寺社の造営や仏事などを主催し、彼らを統合しようとする動きを示した。

経久は、永正五年（一五〇八）に事実上の守護権を継承するや、早速に杵築大社の造営事業の願主となり、勧進僧を用いて出雲国内に人別五文の造営経費を課し、十年にわたる造営を推進するとともに、遷宮以後も修造事業を継続し、杵築大社に神仏習合の景観を現出する。この神社の造営・修造には、伯耆・石見など国境をも越えた地域的活動領域と民衆動員力を持つ勧進僧らの力を利用している。また、平浜八幡宮や神魂神社など府中諸社の造営は、守護権を根拠に段銭を財源に造営を実施し、日御碕神社造営にあたっては、守護権に加え元室町将軍の名を頂き、分国である出雲国・隠岐国と、その隣国石見国東部三郡・伯耆国西部三郡の棟別を財源に充当した造営が試みられる。つまり、国鎮守級の神社あるいは府中諸社については、室町幕府・守護体制に依拠した造営事業を実施している。

大永・享禄年間には二度にわたり、杵築大社西の浜に国内の有力顕密寺院の僧と禅衆を集め万部の法華経仏事を開催している。この仏事に集められた有力顕密寺院には、古くから大社と不可分の関係を持ってきた鰐淵寺はもとより、能義郡の有力天台系寺院清水寺、雲南最大の真言系寺院で横田荘の岩屋寺、神戸川下流の古志の弘法寺ら出雲国内東西南北の四大寺院を筆頭に、宍道湖・中海水系の要衝府中にある平浜別宮社役の寺、斐伊川中流域・三刀屋川合流点付近にある峯寺、宍道湖北岸の佐太神社奥院成相寺、小蔵《(華カ)》寺《(枕木山カ)》など、国内要所要衝にあった有力顕密寺院が編成されている。尼子経久は、これら領国内に内在する自律的要素で領主権力でもある旧来の顕密寺院、および個別領主の領域性や領国境をさえ越えて地域的に広範な勧進活動を行った新たな社会勢力を合わせて糾合しようとしたと考えられる。

また、十六世紀半ばの晴久期にも、杵築大社の造営、伯耆大山寺の再建事業など、領国内主要顕密寺社の造営が実施された。しかし、出雲東西の天台系有力寺院であった清水寺と鰐淵寺の座次相論が勃発した際には、尼子権力の下では決着がつかなかった。相論当事者らによって天皇権力の下に持ち込まれた相論は、結局、門跡・本山比叡山・幕府権力・三好権力など、中央の公家・武家・寺院の力関係のなかで解決が計られようとした。

このように、尼子氏の領国支配においては、地域社会勢力の新しい展開も踏まえながら、領国に内在する古くからの有力顕密寺社勢力を統合しようとする動きがみられる一方で、権門・顕密体制期以来、武家とは秩序系統を異にする寺社秩序問題を単独解決できないという限界も露呈するのである。

したがって、そのようなところに、尼子権力が新旧多様な性格を有する理由のひとつがあったと考えられるのである。

4　地域形成と領域的支配

1　日本海西部域

十三世紀半ばには成立した出雲国鰐淵寺縁起や十四世紀初頭頃に成立した伯耆国大山寺縁起に見える出雲の国土創成の中世神話は、八世紀成立の『出雲国風土記』国引き神話のモチーフ、すなわち、古代出雲における国境をも越える日本海世界観に由来したものであった。これを、地域顕密寺院は、仏教の三国世界観によって相対化しようとした。しかし、この国引き神話が、地域顕密寺院の縁起のモチーフとされざるをえないところに、中世においても日本海に面する出雲地域の人々が、活動領域として認識する現実の地理観があったと考えなければなるまい。地域が持つこの現実の世界観もしくは広域的な地域観は、十五世紀の偽使問題や朝鮮半島から北九州・山陰沿岸における海商らの活動などにも見られるとおり、やはり、目前に拡がる日本海西部域に根ざしたものが強かったに違いないのである。

2　国境をまたがる地域

伯耆国大山寺縁起では、縁起の対象となる地域は、国レベルの領域性で見れば、出雲から伯耆西部域にまたがって拡がっている。大陸に由来する漂流島を弓で引き寄せ、天下った八雲大神が杵で突いて固めたという中世神話の舞台は、伯耆国大山・同弓ヶ浜半島から、出雲国の島根半島全域にわたる拡がりを持つ。これは、伯耆国西部の大山を東限とする、古代の国引き神話の舞台とも重なっている。すでにそこには、国家による国の領域的区分と地域顕密寺院が意識する地域の拡がりとの間に齟齬がある。また、源義親の反乱事件の際、流罪の地隠岐を脱出し出雲に上陸して目代を殺害した義親に「近境人民」が与同したという『中右記』の記事も、出雲国境を越える拡がりを持った反国衙・反国家的な活動の地域的な拡がりを示しているのである。

この国家の線引きによる政治的領域性を超え地域的拡がりを持った人の動きは、それ以前から歴史的に形成されたもので、実態としての地域住人らの活動に根ざしたものであったと想定しなければならないだろう。

3　河川水系地域と国レベルの領域的支配

出雲国は自然地理的には北部の日本海沿岸部、沿岸部の山塊をひとつ隔てて、その南側に宍道湖・中海の湖水と周囲の平野があり、その南に山間部が拡がるという三つの地理的特徴を持つ。また、南部山間から北部平野を経て日本海へと注ぐいく筋かの大河川とその水系域によって特徴づけられる。まず、出雲南部山間から西部平野部にかけて神戸川水系・斐伊川水系が網の目のように拡がる。このうち最大の河川である斐伊川は、現在はもっぱら宍道湖・中海水系へと繋がっているが、江戸時代の初め頃までは日本海へと西流していた。一方、出雲北部には宍道湖・中海を中心に境水道・要港美保関を経て日本海へと続く水系がある。そして、この水系に繋がるが、出雲東部には伯耆国境付近に山間奥深く食い込んでいる飯梨川水系・伯太川水系が中海に流れ込み、要港安来津へと繋がっている。いわば、自然地理的には出雲北部から東部、西部から南部という大きく二つの河川水系群に区別できる。

このような地理的条件の下にあって、国府・府中域は古代出雲の政治的中心である出雲東部の意宇郡にあり、宍道湖・中海水系の要衝にあった。したがって、出雲西部から南部山間へと拡がる斐伊川・神戸川水系地域は宍道湖・中海水系地域とは離れており、地理的には国衙支配の手が相対的に届きにくかったと考えられる。

このことは、出雲国支配を目指す国家権力にとっては、一国支配を領域的に一体的かつ実効的なものにするために、解決しなければならない政治的課題であったと考えられる。

たとえば、鎌倉時代後半期になって、出雲守護佐々木氏が、杵築大社にほど近い斐伊川・神戸川下流域の要衝塩冶郷に拠点を置いたことからも、幕府勢力が、府中域を中心にした出雲東部に対して、同河川水系に属する出雲西部・南部支配を意図したことを推察させるのである。また、このことは、鎌倉時代の守護領・得宗領が、国衙近傍のみならず斐伊川・神戸川など大河川流域要所要衝へ配置され、また、杵築大社三月会の結番注文における荘郷地頭の頭役編成のなかに、斐伊川・飯梨川など主要河川水系を意識した組み合わせがみられることなどからも読み取れる。さらに、これに府中域や国境の交通の要衝に位置する主要八幡宮領と鎌倉幕府勢力との政治的に密接な関係をみれば、国内の諸地域を政治的に押さえつつ一国の領域的支配を実効的なものにしようとした国家権力の意図を、より一層読み取ることができるのである。

これらは、鎌倉時代の斐伊川水系、神戸川水系、宍道湖・中海水系、飯梨川水系、伯太川水系など河川水系における人・モノの流れを契機にした出雲国内諸地域（小地域）の形成と展開が反映したものと想定しなければなるまい。この地域の形成・展開は、のちの事例だが、戦国期の尼子氏の衰亡過程や、石見の河川水系と地域経済の展開という小地域の顕著な運動の顚末を合わせ見ることによって、より明確に見えてくるのである。

4　領域的・空間的支配と国一宮の成立

このことは、遡って、平安末期から杵築大社が国一宮として国司による社領寄進をうけ、さらに王家領荘園となった後、社領の開発拡大を伴いながら成長する一方、東部意宇郡に鎮座した熊野大社が、国衙の膝下にあり古代の出雲国四大神のひとつにして一代一度大神宝使発遣社であったにもかかわらず衰退してしまうという事実を理解するうえで、ひとつの重要な手がかりになる。

国内の領域的・空間的支配体制という観点から見れば、杵築大社は地理的に出雲西部から南部山間地域を貫流する斐伊川水系の出口付近にあり、鎌倉時代後半期には守護領・得宗領・在国司領も集中隣接する地域支配上の要衝に位置している。これと、十三世紀には、国衙に隣接する惣社や平浜八幡宮などが国衙祭祀の一環を構成したことと相まって、もう一方の大神宝使発遣社である熊野社は、国衙所在郡ではあるが山間奥地にあって衰退していく結果になったという脈絡でとらえられるように思う。

つまり、杵築大社が、出雲南部山間地帯から西部へと貫流する大河川である斐伊川・神戸川の下流域にあり日本海に接する要衝に位置した政治的重要性が指摘できる。熊野大社と同じく古代の出雲国四大神のひとつで一代一度大神宝使発遣社ではあるが、社格においては出雲国第二位の杵築大社が、少なくとも十一世紀半ば以降、国一宮として整備され成長していったところに、国衙からほど遠い出雲西部から南部地域への政治的影響力の形成を通じて一国支配を全うすることを目指す国衙権力の、政治的な意図を読み取ることができるのである。

5　十六世紀の水系社会・広域的経済の展開と権力の興亡

この大河川水系社会から沿岸部にかけて生まれる地域の枠組みは、戦国期の十六世紀第2四半期から第3四半期、石見銀山開発とともに交通（物流）が盛んになった段階の、江の川水系から港湾都市を有する石見東部・出雲西部地域の経済の担い手たちの動きと権力の興亡から顕著に読み取ることができる。

すなわち、港湾都市を核に山間後背地域を含む一、二郡レベルの小地域と、これを包摂・内在させ江の川水系が貫流する安芸・備後国北部から石見国東部の大河川水系地域、そして出雲国西部にも拡がる（中地域ともいうべき）地域が、石見銀山およびその周辺港湾への経済的・政治的求心性を伴いながら形成された。そして、それは地域経済の担い手であった村落上層農民・土豪・地域商人の活動領域と、在地領主や戦国大名の政治的動きから生じる領域性との間に齟齬矛盾を生じつつ形成されたもので、国支配とその領域的枠組みを最も相対化した動きであったといえる。これが、石見沿岸の港湾都市を通じて日本海西部沿岸から東シナ海へと繋がる広域的な交通・経済活動と結びつきながら成り立っていた。つまりこの動きのなかで、出雲は、経済的に、その西部地域が石見東部の銀山とその周辺地域へと吸引されていったのである。そして、以上のような動きが、安芸毛利氏の発展と、石見福屋氏の急発展と滅亡、出雲尼子氏の衰亡など、大名・在地領主ら地域権力の興亡をより直接的に規定する要因になっていたことが重要である。

このように、国家権力や大名権力の支配にとって、管国内・領国内に複数形成され、あるいは管国・領国境をまたがって形成され包摂拡大をも伴う中小地域は、領域的支配を維持するうえで、とりわけ国という領域的区分による支配を進める場合、最も矛盾を生みやすいフレキシブルでデリケートな対象であるといえるのである。

おわりに

最後に、地域から体制史をより総合的に見通したいとの意図の下、本書が重視した視角・方法を再度一瞥しておきたい。

①中世国家機構とその機能による階級的支配と領域的支配のメカニズム、およびその地域の歴史的なりたちや事情に応じた浸透と展開の特徴的あるいは変則的な在り方。

②中世権門体制国家が持つ生の強制力による支配から幻想的支配に至る諸機能の機能的幅の広さと相互補完的総体。

③政治・政策の動き、および体制変動における中央と地域（地方）の相互規定性。

④地域や国家あるいは社会集団の歴史的なりたちや、それらの構成員の現実の活動のなかで形成される多元的・多様な自我同一性の存在と移動・混在、そして相互矛盾。

⑤文化的・経済的要因によって形成・再形成される地域の多元的・重層的構造と動態、およびそれらと国家権力・地域権力による領域的支配との間に生じる緊張・矛盾関係。

なお、筆者の今後の課題でもあるが、本書が日本海西部域を分析題材に用いて試みた視角・方法が、他の地域においても試みられ、さらに鍛えられなければならないことはいうまでもない。

成稿一覧

序　章（新稿）

第Ⅰ部　地域と国家の自我同一性と顕密仏教

第一章　中世前期の出雲地域と国家的支配（『日本史研究』五四二、二〇〇七年を一部改稿）

第二章　「出雲大社幷神郷図」は何を語るか――出雲国鎮守の主張――（『日本歴史』六六二、二〇〇三年）

第Ⅱ部　国家的支配の地域浸透と展開

第一章　天仁・永久の出雲国杵築大社造営と白河院政の台頭――院政権力・源義親の乱と山陰諸国――（「天仁の出雲国杵築大社造営と白河院政の台頭」『古代文化研究』五、一九九七年初出を改題）

第二章　平安末・鎌倉期出雲国一宮の造営・祭祀からみた地域支配と国家（「鎌倉期出雲国一宮の造営祭祀からみた地域支配と国家」『ヒストリア』二一八、二〇〇九年を改題）

第三章　鎌倉・南北朝期における出雲国内支配と八幡宮（『日本歴史』七六四、二〇一二年）

第四章　戦国大名尼子氏の領国支配と地域寺社勢力（「尼子氏の領国支配と地域寺社勢力」〈『戦国大名尼子氏の特質と興亡史に関わる比較研究』島根県古代文化センター、二〇一三年三月〉に一部加筆・改題）

補論1　建久の杵築大社造営とその政治的背景（新稿）

補論2　国造出雲氏の身分と大庭田尻保地頭職（新稿）

第Ⅲ部　地域の再形成と権力の興亡

第一章　戦国期石見国における在地領主支配と地域経済秩序――益田氏庶流福屋氏の発展・滅亡過程を中心に――（『ヒストリア』一三五、一九九二年）

第二章　尼子領国衰退と毛利領国勃興をめぐる地域構造――出雲西部、石見中・東部――（「尼子氏興亡・毛利氏勃興をめぐる領域的支配と地域――出雲西部・石見地域を中心に――」『島根史学会報』四七、二〇〇九年を改稿）

補論1　戦国期石見小笠原権力の再編と地域支配（「戦国期石見小笠原権力と地域社会構造」『古代文化研究』一、一九九三年、一章・二章を改稿）

補論2　十五、六世紀の朝鮮王国・対馬と出雲・石見間の動きから（石見銀山歴史文献調査団編『石見銀山』思文閣出版、二〇〇二年、第二章より抜粋、大幅に改稿）

最終章（新稿）

あとがき

出雲は、まことに、「古き美しき〈くに〉」である。

ここ二十余年、出雲の山紫水明に浴し、ここに住む人々の自然と調和した生活ぶりや伝統の営みに接するにつけ、そう思わずにはいられない。

本書では、中世出雲という限られた素材を対象に、国家と地域の関係という大きな課題を考察してしまった。もとより通史を描いたわけではなく、本書の課題を考えていくために必要な最低限の要素を抽出し、限られた史料から筆者の能力の及ぶ範囲で分析の手を入れたにすぎない。その意味で、あたかも、広大なフィールドにいくつかのポイントを設けてボーリングを入れ、引き揚げた土壌試料を層位ごとに分析して古環境の変化を復元的に明らかにするかのような作業であった。砂漠のなかの三粒の砂ともいうべき試料の僅少さを、分析方法でどこまで凌げるのかが試される。地域をフィールドに歴史を研究する者が行き当たる限界や困難も、誠に、これに通じる。その際、さまざまな方法論を鍛え上げて来られた諸先学の恩恵を、あらためて実感させられる。

出雲といえば、即座に「古代」「神話」と連想され、「古代出雲世界」といったタイトルをよく見かけるように、日本列島の一地域でありながら、日本古代史において特徴的で重要な位置を占めている。文献史学・考古学からも、出雲古代史に取り組む研究者の層は厚く、それに従って研究蓄積も多い。その理由のひとつは、地域のなりたちや制度の実態を再構成する史料・(考古)資料に恵まれているがゆえであるが、もうひとつは、出雲古代史が古代国家の成立史や日本人が持つ自我同一性の一部と深く関わっているところにもあると思われる。

個人的にいえば、筆者は、長年にわたり『古事記』・『日本書紀』と『出雲国風土記』に見える古代出雲のイメージの懸隔の大きさを感じさせられ続けてきた。それは、前者における日本建国神話と繋がる出雲系神話の記述と、後者における出雲創成神話や地域ごとの多様な神話をはじめ、信仰・自然・社会集団などの記述との相違であった。八世紀に出雲国造らによって編纂され成立した『出雲国風土記』に記述される生き生きとして多様な地域のなりたちは、対象が出雲国という枠で括られながらも、それをはみ出したり、これがひとつの出雲国であろうかと思わせられるほどに闊達で多様性に満ちたものであった。今日でも、『出雲国風土記』を携えて、出雲の山野や村里を歩けば、その美しい自然景観とともに、諸所に、そこはかとなく一三〇〇年前の出雲の雰囲気を想起することができるのは魅力である。

出雲の中世はその平安時代史の空白の多さからも、古代から隔絶されたまったく異質なイメージでとらえられることが多い。また、古代史側からも中世史側からも相互の交渉が活発とはいえない。これらは、出雲の中世史が古代史とは異なり、全体構造を視野に入れた諸説多様な議論が行える状況にまでは至っていないことがひとつの理由である。研究者の層の厚さといい研究の蓄積といい、古代史には及ばない。明らかに、古代出雲の巨大な陰にあるマイノリティーという状況にある。

率直にいって、世間一般的にも出雲の中世に対して抱く全体イメージは希薄である。しかし、至って部分的で強いイメージもある。たとえば、地元においては戦国大名尼子氏の興亡が強く意識され、同氏への熱い思いが郷土のアイデンティティーと結びついていることなどはその好例であろう。一方で、中世以降の出雲大社を中心にした歴史などは、中世史研究者の努力にもかかわらず、「神話」「古代史」や「古代文化」なる枠組みに、いつのまにか吸収され併呑されているような観を呈しているると感じるのである。

しかし、明らかに出雲にも中世という時代は存在した。

それは古代出雲が自家受粉し、他に屹立して純粋培養的に更新されたものではない。内発・外圧を交えて、体制的な変化が進行したものであることは紛れもない事実である。少なくとも列島規模での中央―地域の支配体制・社会体制の変動や、さまざまな次元の地域社会の変動・領域的伸縮とともに、多くの人や集団・社会勢力、新たな文化が往来・流入し、在来のそれらと混在し、相互に淘汰したり融合・同化・共存しながらできあがる不断の流れであったと考えるべきである。その意味で、ある種の屹立した古代的な「出雲」のイメージや、出雲国の政治的領域性の枠組みも、作業工程上、いったんは相対化して通る必要がある。したがって、これらの先入観から解放された、多様で矛盾に満ちた地域史の事象を、おのおのの時代の実態や現実に即して率直にとらえていくことが重要である。そのうえで、当該地域の長い歴史的経緯を基礎に、その時代の体制・文化のありようにも規定されながら形成される、地域に特徴的な文化・自意識や社会関係を、うまく切り分けてとらえなければならないのである。

このように考えるならば、地球上の一点にあるこの地域の一時代史からも、さまざまな課題を提起できるように思われるのである。つまり、①地域形成と政治的領域性との齟齬・矛盾について、②地域に居住・往来するさまざまな階層・社会集団の文化や自我同一性の存在と相互矛盾の内在について、③人やモノの移動（需給）・分業や階級構造・階級的支配とそれらの変容による矛盾の胚胎・顕在化についてなどである。そして、④これら個々の矛盾や相乗的矛盾に、それぞれの時代の人々が、地域の歴史過程や、その時代の社会・体制のありように制約されながらも、どのように対応し、ともかくも共存しようとしてきたのかについてである。

以上のように課題いっぱいの観があるが、個人的には、体制や社会構造を研究していくさまざまな分野や要素を相互に結びつけることができる端子を持ちながら、日本列島のいろんな地域から多面的に中世「国家」と「地域」の歴史を研究したいと思うばかりである。その際、学生時代を思い出しながら、恩師の黒田俊雄先生だったら、どうご指導くださるだろうかなどと、五十の坂を越えた今でもなお思わずにはいられないのである。

佐伯徳哉

二〇一四年八月

索　引

・本索引は、本文中（註は除く）の主要語彙をⅠ人名（研究者名を含む）、Ⅱ地名・寺社名、Ⅲ事項に分類し、50音順に配列したものである。
・同義異字や補足を必要とする場合は、当該表記を（　）で囲んで記した。
・複数の表記がある項目は、可能な限り一項にまとめて掲出することとした。
・同一人物で異称・改名などがある場合は→を頭記して立項項目を示した。
・複合的な索引項目の中、必要と思われるものは親項目の子項目としてまとめた。この場合、親項目に相当する部分は——で示した。

Ⅰ 人 名

あ行——

赤穴氏(紀氏)　151, 290
赤穴太郎　151
秋山伸隆　229, 230
朝山右衛門尉　44
朝山右衛門尉勝部昌綱　45, 48, 106, 107
朝山氏　50, 52, 106, 130, 131, 336　→勝部氏
足利氏　153, 299
足利尊氏　156
足利義澄　304
足利義尹　304
足利義稙　180, 274, 196, 198, 255
足利義満　154
足童子丸　185
安倍(部)氏　48, 49, 106
安部友吉　49
安部久依　49
尼子詮久　181, 182, 186
→尼子晴久
尼子清貞　189, 319
尼子三郎四郎　185
→尼子義久
尼子(氏)　171, 173, 175〜178, 180〜182, 189〜192, 195〜197, 202〜204, 246, 248, 249, 253, 255, 261, 270〜272, 274〜278, 280〜283, 286, 287, 289〜293, 297, 319, 337, 340, 342
尼子経久　174〜184, 188〜191, 193, 203, 270, 274, 286, 291, 297, 336, 337
尼子殿中間彦左衛門　174
尼子晴久　181〜186, 189〜195, 201〜204, 270, 271, 276, 277, 280, 281, 283, 297, 337
→佐々木修理大夫
尼子義久　185, 270, 271
網野善彦　5, 12, 25, 330
飯島氏　133, 333
飯沼氏　125, 132
石井進　97, 119, 129
石田氏　289
石田二郎右衛門尉　289
石塚尊俊　143, 156
出雲(氏)　48, 50, 52, 106, 112, 113, 115, 118, 130, 138, 161, 165, 166, 213〜217, 223, 224, 329, 333, 336
出雲明盛　49
出雲臣広嶋　29, 49, 51
出雲兼孝　49, 106
出雲孝綱　213, 215
出雲孝時　113
出雲政親　49, 106
出雲真元　49
出雲盛高　106
出雲泰孝　68, 113, 216
出雲行高　49
出雲義孝　48, 49, 106, 110, 113, 117, 118, 214〜217, 220〜223
出雲義行　106
一遍　68
伊藤邦彦　97
井頭内蔵助　239, 240
井頭氏　236
井頭正公　238
稲光兼経　238
井上寛司　13, 26, 43, 59, 65, 67, 97, 143, 156, 173, 191, 213, 220, 231, 241, 250, 309, 315
井下氏　255, 257〜259, 284, 285
井下新兵衛　255
井原今朝男　16, 143
井原氏　300〜304
井原経信　301
井原民部左衛門　301〜303
井原弥次郎　301
井原弥六　301
今岡典和　171
入間田宣夫　11
石見吉川氏　250, 251
上垣玲子　298
上野頼兼　233, 299
牛尾太郎左衛門　255
牛尾久清　290
宇山誠明　185
雲(うん)三郎　157, 161, 165
雲(うん)三郎入道　157, 164
雲四郎　157, 165
雲次郎　157, 165
雲八(郎)　161, 165
うん八郎入道　157

永暹上人　68
江田氏　286
江戸四郎太郎　150
塩冶興久　177, 179, 181
塩冶貞家　162, 164, 162
→塩冶冬貞
塩冶(氏)　156, 157, 162～165, 167, 177, 333
塩冶高貞　162, 164
塩冶冬貞　162, 165
→塩冶貞家
塩冶義綱　165
応胤親王　194
→梨本宮梶井門跡
近江佐々木氏　12
大内(氏)　180, 245, 246, 248～250, 252, 270～272, 274～278, 280, 291, 292, 297, 304, 318
大内持世　320
大内義興　177, 245, 272, 300, 304, 311
大内義隆　245, 263, 271, 275, 276, 292, 308
大内義長　277, 285
→大友晴英
大家氏　309
大江匡房　85, 86
多氏　47～49, 106, 107
大殿道賢　301
大友氏　318
大友晴英　276, 277
→大内義長
大中臣氏　49, 50, 106, 107, 138, 148, 220, 222～224, 334
大中臣兼重　49
大中臣高貞　48, 49, 221, 222
大中臣高資　148
大中臣元頼　48, 49, 106, 117, 222
大中臣義元　117, 222
多資綱　48
多資宗　48, 106
多度資　48, 107
大宮公明　306
→須子宮内大夫
大宮宮内大夫　310
大宮氏　309, 310
小笠原貞宗　299
小笠原(氏)　180, 246～249, 253, 254, 261, 274, 277～284, 298～301, 303～309, 311
小笠原弾正少弼　281
小笠原長氏　299
小笠原長雄　276, 305～308
小笠原長実　310
小笠原長隆　301, 303, 304
小笠原長徳　302, 306
小笠原長弘　301
→大殿道賢
小笠原余次郎　305
岡本掃部助　238, 239
岡本左衛門尉　239
岡本氏　236, 238～240, 243, 244, 256, 262
岡本豊後守　238, 239
岡本民部丞　238, 239
岡本弥八郎　238, 239
岡本弥六　238
小国和泉守　242, 243
小国氏　243
長節子　315

か行——

甲斐三郎　45
海津一朗　11
貝英幸　230
梶原景時　210
勝部氏　106, 112, 126, 48
勝部広政　106
勝部政宗　106
桂元親　255
門田氏　259
上村氏　255, 260　→神村氏
神村氏　255　→上村氏
上村下野守兼高　256, 239, 240
神屋氏　271, 274, 275
神屋寿禎　271, 274, 275, 291, 314
亀井氏　182
亀井彦三郎　182
亀井秀綱　178, 179, 181, 272
亀山院　41
川岡勉　171
河音能平　26, 97
河上孫三郎　299
河辺氏　255, 259
観阿　148
勧修寺流藤原氏　100
神主越前守(岡本)兼貞　243
神主(三宮)越前守　242
紀氏　154
岸田裕之　229, 230, 247, 286
来島氏　126
木曾義仲　209, 211, 326
北島(家)　66, 178
吉童子　175
吉川和泉守　254, 255
吉川(氏)　242, 248, 249, 252, 253, 279, 280, 282, 308
吉川元春　186, 242, 245, 246, 248, 259, 260, 278, 281
紀高義　145
紀忠氏　147
紀義季　145, 147
君善左京亮　301, 302
京極氏　175, 190, 205, 319, 336
京極生観　319
京極政経　175
鏡智　148
行忠　195
行範　37, 68
清瀧員家　106
清瀧氏　48, 106
九条家　41
九条頼嗣　41
九条頼経　41
熊谷隆之　129
熊谷信直　281
内蔵資忠　111
栗沢氏　126
久利氏　233
黒沢石斎　181
黒田俊雄　3, 7, 8, 25, 27, 97
桑原家兼　299
桑原氏　134, 333

源氏　86, 305
源春　174, 188
現せん上人　188
孝安天皇　35
高順　188, 189
後嵯峨院　41
後白河院　210, 211, 326
後醍醐天皇　40, 156
後奈良天皇　193, 197, 199, 201
近衛天皇　325
惟宗氏　182

さ行――

最守　41
佐伯氏　48, 107
相模式部大夫　150
相模殿　152
佐草自清　181
佐々木伊予守　180, 274
→尼子経久
佐々木尹栄熙　317
佐々木高貞　156
→塩冶高貞
佐々木銀弥　229, 230
佐々木貞清　39
佐々木氏　117, 126, 129, 152, 155, 156, 166, 167, 213, 221, 222, 224, 329, 330, 333, 334, 340
佐々木氏　155, 166, 167, 333
→塩冶氏
佐々木修理大夫　184, 192
→尼子晴久
佐々木大膳大夫　154
佐々木時清　105, 109, 110
佐々木泰清　38, 39, 45, 105, 107, 109, 110, 151, 152, 156, 215, 217, 326, 327, 329
佐々木頼康　39
刺賀氏　277
佐藤進一　7
佐藤元実　255
三郎次郎　189
佐波興連　282
佐波実連　154
佐波氏　281, 282
佐波隆秀　282
慈円　41
塩津留氏　317, 321
重富兼里　236
重富氏　236
慈源　41
宍戸隆家　281
志道広良　181
四条隆親　110
慈道(亀山上皇皇子)　41
信濃小笠原氏　299
信濃前司　151
→佐々木泰清
島津家久　241, 285
寂蓮　208
寿阿　148
周透　189
寿藺　316
証恵　113
聖徳太子　32
少弐氏　318
少弐教頼　318
成仏　164, 165
青蓮院二品親王　40, 41
白河院　86, 89, 91, 101, 324
白河上皇　85, 92
新宮国久　193, 280
信州禅門泰清　39
→佐々木泰清
申叔舟　315
神保氏　126
推古天皇　32
陶氏　247～249, 276～278, 280, 285
陶隆房　275, 276
陶晴賢　245, 248, 280, 281
須子宮内大夫　306
→大宮公明
図師木工允　276
鈴木敦子　229
周布(氏)　232, 248, 250, 251, 317
周布千寿丸　250
世祖王　316, 317
千家(家)　66, 177
千家国造家　174
千家和比古　57
宗貞国　317, 318
宗氏　315～318, 320
祖式氏　258
尊円　40, 41, 42
→伏見上皇皇子
尊助　41
尊朝　200

た行――

平氏　317　→都野氏
平有親　103, 326
平時継　103, 110, 326
平正盛　85, 86, 88～90, 92～94, 101, 324
平雅行　10, 26
多賀伊豆守　175
多賀掃部　184
高階重仲　90, 92
高階為遠　89
高階泰重　90
高階泰仲　90
孝綱　44
高橋公明　315
高橋氏　181
高橋昌明　84
多賀久幸　184
財氏　49, 106
財吉末　49, 106
竹内平兵衛　254
竹本房栄印法印　184
竹本房栄伝法印　182
多胡出雲守　176
多胡四郎入道子　153
多胡氏　131, 166, 221
多胡悉休入道　174
多胡出羽守　177
立原備前守　192
立原幸隆　185
田中健夫　315
田総氏　286
為佐　44
太郎左衛門　320
太郎四郎　239, 240
智顗　33

智春聖人　31, 32, 34
ちやうせい　161
重善上人　182
千代堂丸　185
千代延藤左衛門　256
都治氏　256, 264, 308
都治隆行　254
土御門院　41
土屋氏　126, 317
都野越中守　260
都野氏　255, 256, 260, 264, 317
坪内氏　275〜277, 286〜290, 292
坪内宗五郎　275
禎子　88
寺本伊賀守　255, 259, 260
寺本氏　255, 259
問田氏　304
得宗一族　152, 153
鳥羽院　325
鳥羽天皇　91
頓覚　162　→塩冶高貞

な行——

長井氏　126
中沢氏　133, 333
長田氏　126
長綱　106
仲原(多賀)久幸　185
中原実政　113
中原氏　48, 107, 112
梨本宮梶井門跡　194　→応胤親王
那須氏　131, 221
南海　184, 189
野田氏　309

は行——

橋本雄　315
長谷川博史　171, 187, 270
原慶三　213
日置氏　49
日置正安　49
日野俊光　110, 111
広橋国光　199
福屋兼清　249, 307
福屋(氏)　232, 233, 236, 238〜242, 244〜246, 248〜250, 253〜256, 258, 260〜262, 264, 278〜282, 284, 285, 290, 292, 306〜309, 342
福屋隆兼　242, 254, 256
福屋隆任　256
福屋兵部大輔　242, 243, 256
福屋正兼　238, 239, 240
福山敏男　57
藤井宿禰近宗　102
藤川誠　317
伏見上皇皇子　40　→尊円
伏見天皇　41
藤原氏　48, 49, 88, 106, 107, 112
藤原顕隆　88, 89, 92, 100, 324
藤原章俊　111
藤原顕頼　88, 89, 91〜93, 100, 101, 209, 324, 326
藤原家隆　112
藤原家時　211
藤原家範　89
藤原家保　85, 89, 90
藤原兼盛　209
藤原清隆　101, 102, 325
藤原清綱　90
藤原惟綱　90
藤原帷(惟カ)宗朝臣　174　→亀井氏
藤原季遠　199
藤原隆時　90
藤原隆頼　90
藤原忠清　90
藤原忠実　90
藤原為房　88, 89, 92, 93, 100, 101, 209, 324
藤原経房　210
藤原朝方　112, 209, 210, 211, 326
藤原朝定　209
藤原朝経　209, 210, 326
藤原朝時　209
藤原長隆　89, 91, 92, 100, 101, 324
藤原長政　106
藤原成景　209
藤原信盛　209
藤原憲方　209
藤原雅隆　112
藤原政泰　49
藤原光隆　101, 112, 325, 326
藤原宗忠　87, 88
藤原基隆　89, 90
藤原盛康　106
藤原師実　84, 91, 93
藤原師通　84, 91
藤原能盛　209
藤原頼永　316
藤原頼成　90
藤原頼通　93
平氏　48, 86, 106, 317
北条氏　130, 154
北条時輔　130, 150, 152, 155
北条時宗　126
細川澄元　304
細川高国　304
堀河天皇　84, 85, 89〜91
本城氏　186
本城常光　186

ま行——

馬来真綱　195
政綱　210
益田　250
益田氏　232, 233, 253, 317
増田四郎　7
松岡久人　230
松田氏　317, 319
松田備前守　319
松殿基房　41
松永久秀　198
三上鎮博　298
御神本氏　232
三沢氏　176, 290
三島氏　274, 291
三島清右衛門　274
三隅氏　232, 236, 240, 241, 317
三刀屋氏　290
源朝臣秀吉　317

源朝臣義忠　317
源右衛門入道宝蓮　48, 106
源信房　48, 106, 48, 106
源義顕　210, 211, 326
→源義経
源義家　85, 86
源義忠　86
源義親　85～87, 89, 94, 324, 339, 101
源義綱　86
源義経　210　→源義顕
源頼朝　210, 211, 326
宮島新一　57, 59, 73
明星閣院　188
明仏　157, 164, 165
三吉氏　247, 278, 286
三好俊文　129
三好長慶　196, 198, 199
三好之長　304
村井章介　5, 25
村上源氏　84
毛利(氏)　231, 241, 247～250, 253～256, 259, 261, 270, 271, 279～285, 287, 289～293, 297, 306, 308, 342
毛利隆元　248, 254, 255
毛利元就　186, 245～248, 250, 256, 258, 278, 279, 281, 282, 297
森脇太一　298
森脇家定　184

や行――

山崎裕二　187
山名一族　162
山名氏　155, 162, 177, 250, 297, 318, 319
山名時氏　164
山名師義　154
山根常安　276
湯浅権頭　249, 305～308
湯浅氏　307, 308, 310
温泉氏　289, 292
温泉英永　289
横道久宗　195
横屋神四郎　306
吉田厳覚　148
吉田経俊　110
四辻大納言　199
→藤原季遠
米原氏　255, 259

ら行――

頼源　40
良範　37, 68
冷泉五郎元豊　255
廊御方　113

II　地名・寺社名

あ行――

会見郡(伯耆国)　179, 274
赤川(出雲国)　126
赤川水系　126
赤穴(出雲国)　152, 281, 290
赤穴荘(出雲国)　151, 154, 155, 281
赤穴別宮(出雲国)　150, 151, 154, 165, 333
安芸　181, 182, 233, 252, 270, 271, 279, 281, 286, 292, 297, 308, 342
安芸国　233, 236, 278, 285, 342
阿午郷(出雲国)　112
朝酌郷(出雲国)　221
旭町今市　236
朝山郷(出雲国)　131, 194
朝山八幡宮(出雲国)　177, 180
汗入郡(伯耆国)　274, 179
出雲郷(出雲国)　131, 147, 153, 166, 221, 222
阿刀(石見国)　233, 258, 284
跡市　233
安濃郡(石見国)　180, 272, 274, 277, 297
阿弥陀寺(出雲国)　149
有福温泉町　238
有福城(石見国)　233
粟津村(出雲国)　194
阿波国　180
安国寺(出雲国)　153, 166
飯石郡(出雲国)　118, 290
飯梨川(出雲国)　17, 126, 130, 319, 336, 339, 340
飯梨川・伯太川水系　126
飯室谷(比叡山)　195
生野(但馬国)　315
生馬郷(出雲国)　126
池田(石見国)　282
伊弉諾社(出雲国)　117, 118, 220, 223
伊弉冊社(出雲国)　117, 118, 220, 221, 223
石墓村(出雲国)　113
伊志見村(出雲国)　113
井尻(石見国)　251
伊豆　315
出羽(石見国)　315
泉山城(佐波)(石見国)　290
出雲　3, 12, 15～18, 26, 29, 34, 37, 49, 50, 51, 63, 67, 69, 71, 85, 89, 92, 93, 98, 101, 112, 118, 126, 130, 131, 133, 134, 138, 139, 143, 150, 154, 156, 166, 167, 173, 175～181, 183, 186, 193, 194, 201, 202, 204, 208, 209, 217, 221, 223, 231, 242, 248, 255, 261, 270, 271, 275, 278, 280, 281, 283, 285, 288～293, 297, 311, 316, 317, 319, 323～325, 329, 330, 331, 333～342
出雲井　66
出雲大川(出雲国)　17
出雲郡(出雲国)　290
出雲市国富町　43
出雲大社(出雲国)　17, 29, 57, 65, 82, 97
出雲国　15～17, 29, 32, 33, 35, 37, 39～43, 45, 46, 50, 51, 73, 82, 84, 91, 92, 97～99, 101～103, 109, 119, 120, 125, 129, 132～134, 138, 143, 145, 150, 153, 155, 156, 158, 165, 166, 167, 173, 174, 179, 187, 188, 190, 200, 210, 214, 270, 271,

274, 281, 286, 287, 298, 300, 319, 320, 324〜327, 329〜342
出雲府中　50, 143, 176, 334
出雲平野　61, 63, 71
伊勢　315
伊勢神宮　120
井田(石見国)　245, 254, 278, 300
市木(石見国)　233
市木御坂(石見国)　233
伊秩荘(出雲国)　126
市山(石見国)　233, 255〜258, 284
市山居屋敷　258
厳島　280
稲岡郷(出雲国)　113
伊那郡(信濃国)　133, 133
稲佐浜(出雲国)　37, 61, 62, 65〜69, 72, 82, 91, 93, 100
因幡　83, 84, 89, 92, 93, 260, 319
因幡上宮　83, 84, 91, 100
因幡国　92, 101
稲頼荘(出雲国)　157, 158
稲荷明神(出雲国)　153
命主社(出雲国)　66
井原(石見国)　249, 282, 300, 301
今市(出雲国)　290
今八幡(出雲国)　156
井村(石見国)　248, 280
揖屋大明神(出雲国)　194
入り海　17
石清水八幡宮　16, 150, 155, 165
岩舟蔵王権現(出雲国)　186
石見　63, 151, 154, 165, 177, 180, 181, 183, 186, 229, 231, 233, 236, 245, 247〜250, 252〜255, 260〜264, 270〜272, 274〜276, 279〜283, 285〜293, 297, 299, 300, 304, 305, 308, 311, 312, 316, 317, 319〜321, 333, 336, 340, 342
石見銀山　186, 248, 250, 253, 254, 270, 271, 274〜278, 285, 291, 297, 314, 315, 342
石見国　154, 180, 187, 188, 232, 236, 245, 248, 252, 263, 271, 272, 274, 276, 280, 287, 289, 292, 297, 299, 304, 308, 317, 337, 342
岩屋寺(出雲国)　155, 176, 179, 337
インダス川　72
宇道(出雲国)　66
宇野村(石見国)　238
宇倍神社(因幡国)　83, 100
宇龍(出雲国)　292
叡山(近江国)　34, 200
蝦夷　6
円通寺(出雲国)　153
塩冶(出雲国)　290
塩冶郷(出雲国)　130, 131, 134, 143, 156〜158, 162, 164〜167, 177, 179, 329, 333, 334, 340
塩冶郷八幡宮(出雲国)　156, 134
塩冶社(出雲国)　166, 333
塩冶神社(出雲国)　156
塩冶新八幡宮(出雲国)　162
塩冶八幡宮(出雲国)　143, 155〜158, 164, 329, 334
延暦寺(近江国)　32, 36, 191
意宇郡(出雲国)　50, 220, 291, 340, 341
王子　153
王子社　153
近江　196, 198, 221, 319, 329
大朝(安芸国)　233
大朝新庄(安芸国)　233
大井大明神(出雲国)　153
奥羽　11
大家(石見国)　300, 309
大家郷(石見国)　306, 309
大家八幡宮(石見国)　309, 310
大草郷(出雲国)　50, 130, 220〜223
大草郷政盛跡　221
大崎(因幡)　260
大隅　98
大田(石見国)　282, 283, 309
大田郷(出雲国)　112
大田作山(石見国)　306
大田別宮(出雲国)　150, 152
大田保(出雲国)　112
邑智郡(石見国)　180, 233, 245, 274, 277, 278, 280, 281, 284, 297, 299, 312
大知(邑智)郡(石見国)　274
大津(出雲国)　156, 157, 164, 290
大津池尻(出雲国)　158
大津村(出雲国)　162
大庭(出雲国)　177, 185
大橋川(出雲国)　145, 147, 149, 153, 176
大庭田尻保(出雲国)　50, 138, 177, 214〜216, 220, 223, 224, 333, 334
大原郡(出雲国)　125, 174, 290
大祭天石門彦神社(石見国)　236
隠岐　31, 85, 87, 89, 92, 101, 175, 176, 179, 180, 183, 317, 319, 339
隠岐国　101, 337
奥出雲　131
オクサス川　72
小国郷(石見国)　243
奥山(石見国)　258, 284
生越(石見国)　238
乙明山(石見国)　236
→本明山
乙明城(石見国)　233
→本明城
乙焼(石見国)　236
→本明城
尾張　89, 92
尾張国　98

か行――

戒心谷(比叡山)　195
鰐淵山(出雲国)　68, 71

鰐淵寺（出雲国）　29, 31～36, 38～46, 49, 51, 66, 68～72, 103, 166, 175, 179, 184, 189, 190～197, 199, 202, 204, 290, 331, 333, 337
鰐淵寺谷（出雲国）　69, 70
鹿島社（常陸国）　98
かちや名　301
霞ヶ浦　98
勝尾寺（摂津国）　32
加戸（石見国）　272
賀戸塩田浜（石見国）　180
香取社（下総国）　98
金城町小国　243
鎌倉（相模国）　6, 105, 109, 110, 111, 156, 210, 211
神魂社（出雲国）　118, 131, 185, 220, 222～224, 283
神魂神社（出雲国）　185, 194, 337
仮宮（出雲国）　182
河合郷（石見国）　299
河上（石見国）　256, 260
河上郷（石見国）　279
河上松山城（石見国）　246, 253～256, 259, 282～284
川本　180, 245, 254, 258, 259, 274, 276～278, 280～283, 297, 300, 309
川本郷（石見国）　274, 278, 299, 301, 312
川本町弓市　306
ガンジス川　72
関東　7, 11
神戸川（出雲国）　18, 62～64, 66, 126, 130, 156, 166, 167, 177, 186, 319, 333, 334, 337, 340, 341
神戸川水系　130, 339, 340
神門郡（出雲国）　290, 193, 194
甘南備寺（石見国）　299
観音寺（出雲国）　148, 149
祇園社（山城国）　36
鬼界島　6
来島庄（出雲国）　126
紀州　32
木田（石見国）　233
北尾（比叡山）　197
北九州　4, 51, 93, 286, 318, 320, 321, 338
北島村（出雲国）　113
北つ海　17
北山（出雲国）　63～65
木束（石見国）　248, 280
杵築（出雲国）　98, 182, 189, 242, 256, 275, 286, 289, 292
杵築浦（出雲国）　178
杵築郷（出雲国）　57, 59, 63, 64, 66, 71, 73
杵築大社（出雲国）　15, 29, 32, 34, 38, 42, 43, 45, 46, 48～51, 57, 59, 62, 64, 66, 67, 69, 70, 72～74, 82～84, 94, 97～101, 109, 111, 113, 118～120, 126, 131, 134, 137, 139, 143, 157, 165, 166, 173, 175～178, 181～183, 185, 187, 189～191, 193, 203, 204, 208, 210, 214, 216, 224, 275, 286, 289, 290, 323～327, 329, 331～333, 335～337, 340, 341
杵築大社西浜（出雲国）　37, 182, 337
杵築大明神（出雲国）　179
畿内　70, 198, 229, 270, 300, 304
吉備　17
九州　25, 81, 285, 292, 317, 318
京　102, 103, 198, 304, 320
京都　6, 7, 120, 196
京都一条宿　198
玉泉寺　33
求院村（出雲国）　113
久佐（石見国）　233, 258, 284
久佐金木城（石見国）　233
串山城（石見国）　289
朽木谷（近江国）　196
久手（石見国）　277
熊ケ峠城（石見国）　255
熊野（紀伊国）　32
熊野（出雲国）　98
熊野社（出雲国）　15, 98, 99, 131, 139, 341
熊野大社（出雲国）　341
熊野大神（出雲国）　220
国屋郷（出雲国）　49
黒川（石見国）　262, 236, 256
桑日八幡（出雲国）　134, 156
国富郷（出雲国）　35, 41
国富荘（出雲国）　43, 41, 44～46
家古屋（石見国）　236
家古屋城（石見国）　233, 236, 256
華蔵寺（石見国）　36
→小蔵寺
解脱谷（比叡山）　195
小石見郷（石見国）　236, 238, 240, 241, 256, 258, 262, 280, 284, 285, 291
迎接寺（出雲国）　148
江津（石見国）　309
上野　98
江津市波子町　272
江津市松川町　279
江津市渡津町　272
江の川　233, 245～249, 251, 253～256, 258～261, 263, 278～285, 297, 299, 300, 306～308
江の川水系　247, 249, 253, 254, 259～261, 271, 279, 281, 283, 285, 291, 292, 297, 305, 342
弘法寺（出雲国）　179, 337
高麗　6, 317
郡山（安芸国）　182, 270
小境保（出雲国）　49
越　17
古志（郷）（出雲国）　130, 179, 337
小蔵寺（出雲国）　179, 337
→華蔵寺

さ行——

西郷井尻村（石見国）　251

西塔(比叡山)　197～200
西塔北谷(比叡山)　197
蔵王権現(西比田)(出雲国)　184
境水道　339
相模　98
佐木(出雲国)　66
鷺浦(出雲国)　271, 274
佐世郷(出雲国)　152
佐陀社(佐太神社)(出雲国)　126
佐太神社奥院成相寺(出雲国)　337
刺賀(石見国)　277
刺賀郷(石見国)　277
薩摩　98, 241, 285, 292, 315
佐渡　315
佐波(石見国)　281, 282
佐波郷(石見国)　154, 281
山陰　4, 6, 17, 18, 25, 34, 37, 81, 84, 89～93, 318, 324, 338
山陰道　15, 18, 98, 101, 139, 325
三宮(石見国)　236
三宮口(石見国)　243
三宮社(石見国)　236
三宮神宮寺(石見国)　256
三条白河坊(山城国)　41
山南(石見国)　281, 300
三分方(出雲国稲頼荘)　157
三瓶山(石見国)　63, 71, 282
シータ川　72
塩田(石見国)　272
重富(しけとミ)(石見国那賀郡)　233, 236
重富村(石見国邇摩郡)　277
四国　6
四天王寺(摂津国)　32, 37, 68
四天王寺西門(摂津国)　68
信濃　98, 132, 134, 299, 329, 333
信濃国　120, 125, 132, 133, 299
信濃国諏訪社　120
島津屋関(出雲国)　287
島根郡(出雲国)　290, 291
島根県　16
島根県安来市　319
島根県安来市広瀬町　319
島根半島　35, 36, 61, 63, 65, 67, 131, 339
下総　98
下野　315
蛇山(出雲国)　63, 72
十合(石見国)　259
出西郷(出雲国)　112, 113
出東郡(出雲国)　194
荘厳寺(石見国)　299
成相寺(出雲国)　179
青蓮院(山城国)　41
書写山(播磨国)　32
白枝松寄下(出雲国)　177
白鹿城(出雲国)　290
白上八幡宮(出雲国)　152
白上別宮(出雲国)　150, 152
新阿弥陀寺(出雲国)　149
神西(出雲国)　298, 300
神西荘(出雲国)　157
神西湊(出雲国)　319
宍道湖　17, 18, 126, 130, 152, 166, 176, 185, 290, 332, 333, 337, 339
宍道湖・中海水系　126, 130, 145, 320, 337, 339, 340
神東(出雲国)　156～158, 164, 165
神東八幡(出雲国)　156
新八幡宮(出雲国)　156, 162,
新松八幡(出雲国)　152
新松別宮(出雲国)　150
神門原(出雲国)　181
周防　248, 250, 252, 270, 271, 280, 300, 304, 308, 311, 315
須佐郷(出雲国)　126, 130, 134, 155, 186
須佐神社(出雲国)　186, 194
須佐高矢倉城(出雲国)　186
周布郷(石見国)　250, 317
住之江(摂津国)　70, 72
諏訪郷(信濃国)　134
諏訪社(信濃国)　120, 133
諏訪明神(出雲国)　133, 134, 333
清光院(出雲国)　189
清水寺(出雲国)　179, 190～192, 194～197, 199, 201, 337
青龍寺(長安)　33
石州　179, 233, 274
摂津　32, 181, 182
摂津兵庫　181, 182
千家村(出雲国)　113
仙崎(長門国)　289
船上山(伯耆国)　156
素鵞川(出雲国)　64
外浜　6
薗長浜(出雲国)　61, 63, 66, 69, 71
薗村(出雲国)　193

た行――

大社湾　61, 62, 65～67
大山(伯耆国)　34, 35, 339
大山寺(伯耆国)　34～36, 43, 49, 185, 186, 337
大東本郷(出雲国)　286
高岡郷(出雲国)　157, 164
高麻城(出雲国)　174
高貞跡　221
高麻要害(出雲国)　175
高田郡(安芸国)　278, 292
高浜郷(出雲国)　113, 193
田儀(出雲国)　274
竹(石見国)　281, 300
武明八幡宮(石見国)　299, 305
武志郷(出雲国)　113
武志村(出雲国)　112
建部郷(出雲国)　134
大宰府(筑前国)　318
但馬　89, 92, 93
楯縫郡(出雲国)　290
多禰郷(出雲国)　152
丹後　315
筑前　271, 275
竹矢郷(出雲国)　126, 130, 131, 134, 145, 147, 152, 153, 166, 221, 222, 333
中国山脈　17

中国地方　171, 245, 249, 271, 297
長安　33
長安青龍寺　33
朝鮮　315, 318, 321
朝鮮王国　314～316, 320
朝鮮半島　4, 17, 31, 37, 51, 318, 321, 338
都賀(石見国)　281, 282, 300
都賀郷(石見国)　281
都賀西(石見国)　281
筑紫　17
都治(石見国)　249, 282, 307, 308, 309
対馬　315, 317, 318, 321
都野(石見国)　256
都野津(石見国)　260
津淵(石見国)　251
津山市(岡山県)　186
鶴岡八幡宮(相模国)　156
天神　153
天台山　36
天王寺(摂津)　68, 69
洞光寺(出雲国能義郡)　189
東谷(比叡山)　197
東塔(比叡山)　199
どうとこ(石見国)　259
東北　11
十神山(出雲国)　319
十神山城(出雲国)　319
都率谷(比叡山)　195
富田(出雲国)　184, 189, 319
富田城(出雲国)　190, 191, 194, 289, 319
富田荘(出雲国)　130, 186
富郷(出雲国)　113
鳶巣城(出雲国)　290
鳥屋村(出雲国)　112
鳥屋郷(出雲国)　113
鳥居(出雲国)　277

な行――

中海　17, 18, 126, 130, 149, 152, 166, 176, 185, 319, 332, 333, 339
那賀郡(石見国)　180, 232, 233, 236, 250, 259, 272, 278, 280, 284, 285, 292, 306, 308, 317
長沢(石見国)　239
長田郷(出雲国)　126
長門　271, 304, 315
長門国　289
長門肥中関　317
長浜港(石見国)　250
長浜湊(石見国)　317
中村要害(余勢城)(石見国)　256
永安(石見国)　248, 280
仲山神社(美作一宮)　186
那久野(肥前国)　316
那智(紀伊国)　32
難波(摂津国)　37, 68
難波津(摂津国)　69, 70, 72
南谷(比叡山)　197
西比田(出雲国)　184, 184
仁多郡(出雲国)　290
日本　13, 31, 32, 33, 35, 51, 71, 314, 315, 318
日本国　6, 7, 25, 97, 315, 320, 331
日本列島　3, 8, 11, 25, 97, 317
日本六十余州　11
日本海　3, 6, 17, 31, 51, 92, 130, 231, 246, 248, 249, 253, 259, 260, 263, 270, 291, 297, 315, 317～321, 330, 338, 339, 341, 342, 343
日本海域　29, 31, 32, 37
仁万(石見国)　250, 251, 261
邇摩郡(石見国)　179, 180, 188, 246, 248～252, 254, 256, 261, 264, 271, 272, 274, 275, 277, 280, 284, 285, 289, 297, 304, 309, 312
尼摩郡(石見国邇摩郡)　179
仁摩郷(石見国)　248
ぬくい山神八幡(石見国)　306
ぬくい山(温湯山)(石見国)　306
温湯城(石見国)　306, 283
温湯城山(石見国)　306
温湯山山神　306
能満寺(出雲国)　148
能義郡(出雲国)　178, 184, 188, 189, 191, 291, 337

は行――

博多(筑前国)　271, 275, 318, 321
伯州　179, 180, 273
伯太川(出雲国)　126
伯太川水系　339, 340
白馬寺　33
波志浦(石見国)　180, 272
旗山城(石見国)　249, 282
波積(石見国)　254
波根湖(石見国)　290
浜田(石見国)　233, 240～245, 250, 256, 258, 262, 263, 280, 284, 285, 291
浜田市　241, 250
浜田市黒川町　236
浜田湊(石見国)　285
浜山(出雲国)　65
播磨　32, 129, 182, 187
般若谷(比叡山)　195
番場(近江)　154
斐伊川(出雲国)　17, 18, 62～64, 66, 112, 126, 130, 131, 152, 156, 166, 167, 177, 319, 333, 334, 337, 339～341
斐伊川・赤川水系　126
斐伊川・神戸川水系　131, 290, 293, 320, 340
斐伊川水系　126, 130, 139, 333, 336, 339～341
比叡山(近江国)　29, 33～37, 39, 69, 70, 72, 337
比叡山延暦寺(近江国)　36
東アジア　11, 285, 292
東アジア海域　270, 292, 293
東アジア大陸　285
東シナ海　6, 285, 291,.342
比敷(石見国)　281
菱根池(出雲国)　64
肥前国　316

飛騨　175
常陸　98
備中　315
日倉神社(出雲国)　151
日蔵別宮(出雲国)　150, 151
日野郡(伯耆国)　178, 179, 178, 183, 274
日御碕(出雲国)　32
日御碕社(出雲国)　66, 194, 272
日御碕神社(出雲国)　61, 70, 180, 194
日御碕大明神(出雲国)　193
氷室(出雲国)　194
平戸(肥前国)　285, 292
平浜(出雲国)　152
平浜八幡宮(出雲国)　143, 147, 149, 153, 177, 183, 225, 333, 337, 341　→平浜別宮
平浜別宮(出雲国)　130, 134, 143, 145, 147〜153, 165, 166, 185, 221, 332, 333　→平浜八幡宮
日和(石見国)　258, 251, 284, 300
日和村(石見国)　245, 278
備後　130, 150, 151, 154, 165, 181, 247, 248, 279, 281, 286, 292, 297, 315, 333
備後国　155, 247, 342
款冬山(石見国)　289
福光(石見国)　250, 252, 255, 256
福光郷(石見国)　250
福光郷本地(石見国)　250
福光城(石見国)　254, 255
福光本分(石見国)　251
福光湊(石見国)　251, 254, 284
福屋大石城(石見国)　233
福屋郷(石見国)　278, 280
福屋城(石見国)　233
藤瀬城(出雲国)　176
豊前　271
府中(出雲国)　50, 115, 117, 118, 126, 153, 166, 177, 178, 185, 187, 223〜225, 333, 337, 340
浮浪山　331
浮浪山鰐淵寺(出雲国)　34, 331
伯耆　36, 43, 89, 93, 150, 165, 178, 180, 183, 185, 186, 188, 274, 319, 324, 333, 336〜338
伯耆国　34, 35, 37, 92, 101, 178, 183, 185, 274, 337〜339
宝光寺(出雲国)　148
防州　278
防長　285
北陸　25, 31, 37, 51
星上山(出雲国)　289
細腰(石見国)　242
菩提寺(出雲国)　148
北谷(比叡山)　197
火神岳(大山)　34
本明山(石見国)　236, 238
本明城(石見国)　233, 238, 256

ま行——

枕木山　36
松江平野　18
松堂大明神(出雲国)　153
真名井(出雲国)　66
三井寺(近江国)　32
三久須城(石見国)　282
三前山(出雲国)　65
三沢郷(出雲国)　133, 286
弥山(出雲国)　62, 64〜67, 69, 70, 72, 61
三ッ子城(石見国)　282
三刀屋川(出雲国)　151, 337
三刀屋郷(出雲国)　118
三刀屋町乙加宮(出雲国)　151
湊社(出雲国)　62, 64, 66, 69, 71, 72
南尾(比叡山)　197
南関東地域　11
南九州　6
峯寺(出雲国)　179, 337
箕面(摂津国)　32
三原(石見国)　300
三原郷(石見国)　299, 300
美保郷(出雲国)　130
美保関(出雲国)　130, 319, 320, 339
美作　187
三又川(石見国)　233
宮内(石見国)　281
武蔵　98
陸奥　315
無動寺(比叡山)　39, 69
撫養(阿波国)　180
村之郷(石見国)　281
不言城(石見国)　284
椛尾谷(比叡山)　195

や行——

矢上(石見国)　255
矢上城(石見国)　255
矢上盆地　255
八雲山(出雲国)　63, 72
安来荘(出雲国)　134
安来津(出雲国)　319, 339
安田荘(出雲国)　150, 152
安田別宮(出雲国)　150, 165, 333
八戸川(石見国)　233
矢筈城(石見国)　282
山口(周防国)　276, 308
山代郷(出雲国)　50, 131, 221〜223
山吹城(石見国)　186, 277
夜牟夜社(出雲国)　156
八幡荘(出雲国)　145, 151, 152, 147
八幡ノ谷ノ寺(出雲国)　179
温泉津(石見国)　248, 251, 253, 254, 261, 274, 283〜285, 289, 291, 309
抽見(ゆミ)(石見国)　302, 306
弓ヶ浜半島　35, 339
抽見村(石見国)　301
遥堪(出雲国)　112
遥堪郷(出雲国)　112, 113

養命寺(出雲国)　67, 66
用路(要路)(石見国)　282
用路城(要路城)(石見国)　281
横川(比叡山)　195, 197, 198
横田(出雲国)　152
横田荘(出雲国)　130, 133, 150, 155, 176, 179, 337
横田八幡(出雲国)　155
横田別宮(出雲国)　150, 165, 333
吉浦(石見国)　248, 251, 252
吉田(出雲国)　179
吉永郷(石見国)　299
吉野川(出雲国)　64
余勢城(石見国)　255, 256
　→中村要害
淀本荘(出雲国)　133
淀要害(伯耆国)　180

ら行——

洛陽　33
琉球　6
両神魂(出雲国)　220
楞厳三昧院(比叡山)　39
六波羅(山城国)　110, 113

わ行——

若狭　92, 317
鰐走城(石見国)　290

Ⅲ　事　項

あ行——

アイデンティティー　97
　→自我同一性
青馬　147
赤穴荘地頭職　154
赤元(穴)別宮安居頭役注進状　154
朝山領　131
足利尊氏寄進状　155
足利直義御教書　153
足利義満袖判下文　154
預所　145
　——某下文　145
東遊　47, 103, 107
『吾妻鏡』　208, 210
天下り　36
尼子権力　171, 173, 176, 180, 185, 186, 189～191, 193, 195, 202～204, 205, 264, 270, 271, 288, 292, 337
　——膨張·衰亡　171
尼子氏の宗教政策論　173
尼子氏奉行人　192, 195, 272, 275
尼子経久掟書　175
尼子経久寄進状　272
尼子晴久感状　281
尼子晴久書状　275
尼子晴久袖判奉行人連署書状写　275
尼子·毛利領国支配　291
尼子領国　173, 194, 201～204, 274, 288, 291～293
　——支配　187
天·地の上下観念　36
所造天下大神宮　17
淡路守　90
案主　107
異域　6
伊弉諾·伊弉冊幷惣社神田神畠　118
伊弉諾社造営料田　221
伊弉冊社供料田　222
伊弉冊社灯油田　222
伊弉冊社の供料田·灯油料田　117
出雲系神話　17, 33, 137
出雲国衙　45, 50, 51, 101, 149, 211, 324～326, 330, 331
　——在庁官人　51, 93
出雲国守　101, 195, 199, 209
出雲国造　29, 48, 49, 50, 68, 91, 93, 98, 99, 109, 112, 113, 118, 119, 138, 143, 166, 177, 185, 189, 193, 217, 220～222, 224, 332～335
　——北島資孝代時国支状案　134
　——家　57, 111, 177, 187
　——西遷説　98
出雲国務　209
出雲古代史　17, 18
出雲在国司　48
出雲州留関(宇龍津)海賊大将　317
出雲守護　340
　——佐々木泰清施行状　216
　——佐々木泰清書状　215
　——職　319
　——塩冶(佐々木)高貞の横死事件　40
　——佐々木泰清下知状　38
出雲守護代　319
出雲大社幷神郷図　57, 73
出雲地域　4, 5, 7, 26, 29, 51
出雲知行国主　209, 210
出雲守　39, 88, 90, 92, 100, 101, 209, 211, 324
　——藤原光隆解状　100, 102
出雲国一宮　34, 42, 43, 81, 84, 98, 178, 191, 213, 327, 331, 335
　——祭祀　120
出雲国杵築大社三月会　133
出雲国杵築大社造宮所注進　105
出雲国在庁官人　111
　——等解　100, 102, 111
出雲国知行国主　111
出雲国鎮守　73, 99, 133, 137
『出雲国風土記』　17, 29, 31, 33～35, 37, 49, 51, 71, 137, 156, 330, 338
出雲国目代　89
出雲(国)四大神　17, 139, 341
出雲国留守所下知文　49
出雲国司　89, 91
　——庁宣　48, 49, 111, 117, 118, 214
　——庁宣案　118, 223
出雲の古代文化　17
出雲孝房譲状　112
出雲八所八幡　143, 154

出雲泰孝譲状　113, 115
出雲義孝譲状　113
伊勢神宮役夫工米　125
伊勢造宮役　132
一代一度大神宝使発遣社
　14, 341
市・町・見世棚　276
一院分国　92, 93, 324
一宮　13～16, 26, 43, 46, 50,
　91, 98, 143, 166, 186, 330,
　333
　――研究の領主制論的展開
　　97
　――制　13, 14, 26, 27, 43,
　　98, 100, 103
　――制論　173
一宮・二宮・三宮　98
「一宮」の絶対性　98
一宮の多様性　26, 27
一万部法華経読誦　181
市山衆　255, 256, 259, 264,
　284
厳島合戦　248, 292
一国平均役　26, 101, 104, 105,
　119, 137, 323, 324, 326
　――造営体制　138
一切経　181, 182
一頭国造　66
『一遍聖絵』　69
因幡守　85, 90～92, 100, 101,
　209, 324
因幡国一宮　324
稲頼庄三分方公文職　162
井上一族誅滅　247
猪尾谷村東方地頭職　125
庵原文書　300
鋳物師　276
　――頭領　276
岩倉　66
石清水八幡宮領　134, 150,
　154, 155
石見小笠原氏　298, 299
「石見小笠原氏の研究(一)
　(二)」　298
石見銀山開発　291, 342
『石見国銀山旧記』　271
石見国人　247
石見三宮神官職　262
石見衆　304
石見守護　250, 308
　――代　180
石見守　209
石見(国)守護職　177, 245,
　275
石見国田数注文　232
岩屋衆　176
院　84, 87, 88, 91
院権力　81, 94
院政　86, 100
院政期　81, 324
院政権力　324
院政停止　211
院宣　119
『陰徳太平記』　254
院近臣　86, 88, 89, 92, 209,
　211, 324, 326
院の専制的性格　88
院北面　89, 93
産土神　309
蔚山官　320
繧繝　103
雲太、和二、京三　82
『雲陽誌』　133, 177
永久・久安の造営　325, 326
永久の遷宮　81, 82
永久の造営　100, 112, 208,
　209, 324, 326
叡山無動寺検校政所下文　41
叡山無動寺領　41
永正年中大社造営・遷宮次第
　174
永正の造営　174, 175, 188,
　190
遠隔地商業　229
遠隔地商人　241, 285
遠隔地流通　261
『延喜式』神名帳　17, 156
振鉾　48
塩冶興久寄進状　177
塩冶興久の反乱　181
塩冶貞家充行状写　162
塩冶氏滅亡　202
塩冶社年中行事　166
塩冶高貞寄進状　161
塩冶八幡宮神主職　165
塩冶八幡宮神人・宮人等申状
　案　162
塩冶八幡宮社領注文　161
塩冶義綱田地寄進状　165
塩冶領　164, 193
延暦寺大衆申状　200
延暦寺本院執行代書状　200
延暦寺本院大衆申状　200
意宇郡平浜別宮住持職補任状
　148
王家領荘園化　99
王権　15, 27, 47, 51, 52, 137,
　323, 325, 326, 331
　――神話　29, 36, 51, 331
王国　25
王舎城　72
奥州合戦　11, 211, 326
奥州藤原氏　7, 11
王城　36, 70, 73
王城鎮護　73
　――の霊場　36
王土　70, 73
応仁文明の乱　298, 300, 315,
　318, 319
王法　27
王法・仏法　336
　――相依　8, 16, 43, 70, 99,
　　103, 166, 333
大内権力　245, 250, 252
大内氏滅亡　249, 297
大内義隆の出雲侵入　184
大内義隆滅亡　280
大内義長袖判安堵状　277
大内領国　277, 279, 286, 292,
　304
大家郷鎮守社　310
大家八幡宮神主　306, 310
多左近将監譲状　48
大型方墳　18
大国主命　99
大河兼任の乱　11
大隅・薩摩商人　285, 291
大田文　45, 46, 119

大友・少弐討伐　320
大中臣高貞跡　118
大中臣高資寄進状　148
大庭惣反銭　178
大庭田尻保地頭職　130, 213, 215, 221, 224, 225
——補任・安堵　217
大本祭　310
小笠原権力　297, 298, 300, 302〜305, 307, 309〜312
小笠原氏旧領　259
小笠原信濃守貞宗代桑原九郎次郎家兼軍忠状　299
小笠原氏の石見入部　298
「小笠原十五代記」　298
小笠原攻め　248
小笠原長雄書状　306
小笠原長徳感状　274
小笠原本領　254
小笠原領　236, 253, 281, 282, 297, 300
岡本掃部助先給　238
岡本本領　262
岡本民部丞先給　238
岡本文書　240
岡本領内　243
隠岐州太守　317
隠岐守　90
隠岐前司　109
隠岐配流　40
奥山惣百姓・腋中　243
奥山百姓　242
御師　286, 289
御師宿　275, 286
『邑智郡誌』　298
御氏八幡宮　305
御氏八幡宮神官　307
御体奉懐　106, 112, 138, 334
陰陽寮　103, 328

か行——

甲斐源氏　299
回賜品　317
階層的・職能的身分秩序　332
『海東諸国紀』　315, 318
開発領主　99
外来神の在地勧請　330
過海料　317
賀観音現象　317
家業　48, 107
鰐淵寺　44, 335
——縁起　34, 37, 42, 71, 330, 338
——開山伝承　32
——伽藍造営　40
——三答状　197
——衆徒　42〜44, 47, 182, 192, 195
——衆徒勧進状案　29, 50, 70, 71
——初答状　196
——大衆　106
——大衆条々連署起請文案　39, 45
——堂塔再建　42
——南北両院　39
——二答状　196
——北院　39
——領　36, 41
隔地間商人　274, 275, 291
隔地間流通　230
家産化　224
家産制的支配　118
梶井応胤法親王仮名消息　200
梶井門跡　197, 199〜202
鹿島社　98
春日宮曼荼羅　59
河川水運　297
香取社　98
鎌倉御家人　11
鎌倉将軍　45, 110, 213
——九条頼嗣御教書　213, 215
——家　217
——惟康親王御教書　215
鎌倉幕府　7, 44, 104, 105, 119, 152, 153, 165, 167, 216, 217, 224, 326, 327, 329, 333
——勢力　130, 166, 167, 221, 223, 225, 333, 334, 340
——倒壊　134, 153, 166
——滅亡　147, 155
神在月　62, 67, 73
上村神主職　255
亀井能登守秀綱書状　272
亀山院分国　110
賀茂社領　134
神魂社造営　187
神魂社大般若経田　118, 223
神魂社の仮殿遷宮　177
神魂社領　113, 118, 130, 138, 334
——大庭田尻保　115, 130, 223
——大庭田尻保地頭職　117
加茂家永日時勘文　145
唐船　292
唐物　314
仮仮殿　110
仮殿遷宮　109, 186, 208, 209
仮殿造営　104, 109, 110, 326
嘉暦炎上(鰐淵寺)　40
河上松山城攻撃　256
河上領　246, 247
——の折半　246
『川本町誌』　298
漢域の東岸　37
勘過料　251
官使　85, 102, 325
環シナ海　6
——地域　6, 25
勧修寺流　209, 324
——藤原氏　88, 92, 93
官人　42, 51
勧進　32, 187, 188, 190, 274, 337
——僧　188, 189, 203, 204, 336, 337
——聖　183, 190
——簿　274
——本願　171, 188
官宣旨　102, 150
——案　83
貫高　275, 276
関東下知状　329

――案　119, 150, 221
関東御教書　113, 217
――案　110
神無月　62
環日本海　6
――地域　6, 25
神主　161～165
――職　113, 157, 164, 167
――職補任・安堵権　162
――職補任権　166
――・惣検校職　130
観音現象　316
寛文の神仏分離　74
寛文の造営　74
官物　85, 89
勘文　103
記紀　29
偽使　315, 316, 318, 319, 338
寄進地系荘園　81
吉川元春自筆書状案　248, 280
吉川元春書状　260
吉川元春書状案　241, 244
吉川領　236
――境　280
杵築社正殿日記目録　104
杵築社遷宮神宝注記　57, 59
杵築社領寄進　138
杵築大社一切経堂　181
杵築大社神主国造　68
杵築大社神主職　111, 113
杵築大社神主・惣検校職　214
杵築大社旧記御遷宮次第　174, 179, 188
杵築大社旧記断簡　178
杵築大社三月会　43, 44, 340
――相撲・舞頭役結番注文　330
――頭役　133
――頭役結番体制　131
杵築大社神官　44
――等連署申状　43, 214
杵築大社神殿再建　119
杵築大社正殿造営　40
杵築大社遷宮　111, 112, 189, 328
杵築大社造営　42, 177, 188, 190, 208, 210, 211, 216, 324
――事業　93
杵築大社造宮所注進　46, 222
杵築大社造営遷宮　334
――旧記注進　65, 82, 100, 102
杵築大社中鳥居　183
杵築大社年中行事　69
杵築大社本願次第写　189
杵築大社門前町　286
杵築大社領　57, 73, 99, 111, 130, 131, 156, 178, 334
――形成　112
――十二郷　113
――注進状　113
――の荘園化　138
杵築大社領家　326
杵築大明神　35, 36
杵築大神　32, 33
貴徳　48
――給田　49
――舞　48, 49
偽日本国王使　316
紀高義置文　153
君谷の戦い　301
久安の造営　100, 101, 208, 324, 326
旧小笠原領　249
旧河上領　246
旧高貞領　162
給田　104
旧福屋領　258
饗宴　46, 47, 106
境界　6
京下番匠　102
京極領国　319, 320
京相撲　46
行忠奉書　195
巨大神殿　40, 73, 74, 99, 324
――造営　101
『銀山旧記』　271
銀山の開発　285
近臣　88, 89, 91, 324, 325
――受領　86, 93, 324
――団　93, 324
――知行国主　101
近代国民国家　3
近代神道　27
禁中　192, 197～199
――対決　196
近隣交通体系　292
九月会　48
公家　10, 105, 110, 138, 204, 214, 217, 327, 335, 337
――権力　119, 138, 335
――諸権門　9
――勢力　328
――年中行事　147, 157
――の沙汰　105, 110, 138, 326, 327
公家・武家・寺家　10
公家・武家諸方兼帯　217
公事　109
供神所　50, 214, 217
供神所祝部国造兼大社司惣検校　49, 214
曲舞　47, 103, 107
供僧　161
『口遊』　82
くに　25
国一宮　13～16, 26, 27, 29, 44, 73, 143, 145, 173, 183, 185, 191, 203, 204, 214, 327～329, 331, 332, 335, 341
――杵築大社　51
――杵築大社造営　175
――祭祀　335
――制　14
――遷宮儀式　330
――造営　327
――造営事業　326
国請作法　45
国方　47, 107
国御家人　213
国中聖道　179
国大工　328
国反銭　184
国鎮守　14, 97～99, 131, 134, 138, 139, 157, 166, 187, 333, 337
――・一宮化　139

——杵築大社造営　211
——杵築大社造営遷宮　103
——恒例祭祀体制　120
——恒例祭祀役　125
——祭祀頭役　125
——神　16
——成立期　131
——造営　110, 119, 211
国日記　83, 100
国引き　34
——詞章　34
——神話　17, 31, 34, 36～38, 51, 71, 330, 338, 339
——の巨神　31
国譲り神話　17
国レベルの地域　4, 5
公方　274
公役　276, 277, 302, 330, 332
——賦課　277
競馬　47, 107
蔵人所　276
蔵人頭　101
郡司　220
郡使不入　38
軍役　302, 311
——衆　307, 311
——体系　238, 239
経済外強制　9, 102, 325
経済主義的分析・評価　230
経済秩序　241
経済的後背地　244
経済の求心構造　229
家司　90
——受領　91
芸石国人領主連合　247
『渓嵐拾葉集』　36
下向官人相伝の舞楽　329
結番体制　138, 336
結番注文　46, 120, 125, 129, 130, 327, 340
月支　31
建久の遷宮　112
建久の造営　208, 211, 325, 326
建久・宝治造営　326
源氏(の)抑圧策　86, 93
幻想的な強制力　9
顕密寺院　16, 26, 27, 34, 37, 42, 51, 179, 191, 331, 332, 337～339
——勢力　36, 331
——秩序　194
顕密寺社　26, 173, 203, 204, 337
——勢力　202～204, 338
顕密体制　27, 171
——論　8
顕密秩序　166, 333
顕密仏教　10, 26, 34, 331
——系寺院　183
——寺院　203
遣明船　271
建武新政　40
建武政権　155, 165
権門　29, 103, 137, 325～327, 332
権門・顕密体制　171, 338
——国家　99, 204
——国家論　97
——論　10
権門寺院　98, 204
権門寺社　15
——領荘園　143
権門勢家　325
権門政治　3, 9, 211, 225, 323, 325
権門体制　11, 25, 139, 171
——期　5
——・顕密体制国家論　25
——国家　3, 5, 8～10, 14, 16, 26, 27, 94, 97, 137, 225, 323, 325, 329, 335, 336, 343
——国家論　9, 97
——論　3, 7, 8
小石見郷大工職　239, 240, 262
広域経済　291, 292
——圏　285
広域権力　231, 261
広域支配権力　264
広域大名権力　292
豪商　271
高壮神殿　137, 328
郷・村鎮守社　310
郷鎮守　166, 329, 333
公田　45, 104, 125, 126, 221
——数　46, 120, 126, 150, 152～154
勾当内侍　200
江の川水上交通　284
——権　246
公武　105
公武寺社　11, 107, 137, 139, 332
——諸権門　3, 9
——勢力　9, 16, 336
——勢力の相互補完関係　225
——の相互補完的・有機的連関性　10
高麗　103
国王　7, 25
国衙　13, 15, 16, 27, 29, 43, 44, 48～50, 99, 102, 103, 107, 110, 111, 126, 130, 131, 138, 139, 143, 145, 147, 149, 152, 153, 156, 165, 166, 213, 214, 216, 217, 220～224, 325, 327～329, 332, 333, 335, 336, 340, 341
国衙関係諸社　216, 224
国衙官人　117, 148, 221, 327, 332
国衙機構　26, 43, 50, 51, 103, 143, 225, 327, 336
国衙機能　119, 137, 328, 331, 332, 334, 335
——吸収論　129
——の吸収説　119
国衙近傍諸社　221
国衙近隣諸社　223
国衙権力　166, 183, 341
——機構　13
——の消長　153
国衙細工所　103, 328
——別当　47, 328

国衙祭祀　13, 185, 220, 224, 333, 341
——機能　118, 213
——権　118, 130, 131, 138, 216, 223, 334
——権吸収　115, 224
国衙在庁　29, 48, 125, 177, 217, 220, 334
——官人　42, 48, 132
——官人層　97, 139
——層　327
国衙寺社体制論　16, 143
国衙支配　166
国衙・社家相共　99, 109, 111, 119, 138, 327, 334, 335
国衙集中型守護領　129
国衙守護所　217
国衙神祇行政　222
国衙田所　147
国衙無沙汰　59, 110, 138, 326, 327, 334
国衙領　152, 222～224, 233
——寄進　112
国衙留守所　119
国郡支配　274
国司　87, 106, 107, 111, 112, 118, 138, 180, 213, 220, 334, 341
——庁宣　118, 119, 217, 220, 221
——得分　105
国主　44, 101, 112, 211, 323, 326
国守　85, 88, 90～93, 111, 147, 192, 209, 210, 223, 323, 325, 326
国人　274, 278, 279, 284, 290
——衆　319
——領　285
——領主　176, 181, 271, 276, 279, 285, 292, 317
——領主連合　247
国宣　147, 217
国造　47, 50～52, 69, 106, 107, 110, 112, 113, 115, 117, 118, 130, 137, 138, 161, 166, 184, 190, 213～217, 221～224, 334, 335
——出雲氏　29, 49, 98, 111, 157, 213, 333, 334
——出雲氏本領　130
——出雲孝時去渡状　223
——出雲孝時譲状　118, 223
——出雲義孝譲状　214
——出雲泰孝譲状　68
国造家本領　117, 118
国造家領　224
——化　115
国造兼大社司　113
国造職　213, 224
国造職幷杵築大社惣検校職　113
国造宿所　66
国造西遷＝開発寄進論　99
国造代替わり　185
国造の御家人化　115
国土創成　71
——神　31
——神話　17, 31
——の「神話」的歴史観　73
国内寺社秩序　143
国内宗教政策論　191
国内商業圏　315
国内荘公の領域区分　137
国府　98, 129, 340
国務　88, 92, 110
——の沙汰　119
極楽浄土　37, 68
——の東門　37, 68, 72
御家人　39, 110, 113, 117, 120, 125, 131, 165, 213, 216, 260, 333, 334
——化　213
——交名　125
——国造義孝　217
——地頭　326
——制　5, 12, 330
——層　335
——頭役制　120
——身分　138, 217, 334
『古事記』　17
『後拾遺往生伝』　37, 68
後白河院近臣　112, 211
後白河院政　211
後白河院庁の別当　209
後白河院派の公卿　209
後白河院北面　209
後白河院領荘園化　112
牛頭天王　36
五節句　69
古代出雲　4, 16, 31, 32, 34, 338, 340
——創成　36
古代王権　32, 34, 331
——神話　36, 137
古代国家　9, 17, 29
——形成　17
——形成史　18
後醍醐天皇綸旨　155
古代氏族　98
古代神社制度　14, 98
国家観念の同心円構造　6
国家儀礼　9
国家神　134, 139
国家鎮護　34
——の道場　33, 331
国家的課役の多重構造　125
国家的検断機能　9, 11
国家的神社制度　13, 15, 27
国家の相対化(視)　7
国家の宗廟　16
五天竺図　72
五天竺世界観　71
後奈良天皇女房奉書　197, 199
近衛天皇乳父　101
兄部　214
五奉行制　247
五部大乗論談　44
御扶持在所之事　238
個別的領主支配　9
個別領主権力　202～204
金剛界　36
胡飲酒　48
根本中堂　200

さ行——

西院　200
細工所　47
——別当　48, 106, 107
西国　6, 11, 25
在国司　44, 45, 47, 49, 50, 52, 106, 107, 120, 125, 130, 131, 138, 335, 336
——朝山氏領　156
——領　126, 130, 139, 341
在庁　47, 106, 107, 112, 138, 214, 222, 224, 334, 336
——官人　47, 83, 91, 102, 106, 112, 232, 327
——官人等解　325, 112
——層　328, 330
——等訴訟　117
在地領主　26, 97, 229, 230～233, 244～246, 250, 251, 253～256, 260, 262～264, 297, 298, 308, 309, 311, 342
——権力　232, 241, 261～264, 307
——支配　8, 264
——支配の領域性　263
——層　11, 232, 245, 255, 256, 263, 311
——領　299
西塔院執行代　201
西塔執行代　195, 197
西方浄土　37, 51, 68
——観　38, 331
材木口径の沙汰　102
蔵王　32
——権現　32, 69, 71
——宝窟　32
相模殿　126
前出雲守護　109, 327
前出雲守　92
前近江守冬貞寄進状　164
前守護　329
『策彦入明記』　271
作職　302
朔日神事　157
佐々木貞清寄進状写　156, 161
佐々木泰清書状　117
座次相論　191, 201, 202, 337
座主　197
——補任　194
佐太神社奥院　179
五月会　120
薩摩・大隅の商人　285
狭布之稚国　71
侍身分　209
猿楽　47, 107, 109
佐波衆　282
佐波領　282
散在神田　115
山陰路隠岐州守護代　317
山岳寺院　36
山岳信仰　69, 71
山岳仏教の霊場　32
三月会　43～46, 48, 99, 119, 120, 147, 328～331, 335
——執行体制　137
——頭役　134, 138
——頭役結番体制　120
山間部在地領主　233
三宮　240
——岡本文書　236
——神主　243
——神社　243
三国世界観　31, 34, 36～38, 42, 51, 331, 338
散在料田　224
散手　48
山訴　198, 199, 201
山王　36
——権現　35
——宮曼荼羅　59
三宮　15, 98
——熱田社　98
三昧院領　35, 41
山門　192, 193, 195, 196～200
——西塔院執行代　198
——三院宿老　192
——三院長老連署書状 195
——三院別当代　192
——三院連署　195
——三門跡　194
——衆徒　192, 199
——横川宿老連署状　195
——楞厳院別当代　198
三問三答　197, 199
三門跡　191
山林修行　32
慈覚大師門徒　200
自我同一性（アイデンティティー）　12, 16, 42, 97, 134, 137, 323, 331
四季仁王大般若経　145, 147
式年遷宮　120
施行状　217
執行代　192, 198
寺家　10
慈源所領注文写　34, 41
寺社　214
——諸権門　9
——勢力　171, 202, 204, 334
——勢力論　16, 27
——秩序　338
治承寿永内乱　11, 12, 111, 112, 211, 326, 327, 330
自然発生的な地域経済　231
地蔵権現　35, 36
地蔵菩薩　35
師檀関係　289, 292, 286
室　286
四天王寺門前の市　69
地頭　12, 44～46, 104, 125, 126, 131, 132, 150, 152, 153, 222, 223, 327, 329, 330, 333, 335
——御家人　42, 138, 335, 336
——御家人制　335
——職　12, 39, 42, 44, 125, 130, 133, 134, 138, 150～153, 155, 165, 166, 214～217, 221～223, 225, 299, 333～335
——職安堵　216
——層　330
——代　39, 44, 45, 222

――代官　43
――門田・給田　105
――門田畠　40
――役　44, 105
――領主　138, 336
――領主層　336
信濃国鎮守神　133
信濃御家人　330
神人　163
地主的な得分権　303
『島根県史』 298
除目　88
――入眼　87
『社会史への道』 7
社方　47, 107
『寂蓮法師集』 64
社家　109, 111, 118, 138, 224, 335
――の御子役　47
――御子　107
社司　110
沙弥(佐々木泰清)書状　109
社役の寺(平浜八幡宮)　148, 166
社領十二郷(杵築大社)　138
寿阿寄進状　148
周縁　6
周縁・境界・異域　6
宗教機能　9
十二郷(杵築大社領)　334
――七浦(杵築大社領) 57, 99
祝賀使　315〜318
守護　12, 13, 42, 45, 99, 115, 117, 119, 120, 125, 126, 129, 131, 134, 138, 143, 151, 152, 154, 156, 162, 165〜167, 177, 213, 215〜217, 221, 222, 224, 225, 250, 263, 297, 299, 319, 327, 329, 330, 333〜336
――権　162, 171, 175, 176, 183, 185, 203, 205, 250, 277, 302, 336, 337
――権譲渡　175
――佐々木京極殿　176
――佐々木氏本領　134
――佐々木(塩冶)高貞の横死事件　153
――職　156, 167, 175
――所　16, 107, 130, 156
――代　148, 297
――代伊予守殿　176
――代吉田厳覚安堵状 148
――人　107, 156, 217, 326
――不入地　185
――領　129, 130, 131, 134, 139, 336, 340, 341
守護領・得宗領の相互補完的配置　138
主従制的支配　240
十穀聖　188
寿藺護送　316, 317
浄穢の同心円構造　6
荘園　26, 126, 217
――絵図　57
――制　3, 9, 29, 97
――制社会　9
――制的分業体制　230
――制的領有関係　43
――領主　9, 102, 217, 224
――領主層　3, 125
小「王城と周辺」観　73
荘官　113, 125
上官　47
――神人　47
承久の乱　11, 12, 41, 104, 132, 327, 329, 330
正教坊　197
将軍　196, 304
――職　304
――(武家)権力　196
――藤原頼嗣袖判下文 115
小経営生産様式　9
成功　137, 326
荘公公田　125, 131, 138, 335, 336
荘公地頭　104, 125
――層　139
――領主　129
荘郷地頭　47, 107, 340
荘郷鎮守　14, 27, 134, 143, 329
――級　329
――社　334
小祠　27
商人司　288
小地域　4, 340, 342
――経済圏　285
小「天竺」世界観　73
浄土　38, 72, 73
浄土信仰　68, 73
少弐殿使者　314
青蓮院　197
――方　201
――門主　200
――門跡　40, 41, 200〜202
――門跡相承　41
――門跡相論　42, 50
――門跡庁務　195
――門跡領知　41
――門跡和談　41
職能国家論　97
職能的・階層的身分秩序　332
職能身分　109, 330
諸国一宮　13, 97
――が持つ(存在の)多様性 14, 15
――制　13, 26
――制研究　13
所属身分　330
諸大夫　91
白河院近臣　85, 88, 100, 101
白河院権力　84, 88, 93, 94, 101, 324
白河院政　81, 86, 87, 89, 324
――期　81, 84, 87, 93
――権力　89
白河上皇近臣　92
白河・鳥羽院政権力　325
治暦の造営　208
新阿弥陀寺注文　149
新恩給与　238
神祇官　48, 50
――官人　222
――系官人　106
神祇官人　49

神祇系官人　117
神祇系国衙官人　138, 334
神祇信仰　27, 84
神祇秩序　332
神境　33, 34, 51, 331
新宮党　194, 202
——旧領　193
——討滅　280
——討滅事件　187, 193, 202, 204, 280
——滅亡　194
神国　33, 34, 38, 51, 331
——観　17, 70
真言系寺院　166, 333, 337
真言寺院　155
真言密教寺院　176, 204
しんさい公文名　161
神西荘(庄)三分方公文　162, 164
神社　27
——が持つ階層性　13
——史　97
——史研究　27
——史研究の提唱　27
——の階層性　14, 97
——の持つ階層性　27
新守護　162, 164
神体渡御　46, 47, 103, 106, 107
神殿顛倒　102
神道　27
神道説の多様性　27
神道論　27
新取曾(新鳥蘇)　48
神拝　91
神仏習合　204, 336
陣役　306
神輿動座　201
新立・加納問題　102, 325
推古朝　29
隋・唐顕密　33
——仏教　34
隋・唐仏教　33, 331
水墨画の技法　59
陶興房書状　181
陶隆房の謀反　308
周防且山攻め　253
杉原盛重書状　283
須佐神社遷宮　187
須佐神社の造営事業　187
須佐神社棟札銘　186
須佐能乎命　36, 137
素戔嗚尊　36, 51, 99, 134, 137, 331
——祭神論　36
——神話　17
須佐郷地頭職　155
周布・永安・三隅領　236, 248
相撲　45～47, 107, 120, 150, 151, 329
相撲・左右舞の頭役　45
相撲人　47, 120, 329
相撲舞頭役結番注文　221
受領　81, 89～92
諏訪明神　330
清水寺三問状　197
清水寺初問状　196
清水寺二問状　196
西遷　125, 133, 134
西遷御家人　104, 125, 134, 150, 152, 153, 166, 333
——地頭層　138, 335
西遷・北遷御家人　11
正殿遷宮　208, 325
正殿造営　40, 104, 326
細男　47
清和源氏一門　86
関銭徴収権　319
節句の神事　157
摂関家　84～86, 88, 90, 91, 93
——家司　90
摂関不設置　91
前期古墳　18
遷宮儀式　43, 46, 49, 69, 103, 105, 112, 137, 147, 175, 326, 328, 331, 335
千家・北島両国造　189
——家　187
戦国大名　231, 247, 248, 264, 297, 342
——権力　231, 245
せんざき屋　289
宣旨　323
禅衆　171, 173, 179, 183, 191, 203, 337
千部経読誦　190
前方後方墳　18
全領主階級共同の機関　14
造営旧記　113
造営遷宮体制　104
造営日記　102
造営奉行　174, 184
惣検校　50, 145, 147, 153, 166, 214, 217
——職　145, 146, 166
惣社　13, 91, 117, 118, 131, 138, 143, 145, 166, 185, 220, 221, 224, 332～334, 341
——安居師免畠　118
——仁王講田　118, 223
——の大社末社化　115
——の灯油料田　117
——の末社化　115
——御神楽田　118, 222
——領　115, 130, 224
奏者　110
曹洞宗寺院　190, 204
曹洞禅　189
惣領職　175
俗別当職　146

た行——

大開発時代　99
大行事　48, 106, 222
——代官　49
——代官左馬允　106, 222
大工職　277
大西荘猪尾谷東方地頭職　132
大社御領　113, 114
大社司　50, 214, 217
大社惣検校　48
大社造　82
大社中鳥居の造営　178
大社中鳥居柱立て　188
大社領七浦　178, 188
大神宝使制　14
大神宝使発遣　13

——社　15, 98, 101, 139, 325, 341
——対象社　98
大神宝使「非」発遣社　98
大山寺縁起　37, 42, 51, 330, 338
胎蔵界　36
大般若経田　220
大般若経転読　44～46
太平楽　48
大名領国　230
——支配　230
対蒙古臨戦態勢　120
内裏供御料所　155
高貞追討　162
多元的職能編成　9
大宰少弐　44
大宰大弐　85
但馬守　86, 89, 92, 101, 324
田所・目代幸松丸等寄進状　147
駄別料　242, 243
田屋　149
単一民族＝単一国家論　5
檀所　275, 286, 292
段銭　38, 306, 337
檀那　286, 289
地域間流通　229
地域経済　229～232, 241, 244, 261, 263, 284, 291, 342
——圏　229
——システム　231, 244
——秩序　231, 232, 244, 245, 252, 253, 261～265
——の自然発生的展開　230
地域寺社勢力　167
——論　16
地域創成神話　51
地域都市型有力商人　290, 292
地域内流通　230, 259, 261
地域の小祠　14
知行国　81, 210
知行国主　102～104, 147, 209, 211, 323, 325, 326, 332
——一門　137
智春開山伝承　33
治天　327
智明大権現　35
中間層　303
『中書家久公御上京日記』　241, 291
中世出雲地域　17
中世一宮　73, 99
——制　173
中世開発領主　99
中世国家　25, 26
——の第二の型　7
「中世国家論の課題」　10
中世諸国一宮制　14
中世神社史　27
中世神道　27
中世神話　71, 137, 338, 339
中世前期国家　25
中世的郡郷制の成立　26
中世天皇制　14
中世都市　309
——大家　309
「中世における地域と国家と国王」　7
中世日本紀　27
中世日本国　14
中世日本文化　26
『中右記』　87, 90, 339
朝鮮王朝　314, 315, 317, 319
『朝鮮王朝実録』　314, 319, 320
朝鮮遣使ブーム　315
朝鮮貿易　232
勅願寺　196, 199
鎮守神　14, 97, 98, 134, 309, 310
付田・付畠　258
対馬商人　318, 321
対馬船　317
対馬守　85
低湿地開発　149, 166
邸内斎館　220
庭夫　110
田楽　47, 107
天竺　31, 36, 71
田数　164
伝奏　198
天台系山岳寺院　29, 34, 70
天台系寺院　30, 69, 166, 333, 337
天台座主　42, 194, 199
天台寺院　185, 189, 204
天台僧　189, 190
天台大師　33
天台の沙門　189
顚倒　208, 209, 325
——実検官使　102
天仁・永久の杵築大社造営　84
天仁・永久の造営　84
——遷宮　94
天仁期の造営事業　81
天皇　6, 7, 25, 84, 91, 191, 192, 196, 197, 199, 201, 202, 204
——権力　173, 193, 197, 201, 202, 337
——親政　91
——神話　27
天文の杵築大社造営　190
『殿暦』　91
問田衆　245, 278
東国　6, 7, 11, 12, 25, 132, 139, 329
——御家人　12, 221, 222, 329, 330
——国家　5, 25
——国家論　7
——地域論　12
——百姓　12
——服属儀礼　47
——領主層　12
——論　330
東西出雲　17, 18
東大寺大仏殿　82
東塔執行代　195
倒幕運動　40
東北諸領主　11
東北平定　85
頭役結番体制　335
十烈(列)　103
得宗　126, 131, 134, 152, 165,

166, 221, 225, 333
——領　126, 130, 131, 134, 139, 153, 155, 336, 340, 341
土豪　236, 240, 242〜244, 249, 255〜258, 262, 342
——経営　257, 259
——層　236, 253, 255, 256, 258〜264, 283〜285
外様系守護　129
富田城開城　291
富田城千部経仏事　192
鳥羽院政　324
都鄙間の往来　329

な行——

中天竺　31, 37
——摩竭陀国　72, 31
中卯日の神事　157
梨本宮梶井門跡　194, 196
梨本宮(座主・梶井門跡)令旨　195
南院　40
南贍部洲　72
南朝　165, 167, 233, 299
——軍　233
——年号　164
南蛮船　285, 292
南北両院　40, 42
——長吏職　40
——和合　41
西比田村市原神社棟札銘写　184
二十二社　14, 15
——一宮　14, 27, 98
——一宮制　26
——制　14
二十年一度巡役　120
日域霊州　33
日時勘文　83, 328
二宮　15, 98
二宮俊実覚書　259
日本海沿岸交通体系　259
日本海交通　130, 320
日本海西部域　6
日本海世界　17, 331
——観　338
日本海地域世界観　51
日本海東西交流　17
日本紀　33
日本国王　316
日本国の鎮守神　73
『日本書紀』　17
『日本中世国家と諸国一宮制』　13
『日本の中世国家』　7
邇摩郡代　278
邇摩分郡　248, 250
女房奉書　201
仁王講田　220
仁王般若経の経田　152
念仏　68
——札　68
農事暦　43
乗尻　47

は行——

陪従　47, 48, 107
灰吹き　314
博多商人　271, 274, 275, 314
幕府　44, 46
幕府・守護体制　155
八所八幡　145, 150, 165, 166, 332
——宮　152
八幡・賀茂社領　143
八幡神　330, 333
八月朔幣料田　221
花女　47, 107
祝部　50, 217
浜田の町人　242
浜田(の)番衆　242
浜田の船持商人　242
葉室流藤原氏　88
播磨守　90
反国衙　339
番匠　328
反大宰府・反国衙　87
東アジア経済　271
東アジア交易　275, 318
〝東と西〟論議　5
非国衙集中型守護領　129
聖の住所　70
火継神事　177, 185
日御碕社検校　49
日御崎(碕)社修造勧進簿　179, 180, 274
日御碕神社造営　179, 183, 337
飛来峯縁起　36, 37
平浜社奉行　176
平浜八幡宮下見谷宝光寺敷地　148
平浜八幡宮造営　176
——入目目録　176
平浜八幡宮惣検校分田畠坪付　146
平浜八幡宮棟札銘写　176
平浜八幡宮領　145
平浜別宮社役の寺　179, 337
平浜別宮惣検校　151, 152
平浜別宮領　148, 152
備後国人　247, 278
舞楽　48, 49, 107, 120, 328
福光城攻撃　255
福光攻め　255, 256
福屋権力　236, 239, 240, 242〜244, 253, 256, 261〜264
福屋郷地頭　233
福屋氏の毛利氏離反　253
福屋氏の離反　254
福屋氏奉行人　239, 255
福屋氏本領　238
福屋氏滅亡　241, 242, 253, 256〜258
福屋本城　256
福屋謀叛　254
福屋領　232, 233, 236, 242, 243, 245, 250, 259
武家　10, 105, 107, 119, 171, 205, 335, 337, 338
武芸　330
武家・公家・寺社　214
武家権門　9, 11, 12, 131, 324
——鎌倉幕府　12
武家権力　11, 202, 204
武家政権　6
武士団　11

伏見上皇院宣　110
歩射　147
藤原為房流　89
補陀落渡海　182
不断護摩(の)霊場　148, 149
府中　50, 131, 166, 340
府中諸社　50, 138, 332, 334, 337
——(の)造営祭祀権　118
——領　117
——料田　131
府中追放　117, 222
覆勘官使　105
仏教的世界観　331
仏国土　32, 73
仏法東伝　33
仏法の世俗的一形態　27
船岡山の戦い　304
船橋　259, 284
船持土豪　258, 284
——層　284, 291
武門の棟梁　85
浮浪山　31〜35, 37, 38, 71
——(鰐淵寺)縁起　34, 37, 50, 51
——漂着伝承　33
文引　320
文永の焼失　73
文化的機能　328, 329
文化的秩序　328
分業･流通の人的地域的結節点　230
分郡　250, 252, 272
分国　89, 272, 297, 337
——支配　271, 336
分銭高　302〜304, 311
平安宮大極殿　82
平氏(の)引級策　86, 93
平氏滅亡　211
別火　47, 49, 106
——職　49
別当　161〜165
伯耆守　89, 92
伯耆国大山寺縁起　34
封建王国　7, 25
保元新制　102, 325
——第二条　325
封建領主階級　9
封建領主層　13
奉公衆　156
宝治神殿の焼失　138
宝治正殿焼失　119, 138, 335
宝治遷宮　119
——の大行事代官　117
宝治(の)造営　104, 109, 110, 119, 137, 138, 208, 326, 328, 335, 336
宝治造営神殿　109
宝治造営神殿焼失　216
宝治の杵築大社遷宮儀式　46
宝治(の)遷宮　213
——儀式　132
宝治(の)造営　104, 138, 208, 326, 335
法住寺殿襲撃事件　326
法住寺殿焼き討ち　209, 211
北条一門守護国　129
放生会　148, 157, 161, 164, 166
——執行体制　147
——田　148, 164
某袖判検校入道他二名連署状　161
北院　38
——三重塔焼失　39
北朝　165, 167, 233, 299
——軍　233
——年号　164
北面武士　324
法華経　31, 68, 73, 176, 183, 184, 191
——開板　176, 203
——読経　191
——仏事　203
堀河親政　84, 86, 91, 93
本願　174, 178, 184, 187〜190, 204
——職　189
——聖　178, 190
本家　113
本領地頭　215

ま行——

舞　48, 150, 151
舞人　47〜49, 106, 107, 161
——の屋敷　329
摩竭陀国　71
『丸山伝記』　298
万歳楽　48
曼殊院門跡　200
万部の法華経仏事　337
万部法華経読誦　176, 179
三河守　90
御教書　217
御子屋敷　66
三前(日御碕)検校　49
御崎殿　194
三沢領　184
道隆流藤原氏　89
源義親追討　88
源義親の隠岐配流　90
源義親(の)反乱事件　81, 84〜86, 89, 94, 101, 324, 339
源義親の乱　89, 91〜93
源頼朝下文写　150
三原郷の鎮守八幡宮　299
身分階層の原則　7, 25
美保関代官職　319
美作一宮　186
——仲山大神宮　187
宮人　163
名主級農民　244
三好権力　337
三好政権　191
三好長慶政権　199
民族＝国家相即論　6
御厩田　221
無動寺検校職　40
無動寺領　34
棟別　180, 183, 274
謀叛人闕所地跡　240
謀反人･殺害人　38
紫縁　103
村細男　107
無量寿経　31
室町将軍　183
室町幕府　153, 155, 165, 166,

272
——・守護体制　304, 336, 337
——体制　167, 311
——奉行人連署奉書　195, 196
——奉公衆　167
——御教書　134, 154
明徳の乱　155
免田　223
蒙古襲来　11, 12, 131, 137, 216, 329
蒙古牒状　120, 335
毛利・尼子間の和議　255
毛利・吉川軍　256
毛利・吉川権力　249
毛利軍　253
毛利権力　230, 245～247, 250, 252, 254, 258, 260, 261, 264
毛利・陶両氏の決裂　248
毛利対尼子の対立構造　253
毛利本領　247
毛利元就自筆覚書　279
毛利元就書状　278, 281
毛利領国　285, 288
目代　47～49, 51, 69, 85, 101, 102, 106, 107, 132, 145, 147, 152, 210, 217, 222, 223, 326, 328, 332, 339
——左衛門尉藤原□忠寄進状　145
木工長上　102
木工寮　102, 328
元室町将軍　337
元室町幕府十代将軍　274
木綿　319
唐土　36
門跡　41, 195, 201, 202, 337
門跡相論　41
門田　104

や行——

八百万神　62
八雲大神　35, 339
矢倉宮　137
社相撲　107, 109
八束水臣津野命　31, 32, 36, 71, 330
流鏑馬　47, 107, 330
山師　291
大和政権　17
大和国一宮　98
山名氏分国　188
山名高義寄進状写　162
山名時氏寄進状　162
山名領国　319, 320
山根常安書状　276
山吹城衆　282
弥生墓制　17
湯立神事　310
温泉英永寄進状　288
温泉英永・彦二久長連署書状　288
弓山の浜　35
横川別当代　195
予祝神事　43
四隅突出型墳丘墓　17
寄木の造営　324

ら行——

来世往生　38, 51
律令官社制　14
領域区分　52
領域支配　229, 231, 232, 241, 261, 264
——の広域化　290
領域的区分　339, 342
領域的支配　342
領域内経済支配　230
領域内交通網整備　230
領域内分業体制　230
領国経済　230
——支配　230
領国支配体制　171
領国大名権力　231, 232, 254, 261, 264
領国内経済の自然発生的な発展　230
楞厳院別当代　195, 201
楞厳三昧院検校職　40
『梁塵秘抄』　32, 68, 70
霊鷲山　31, 33, 36, 37, 71
良範上人伝　37
両部習合　204
——説　181
留守所　47, 107, 147, 223
零細な社　27
六波羅下知状　121
六波羅探題　113, 154
六波羅御教書　113, 233

わ行——

若狭守　90
脇百姓　244, 262
倭銀　314, 315
倭寇　320
倭人　314, 320
和与　41, 42, 125

佐伯　徳哉（さえき　のりや）

1961年愛媛県松山市生まれ。

大阪大学大学院文学研究科博士後期課程修了。博士（文学）。

島根県教育庁文化課、島根県埋蔵文化財調査センター、島根県古代文化センター、島根県立博物館、（石見銀山）世界遺産登録推進室などを経て、現在、島根県立古代出雲歴史博物館に勤務（専門学芸員 兼 専門研究員）。

主要著書・論文に、『富家文書』（共著）、『戦国大名尼子氏の伝えた古文書――佐々木文書――』（共著）、『出雲大社文書』（共著）、『中世諸国一宮制の基礎的研究』（共著）、「『杵築大社近郷絵図』と杵築大社の中世的景観」（『日本歴史』703号、2006年）など。

中世出雲と国家的支配
――権門体制国家の地域支配構造――

二〇一四年九月一〇日　初版第一刷発行

著　者　佐伯徳哉
発行者　西村明高
発行所　株式会社　法藏館
京都市下京区正面通烏丸東入
郵便番号　六〇〇-八一五三
電話　〇七五-三四三-〇〇三〇（編集）
〇七五-三四三-五六五六（営業）

装幀者　山崎　登
印刷　立生株式会社／製本　新日本製本株式会社

ISBN 978-4-8318-6026-2 C3021